Johannes Herzgsell
Dynamik des Geistes

Innsbrucker theologische Studien

in Verbindung mit den Professoren SJ der Theologischen Fakultät
herausgegeben von

Georg Fischer

Band 54

Johannes Herzgsell

Dynamik des Geistes

Ein Beitrag zum anthropologischen
Transzendenzbegriff von Karl Rahner

2000
Tyrolia-Verlag · Innsbruck-Wien

Mitglied der Verlagsgruppe „engagement"

Die Deutsche Bibliothek – CIP-Einheitsaufnahme

Ein Titelsatz für diese Publikation ist bei
Der Deutschen Bibliothek erhältlich

© 2000 Verlagsanstalt Tyrolia, Innsbruck
Erstellung der Druckvorlage: Johannes Herzgsell
Druck und Bindung: Athesia-Tyrolia Druck, Innsbruck
ISBN 3-7022-2303-7

Vorwort

Mein erster Dank gilt Prof. Dr. Karl-Heinz Weger SJ - dem Schüler und Freund Karl Rahners. Er übernahm bereitwillig die Betreuung der Dissertation und ermutigte mich immer wieder zu ihr. Von Ende 1996 an verschlechterte sich leider sein Gesundheitszustand rapid, und er verstarb am 15. Januar 1998. Möge Gott ihm all seine Mühen lohnen.

Prof. Dr. Béla Weissmahr SJ erklärte sich liebenswürdigerweise ohne weitere Umstände bereit, das Projekt vollends zu begleiten. Danken möchte ich ihm insbesondere für etliche lange Gespräche, in denen er die Studie im einzelnen kommentierte und mir noch viele Anregungen zu ihrer Verbesserung gab. Er erstellte das Erstgutachten. Prof. Dr. Giovanni Sala SJ sei gedankt für so manchen wichtigen und nützlichen Ratschlag im Verlauf der Arbeit und für das detaillierte und gründliche Zweitgutachten. Mein Dank gilt auch Herrn Dr. Roman Siebenrock für die freundliche und kompetente Unterstützung durch das Karl Rahner-Archiv. Meiner Mutter möchte ich für das überaus sorgfältige Korrekturlesen danken.

Die Untersuchung wurde im Wintersemester 1998/99 von der Hochschule für Philosophie München, Philosophische Fakultät S.J. unter dem Titel „Dynamik des Geistes. Ein Beitrag zum anthropologischen Transzendenzbegriff von Karl Rahner" als Dissertation angenommen. Bei ihrer Überarbeitung für die Drucklegung kam mir Prof. Dr. Georg Fischer SJ als Herausgeber der „Innsbrucker theologischen Studien" sehr entgegen und nahm sie freundlicherweise in die Reihe auf. In dieser Phase erhielt ich auch von Prof. Dr. Otto Muck SJ noch wertvolle und weiterführende Hinweise. Am Computer leisteten mir Herr Dr. Godehard Brüntrup SJ, Frau Christine Jakubik und vor allem Frau Cecylia Milewski unerläßliche Hilfe. Ihnen sowie allen hier nicht namentlich Erwähnten, die auf die eine oder andere Weise zum Gelingen der Arbeit beigetragen haben, sei ebenfalls ein herzliches Dankeschön gesagt.

Dieses Buch widme ich in Dankbarkeit meinen Eltern und Geschwistern.

München, im Juli 1999   Johannes Herzgsell

Inhaltsverzeichnis

Einleitung

Die vorliegende Studie zur Anthropologie Karl Rahners konzentriert sich auf den Begriff der *Transzendenz*. Für Rahner ist der Mensch „das Wesen der Transzendenz"[1], das Wesen einer *dynamischen Offenheit für Gott*. Die Erfahrung der Transzendenz ist die *erste*[2] und *wesentliche* Bestimmung des Menschen. Sie kennzeichnet den menschlichen *Geist*. Wie die „Selbstmitteilung" Gottes als Schlüsselbegriff von Rahners Theologie im engeren Sinn gelten darf, so darf die „Transzendenz" des Menschen als *Schlüsselbegriff* seiner Anthropologie angesehen werden, als ein zentraler Begriff, in dem sich Rahners philosophische, theologische und spirituelle Anthropologie bündelt und kristallisiert. Wie die „Selbstmitteilung" Gottes Rahners Theologie *von oben* repräsentiert, so die „Transzendenz" des Menschen seine Theologie *von unten*.

Die Untersuchung ist in zweifacher Hinsicht prinzipiell eingeschränkt. Zum einen geht sie geistesgeschichtlich rein *Rahner-immanent* vor. Es werden im allgemeinen nur Texte von Rahner selbst berücksichtigt, nicht aber Texte anderer Autoren wie J. Maréchal, Bonaventura, Thomas von Aquin oder M. Heidegger, die Rahners Transzendenzbegriff wesentlichen Einfluß nahmen.[3] Zum anderen beschränkt sich die Untersuchung weitgehend auf Rahners *individuellen* Transzendenzbegriff, also auf die Transzendenz des einzelnen Menschen. Die kollektive Transzendenz der Menschheit und ihre Geschichte wäre noch einmal ein eigenes umfangreiches Thema bei Rahner.

---

1   Z.B. XIII 233, Gk 32.42–46; vgl. IV 68.74.
2   Das geht allein schon aus dem Aufbau der größeren Werke Rahners wie „Hörer des Wortes" oder „Grundkurs des Glaubens" hervor.
3   So bleibt auch jeweils die Frage völlig offen, inwieweit Rahners Interpretation anderer Autoren als zutreffend, als eigenwillig u.ä. gelten darf. Zu den verschiedenen philosophischen Einflüssen und dem ignatianischen Einfluß auf die Theologie Rahners im ganzen siehe Chojnacki [1996].

Rahners Transzendenzbegriff wird in drei systematisch verschiedenen Anläufen rekonstruiert, in einem *philosophisch-fundamentaltheologischen* Anlauf (erstes Kapitel), in einem *gnadentheologischen* (zweites Kapitel) und in einem *spirituell-theologischen* (drittes Kapitel). Innerhalb der einzelnen Kapitel bzw. Unterkapitel wird soweit wie möglich die chronologische Textfolge beibehalten, um die historische Gedankenentwicklung bei Rahner nachvollziehbar zu machen. Trotz der systematischen Anlage der Arbeit herrscht daher im einzelnen die werkgenetische und textanalytische Methode vor. Auf Biographisches bei Rahner wird nicht eigens Bezug genommen.[4]

Als *Leitfragen* der Untersuchung dienen sechs Aspekte des Transzendenzbegriffs[5]:

1. Wie läßt sich die menschliche Transzendenz aufweisen?
2. Worin besteht sie?
3. Woraus besteht sie?
4. Inwiefern ist sich ihrer der Mensch bewußt?
5. Inwiefern und inwieweit ist sie übernatürlich?
6. Inwieweit wird Gott in ihr unmittelbar erfahren?

Wenn am Ende deutlich geworden ist, daß Rahner ein durchweg *dynamisches* und *geschichtliches* Verständnis von der menschlichen Transzendenz hatte und weit davon entfernt war, sie für eine starre, konstante anthropologische Größe zu halten, hat die Arbeit ihr Ziel erreicht.

Die Auswahl aus der mittlerweile unüberschaubaren Fülle der Sekundärliteratur begnügt sich mehr oder weniger mit Veröffentlichungen der letzten Jahre vor 1998. Auf eine kritische Auseinandersetzung mit der Sekundärliteratur wird verzichtet, es sei denn sie betrifft unmittelbar den Transzendenzbegriff.

---

4   Zum Biographischen siehe Vorgrimler [1985], Neufeld, Die Brüder Rahner [1994] und zur Entwicklung von Rahners Denken Raffelt/Verweyen [1997].
5   Siehe dazu jeweils das Fazit in Kap. 1.4.3, Kap. 2.3.1 und Kap. 3.1.5.

1 Die philosophisch-fundamentaltheologische Gedankenentwicklung: Der Mensch als Wesen der Transzendenz

In diesem Kapitel wird der anthropologische Transzendenzbegriff Rahners in seinen Ursprüngen und in seiner allmählichen Entfaltung unter philosophischer und fundamentaltheologischer Rücksicht dargestellt. Die Transzendenz des Menschen wird, mit anderen Worten, weitgehend als natürliche Transzendenz betrachtet. Die übernatürliche Dimension der Transzendenz und damit die gnadentheologische Perspektive wird Thema von Kapitel 2 sein, der spirituelle Aspekt hauptsächlich Thema von Kapitel 3. Das getrennte fundamentaltheologische und gnadentheologische Vorgehen spiegelt zum einen Rahners eigene gedankliche Entwicklung und zum anderen seine systematische Darstellungsweise im „Grundkurs des Glaubens" wider. Denn bis zur Bildung seiner Theorie vom „übernatürlichen Existential", 1950, behandelte Rahner die Transzendenz im Rahmen der natürlichen Ordnung, ohne darüber zu reflektieren oder den Sachverhalt zu problematisieren. Erst von 1956 an verstand er die Transzendenz ausdrücklich als natürlich-übernatürliche. Im „Grundkurs" begnügte er sich im Ersten Gang mit einem rein philosophischen und fundamentaltheologischen Zugang zur Transzendenz, bevor er im Vierten Gang auf die Gnade und die Begnadigung der menschlichen Transzendenz zu sprechen kam.

1.1 Die „Transzendenz" des Menschen in den frühen, philosophischen Schriften

Kapitel 1.1 zeichnet die philosophische und fundamentaltheologische Entstehungsgeschichte des Transzendenzbegriffs bei Rahner in seinen wichtigsten Stufen bis 1938 nach. Kapitel 1.2 verfolgt die weitere Entwicklung des Begriffs – seine Erweiterungen, Präzisierungen und Wandlungen – bis zum „Grundkurs". Kapitel 1.3 widmet sich dem Verhältnis des menschlichen Geistes zu den ‚Medien' der Sinnlichkeit, der Materie und der Geschichte, in denen er sich vollzieht und vollziehen muß. Ein Fazit (Kapitel 1.4) schließt das erste Kapitel ab.

Im vollen und expliziten, einschlägigen Sinn tritt Rahners Transzendenzbegriff erst in „Hörer des Wortes", 1937[1], auf (Kapitel 1.1.3). Dort bedeutet die „Transzendenz" des Menschen seine dynamische Offenheit für Gott, die seine Geistigkeit ausmacht und ihn erst zum Menschen macht. Der Transzendenzbegriff wird aber in Rahners frühem Maréchal-Exzerpt, 1927, sachlich schon vorbereitet (Kapitel 1.1.1) und ist in „Geist in Welt" bereits in nuce vorhanden (Kapitel 1.1.2).

1.1.1 Die „Tendenz ins Unendliche" im Maréchal-Exzerpt

Rahner war in seinem philosophischen Denken, wie er selbst bezeugte[2], sehr stark von der Erkenntnismetaphysik Joseph Maréchals (1878–1944) beeindruckt und geprägt.[3] In seinem Maréchal-Exzerpt von 1927 gab er die Hauptgedanken dieser Erkenntnismetaphysik unter dem Titel „Die Grundlagen einer Erkenntnistheorie bei Josef Maréchal" wieder.[4] Es handelt sich dabei seinem eigenen Vorwort zufolge vor allem um eine Zusammenfassung und „freie Übersetzung" des fünften Bandes von Maréchals „Le point de départ de la métaphysique" (SW II 373). Jene Grundgedanken und Grundbegriffe, die Rahners Transzendenztheorie entscheidend und nachhaltig beeinflußten, seien daraus kurz vorgestellt.

---

1 Die angegebenen Jahreszahlen beziehen sich im allgemeinen auf die *Entstehung* des Textes, mit der seine Veröffentlichung nicht immer zusammenfällt.

2 Glaube in winterlicher Zeit [1984] 28. Gespräch mit K. Lehmann.

3 Zu Joseph Maréchals eigenem philosophischen und mystischen Denkinteresse siehe Zahlauer [1996] 162–174.

4 Das Marechál-Exzerpt wurde erstmals in SW II 373–406 veröffentlicht. Siehe dazu die Einleitung von A. Raffelt: SW II [1996] XV–XVI.

Maréchal kritisiert an Kant, in seiner Erkenntnisanalyse die dynamische Seite der menschlichen Erkenntnis übersehen zu haben (SW II 393; vgl. 401), und sucht mit einem „ganz bestimmten Typ von modernem Thomismus"[5] Kants antimetaphysischen Kritizismus und Agnostizismus durch eine dynamisch finale Auffassung von der diskursiven Erkenntnis des Menschen zu überwinden. Kants Beschränkung auf die rein statisch-formelle Seite des Erkennens zeigt sich, nach Maréchal, an seiner Urteilsanalyse, in der er zwar die begriffliche Synthese („synthesis (concretio) concepta"), nicht aber wie Thomas die objektive Synthese („synthesis affirmata"), also die Affirmation, die Bejahung, kennt (386.384.397). Erst durch die Affirmation kommt die Objektivation, d.h. die immanente, bewußte Entgegensetzung von Subjekt und Objekt (393–396), zustande und wird Wahrheit im Urteil beansprucht (386). Die Affirmation geschieht „in einer aktiven, dynamischen Haltung des Subjekts" (386). In einer „transzendentalen Deduktion" (z.B. 384.388.397) sucht Maréchal von der Aktivität der Affirmation her (397) diese dynamische Haltung, den intellektuellen Dynamismus und Finalismus des Erkenntnissubjekts, erstens in seinen Momenten zu beschreiben (384–394) und zweitens als transzendentale Bedingung (der Möglichkeit) der Objektivation nachzuweisen (394–398). Dabei teilt er Kants Voraussetzung, daß der menschliche Intellekt „rein diskursiv, in keiner Weise intuitiv ist" (389; vgl. z.B. 383.388), daß also der Mensch keiner intellektuellen Intuition oder Anschauung fähig ist, in der er das Sein bzw. das Absolute unmittelbar erfassen könnte (386).

Erstens. Der diskursive Intellekt des Menschen strebt vom Anfangszustand reiner Potentialität aus durch viele Zwischenstufen seinem Ziel, der völligen Aktualität, zu (388) und stellt hiermit einen Übergang und eine Bewegung von der Potenz zum Akt dar (388). Wie jede „Bewegung" hat auch die intellektuelle des Menschen ein letztes Ziel, ein Endziel. Dieses muß selbst unbegrenzt sein und kann daher nur in der unbestimmten und unbegrenzten Form des Seins bestehen (390), (Form deshalb, weil sonst eine intellektuelle Anschauung vorläge). Das formale, apriorische Endziel des menschlichen intellektuellen Dynamismus und Finalismus, an dem allein die

5   SW II [1996] XVI.

Bewegung des menschlichen Intellekts zur Ruhe kommen kann, ist das unendliche Sein, das mit dem absoluten Sein, mit Gott, zusammenfällt (390; vgl. 396). Die Objekte der Einzelerkenntnis erscheinen in dieser Perspektive als Unter- und Teilziele des Endzieles (393; vgl. 384.396). Kraft seines Dynamismus und Finalismus geht der menschliche diskursive Intellekt in einer „dynamischen Expansion" (391), in einem „dynamischen Stoß ins Unendliche" (393; vgl. 390) virtuell über alle Objekte der Einzelerkenntnis als Unter- und Teilziele hinaus und bewegt sich „auf alles Sein schlechthin" (391) als sein absolutes Endziel zu. Dabei „normiert" die Bewegung auf das Endziel die Bewegung auf das Teilziel (das Objekt), wie sich umgekehrt das Endziel als implizit in jeder Teilbewegung (Objekt-Erkenntnis) enthalten erkennen läßt. (388)

Zweitens. Die Begrenzheit der Erkenntnis-Objekte wird nicht „von außen", d.h. nicht durch unmittelbare Intuition von dem, was „Jenseits der Grenze" liegt, erkannt, sondern nur „von innen" (395). Von innen wird die Grenze aber nur erfahren „in und durch eine aktive Tendenz" des Intellekts, die durch das begrenzte Objekt von außen „spezifiziert" und gleichzeitig „aufgehalten, beschränkt und eingeengt" wird (395). Erst durch die innere dynamische Tendenz des Menschen als Erkenntnissubjekt wird die Grenze eines jeden Objekts virtuell überstiegen und wird die Grenze als Grenze bewußt. Schon von daher wird deutlich, daß nur die innere aktive Erkenntnis-Tendenz des Menschen, sprich: sein intellektueller Dynamismus und Finalismus, die Objektivation ermöglicht, welche ja die Erkenntnis des Objekts in seiner Begrenztheit einschließt.

Der Mensch erfährt und erlebt sich als „Tendenz" (396.399). In seiner „Tendenz" wird er sich auch der Ziele seiner Tendenz bewußt. Die Ziele aber erfährt er als von seiner Tendenz und damit von sich selbst verschieden (396.399). Das gilt sowohl vom Endziel seiner Tendenz – dem absoluten Sein, Gott – als auch von den Teilzielen seiner Tendenz – den Objekten seiner Einzelerkenntnis (396). Letzteres wiederum macht auf anderem Wege deutlich, daß der intellektuelle Dynamismus des Menschen „notwendige Bedingung a priori" der objektiven Erkenntnis und der Objektivation ist, die immer auch die Erkenntnis der Objekte in ihrer Verschiedenheit vom Subjekt beinhaltet (396).

Wenn aus den beiden genannten Gründen der intellektuelle Dynamismus und Finalismus des Menschen, d.h. seine innere notwendige Tendenz auf das Endziel seiner diskursiven Erkenntnis, transzendentale Bedingung der Möglichkeit der Objektivation und der Objekt-Erkenntnis ist, dann muß in jeder objektivierenden Erkenntnis dieses Endziel, das nichts anderes als das unendliche und absolute Sein ist, noumenal[6], wenn auch nicht intuitiv und unmittelbar, erkannt und von der theoretischen Vernunft (und nicht nur, wie bei Kant, von der praktischen Vernunft) notwendig und absolut bejaht werden (vgl. 383. 388.396). Die Affirmation im Urteil, an das die Objekt-Erkenntnis gebunden ist, erweist sich somit in der transzendentalen Deduktion letztlich als ein „transzendentaler Akt" (397.401), in dem Gott als das absolute Sein notwendig bejaht wird. Diese transzendentale Bejahung muß jedoch dem Menschen wie die anderen Momente seines intellektuellen Dynamismus keineswegs explizit bewußt sein (399; vgl. 383.388.396.405).

Soweit Maréchals Erkenntnismetaphysik – immer in der Rezeption Rahners. Das Originelle und „Moderne" von Maréchal lag darin, unter dem Einfluß Fichtes menschliches diskursives Erkennen insgesamt als zielgerichtete und zielbestimmte Bewegung mit einem Endziel und die einzelne Erkenntnis als Akt und Teilbewegung zu interpretieren. Mit seinem dynamisch finalen Verständnis der intellektuellen Erkenntnis des Menschen schlug Maréchal einen Mittelweg ein zwischen dem Empirismus, der jede Seinserkenntnis ausschloß, und dem Ontologismus bzw. Rationalismus, der die Seinserkenntnis nur in Gestalt intellektueller Anschauung und unmittelbarer, intuitiver Erkenntnis zu denken vermochte (406). Gegen Kant, der ausschließlich phänomenale Erkenntnis für möglich hielt, versuchte er über den intellektuellen Dynamismus und Finalismus des Menschen eine noumenale, formal-apriorische Seins- und Gotteserkenntnis (als Ziel-Erkenntnis) aufzuzeigen, die nicht-intuitiv ist und doch als Bedingung der Möglichkeit jeder Objekt-Erkenntnis (verstanden als (Teil-)Ziel-Erkenntnis) gegeben sein muß.

6 Ziele sind für Maréchal noumenal (SW II 396).

Da das Maréchal-Exzerpt nicht einfachhin Rahners eigene Überzeugung widerspiegelt, soll an dieser Stelle noch keine kritische
Auseinandersetzung mit dieser Variante thomistischer Erkenntnismetaphysik erfolgen.[7] Rahner sah bei seinem Exzerpt, wie er im
Vorwort einräumt (373), seinerseits von kritischen Bemerkungen
ganz ab. Es sollen aber noch einmal eigens, ohne Details zu wiederholen, ganz grob und summarisch einige wesentliche Elemente
aus Maréchals Erkenntnismetaphysik hervorgehoben werden, die
Rahners eigene, spätere Transzendenztheorie maßgeblich bestimmten und bleibend in sie eingingen: die gesamte (dynamisch-finale)
Bewegung-Ziel-Theorie und -Terminologie, d.h. der Erkenntnisdynamismus; die transzendentale Deduktion bzw. Methode (als Untersuchung der Bedingung der Möglichkeit); der Begriff „Stoß ins Unendliche" (393) und mehr noch „Tendenz ins Unendliche" (400), der
als erster impliziter Vorläufer des Transzendenz-Begriffs angesehen
werden darf; der Begriff vom „transzendentalen Akt", in dem im
Urteil Wahrheit, Sein und Gott bejaht werden und in dem latent
schon die transzendentale Gotteserfahrung vorweggenommen ist;
und schließlich das gegenseitige (Bedingungs-)Verhältnis von expliziter Objekt-Erkenntnis einerseits und impliziter Selbst-, Seins-
und Gotteserkenntnis andererseits (388).

---

7   Allein an die dynamische Bewegung-Ziel-Theorie der menschlichen Er-
     kenntnis, kurz: den Erkenntnisdynamismus, wäre eine Reihe von kritischen
     Fragen zu stellen: 1. Inwieweit läßt sich der Bewegungs-Begriff, sofern er
     der äußeren Sphäre entnommen ist, auf die innere Sphäre des mensch-
     lichen Erkennens übertragen? 2. Muß jede Bewegung zielorientiert sein?
     3. Kommt der Mensch tatsächlich mit jeder Einzelerkenntnis (singulären
     Objekterkenntnis) dem absoluten Sein, Gott, (als Endziel) *eo ipso* näher, wie
     das der Fall sein müßte, wenn Erkennen insgesamt der Übergang von der
     reinen Potentialität zur reinen Aktualität (als Endziel) durch die vielen
     Einzelerkenntnisse ist? 4. Warum muß der Mensch die Ziele seiner geisti-
     gen Erkenntnisbewegung unbedingt als von sich selbst verschieden erfah-
     ren? (Gibt es nicht auch subjektimmanente Ziele?) 5. Stellt die noumenale
     Erkenntnis des Endzieles selbst nicht doch eher eine intuitive als eine
     diskursive Erkenntnis dar? – Diese und ähnliche Fragen lassen die umris-
     sene Erkenntnismetaphysik nicht unproblematisch erscheinen. Aber aus
     dem genannten Grund bleiben die Fragen hier auf sich beruhen.

1.1.2 Der „Vorgriff" auf das Sein in „Geist in Welt"

Rahners abgelehnte philosophische Dissertation „Geist in Welt"
beinhaltet „eine spekulative Interpretation der thomistischen Erkenntnismetaphysik, beeinflußt durch die Arbeiten Joseph Maréchals,
schon damit auf die Fragestellung Kants bezogen, und durchgeführt
auf dem Hintergrund des Heideggerschen Denkens der Zwanziger
und frühen Dreißiger Jahre."[8] Die Darlegung des Werkes, das Rahner
im Mai 1936 abschloß[9], beschränkt sich in diesem Kapitel auf den
„Vorgriff" bzw. „excessus" auf das Sein, in dem der Transzendenzbegriff, wenn auch nicht wörtlich, in „Geist in Welt" bereits vorweggenommen ist.

Rahner führt den Ausdruck „Vorgriff" im Zusammenhang des
thomanischen intellectus agens ein (GW 115–118).[10] Der tätige Verstand ist die Erkenntnisfähigkeit, mit der der Mensch u.a. den konkreten Erkenntnisgegenstand in seiner Begrenzheit erfährt. Das ist
dem intellectus agens nur möglich, weil er, so Rahner, „von sich aus
das ganze Feld" der „Möglichkeiten umgreift" (116). Das übergrei-
fende Erfassen der weiteren Möglichkeiten über den konkreten
Gegenstand hinaus nennt Rahner den „Vorgriff" (116). Es findet sich
zwar bei Thomas unmittelbar keine lateinische Entsprechung zu
diesem Terminus, aber seine Bedeutung ist laut Rahner in dessen
Begriff des „excessus" (Überschritt) sachlich enthalten.[11]

Formal bestimmt Rahner den Vorgriff als „eine der Bedingungen
der Möglichkeit einer gegenständlichen Erkenntnis" (116). Um die
Weite des Vorgriffs zu ermessen, und d.h., um den „Vorgriff" inhaltlich zu füllen, verfolgt Rahner konsequent die Frage: Worauf geht der
Vorgriff? Er beantwortet diese Leitfrage in zwei Etappen mit jeweils

---

8 A. Raffelt in SW II [1996] XXIII.
9 SW II [1996] XXIII.
10 Zu Wesen und Funktion des intellectus agens sowie zum Kontext des
    „Vorgriffs" siehe Kap. 1.3.1. Dort wird die Darlegung von „Geist in Welt"
    fortgesetzt und ausgeweitet.
11 Den Terminus „Vorgriff" selber dürfte Rahner M. Heidegger verdanken,
    der ihn allerdings für die vorausgehende *Begrifflichkeit* bei der „Auslegung"
    eines Seienden, und gerade nicht für ein *vorbegriffliches* oder *überbegriff-
    liches* Vorverständnis, wie es sich bei Rahner zeigen wird, verwendet. Siehe
    Heidegger [{1927}1963] 150. Vgl. Muck [1994] 263.

vier Schritten (116–146). Dementsprechend läßt sich seine Antwort knapp so wiedergeben: Der Vorgriff geht 1. auf das Ganze der möglichen Gegenstände (Kapitel 1.1.2.1), 2. auf die Unbegrenztheit der forma als Seinswirklichkeit (Kapitel 1.1.2.2), 3. auf das „Ansich" überhaupt (Kapitel 1.1.2.3), und 4. auf das esse (Sein) als Wirklichsein (Kapitel 1.1.2.4). Und dieses esse (Sein), auf das der Vorgriff zielt, ist 5. allgemein (Kapitel 1.1.2.5), 6. formal, einfach und überkategorial (Kapitel 1.1.2.6), 7. unendlich (Kapitel 1.1.2.7), und 8. absolut (Kapitel 1.1.2.8). Diese acht Schritte werden im einzelnen erläutert. Dabei ist zu beachten, daß Rahners schrittweise Entfaltung des Vorgriffs insgesamt den Charakter einer transzendentalen Deduktion trägt. Sucht er den Vorgriff doch immer als apriorische Bedingung der Möglichkeit aposteriorischer Erkenntnis zu ‚enthüllen'.

1.1.2.1 Der Vorgriff auf das Ganze der möglichen Gegenstände (GW 116–118)

Eine allererste vorläufige Klärung des Vorgriffs unternimmt Rahner, indem er sich ohne weitergehende Begründung in fünf Punkten dem „Worauf" und der Erkenntnisart des Vorgriffs nähert, wie sie sich aus der Eigenart des Vorgriffs als Bedingung der Möglichkeit gegenständlicher Erkenntnis ergeben. Die Punkte sind, gekürzt:

- Das Worauf des Vorgriffs ist kein menschlich vorstellbarer Gegenstand (116); kein „Gegenstand erster Ordnung für die Erkenntnis" (141; vgl. 142.146).
- Wenn über das Worauf des Vorgriffs ausdrücklich gesprochen und reflektiert wird, muß es als Gegenstand vorgestellt und bezeichnet, wenn auch nicht als solcher gemeint und bejaht werden.
- Im realen Vollzug des Vorgriffs (als Handlung) wird über den konkreten Erkenntnisgegenstand hinaus die reale Möglichkeit der anderen Gegenstände implicite mitbejaht.
- Philosophisch betrachtet gibt es keine menschliche Erkenntnis, „in der der Vorgriff nicht über den ‚Griff', über die gegenständliche konkretisierende Erkenntnis hinausginge." (117) Die mensch-

liche Erkenntnis bleibt daher immer hinter ihrer restlosen Erfüllung zurück, die sich durch die Weite ihres Vorgriffs auftut.
- Der Vorgriff ist die Hinbewegung des menschlichen Geistes auf
das Ganze seiner möglichen Gegenstände. Dieses Ganze kann
dabei nur die ursprüngliche Einheit, nicht die nachträgliche Summe der möglichen Gegenstände sein.

1.1.2.2 Der Vorgriff auf die Unbegrenztheit der forma als Seinswirklichkeit (GW 120–124)

In der ersten von drei „vorbereitenden Klärungen"[12] legt Rahner
einige Züge der thomanischen Ontologie, wie er sie versteht, dar.
Dieser Ontologie zufolge wirken in jedem Seienden zwei Seinsprinzipien zusammen: die materia (prima) als Seinsmöglichkeit und die
forma als Seinswirklichkeit. Beide Seinsprinzipien sind unter je verschiedenen Rücksichten sowohl begrenzt als auch unbegrenzt. Sie
begrenzen einander.

Die Materie steht primär für das einzelne leere (d.h. bestimmungs-
lose, unbestimmte) Diesda (Etwas) als Träger (Suppositum) einer
Seinswirklichkeit (forma) oder mehrerer Seinsbestimmungen (120;
auch 101f). Insofern ist sie [quantitativ] begrenzt, [qualitativ] aber
unbegrenzt, da sie als leere Potentialität viele verschiedene Formen
und Seinsbestimmungen annehmen kann.[13] Sekundär bedeutet die
materia prima dann auch die eine, allgemeine, unbestimmte und
unbegrenzte Materie als ein und dieselbe in den vielen einzelnen
Diesda (121).

Im engsten und eigentlichsten Sinn besagt die forma Washeit
(essentia, Wesenheit, Wesenseigentümlichkeit), also das, *was* etwas
(ein Diesda) ist oder *was* von etwas (einem Diesda) gewußt oder
ausgesagt wird (120.100–102). Die Form als Wesenheit ist qualitativ
begrenzt, insofern sie sich nur mit bestimmten Merkmalen vereinbaren läßt. [So schließt beispielsweise das Baumsein bestimmte
Merkmale des Steinseins aus.] [Quantitativ] ist die Form jedoch

12 GW 118.
13 In eckige Klammern Gesetztes ist zur Verständnis-Hilfe hinzugefügt von
   J.H.

allgemein und unbegrenzt, da sie in vielen möglichen Diesda verwirklicht sein kann. Im weiteren Sinn umfaßt die forma als Seinswirklichkeit neben der essentia (Wesen, Washeit) auch das esse
(Sein). Obwohl die essentia der materia (als Möglichkeit) gegenüber
Seinswirklichkeit ist, verhält sie sich gegenüber dem esse wie eine
Möglichkeit, welche die an sich [qualitativ wie quantitativ] unbegrenzte Fülle des esse (als Wirklichkeit) im einzelnen Seienden
[qualitativ] begrenzt.

Thomas nennt die Unbegrenztheit der Materie „privativ", weil sie
die reine leere Potentialität, das bloß Mögliche, das Nichts und damit
die gänzliche Unvollkommenheit repräsentiert (122f). Die Unbegrenztheit der Form nennt er hingegen „negativ", da das „Fehlen"
[der Materie als ergänzenden Seinsprinzips] die Form nicht über das
„Normale" hinaus unvollkommen macht (123). Nach einem wichtigen
Erkenntnisprinzip des Thomas, dem sich Rahner anschließt, wird nun
das Mögliche durch das Wirkliche erkannt, nicht umgekehrt (123;
vgl. 145). D.h., die Materie als Seinsmöglichkeit wird durch die Form
als Seinswirklichkeit erkannt. Die Erkenntnis der negativen Unbegrenztheit (der Form) ist Bedingung der Möglichkeit der Erkenntnis
der privativen Unbegrenztheit (der Materie), und nicht umgekehrt.
Von daher kann auch der Vorgriff sich nicht eigentlich auf die Materie
und deren Unbegrenztheit oder Unendlichkeit erstrecken. Er ist
vielmehr ausgerichtet auf die Unbegrenztheit der Form bzw. die
unbegrenzte forma selbst als Seinswirklichkeit, sei sie essentia oder
esse (124).

1.1.2.3 Der Vorgriff auf das „Ansich" überhaupt (GW 124f)

In seiner zweiten vorbereitenden Klärung des „Vorgriffs" greift
Rahner auf die thomanische Urteilsanalyse zurück (100–109).[14] Diese

---

14 Um die Sachlage nicht unnötig zu komplizieren, bleibt unter diesem wie
unter den folgenden Punkten das wichtige Thema der „abstractio" und der
„reditio subjecti in se ipsum"(bzw. der „reditio completa" als zwei Seiten
ein und desselben Vorgangs der Entgegensetzung von Erkenntnissubjekt
und Erkenntnisobjekt völlig unberücksichtigt. (Z.B. GW 101f).

semantische Analyse beruht auf den beiden folgenden erkenntnistheoretischen Überzeugungen:

(E.1) Die gegenständliche Erkenntnis des Menschen ist prinzipiell
so strukturiert, daß ein Allgemeines (der Allgemeinbegriff, die
forma, essentia, Washeit usw.) als Wissensinhalt auf ein dem
Menschen (als Erkenntnissubjekt) gegenüberstehendes Dieses
(Diesda, concretum) als „Subjekt" (Suppositum) hinbezogen wird,
welche Hinbeziehung die „conversio" ist. (100–108)

(E.2) Menschliche gegenständliche Erkenntnis ist nur im Urteil
gegeben und möglich (103).

Im Anschluß an Thomas unterscheidet Rahner im Urteil logisch zwei
Synthesen voneinander: die konkretisierende Synthesis (concretio)
und die affirmative Synthesis (complexio, affirmatio)(103). In ihrer
einfachsten Form besteht die konkretisierende Synthesis in einem
Allgemeinbegriff (Prädikatbegriff), zu dem bereits die Hinordnung auf
ein mögliches, beliebiges Subjekt (Diesda, Dieses) wesentlich gehört
(100–102). [Z.B.: „x ist grün".] Für gewöhnlich ist die konkretisierende Synthesis jedoch komplexer, insofern in ihr zwei Allgemeinbegriffe (Subjektbegriff und Prädikatbegriff) miteinander verknüpft und auf
ein und dasselbe, wenn auch beliebige Subjekt bezogen werden
(102f). Das Subjekt (Diesda) des Satzsubjektes wird, wie Rahner erläutert, mit dem des Prädikats identifiziert (102f). [Z.B. (etwa): „x ist
ein Baum und x ist grün". Oder: „x Baum ist grün".] Die konkretisierende Synthesis ist nun aber eine bloß mögliche Synthese, die nur in
der tatsächlich vollzogenen, affirmativen Synthese wirklich vorkommt und sich nur von ihr her (als allein wirklicher) erkennen läßt
(103.102). Denn erst in der affirmativen Synthesis werden die Allgemeinbegriffe nicht mehr nur möglicherweise auf ein mögliches, x-
beliebiges Subjekt (Diesda), sondern tatsächlich auf ein ganz bestimmtes, durch das Satzsubjekt eindeutig bezeichnetes Subjekt
bezogen. [Z.B.: „Dieser Baum ist grün".] Wesentlich (konstitutiv,
entscheidend) für das Urteil ist daher die affirmative Synthese mit
ihrer Hinbeziehung der Allgemeinbegriffe auf ein bestimmtes Diesda
(106f). Mit einem Urteil wird beansprucht, daß der Allgemeinbegriff
(des Prädikats) der durch das Satzsubjekt bezeichneten Sache *an sich*
zukommt, d.h. unabhängig vom Urteil und vom urteilenden, erkennenden Subjekt (104.125). Dasjenige, worauf der Allgemeinbegriff

(das (allgemeine) Gewußte, das Wissen, die allgemeine Washeit, die konkretisierende Synthesis) angewendet wird, beschreibt Rahner daher auch außer als „Subjekt" (Dieses, Diesda, Etwas, Suppositum, Gegenstand, Objekt usw.) unter anderem als die „Sache selbst" (104.106), die „Sache an sich" (106), das „Ansich der Sache" (106) oder auch einfach das „Ansich" (103f.106–108). Erst dort, wo in einem Urteil „das Gewußte auf das Ansich, das esse rei bezogen wird, wo eine applicatio ad res gegeben ist", gibt es dann auch Wahrheit (106), wobei Wahrheit und Falschheit des Urteils davon abhängen, ob die Hinbeziehung des Allgemeinen auf die Sache selbst gelingt oder mißlingt (104).

Auf das „Ansich" der Sache, das in jedem Urteil intendiert und als begrenztes und gegenständliches bejaht wird, richtet sich nun nach Rahner auch der Vorgriff (125). Allerdings zielt der Vorgriff dabei auf das „Ansich" nicht als begrenztes, sondern als unbegrenztes, soll er doch Bedingung der Möglichkeit der Erkenntnisgegenstände als begrenzter sein und somit selbst auf Unbegrenztes vorgreifen. Der Vorgriff geht demzufolge auf das unbegrenzte „Ansich", auf das „Ansichsein überhaupt" (125).

Die thomanische Semantik, wie sie von Rahner rezipiert wird, mutet in etlichen Punkten bereits erstaunlich ‚modern' an[15]:

- Die Allgemeinbegriffe sind von vornherein auf mögliche Gegenstände („Diesda") , von denen sie prädiziert werden können, bezogen.
- Begriffe kommen nicht für sich allein, sondern nur in Urteilen vor. Als Teile sind sie nur vom Urteil (als Ganzem) her zu verstehen, nicht umgekehrt (z.B. 104).
- Dem Satzsubjekt wird hauptsächlich die Funktion zugesprochen, den Gegenstand zu bezeichnen, dem Satzprädikat die Funktion, etwas vom Gegenstand auszusagen.
- Wenn von Begriffen etwas ausgesagt wird, nehmen diese die Stelle von Gegenständen (zweiter Ordnung) ein (101.104).
- Ein Urteil erschöpft sich nicht in der Verbindung von Ausdrücken (Begriffen). Mit einem Urteil wird etwas behauptet und Wahrheit beansprucht.

---

15 Man denke etwa an G. Frege, dessen logisch-semantische Arbeiten erst Ende des 19. und Anfang des 20. Jahrhunderts erschienen.

Allerdings ist die thomanische bzw. Rahnersche Urteilsanalyse auch
aus wenigstens zwei Gründen in sich problematisch:
* Die Gegenstände (Supposita) werden unnötig verdoppelt, wenn
  dem Satzprädikat zunächst ein eigener Gegenstand zugeordnet
  wird, der dann mit dem des Satzsubjektes identifiziert wird (102f).
  Angemessener ist es, bei der Analyse eines einfachen Satzes von
  vornherein nur von einem Gegenstand (Suppositum) zu sprechen,
  der durch das Satzsubjekt bezeichnet und von dem durch das
  Satzprädikat etwas ausgesagt wird.
* Nicht jeder „Begriff" des Satzprädikates läßt sich adäquat als
  theoretisches Wissen vom Wesen (essentia, forma) einer Sache
  oder als das „Wesen" selbst auffassen. Vielfach wird der soge-
  nannte „Prädikatsbegriff" ein eher praktisches Wissen um die
  Verwendung des Prädikatsausdrucks beinhalten.[16]
Von der semantischen Problematik einmal ganz abgesehen vollzieht
Rahner bereits hier bezüglich des Vorgriffs einen analytisch nur
schwer nachvollziehbaren Sprung vom Urteil zum Sein. Weithin läßt
er bewußt offen, um was es sich bei der „Sache an sich" handelt. Das
einzelne leere, unbestimmte Diesda kommt als Kandidat nicht in
Frage, da der Vorgriff nicht die Materie als solche intendiert. Auch
die Form als essentia scheidet aus. Denn sie soll ja gerade der „Sache
an sich" zukommen. Bleibt nur noch, wie sich zeigen wird, das esse
(Sein). Rahner überbrückt die leere Stelle der „Sache selbst" (Suppositum, Subjekt, Diesda usw.), indem er, pointiert wiedergegeben, von
ihr zur „Sache an sich", zum „Ansich der Sache", zum begrenzten
„Ansich" und schließlich zum unbegrenzten „Ansich" überhaupt
übergeht, indem er also das „an sich" zum „Ansich" substantiviert
und auf diese Weise hypostasiert, so daß es sich dann mit dem esse
identifizieren läßt, sei es als begrenztes Sein eines konkreten Seienden, sei es als unbegrenztes Sein überhaupt.

---

16   Vgl. den späten L. Wittgenstein.

1.1.2.4 Der Vorgriff auf das esse (Sein) als Wirklichsein
(GW 125–130)

Rahner zufolge setzt Thomas das Ansich des Urteils mit dem esse (Sein) gleich (125f.130). Dabei unterliegt die Erkenntnis des esse vorab zwei weiteren erkenntnistheoretischen Voraussetzungen.

(E.3) Der „conversio ad phantasma" des Thomas gemäß läßt sich das esse zunächst nur als begrenztes am sinnlich gegebenen ens (Seienden) erfahren (126).

(E.4) Das konkrete Sein des sinnlich gegebenen Seienden läßt sich als begrenztes und gegenständliches Sein seinerseits wiederum nur in einem Vorgriff auf das unbegrenzte Sein überhaupt erfassen (126).

Das im Urteil angezielte Ansich kann in bezug auf das esse auch so umschrieben werden: Die im Urteil vollzogene und behauptete affirmative Synthese ist im begrenzten Sein des konkreten Seienden bereits vorgegeben (126f); die Synthese, die zwischen dem Suppositum und der Washeit oder zwischen den Washeiten im Sein des Seienden an sich besteht, wird in der affirmativen Synthesis nur nachvollzogen (125). Für Thomas gibt es nun nur *ein* Ansich, nur *ein* Sein, und das ist das Wirklichsein (das Realsein, das reale Sein, das reale Existieren)(126f). Ein ideales Sein oder ein ideales Ansichsein kennt Thomas nicht (126.129). Das hat zur Folge, daß es für ihn die Wesenheiten (formae, essentiae) als dem Erkenntnissubjekt entgegenstehende nur „in einer Hinordnung auf das esse", und d.h., nur in konkreten realen Seienden und nicht in einem idealen Ansichsein gibt (128).[17] Die Wesenheiten sind einzig und allein begrenzende Potenz (Möglichkeit) des esse als Akt (Wirklichkeit) (128f). Sie begrenzen die an sich unbegrenzte Fülle des esse im konkreten Seienden und bestimmen so den Grad der Seinsmächtigkeit des einzelnen Seienden (129). Das esse an sich besagt nach Rahner somit nicht leere Unbestimmtheit und bloßes Vorhandensein (129.138–141), sondern volle Bestimmtheit und unbegrenzte Wirklichkeitsfülle. Es

---

17 Unter einem konkreten realen Seienden versteht Rahner hier und im folgenden primär einen konkreten Gegenstand oder ein konkretes Ding mitsamt seinen Bestimmungen (Eigenschaften, Relationen), nicht aber das konkrete Ding oder seine Bestimmungen für sich genommen.

erscheint „als innerlich bewegt, nicht als statisch festlegbar", es
oszilliert in den durch die Wesenheiten begrenzten Seienden „gleichsam zwischen nichts und unendlich" (129). Der Seinsbegriff ist laut
Rahner „nicht der leerste, sondern der erfüllteste Begriff" (129), und,
so könnte man gleich in seinem Sinne hinzufügen, nicht der statisch-
ste, sondern der dynamischste Begriff. Der Vorgriff geht dementsprechend auf das esse als Wirklichsein, als differenzierte Wirklichkeitsfülle.

1.1.2.5 Der Vorgriff auf das allgemeine Sein (GW 135–138)

Wenn die Wesenheiten nur am konkreten esse der realen Seienden
gegen-ständlich erfaßt werden können, dann ist damit im Grunde
schon gesagt, daß der Vorgriff auf das esse Bedingung der Möglichkeit des Erfassens der Wesenheiten ist (vgl. 135). Den Zusammenhang zwischen Wesens- und Seinserkenntnis bzw. zwischen der
forma als essentia und der forma als esse sucht Rahner noch näher zu
bestimmen, indem er in Anlehnung an Thomas die Allgemeinheit des
esse herausarbeitet. Das esse ist für ihn im doppelten Sinn allgemein.
Zur ersten [quantitativen] Allgemeinheit gelangt er, indem er die
Allgemeinheit des esse mit der der essentia parallelisiert. Wie sich
die forma als essentia gegenüber den materiellen Subjekten (Diesda
als materia prima, concreta) als allgemein erweist, „weil von vielen
möglichen concreta aussagbar", so erscheint das (konkrete) esse den
einzelnen Seienden gegenüber als allgemein, insofern es vielen Seienden (von derselben Washeit) zukommt oder zukommen kann (136;
vgl. 138). [So kann beispielsweise das Baumsein vielen Seienden
zugesprochen werden.] Die [quantitative] Allgemeinheit des esse ist
für Rahner nur ein anderer Ausdruck für die [quantitative] Allgemeinheit der forma als essentia und bedeutet einfach die „Wiederholbarkeit des Selbigen" (138). Während die einzelnen Washeiten jedoch in
den realen Seienden in sich qualitativ begrenzt sind, ist das konkrete
esse der realen Seienden den Washeiten gegenüber [qualitativ] unbegrenzt und allgemein. Das einzelne Seiende kann nämlich viele (zu-
fällige und wesentliche) Bestimmungen und somit mehrere verschiedene Washeiten in sich aufnehmen. [Es kann ein Baum sein und grün

sein.] Das esse kann viele verschiedene Washeiten im einzelnen Seienden verwirklichen und zu einer einzigen Wirklichkeit vereinigen (136–138). Das konkrete esse ist demzufolge „eines und allgemein" (136). Es ist eines, insofern in ihm verschiedene Washeiten (etwa die Washeit des Satzsubjektes und die des Prädikats) im realen Seienden zu einer einzigen oder „einigen" Wirklichkeit verbunden sind, wobei diese Verbindung nichts anderes als die Synthese „an sich" oder Synthese „in rerum natura" darstellt, die der affirmativen Synthesis vorgegeben ist und von ihr nachvollzogen wird (137). Und das konkrete esse ist [qualitativ] allgemein, insofern es im einzelnen Seienden Wirklichkeit mehrer oder vieler verschiedener Washeiten zu sein vermag (137). Dementsprechend geht der Vorgriff auf das (konkrete) esse als [quantitativ wie qualitativ] allgemeines Sein.

Kritisch an diesem Punkt ist wiederum Rahners Übergang vom Urteil zum Sein, wenn er hier die quantitative Allgemeinheit des esse mit der der essentia einfach parallelisiert. In diesem Kontext schreibt er: „Es wird im einzelnen Urteil ein esse dem durch das Subjekt bezeichneten Gegenstand des Urteils zuerteilt (oder mindestens mitbejaht) …" (136), ohne die Begründung dieser Behauptung schon ganz ausdrücklich und eigentlich eingelöst zu haben oder noch zufriedenstellend einzulösen.

1.1.2.6 Der Vorgriff auf das formale und überkategoriale Sein (GW 138–141)

Um Mißverständnissen vorzubeugen, präzisiert Rahner die [qualitative] Allgemeinheit des esse in zweifacher Hinsicht. Das esse ist „formal", es gehört zur unbegrenzten forma (139). Denn im Gegensatz zur materia (prima) ist es nicht das bloß Mögliche und Unbestimmte (vgl. 129), sondern das, was das Seiende bestimmt und die Washeiten im Seienden wirklich macht, also Bestimmung und Bestimmtheit. Im Unterschied zur forma der Washeit (essentia) ist das esse aber „nicht eine Bestimmung neben vielen, sondern der eine Grund aller wirklichen Bestimmungen" eines Seienden (139). Das esse ist der einheitliche, erfüllte, verwirklichende (tragende, zeugende, wirklichkeitsverleihende) Grund aller (möglichen) Wesensbestimmungen (Washeiten) eines konkreten Seienden, der die verschiedenen Wesensbestimmungen des Seienden aus sich entläßt (herausstellt) und in der *einen* Wirklichkeit des Seienden zusammenhält (138–140). Insofern ist das esse das „Formalste und Einfachste" (139).[18]

Nun ist nach Rahner das esse nicht nur der bestimmende Grund und die Fülle aller (möglichen) Washeiten eines bestimmten Seienden. Es ist „auch an sich die Fülle aller möglichen Bestimmungen *schlechthin.*" (140 Hervorh. J.H.) Denn es wird, ihm zufolge, in allen Urteilen auf dasselbe Ansichsein, auf dasselbe esse vorgegriffen und ist „ein Wissen vom selben esse mitgewußt." (140) Jedes Urteil geht also nach Rahner über das konkrete esse des betreffenden Seienden hinaus und zielt auf dasselbe esse, das esse [schlechthin] oder esse „commune", um einen Begriff Rahners vorwegzunehmen (142). Das esse [schlechthin] ist der Grund und die unbegrenzte Fülle aller (möglichen) kategorialen Bestimmungen überhaupt und ist insofern grundsätzlich „überkategorial" (141). Dementsprechend geht der Vorgriff auf das esse als unbegrenztes formales und überkategoriales Sein.[19]

Sehr abrupt erfolgt Rahners Ausweitung des Vorgriffs vom konkreten ens oder esse zum esse [schlechthin]. In jedem Urteil soll über das konkrete esse des betreffenden Seienden hinaus dasselbe esse, nämlich das esse „commune", intendiert werden. Diese An-

18   Damit wird noch einmal deutlicher, wie Rahner das Verhältnis zwischen der forma des esse und der forma der essentia sieht. Während die essentia als Potenz dem esse gegenüber die Funktion hat, die an sich unbegrenzte Fülle des Seins im einzelnen Seienden zu begrenzen und die so begrenzte Seinsfülle und Seinsmächtigkeit des Seienden anzuzeigen, hat das esse als Akt den Washeiten (essentiae) gegenüber die Funktion, sie im Seienden zur Wirklichkeit zu bringen und zur einen Wirklichkeit des Seienden zu vereinen.

19   Wegen des formalen Charakters des Seins gibt es für Rahner im Anschluß an Thomas im „reinen" Sein keine Möglichkeiten (als Washeiten) mehr, die nicht verwirklicht wären (GW 141). Das reine Sein ist die unbegrenzte Wirklichkeitsfülle, ist reine Aktualität, reine forma – im Gegensatz zum endlichen Sein eines jeden Seienden, das immer auch „material" (nicht-verwirklicht, unbestimmt) und nie rein „formal" ist, weil in ihm nie alle Möglichkeiten (als Washeiten), die es überhaupt gibt, verwirklicht sein können und weil in ihm immer auch nicht-verwirklichte Möglichkeiten schlummern, die es an sich besitzt.

nahme wird von Rahner eher hingestellt als wirklich begründet. Zur Begründung rekurriert er nämlich nur auf die traditionelle Bedeutung des Seinsbegriffes: „Insofern durch das esse als Wirklichsein im landläufigen Sinn alle möglichen washeitlichen Bestimmungen wirklich sind, wird bei allen Urteilen auf dasselbe esse vorgegriffen ..." (140) Dieses Argument kann aber über einen gewissen ‚formalistischen' Einschlag nicht hinwegtäuschen. [Weil jedes Urteil auf ein „Sein" (das des Seienden) geht, das „Sein" aber alle washeitlichen Bestimmungen in sich verwirklicht, geht jedes Urteil auf dasselbe Sein.]

1.1.2.7 Der Vorgriff auf das unendliche Sein (GW 144–146)[20]

Der Vorgriff zielt auf die negative, formale Unbegrenztheit[21], auf das negativ unbegrenzte Sein als Wirklichsein (forma)[22]. Diese Unbegrenztheit des Seins läßt jedoch Rahner zufolge noch offen, ob es sich dabei um eine bloß quantitative, aber doch endliche Unbegrenztheit handelt oder um eine auch qualitativ gänzlich uneingeschränkte Unbegrenztheit, um die Unbegrenztheit schlechthin, um die Unendlichkeit (144f). Durch den Begriff der negativen Unbegrenztheit als solches ist also noch nicht klar, ob der Vorgriff nur „auf das materielle, quantitative Sein, auf Sein in Raum und Zeit, auf innerlich endliches Sein" geht oder darüber hinaus auf das unendliche Sein (146).

Rahners indirekte Argumentation für das unendliche Sein läßt sich so rekonstruieren (145): Zwischen dem Begriff „esse" und dem Begriff „endlich" besteht zwar kein unmittelbarer logischer Widerspruch. Aber die Annahme, der Vorgriff intendiere das endliche Sein, erweist sich „als innerlich unvollziehbar" (145). Dazu spielt Rahner zwei zunächst vollkommen abstrakt hingestellte Möglichkeiten durch.

---

20 Rahner behandelt in seiner Darlegung das absolute Sein (GW 142–144) vor dem unendlichen Sein (GW 144–146) als Worauf des Vorgriffs. Die umgekehrte Reihenfolge ist gerechtfertigt, da Rahner selbst einräumt, das Ergebnis des unendlichen Seins (als Worauf des Vorgriffs) bei der Darstellung des absoluten Seins vorauszusetzen (GW 142).
21 Kap. 1.1.2.2.
22 Kap. 1.1.2.4 bis 1.1.2.6.

(1) Der Vorgriff geht auf das endliche Sein und erkennt es als endliches.

(2) Der Vorgriff geht auf das endliche Sein, ohne es als endliches zu erkennen.

ad (1): Die Erkenntnis der Endlichkeit des Seins setzt einen weiteren Vorgriff auf Unendliches voraus. Dieses Unendliche kann aber nicht das Nichts sein. Rahners Begründung dafür lautet:

> „Er [der Vorgriff] bejaht aber das Worauf seines Vorgreifens als Sein, als wirkliches ‚Mehr‘, als das, was er als endlich erkennt, und er erkennt die privative Unendlichkeit, die in dieser Annahme das Nichts wäre, aus einer negativen." (145)

An diese Begründung ist zunächst die interpretatorische Frage zu stellen, was Rahner hier unter dem „Mehr" versteht. Liest man über das Komma nach dem „Mehr" hinweg, scheint er bereits das unendliche Sein im Blick zu haben, das wirklich „mehr" ist als das endliche Sein, welches im Vorgriff „als endlich" erkannt wird. Nimmt man das Komma ernst, kann nur das endliche Sein selbst gemeint sein, das wirklich „mehr" ist als das einzelne, gegenständlich erkannte, endliche Seiende oder als das Nichts. Wie dem auch sei – zwei Gründe gegen den Vorgriff auf das Nichts lassen sich aus diesem Passus herausdestillieren:

(1.1) Im Vorgriff wird ein Sein positiv bejaht. Das Nichts läßt sich aber nicht positiv bejahen, weil es eben keine Wirklichkeit, kein Sein ist.

(1.2) Als (scheinbar) mögliche, privative Unendlichkeit ließe sich das Nichts wiederum nur von der wirklichen, negativen Unendlichkeit (des unendlichen Seins) her erfassen – gemäß dem thomanischen Erkenntnisprinzip, daß sich Mögliches nur aus Wirklichem erkennen lasse (145; vgl. 123).

Wenn im Vorgriff das endliche Sein als solches erfaßt wird, kann also der Vorgriff nur auf das unendliche Sein gehen.

ad (2): Auch hier sind nach Rahner zwei Fälle denkbar. Der Vorgriff erstreckt sich entweder auf das endliche Sein als Ganzes (2.1) oder auf eine begrenzte Region innerhalb des endlichen Seins (2.2).

(2.1) Im ersten Fall ist, laut Rahner, „nicht verständlich, wie auf das Sein als Ganzes vorgegriffen werden könnte, ohne daß es sich als endlich zeigt, da es doch eben als Ganzes endlich sein soll ..." (146).

Anders formuliert: Wenn das endliche Sein [ontologisch] als Ganzes
endlich ist und der Vorgriff auf das Ganze des endlichen Seins vorgreift, müßte das endliche Sein [epistemologisch] auch als endliches
erfaßt werden.

(2.2) Im zweiten Fall wäre das Worauf des Vorgriffs selbst ein Seiendes und damit ein Gegenstand erster Ordnung in der Erkenntnis.
„Der Vorgriff als solcher kann aber", so Rahner, „nicht auf einen
Gegenstand gehen, der von derselben Art ist wie der, dessen Erkenntnis er ermöglichen soll" (146), d.h. er muß auf einen „Gegenstand" zweiter Ordnung, auf das Sein als Ganzes, gehen.

Aufgrund dieser indirekten Argumentation gelangt Rahner zu dem
Schluß: Der Vorgriff kann nur auf die wirkliche, negative Unendlichkeit vorgreifen, die in jedem Urteil positiv (mit)bejaht wird. Der
Vorgriff verliert sich nicht im Nichts, er beschränkt sich nicht auf das
endliche, materielle, wenn auch quantitativ unbegrenzte, innerweltliche Sein in Raum und Zeit. Er greift auf die unendliche Wirklichkeitsfülle, auf das unendliche Sein aus, das als Grund nicht nur alle innerweltlichen (endlichen) Möglichkeiten, sondern alle Möglichkeiten
überhaupt in sich verwirklicht trägt.

Zu Rahners indirekter Argumentation für das unendliche Sein als
Worauf des Vorgriffs sei nur folgendes kurz angemerkt. Bezüglich (1)
geht Rahner hier stillschweigend von der erkenntnistheoretischen
Voraussetzung aus, Endliches lasse sich als Endliches letztlich nur in
einem Vorgriff auf Unendliches erfahren (vgl. 126). Das ist insoweit
richtig, als das Erkenntnissubjekt ein echtes Wissen von dem haben
muß, was sich ‚jenseits' der Endlichkeit – verstanden als Begrenztheit im weitesten Sinn – befindet, um sie *als solche* erkennen zu
können. Allerdings läßt sich dieses Wissen, daß nicht schlechterdings
nichts ‚hinter' der ‚Grenze' liegt, eben nicht von vornherein begrifflich fassen und adäquat objektivieren. Auch Rahners Argument (1.1)
leuchtet für sich ein. Aber hat er schon hinreichend aufgewiesen, daß
im Vorgriff das letzte Worauf nicht irgendwie erfaßt und erkannt,
sondern mehr noch positiv bejaht wird oder werden muß? Auch das
thomanische Erkenntnisprinzip, von dem Rahner in Argument (1.2)
Gebrauch macht, ist in sich einleuchtend. Aber das Wirkliche, von

dem aus die reine Möglichkeit des Nichts zu erfassen wäre[23], könnte auch das endliche Sein selbst sein. Das würde freilich die von Rahner hier beabsichtigte Erkennntnisordnung genau verkehren und die Erkenntnis des Endlichen als Bedingung der Möglichkeit für die Erkenntnis des Unendlichen (hier scheinbar des Nichts) erweisen, statt umgekehrt. Das thomanische Erkenntnisprinzip selbst schließt aber diese Möglichkeit nicht aus. Allerdings wäre man dann wieder zurückverwiesen auf die erkenntnistheoretische Voraussetzung von (1). In Argument (2.1) schließlich folgert Rahner im Grunde von der Seinsebene auf die Erkenntnisebene: Wenn das Sein als Ganzes endlich ist, muß es für den Vorgriff auf das Sein auch als endliches erkennbar sein. Diese Folgerung ist jedoch nicht zwingend. Aus diesen Gründen kann Rahners indirekter Übergang vom Sein [schlechthin] zum unendlichen Sein analytisch nicht in allen Punkten überzeugen.

1.1.2.8 Der Vorgriff auf das absolute Sein, auf Gott (GW 142–144)

Der Vorgriff ist Bedingung der Möglichkeit jeder gegenständlichen Erkenntnis. Sein Worauf ist das esse, das als solches nie als Gegenstand erster Ordnung in Erscheinung tritt, sondern immer nur als „Gegenstand zweiter Ordnung" bei der gegenständlichen Erkenntnis (erster Ordnung) „miterfaßt", „mitgewußt" und „mitbejaht" wird (142f). Wegen dieser notwendigen Bindung des Vorgriffs an die gegenständliche, begriffliche Erkenntnis, wegen der conversio auf eine bestimmte das esse einschränkende forma (essentia) (Punkt 3) und wegen der conversio ad phantasma d.h. wegen der grundsätzlichen Hinwendung der menschlichen Erkenntnis zum sinnlich gegebenen Seienden, ist in der menschlichen Erkenntnis das esse nie in seiner

---

23 Die „Möglichkeit des Nichts" bzw. die „(privative) Unendlichkeit des Nichts" ist für Rahner eben im Grunde nicht denkbar ohne Widerspruch im Vollzug. Seine entscheidende Aussage in dem Zusammenhang lautet: „die gegenteilige Annahme, das esse sei innerlich endlich, [verstößt] gegen die *implizite Setzung* der Annahme selbst, die einen Vorgriff auf esse, und nicht auf nichts besagt" (GW 145 Hervorh. J.H.). Die Möglichkeit des unendlichen [absoluten] Nichts ist nicht wirklich denkbar, sie ist nur als Grenzbegriff konzipierbar (siehe Weissmahr [1985] 106f).

uneingeschränkten Fülle gegeben. Es ist immer nur eingeschränkt vorhanden – eingeschränkt durch die bestimmte Wesenheit (forma) des betreffenden Seienden, das Gegenstand der Erkenntnis (erster Ordnung) ist. Nun zielt aber jedes Urteil auf ein und dasselbe, an sich uneingeschränkte esse[24], das Rahner dementsprechend das esse „commune" nennt (142) und aufgrund seiner Fülle vom „ens commune" – dem völlig leeren, bestimmungslosen Etwas eines Seienden – unterscheidet (139f.142). Da das esse commune trotz seiner an sich uneingeschränkten Fülle faktisch immer nur beschränkt gegeben ist, muß es als prinzipiell einschränkbar gelten. Infolgedessen kann es nach Rahner auch nicht absolut sein, „weil ein Absolutes notwendig die Möglichkeit einer Einschränkung ausschließt." (142) Daher kann Rahner aus dem Vorgriff auf das nicht-absolute esse „commune" auch nicht den Vorgriff des esse absolutum ableiten. Er rekurriert stattdessen auf eine seiner ersten Prämissen zur Weite des Vorgriffs (143). Dieser Prämisse zufolge geht der Vorgriff auf das Ganze aller möglichen Gegenstände[25] und d.h. nunmehr auf alle möglichen Gegenstände zweiter Ordnung, auf alle möglichen esse und somit auch auf das esse absolutum. Da jedoch das absolute Sein als reines Sein absolutes Wirklichsein besagt, wird es im Vorgriff als wirkliches, nicht als bloß mögliches, miterfaßt. Im Vorgriff auf das nicht-absolute esse „commune" wird wegen der absolut uneingeschränkten Weite des Vorgriffs auch das absolute Sein als wirkliches „implicite mitbejaht" (143). „In diesem, aber auch nur in diesem Sinn", so Rahner, „kann man sagen: der Vorgriff geht auf Gott." (143) Gott wird also beim Vorgriff nicht unmittelbar „in seinem Selbst" erfahren (143), nicht in einer Art metaphysischen „Intuition" unmittelbar angeschaut (142). Denn eine unmittelbare Anschauung ist dem Menschen in der Welt nur bezüglich des Sinnlichen möglich. Gott wird als das letzte Worauf des Vorgriffs in jedem Urteil notwendig mitbejaht, nicht unmittelbar intuitiv erkannt.

Bei Rahners Argumentation für das absolute Sein fehlt eine stichhaltige Begründung für die Annahme, die Weite des Vorgriffs müsse absolut uneingeschränkt sein. Allerdings darf Rahner, wie angemerkt, schon als begründet voraussetzen (142), daß das „Ganze" aller mögli-

---

24   Kap. 1.1.2.6.
25   Kap. 1.1.2.1.

chen Gegenstände, von dem her allein sich die Begrenztheit der einzelnen Gegenstände erfahren läßt (117), das unendliche Sein und deshalb auch das absolute Sein notwendig einschließt (144–146).

An dieser Stelle ist es nun auch angebracht, die Begriffe „unendliches Sein" und „absolutes Sein" bei Rahner zu klären. Der Unendlichkeit des Seins nähert sich Rahner über die Unbegrenztheit. Während das endliche Sein in Raum und Zeit als ganzes zwar in gewissem Sinn quantitativ unbegrenzt ist, aber grundsätzlich durch die bestimmten Wesenheiten (formae, essentiae) der Seienden qualitativ begrenzt wird, ist unendliches Sein auch qualitativ völlig unbegrenzt. Es besagt qualitativ uneingeschränkte Fülle der Wirklichkeit, schlechthin unbegrenztes Sein. Absolutes Sein hingegen bedeutet traditionell zunächst das Sein, insofern es unbedingt und so vollkommen in sich selbst begründet ist. Absolutes Sein verdankt sich im Gegensatz zu jedem kontingenten (nicht-notwendigen) Sein keinerlei anderem Sein. Da das endliche Sein bedingt ist, kann das unbedingte, absolute Sein selbst nur unendlich sein. Absolutes Sein ist absolut uneingeschränktes (unendliches) Wirklichsein. Von daher bedeuten „unendliches Sein" und „absolutes Sein" bei Rahner intensional zunächst nicht dasselbe, fallen aber beide im „reinen" Sein, im absoluten unendlichen Wirklichsein, in Gott, zusammen und sind somit koextensiv.

1.1.2.9 Zusammenfassung und anthropologischer Ausblick

Unter Kapitel 1.1.2.2 und 1.1.2.3 wurde versucht, die Ontologie und die Semantik Rahners einigermaßen systematisch zu umreißen. An dieser Stelle seien nur noch einmal zum besseren Verständnis von Rahners Gesamttheorie seine drei wichtigsten erkenntnistheoretischen bzw. -metaphysischen Prinzipien bezüglich des „Vorgriffs" zusammengestellt.

(E.5) (vgl. E.3)[26] Jede menschliche Erkenntnis muß ihren Ausgang bei der sinnlich gegebenen Wirklichkeit, bei der Sinnlichkeit, nehmen (conversio ad phantasma).

---

26 Kap. 1.1.2.4.

(E.6) Mögliches läßt sich nur vom Wirklichen her erkennen.

(E.7) (= E.4)[27] Bedingung der Möglichkeit für die Erkenntnis des Gegenständlichen, Endlichen und Seienden als solchen ist die Erkenntnis des Unendlichen, die Erkenntnis des Seins.[28]

Die beiden ersten Erkenntnisprinzipien sind Thomas direkt verpflichtet, das dritte stellt Rahners transzendentale Wendung des thomanischen real-ontologischen Grundprinzips dar, demzufolge die Realität des begrenzten Seienden die Realität eines unbegrenzten absoluten Seins fordert (143). Diese drei Prinzipien stützen das gesamte Rahnersche Gedankengebäude um den „Vorgriff" und halten es zusammen. Rahners transzendentale Deduktion des „Vorgriffs" auf das Sein läßt sich als Entfaltung dieser drei Prinzipien, insbesondere natürlich des letzten, verstehen.

Der Übersicht halber sei diese ganze komplexe Deduktion noch einmal komprimiert in fünf Schritten wiedergegeben.

1. Ein Urteil besteht nicht nur in einer begrifflichen Synthese (konkretisierende Synthesis), sondern auch in einer Behauptung mit Wahrheitsanspruch (affirmative Synthesis). Es wird beansprucht, daß die Begriffe (die Wesensbestimmungen) dem Subjekt, von dem sie ausgesagt werden, an sich zukommen, d.h. unabhängig vom Urteil und vom Urteilenden. Der Bezug zum „Ansich" ist dem Urteil wesentlich. Auf der allerersten, noch gegenständlichen Ebene handelt es sich bei dem „Ansich" um das konkrete reale Seiende, aufgefaßt als einzelnes Ding mitsamt seinen Bestimmungen.

2. Die verschiedenen Wesensbestimmungen werden im einzelnen Seienden durch sein konkretes Sein zur Wirklichkeit gebracht und zu einer einzigen Wirklichkeit geeint. Diese Einheit macht die Synthesis „an sich" aus, die in der affirmativen Synthesis des Urteils nachvollzogen wird. Der Vorgriff auf das konkrete, durch die forma des Seienden beschränkte Sein ist daher Bedingung der Möglichkeit des Urteilens (als Vollzug, als Handlung).

---

27 Kap. 1.1.2.4.

28 Auch (E.7) wird hier als „Prinzip" bei Rahner eingestuft, weil Rahner es, wie gleich noch erhärtet wird, nicht streng logisch aus anderen Prinzipien ableitet, sondern im Grunde doch immer wieder schon voraussetzt. (Z.B. GW 116.126)

3. In jedem Urteil wird dasselbe Sein angezielt und mitbejaht. Jedes Urteil geht über das konkrete, beschränkte Sein des betreffenden Seienden hinaus und greift auf das Sein schlechthin, auf das esse „commune" vor. Dieses gemeinsame esse ist an sich uneingeschränkt, aber durch die Washeiten in den Seienden prinzipiell einschränkbar und somit nicht-absolut.

4. Der Vorgriff geht auf das unendliche Sein. Die gegenteilige Annahme wäre zwar begrifflich denkbar, aber innerlich nicht vollziehbar. Denn die Erkenntnis und Bejahung des endlichen Seins als eines endlichen ist nur von der Bejahung eines Unendlichen her möglich, das nicht das Nichts, sondern nur das unendliche Sein selbst sein kann.

5. Da der Vorgriff in seiner Weite alle möglichen Gegenstände überhaupt umfaßt, auch die Gegenstände zweiter Ordnung, und insofern absolut uneingeschränkt ist, wird in ihm auch die Wirklichkeit Gottes als die des absoluten Seins mitbejaht, wenn auch nicht unmittelbar angeschaut.

Argumentativ und analytisch können Rahners Übergänge bei den einzelnen Schritten, wie im einzelnen dargetan, nicht ganz überzeugen. Dafür gibt es eine prinzipielle methodologische Erklärung. Die Übergänge können a priori rein begrifflich-argumentativ deshalb nicht zufriedenstellen, weil – Kantisch ausgedrückt und stark simplifiziert – im Begriff des jeweils Bedingten der Begriff der entsprechenden Bedingung nicht schon enthalten ist. So enthält beispielsweise der Begriff des Urteils als solches noch nicht den des Seins, und der des konkreten Seins nicht den des esse „commune" usw. Mit jedem Schritt seiner transzendentalen Deduktion sagt Rahner etwas wirklich Neues, spricht er eine neue, tiefere metaphysische Ebene an, die in der vorhergehenden schon wirklich mitschwingt, sich aber aus der vorhergehenden nicht streng logisch-begrifflich deduzieren läßt.[29] Rahners gesamter Gedankengang ist adäquat eben nur als transzendentale oder transzendental-philosophische Erkenntnisbewegung zu verstehen.[30] Ausgehend vom Phänomen des Urteils dringt Rahner in immer tiefere metaphysische Dimensionen bis zum absoluten Sein

29 Vgl. Muck [1994] 269.
30 Siehe Muck [1964] 197–211. Näheres zur transzendentalen Methode in Kap. 1.1.3.1.

vor. „Logisch", d.h. transzendental-logisch, sind die Dimensionen nur dadurch miteinander verbunden, daß der Vorgriff auf die jeweils tiefere Dimension den Vorgriff auf die vorausliegende Dimension bedingt und ermöglicht. Was Rahner mit seiner transzendentalen Deduktion nachzuweisen beabsichtigt, läßt sich ‚schlicht' so zusammenfassen: Bereits dann, wenn der Mensch als erkennendes Subjekt ein einzelnes Urteil vollzieht und darin gegenständlich erkennt, tut er das im Horizont des Seins, letztlich des absoluten Seins.

Außer der erkenntnismetaphysischen Bedeutung des Vorgriffs, Bedingung der Möglichkeit jeglicher gegenständlicher Erkenntnis für den Menschen zu sein, spricht Rahner in „Geist in Welt" auch schon die anthropologische Bedeutung des Vorgriffs für den Menschen an (GW 146f.298–300). Die „menschliche Erkenntnis ist als vorgreifende auf das schlechthin Unendliche ausgerichtet" (146). Darum ist der Mensch „Geist" (146). Der Mensch hat dieses Unendliche jedoch immer nur im Vorgriff. Darum ist er „endlicher Geist" (146). „Der Mensch ist Geist, weil er sich vor das an sich unendliche Sein im Ganzen gestellt findet. Er ist endlich, weil er dieses Unendliche nur in der schlechthin ungegrenzten Weite seines Vorgriffs hat." (146) Der Vorgriff auf das Sein konstituiert also Rahner zufolge die menschliche Geistigkeit. Er macht den Menschen zum Geist, der für das Unendliche offen, selber aber endlich ist.

Im Vorgriff ist der Mensch wesentlich auf das Unendliche und auf das Endliche bezogen; auf das Unendliche insofern, als er im Vorgriff auf das unendliche Sein selbst vorgreift; auf das Endliche insofern, als er den Vorgriff auf das Sein nur in der gegenständlichen Erkenntnis des sinnlich Gegebenen, des Endlichen und des Seienden mitvollziehen, nie aber für sich allein vollziehen kann. Nun ist für Rahner der Inbegriff und das Ganze des Endlichen und Seienden die „Welt" – die Welt allerdings nicht in ihrem „geistlosen" Ansich, sondern die Welt, in die sich der Geist des Menschen schon hineinbegeben hat, die „durch das Licht des Geistes" überformt ist und in der der Mensch sich immer schon selber sieht (300). Daher ist für Rahner der Mensch als Geist aufgrund seiner erkenntnismetaphysischen Konstitution einerseits wesentlich auf die Welt, andererseits wesentlich auf den unendlichen Gott bezogen. Der Mensch ist unendlich offener „Geist in Welt". Er ist „wesentlich zweideutig. Er ist immer in die Welt verwiesen und ist immer schon über sie hinaus." (299) Wenn der Mensch „nach seinem Wesen fragt, findet er sich immer schon in der Welt und unterwegs zu Gott, und dieses beide ist er zumal, und kann keines ohne das andere sein." (299) Als geistiges Wesen steht der Mensch grundsätzlich in der Spannung zwischen endlicher Welt und unendlichem Gott. Der Mensch ist, so Rahner noch einmal, „die schwebende Mitte zwischen der Welt und Gott, zwischen Zeit und Ewigkeit, und diese Grenzlinie ist der Ort seiner Bestimmung und seines Schicksals" (300).[31]

Im Ausblick auf die anthropologische Bedeutung des „Vorgriffs" nimmt Rahner im letzten Abschnitt von „Geist in Welt" bereits die Grundgedanken seines nächsten großen Werkes, „Hörer des Wortes", programmatisch vorweg (300). Weil der Mensch einerseits kraft seines Geistes grundsätzlich offen ist für das unendliche Sein und den unendlichen Gott und weil er andererseits grundsätzlich auf die endliche Welt verwiesen ist, in der ihm Gott verborgen und unbekannt ist, kann er in seiner endlichen Welt [und ihrer Geschichte] auf ein etwaiges Wort Gottes horchen, in dem sich ihm Gott selbst offenbart.

Der „Vorgriff" auf das Sein ist der unmittelbare Vorläufer des ausdrücklichen Transzendenzbegriffes von Rahner. Bemerkenswert ist daran, welche Dynamik ihm Rahner von vornherein in „Geist in Welt" beimißt. Denn den Vorgriff selbst legt er von Anfang an als dynamische „Hinbewegung des Geistes" auf das Ganze seiner möglichen Gegenstände aus (GW 117; vgl. 146) und das Worauf des Vorgriffs, das Sein, läßt er dynamisch „zwischen nichts und unendlich" oszillieren (129) und sich in immer neuen, tieferen Dimensionen erschließen. Die Dynamik des Vorgriffs und die Dynamik des Seins ergänzen und entsprechen dabei einander wie die subjektive und die objektive Seite ein und derselben Bewegung. Damit integriert Rahner den Erkenntnisdynamismus Maréchals von Anfang an in seine eigene Transzendenztheorie. Die Transzendenz gilt ihm von vornherein nicht als statisches Offensein des Menschen für Gott, sondern als dessen dynamische Hinbewegung auf Gott.

---

31 Vgl. XIII 244.

1.1.3 Die „Transzendenz" des Menschen in „Hörer des Wortes"

In „Geist in Welt", 1936, hatte sich Rahner ausgehend von Thomas von Aquin vor allem die Grundlagen seiner Erkenntnistheorie und Erkenntnismetaphysik erarbeitet. Mit „Hörer des Wortes" – der 15-stündigen Vorlesung, die er im August 1937 auf den Salzburger Hochschulwochen hielt[32] – schuf er die Grundlagen für seine Anthropologie, Religionsphilosophie und Fundamentaltheologie.

Über den „Vorgriff" führt Rahner im fünften von den 15 Kapiteln den Begriff der „Transzendenz" im einschlägigen anthropologischen Sinn ein. Danach bedeutet die Transzendenz des Menschen seine wesenhafte dynamische Offenheit für das Sein und für Gott. Rahners Transzendenzbegriff soll hier in seinem jeweiligen Kontext in „Hörer des Wortes" (Kapitel 1.1.3.1 und 1.1.3.3) nach seiner Erkenntnisseite hin (Kapitel 1.1.3.2) und nach seiner Willensseite hin (Kapitel 1.1.3.4) untersucht werden.

1.1.3.1 Der systematische Kontext der „Transzendenz auf das absolute Sein"[33]

In „Hörer des Wortes" geht es Rahner um eine metaphysische Anthropologie, die zur Grundlegung einer Religionsphilosophie dienen soll. Rahner möchte vor allem das Wesen des Menschen bestimmen. Für ihn ist der Mensch allererst Geist. Die Geistigkeit des Menschen besteht in seiner Offenheit für das Sein, in seiner Transzendenz. Wie in „Geist in Welt" der „Vorgriff" so ist in „Hörer des Wortes" die „Transzendenz" in der Nachfolge des „Vorgriffs" für Rahner das Wesensmerkmal des endlichen menschlichen Geistes schlechthin.

Der Mensch ist ein geistiges Wesen und zugleich ein sinnliches, ein materielles und ein geschichtliches Wesen. Nach Rahner vollzieht der Mensch seine Geistigkeit in seiner Sinnlichkeit, seiner Materialität und seiner Geschichtlichkeit. Geistigkeit und Materialität bzw.

---

32 Z.B. Zahlauer [1996] 154f.
33 Eine ausführliche Zusammenfassung des Gedankenganges von „Hörer des Wortes" findet sich bei Gmainer-Pranzl [1996] 25–40.

Geschichtlichkeit gehören daher beim Menschen notwendig zusammen und bilden eine wirkliche Einheit.

Die Sinnlichkeit ist gemäß Rahner das rezeptive Erkenntnisvermögen des Menschen als eines materiellen Seienden. In ihr zeigt sich dem Menschen der andere Gegenstand von sich her in seinem Selbst. Die Materialität ist für den Geist des Menschen das notwendige andere. Der menschliche Geist ist nur bei sich, indem er bei der Materie als dem anderen ist. Die Geschichtlichkeit des Menschen ergibt sich allein schon aus seiner Raumzeitlichkeit, die ihrerseits aus der Materialität resultiert, und aus seiner „Vielheit", d.h. seiner Gemeinschaftlichkeit. Der Mensch kann sein geistiges Wesen nur in der Geschichte realisieren und ist auf die konkrete Geschichte verwiesen.

Da der Mensch einerseits als geistiges Wesen offen ist für Sein und somit auch für das absolute Sein, für Gott – der sich grundsätzlich in Freiheit und Liebe dem Menschen geschichtlich offenbaren kann – und andererseits als geschichtliches Wesen auf die konkrete Geschichte verwiesen ist, ist der Mensch Rahner zufolge das Wesen der potentia oboedientialis für Offenbarung. D.h., der Mensch hat die Fähigkeit, einer möglichen Offenbarung Gottes in seiner Geschichte zu gehorchen; ja er muß nach einer möglichen Offenbarung Gottes in seiner Geschichte Ausschau halten. Daß der Mensch das Wesen der potentia oboedientialis für Offenbarung ist, ist die anthropologische und religionsphilosophische Grundthese Rahners in „Hörer des Wortes". Diese These sucht er zu entfalten und zu begründen.

Alle soeben erwähnten wichtigen anthropologischen Begriffe werden später noch eingehend behandelt: die Geistigkeit insbesondere in Kapitel 1.3[34], die metaphysische Sinnlichkeit in Kapitel 1.3.1, die Materialität in Kapitel 1.3.2 und die Geschichtlichkeit und die potentia oboedientialis in Kapitel 1.3.3. Es soll daher an dieser Stelle nur noch in Kürze dargelegt werden, welche Überlegungen Rahners Einführung des Transzendenzbegriffs in „Hörer des Wortes" vorausgehen.

---

34 Sachlich fällt freilich bei Rahner die Geistigkeit weitgehend mit der Transzendenz und der Transzendentalität des Menschen zusammen und ist mithin Thema von Kap. 1.1 bis Kap. 3.2.

Rahner möchte die potentia oboedientialis des Menschen für Offenbarung klären. Dazu muß er zunächst nachweisen, daß und inwiefern Offenbarung überhaupt grundsätzlich möglich ist. Den Nachweis führt er im II. Teil seines Werkes, unter dem Titel „Die Offenheit des Seins und des Menschen" (HW 42–87). Entsprechend dem Subjekt der Offenbarung – dem sich offenbarenden Gott – und dem Adressaten der Offenbarung – dem vernehmenden Menschen – begründet Rahner in einem ersten Schritt, weshalb Offenbarung überhaupt von Gott her grundsätzlich möglich ist, bevor er in einem zweiten Schritt ausführt, was Offenbarung dann auch vom Menschen her prinzipiell ermöglicht. Der erste Schritt führt in Rahners Klassifikation zum „ersten Satz einer allgemeinen Ontologie":

(O.1) Das Wesen des Seins ist Erkennen und Erkanntsein in einer ursprünglichen Einheit, die wir das Beisichsein oder die Gelichtetheit des Seins nennen wollen. (50)[35]

Der zweite Schritt führt dann dementsprechend zum „ersten Satz einer metaphysischen Anthropologie":

(A.1) Das Wesen des Menschen … ist absolute Offenheit für alles Sein,…, der Mensch ist Geist. (50)[36]

Am ersten ontologischen Satz (O.1) kommt nach Rahner zum Ausdruck, daß eine Religionsphilosophie, die metaphysische Anthropologie sein will, Metaphysik notwendigerweise in sich einschließt (vgl. 44). Ausgangspunkt seiner metaphysischen bzw. transzendental-philosophischen Überlegungen ist nicht wie in „Geist in Welt" das Urteil, sondern die Seinsfrage des Menschen (HW 44–46).[37] Der Mensch fragt notwendig nach dem Sein des Seienden, nach dem Sein überhaupt. Diese Frage impliziert Rahner zufolge ein Zweifaches:

1. Zum einen muß das Sein dem Menschen in gewissem Sinn schon bekannt sein, sonst würde und könnte er nicht danach fragen (50f). Das bedeutet aber, daß das Sein prinzipiell erkennbar und wesensnotwendig auf ein Erkennendes bzw. Erkennen bezogen ist. Aus der wesensnotwendigen Korrelativität von Sein und Erkennen

---

35   Zu (O.1) siehe auch Kap. 1.3.1.1.
36   Satz (A.1) ist die metaphysisch-anthropologische Entsprechung in „Hörer des Wortes" zum erkenntnistheoretischen Prinzip (E.4) bzw. (E.7) von „Geist in Welt" (Kap. 1.1.2.4 bzw. 1.1.2.9).
37   Vgl. Heidegger [{1927}1963]. Siehe Muck [1994] 263.

schließt Rahner auf die ursprüngliche Einheit der beiden und charakterisiert Erkennen als Beisichsein oder Selbstbesitz des Seins (51f).

Rahner leitet also in einer transzendentalen Deduktion aus der Seinsfrage die letzte metaphysische Eigenart des Erkennens ab. Unter analytischer Rücksicht können wiederum einige Schritte der Deduktion problematisch erscheinen:

a) Bereits der Ausgangspunkt scheint terminologisch problematisch. Denn in welchem Sinn stellt der Mensch die Frage nach dem Sein oder ist gar selbst die Frage nach dem Sein?[38] – Dieses Problem klärt sich sogleich, wenn man berücksichtigt, wie Rahner den Begriff der „Seinsfrage" einführt. Rahner versteht unter der notwendigen Seinsfrage des Menschen den Umstand, daß der Mensch wissen will, „was alles, zumal in seiner Einheit, in der ihm alles schon immer begegnet, sei", daß der Mensch „nach den letzten Hintergründen, nach dem einen Grund aller Dinge" fragt, daß der Mensch vielleicht in einer Art Götzendienst ein Seiendes verabsolutiert und zum Sein macht, „zum Mittelpunkt alles dessen, was ihn umgibt und was er ist", erklärt (44f). Die Seinsfrage ist demnach bei Rahner nicht in einem engen ontologischen Sinn, sondern in einem weiten metaphysischen bzw. existentiellen Sinn zu begreifen als Frage nach dem Sinn und dem Zusammenhang des Ganzen und innerhalb dessen nach der Bedeutsamkeit, der Über- und Unter-, Vor- und Nachordnung des Einzelnen.

b) Sachlich fragwürdig mag als nächstes der Schritt von einer gewissen notwendigen Bekanntheit des Seins zur prinzipiellen Erkennbarkeit alles Seienden erscheinen.

c) Auch der transzendental-logische „Schluß" von der prinzipiellen Erkennbarkeit – verstanden als das passive Vermögen, grundsätzlich erkannt werden zu können – auf das Erkennen – verstanden als das aktive Vermögen, prinzipiell erkennen zu können, insbesondere sich selbst erkennen zu können – wirft analytisch ein Problem auf.

Rahners Gedankengang ist wiederum nur nachvollziehbar, wenn er adäquat als transzendentale und nicht als logische Deduktion aufgefaßt wird.

2. Zum anderen impliziert die Seinsfrage des Menschen, daß für den Menschen das Sein auch etwas Fragliches und Unerkanntes ist

---

38   Siehe dazu auch Kap. 1.2.2.2.

(60). Der Mensch ist daher nicht ganz Beisichsein des Seins, er ist
Sein und Nichtsein zugleich, er „ist in seinem innersten Seinsgrund
schwach" (61). Das bedeutet allgemein: Der erste ontologische Satz
(O.1) gilt von Gott als dem reinen Sein absolut, vom Seienden aber
nur analog; der Seinsbegriff selbst ist analog.[39] Wie in „Geist in Welt"
Rahner den Grad der Seinsmächtigkeit der einzelnen Seienden mit
der jeweiligen Wesenheit (forma), die die unbegrenzte Fülle des
Seins im betreffenden Seienden beschränkt, variieren läßt, so stuft er
die einzelnen Seienden in „Hörer des Wortes" nach ihrer Seinsmächtigkeit ab, baut aber diesen Gedanken (O.1) gemäß erkenntnismetaphysisch aus: Das einzelne Seiende ist oder hat mehr oder
weniger Sein; dem Grad seiner Seinsmächtigkeit entspricht der Grad
seiner Erkenntnismächtigkeit, also der Grad, in dem es sich selber
besitzt und für sich selbst gelichtet ist.

Nach Rahner – so läßt sich die transzendentale Reflexion in diesem Abschnitt zusammenfassen – beinhaltet also die Seinsfrage des
Menschen einerseits die letzte und ursprüngliche Einheit von Sein
und Erkennen (= 3. Kapitel von HW) und andererseits die Analogie
des Seins (= 4. Kapitel von HW). An dieser transzendentalen Deduktion in „Hörer des Wortes" tritt nunmehr noch deutlicher als in
„Geist in Welt" die Struktur der transzendentalen Methode Rahners
und der transzendentalen Methode in der neueren Scholastik überhaupt hervor.[40]
Als Ansatz, Einstieg oder Ausgangspunkt der transzendentalen
Deduktion dient ein bestimmtes Phänomen (Einfluß der Phänomenologie), näherhin eine menschliche Grunderfahrung, ein menschlicher
Vollzug (Einfluß der Existenzanalyse): hier das menschliche Fragen
nach dem Sein. Am Ausgangsphänomen zeigen sich unterschiedliche
Momente, die miteinander in Spannung stehen können (Grundsatz
der Anfangsantinomie[41]) und die daher die transzendentale Analyse
vorantreiben und nach einer Lösung verlangen: hier etwa die Spannung zwischen der Fragbarkeit (Wissen) und der Fraglichkeit (Nicht-

---

39   Vgl. GW 241.
40   Siehe zum folgenden Muck [1964] 197–211, insbesondere 202–207, und
     273–302.
41   Muck [1964] 204.205f.290f.

Wissen) des Seins für den Menschen. Die Lösung wird gesucht, indem nach den Bedingungen der Möglichkeit des gegenstandsgerichteten Vollzugs im Subjekt gefragt wird (Grundsatz der Möglichkeitsbedingungen[42]). Dabei konzentriert sich die transzendentale Reflexion zunächst auf ein Moment (hier die Fragbarkeit des Seins) unter Absehung aller anderen Momente des Ausgangsphänomens (Grundsatz der Abstraktion[43]). Ist ein bestimmtes Ergebnis erreicht (hier die Einheit von Sein und Erkennen, die Gelichtetheit des Seins), so wird erneut auf den Ausgangspunkt zurückgegriffen (Grundsatz der Integration[44]), um die Möglichkeitsbedingungen auch der anderen Momente oder Aspekte zu erfassen und sich so durch „konkrete Spekulation"[45] in einem hermeneutischen Zirkel[46] einer umfassenden transzendentalen Erklärung des Ausgangsphänomens anzunähern. So stößt Rahner im Laufe der transzendentalen Deduktion in „Hörer des Wortes" zur Analogie des Seins und der Endlichkeit des menschlichen Erkennens (HW 65), aber auch zur Transzendenz des Absoluten (vgl. HW 93) vor.

Mit dem ersten ontologischen Satz (O.1) ist nach Rahner die erste Möglichkeitsbedingung für Offenbarung artikuliert. Weil Sein grundsätzlich gelichtet und daher grundsätzlich mitteilbar und aussagbar ist, kann Jesus Christus als „der fleischgewordene Logos im Worte sagen, was in den Tiefen der Gottheit verborgen liegt" (67). Nun muß Rahner im genannten zweiten Schritt nachweisen, daß Offenbarung auch auf seiten des Menschen grundsätzlich möglich ist. Er muß, mit anderen Worten, zu seinem ersten anthropologischen Satz (A.1) hinführen, demzufolge der Mensch prinzipiell offen ist für Sein. Dazu prägt er als erstes den Begriff der „Insichselberständigkeit" (69–72). In diesem Begriff spiegelt sich bei ihm der thomanische Begriff der reditio completa subjecti in se ipsum wider, den er in „Geist in Welt" ausführlich behandelt hatte. Dahinter steht der Gedanke: Erst indem der Mensch kraft seiner Intellektualität oder seiner Geistigkeit das

---

42   Muck [1964] 205.207.291.
43   Muck [1964] 206.286.
44   Muck [1964] 206f.286.
45   Muck [1964] 207.
46   Vgl. Muck [1994] 262–265.

sinnlich Erkannte vergegenständlicht und erst indem er im Urteil den Erkenntnisgegenstand in seinem Ansich intendiert, vermag er sich vom Erkenntnisgegenstand als dem anderen abzusetzen und so zu sich selber vollkommen zurückzukehren; erst durch die Vergegenständlichung des sinnlich Gegebenen weiß sich der Mensch als insichselberständig. Rahner fragt nun nach der transzendentalen Bedingung der Möglichkeit dieser Insichselberständigkeit des Menschen. Damit leitet er im engeren Sinn den Aufweis der menschlichen Transzendenz ein, die er zunächst noch wie in „Geist in Welt" den „Vorgriff" nennt. Da er beim Aufweis in „Hörer des Wortes"[47] im Grunde nur seine Deduktion des Vorgriffs von „Geist in Welt" in einigen wichtigen Punkten, wenn auch leicht modifiziert, zusammenfaßt, wird hier, um unnötige Wiederholungen zu vermeiden, sogleich sein Transzendenzbegriff erörtert.

1.1.3.2 Die Erkenntnis-Seite der Transzendenz

Rahner erläutert den Transzendenzbegriff, indem er analog zu „Geist in Welt" als erstes den „Vorgriff" als solchen näher bestimmt, bevor er klärt, worauf der Vorgriff hinzielt (HW 77–83). Die Bestimmungen des Vorgriffs sind inhaltlich bereits aus „Geist in Welt" bekannt, gewinnen aber teilweise ein noch stärkeres Profil. Sie gruppieren sich um vier zentrale Begriffe: 1. Vermögen, 2. Bewegung, 3. Horizont und 4. Moment.
1. Der Vorgriff ist ein grundlegendes menschliches Vermögen und gehört apriori zum Wesen des Menschen (77).[48]
2. Er ist eine „dynamische Hinbewegung" des menschlichen Geistes auf die absolute Weite aller möglichen Gegenstände, in der die Einzelgegenstände „gleichsam als Einzeletappen dieser Zielbewegung" ergriffen und erfaßt werden (77).[49]
3. Er ist „die bewußtmachende Eröffnung des Horizontes, innerhalb dessen das einzelne Objekt der menschlichen Erkenntnis gewußt wird" (77). Daher kann sein „Gegenstand" nicht selbst ein Einzel-

---

47   HW 73–77.
48   Vgl. GW 146.
49   Vgl. GW 117.146; Gk 43.

gegenstand sein. Denn dies würde wiederum den Vorgriff voraussetzen (78). Sein „Gegenstand" ist das Ganze, der Horizont selbst.[50] 4. Er ist „nicht für sich allein ein Erkenntnisakt, sondern ein Moment an einem Erkenntnisakt, der als solcher auf ein einzelnes Objekt geht" (78).

Der Vorgriff des Menschen richtet sich auf das Sein selbst (81). In „Hörer des Wortes" setzt sich Rahner diesbezüglich noch ausdrücklicher als in „Geist in Welt" gegen Kant und Heidegger ab (79–81). Heidegger zufolge geht der Vorgriff auf das Nichts. Rahners Gegenargumentation in „Hörer des Wortes" läßt sich in einer etwas freieren Interpretation folgendermaßen wiedergeben (79f): In der Erkenntnis des Endlichen als Endlichen wird das Endliche in gewissem Sinn verneint. Es wird verneint, daß es unendlich ist. Die entscheidende Frage ist, ob die Bedingung der Möglichkeit dieser Verneinung in einem negativen Vorgriff auf das Nichts oder in einem positiven Vorgriff auf das Sein zu suchen ist. Nach Rahner kann nur die (positive) Bejahung der Unendlichkeit die Verneinung des Endlichen bedingen. Denn die Verneinung setzt die Bejahung voraus, nicht umgekehrt. Das Nein lebt vom Ja. Rahners Argumentation ist jedoch nicht bloß und nicht eigentlich abstrakt. Sein erstes und ausschlaggebendes Argument bezieht sich auf die Positivität, die bereits konkret in der endlichen Erkenntnis als solcher vorliegt. So schreibt Rahner gleich eingangs: „Die menschliche Erkenntnis geht doch mindestens zunächst einmal auf das Seiende und somit auf das Ja." (79)

Diese Argumentation Rahners, mit der er von Heidegger abrückt, wirft im nachhinein noch einmal Licht auf seine entsprechende Argumentation in „Geist in Welt": Der Vorgriff kann sich auch deshalb nicht im Nichts verlieren, weil in ihm das Worauf wirklich in seinem positiven Sein *bejaht* wird (GW 145).[51]

Kant zufolge beschränkt sich das menschliche Begreifen bzw. der menschliche Vorgriff auf die raumzeitliche sinnliche Anschauung. Gegen Kant argumentiert Rahner mithilfe des Begriffs der „Ungegrenztheit" (HW 80f). Bei Kant ziele der Vorgriff auf eine „relative Ungegrenztheit", nicht aber auf eine „schlechthinnige Ungegrenzt-

---

50 Auch der einschlägige Terminus „Horizont" kommt schon in „Geist in Welt" vor: GW 118f. Siehe dazu Kap. 2.1.3.2.
51 Kap. 1.1.2.7.

heit" (80). Was Rahner dabei mit dem Begriff der „relativen Ungegrenztheit" meint, läßt sich, wie es schon bei „Geist in Welt" geschehen ist, mit dem Begriff der „Unbegrenztheit" wiedergeben,
während sein Begriff der „schlechthinnigen Ungegrenztheit" mit dem
der „Unendlichkeit" übereinstimmt. Der Mensch vermag dank seiner
an sich unbegrenzten Anschauungsformen von Raum und Zeit jedes
Seiende in seiner raumzeitlichen Begrenztheit zu erkennen, nicht
aber in seiner Endlichkeit, die anderes und mehr besagt als bloße
raumzeitliche Begrenzung. Der Mensch durchschaut nach Rahner die
innere Endlichkeit der Totalität der Gegenstände; er erfaßt die Endlichkeit als solche und übersteigt damit jedes endliche Seiende auf
das unendliche Sein hin, die Endlichkeit auf Unendlichkeit hin (81).

Was Rahner positiv unter der Unendlichkeit des Seins im Gegensatz zur Kantischen Unbegrenztheit von Raum und Zeit genauer
versteht, führt er in „Hörer des Wortes" allerdings nicht aus. Einen
wichtigen Hinweis gibt jedoch der Begriff „absolut" in dem Ausdruck
von der „absoluten Weite" oder „absoluten Totalität" aller möglichen
Gegenstände (76.78). Für Rahner schwingt in dem Begriff der „Unendlichkeit" des Seins von vornherein der Begriff der „Absolutheit",
also der Unbedingtheit, mit. Er setzt damit die vollständige transzendentale Deduktion des Vorgriffs aus „Geist in Welt" voraus. Das
bestätigt sich auch in der bruchlosen Art und Weise, in der er im
Zusammenhang des Vorgriffs jeweils vom Sein überhaupt oder vom
unendlichen Sein überleitet zum absoluten Sein Gottes. So läßt er das
absolute Sein Gottes im Sein überhaupt einfach eingeschlossen (79)
bzw. im Vorgriff auf das Sein schon selbstverständlich mitbejaht sein
(81f).

Auch später hat für Rahner der Begriff der Endlichkeit in erster
Linie die Bedeutung von Bedingtheit. Der Mensch erfährt sich in
seiner Transzendenz als endlich zum einen, insofern er bedingt ist
durch das Absolute, das seine Transzendenz überhaupt erst eröffnet,
und zum anderen, insofern er bedingt ist durch das Aposteriorische.
Um zu sich selbst zu kommen, ist der Mensch auf die anderen aposteriorischen Gegenstände angewiesen, die sich ihm von sich her
zeigen oder verweigern und über die er nicht Herr ist.[52]

52   Z.B. IX 99.

Bei der Auseinandersetzung mit Heidegger geht Rahner erstmals vom Ausdruck „Vorgriff" zum Ausdruck „Transzendenz" über (79). Die beiden Termini haben für ihn in „Hörer des Wortes" dieselbe Bedeutung (79–86). Ausdrücklich setzt er die beiden gleich: „Der Vorgriff ist die Transzendenz des Geistes, der Überstieg des Geistes ..." (180).[53] Rahner entlehnt den Terminus „Transzendenz" unmittelbar von Heidegger[54], deutet ihn aber um. Während er bei Heidegger eine Art Vorverständnis (oder auch schon gewisse Offenheit) des Menschen für das Sein besagt, letztlich und eigentlich aber auf das Nichts geht (79)[55], läßt Rahner die Transzendenz wirklich das Sein (z.B. 85.89f), letztlich das unendliche absolute Sein Gottes erreichen. Die Transzendenz bedeutet ihm „die absolute Offenheit" des Menschen „für das Sein schlechthin" bzw. „auf das Sein überhaupt", die „Offenheit zu Gott" (85), wobei diese Offenheit dynamisch aufzufassen ist,

---

53 Nach abendländischer Tradition übersteigt der Mensch in der „Transzendenz" (von „transcendere" = überschreiten, übersteigen) die unmittelbarsinnlich gegebene Wirklichkeit auf eine andere Wirklichkeit hin. Für Platon war jene transzendente Wirklichkeit der Bereich der Ideen, den die Idee des Guten ihrerseits transzendierte. Im christlichen Neuplatonismus wie später im christlichen Mittelalter galt der personale Gott als die der Welt schlechthin transzendente Wirklichkeit. In dieser Tradition forderte Augustinus den Menschen auf, sich zu übersteigen („transcende te ipsum"), zu Gott aufzusteigen, und auch Pascal stellte fest: der Mensch übersteigt unendlich den Menschen. In der Neuzeit unterschied Kant zwischen dem streng unerkennbaren Transzendenten und dem erkennbaren Transzendentalen (als Bedingung der Möglichkeit von Erkenntnis). Für Heidegger gelangte der Mensch in seinem Überstieg über das Seiende nur zur Welt bzw. zum Nichts.
Siehe dazu „Transzendenz" von E. Simons in Krings u.a. III [1974] 1540–1556 und „Transzendent, Transzendenz" von K. Schanné in Ricken [1984] 213.
54 Z.B. Heidegger [{1929}1976] 137–142.
55 Während Heidegger im Text „Vom Wesen des Grundes" die *Transzendenz* des Menschen als In-der-*Welt*-sein bestimmt (Heidegger [{1929}1976] 139f), definiert er sie in „Was ist Metaphysik?" geradezu vom *Nichts* her: „Die Hineingehaltenheit des Daseins in das Nichts auf dem Grunde der verborgenen Angst ist das Übersteigen des Seienden im Ganzen: die Transzendenz" (Heidegger [{1929}1976] 118). Vgl. Knoepffler [1993] 55.

insofern sich der Mensch dauernd nach dem Absoluten ausstreckt und zu Gott unterwegs ist (85).[56]

Trotz der Synonymität innerhalb von „Hörer des Wortes" zeichnet sich bereits mit der terminologischen Verschiebung vom „Vorgriff" zur „Transzendenz" ein Bedeutungswandel gegenüber „Geist in Welt" ab. In „Geist in Welt" stellt Rahner den „Vorgriff" direkt dem „Begriff" gegenüber und verleiht ihm damit als der Bedingung der Möglichkeit des Begreifens und Urteilens primär eine erkenntnismetaphysische Bedeutung. Dahingegen läßt er mit der „Transzendenz" in „Hörer des Wortes" ganz allgemein jenes Übersteigen alles Endlichen auf das Unendliche hin anklingen, das die gesamte „Grundverfassung des Menschen" ausmacht (85) und Bedingung der Möglichkeit nicht bloß des menschlichen Erkennens, sondern auch der „Taten" (85), d.h. des menschlichen Handelns, der menschlichen Freiheit ist. Kraft der Transzendenz kann der Mensch „frei sich zu sich selber verhalten und sein Schicksal bestimmen" (85).[57] Rahner erweitert und vertieft den Begriff von der Offenheit des Menschen für Sein in „Hörer des Wortes" gegenüber „Geist in Welt", so daß aus dem ursprünglich einseitig erkenntnismetaphysischen ein umfassender fundamental-anthropologischer Begriff wird.

In „Hörer des Wortes" führt Rahner den Transzendenz-Begriff zunächst in der verbalen Form ein, indem er fragt: „worauf *transzendiert* das menschliche vorgreifende Erkennen in der Erfassung seines Einzelobjektes?" (79 Hervorh. J.H.) Diese Form ist noch

---

56 Schon in „Geist in Welt" verwendet Rahner des öfteren den Ausdruck „Transzendenz" in bezug auf den Menschen – im Unterschied zur „Transzendenz" Gottes, die als Weltjenseitigkeit sich wiederum in einem relativen Gegensatz zu dessen Weltimmanenz befindet. Aber dieser Ausdruck hat noch nicht die spätere explizite und volle, einschlägige anthropologische Bedeutung der dynamischen Offenheit des Menschen für Sein. Die „Transzendenz" steht in „Geist in Welt" noch anfanghaft und etwas vage für den erkenntnismetaphysischen Sachverhalt, daß der Mensch in seiner Erkenntnis das sinnlich Gegebene und das einzeln und begrenzt Gegebene (geistig-intellektuell, aber ohne intellektuelle Anschauung) auf ein anderes übersteigt, und bleibt damit noch im Vorläufigen stecken. Der terminus technicus für das, was Rahner von „Hörer des Wortes" an unter der menschlichen Transzendenz versteht, ist in „Geist in Welt" in erster Linie im „Vorgriff" antizipiert.

57 Siehe dazu unten Kap. 1.1.3.4.

besser als die substantivische geeignet, die innere Logik oder Semantik des Begriffs aufzudecken. Es handelt sich um eine dreistellige Relation: jemand transzendiert etwas auf etwas/jemand hin. Der Mensch übersteigt das Seiende auf das Sein, das Endliche auf das Unendliche, die Welt auf Gott hin.

Beim Überstieg über das Endliche wird Gott weder unmittelbar in seinem Selbst wahrgenommen, noch gegenständlich – nach Art eines Einzelgegenstandes – gewußt. Vielmehr wird er als Bedingung der Möglichkeit einer jeden Einzelerkenntnis (und Einzelhandlung) mitbejaht und mitgewußt.[58] Erst die Transzendenz auf das Sein und Gott macht den Menschen zum Menschen und zeichnet ihn gegenüber und vor allen anderen Seienden aus (85). Die Transzendenz konstituiert nach Rahner den menschlichen Geist; die Geistigkeit des Menschen besteht in der dynamischen Offenheit für das Sein und für Gott: „Der Mensch ist Geist, d.h. er lebt sein Leben in einem dauernden Sichausstrecken nach dem Absoluten, in einer Offenheit zu Gott … Er ist dadurch allein Mensch, daß er immer schon auf dem Weg zu Gott ist, ob er es ausdrücklich weiß oder nicht, ob er es will oder nicht, denn er ist immer die unendliche Geöffnetheit des Endlichen für Gott." (85)

Mit dem Begriff des Geistes ist Rahner am Ende des II. Teils von „Hörer des Wortes", seinem Programm gemäß, beim ersten anthropologischen Satz (A.1) und insofern auch bei der ersten grundsätzlichen Bedingung der Möglichkeit für Offenbarung seitens des Menschen angelangt: Das Wesen des Menschen ist die absolute dynamische Offenheit für alles Sein, für Gott; der Mensch ist Geist (A.1). Eine Offenbarung Gottes ist somit grundsätzlich möglich; sie ist

---

58 Diese transzendentale Interpretation der Gotteserkenntnis stellt, wie Rahner selbst sagt, eine Wende von den traditionellen real-ontologischen Gottesbeweisen zur erkenntnismetaphysischen Gotteserkenntnis dar: Nicht die Existenz eines unendlichen Seins selber wird als Bedingung der Existenz von endlichen Seienden postuliert, sondern die Bejahung der Existenz eines absoluten Seins wird als Bedingung der Möglichkeit für die Bejahung der realen Endlichkeit eines Seienden aufgewiesen (HW 82f). Rahner verschiebt also gegenüber der Tradition den philosophischen Akzent des Gottesaufweises von der gegenständlichen Seite der Erkenntnis auf den Vollzug der Erkenntnis und die ihr immanente Bejahung: Man kann die Erkenntnis eines Endlichen nicht vollziehen, ohne im Vollzug das Unendliche notwendig (mit) zu bejahen. Vgl. GW 143.

objektiv – von seiten Gottes – möglich aufgrund der prinzipiellen
Offenheit und inneren Gelichtetheit des Seins [= Rahners erster
ontologischer Satz (O.1)]; und sie ist subjektiv – auf seiten des Menschen – möglich aufgrund der prinzipiellen Offenheit des Menschen
als eines endlichen Geistes für das unendliche, absolute Sein Gottes
(= A.1).

1.1.3.3 Der systematische Kontext der „Transzendenz auf den absoluten Wert"

Wie bei der epistemischen Transzendenz so soll auch bei der voluntativen zunächst der systematische Kontext in „Hörer des Wortes"
(Kapitel 1.1.3.3), sodann der Begriff selbst dargestellt werden (Kapitel 1.1.3.4).

Im III. Teil von „Hörer des Wortes", der mit „Die Verborgenheit
des Seins" überschrieben ist, möchte Rahner als erstes aufzeigen,
weshalb und inwiefern eine Offenbarung Gottes von seiten Gottes
nicht nur prinzipiell möglich, sondern für den Menschen überhaupt
nötig ist (HW 103–116). Aus der grundsätzlichen Offenheit des Seins
Gottes folgt noch nicht, daß das Sein Gottes dem Menschen schon
tatsächlich offenbar ist. Im Gegenteil. Das Sein Gottes ist dem Menschen – nach Rahner – ebenso wesentlich verborgen, wie es in sich
und für sich wesentlich offen und damit prinzipiell mitteilbar ist. Die
wesentliche Verborgenheit für den Menschen hat ihren Grund in der
Freiheit Gottes. Gott ist dem Menschen gegenüber grundsätzlich
frei, sich zu offenbaren oder verborgen zu halten, sich zu erschließen
oder zu verschließen, zu reden oder zu schweigen. Typisch für Rahners anthropologischen Ansatz ist bei seiner Überlegung die Weise,
wie er die Freiheit Gottes begründet. Er setzt sie nicht einfach nach
Art einer theologischen Prämisse fraglos voraus, sondern führt zu ihr
über die menschliche Grunderfahrung hin. Sein transzendentaler
Gedankengang ist sehr komplex und zerfällt obendrein in zwei separate Teile (103–116.119–127). Vereinfacht läßt er sich in fünf Thesen
wiedergeben.

(1) Das Sein ist für den Menschen wesentlich verborgen (93–95).

(2) Der Mensch muß das Sein in seiner inneren Gelichtetheit und seiner Verborgenheit für den Menschen bejahen (104f).

(3) Der Mensch kann das nur, indem er sein eigenes kontingentes Dasein absolut bejaht (105–107).

(4) Das ist dem Menschen wiederum nur möglich, indem er die freie absolute Setzung und Bejahung des Menschen durch Gott (in der Schöpfung) frei nach- und mitvollzieht (108–110. 123–127).

(5) Gott bzw. das absolute Sein ist freies Sein, ist Person (110).[59] Diese Thesen sind im einzelnen noch näher aufzuschlüsseln. Obwohl der Mensch dank seiner geistigen Transzendenz offen ist für das Sein und das Sein in sich und für sich gelichtet ist, ist für den Menschen das Sein dadurch noch nicht gelichtet und offenbar und so der Inhalt einer möglichen Wortoffenbarung Gottes auch noch nicht vorweggenommen [These (1)]. Denn der Mensch kann das Sein – entgegen der Annahme des Ontologismus und Rationalismus – nicht unmittelbar in seinem Selbst erfassen, sondern nur in seiner Erkenntnis des Endlichen mitbejahen (94.104).[60]

Der Vorgriff auf das Sein bzw. die Transzendenz ist nach Rahner für den Menschen Bedingung der Möglichkeit all seiner gegenständlichen, innerweltlichen Vollzüge. Von daher muß der Mensch gemäß These (2) in seiner Transzendenz das Sein, so wie es ihm gegeben ist, nämlich einerseits in seiner inneren Gelichtetheit und andererseits in seiner Verborgenheit für ihn bejahen (105). Das „Bejahen-Müssen" in Rahners These (2) ist in erster Linie metaphysisch, d.h. als eine metaphysische Notwendigkeit, zu verstehen. Würde der Mensch das Sein nicht bejahen, würde er seiner eigenen, ganz auf das Sein ausgerichteten geistigen Existenz die Grundlage entziehen. Das „Bejahen-Müssen" hat aber auch eine sittlich-voluntative Bedeutung. Das ermöglicht Rahner, zum zweiten Moment der menschlichen Transzendenz überzuleiten – dem Wollen als Ergänzung zum Erkennen (107–110). Das Bejahen und Wollen in der Transzendenz ist für den Menschen Bedingung der Möglichkeit seiner Erkenntnis des

---

59 Vgl. Gk 81–83.
60 Immer wieder wandte sich Rahner in seinen Schriften gegen jegliche Möglichkeit einer intellektuellen Anschauung des (absoluten) Seins (z.B. X 33). Diese Möglichkeit hatte er in der Tradition von Thomas (und Maréchal) bereits in „Geist in Welt" ein für allemal ausgeschlossen. (Z.B. GW 143)

Seins (108), wie auch umgekehrt das Erkennen das Wollen bedingt
(127f).

Zu These (3) gelangt Rahner in vier Schritten.

(a) Der Mensch kann das Sein nur bejahen, insofern er sein Dasein
bejaht (105).

(b) Das Dasein des Menschen ist zufällig, ist kontingent (106).

(c) Der Mensch muß sein Dasein notwendig bejahen (107).

(d) Indem der Mensch sein Dasein notwendig bejaht, bejaht er es als
unbedingt, als absolut (107).

Schritt (a) läßt sich nachvollziehen, wenn man den Begriff des Daseins nicht auf das bloße Vorhandensein oder Existieren verengt,
sondern das Sosein darin miteinschließt.[61] Rahner ist es ausdrücklich
um das „Dasein in dessen menschlicher Eigentümlichkeit" zu tun
(105). Dann bedeutet (a): Der Mensch kann das Sein nur in seinem
eigenen Dasein bejahen, weil es ihm nur in seiner eigenen Transzendenz und durch sie gegeben ist. Schritt (b) ist selbstevident. Das
Dasein des Menschen einschließlich seines Soseins ist kontingent.
Der Mensch könnte auch nicht sein, und er könnte (konkret) anders
sein, als er faktisch ist. Schritt (c) ergibt sich bei Rahner aus These
(2) und Schritt (a). Schritt (d) wirft in sich ein begriffliches Problem
auf. Inwiefern folgt aus einer notwendigen Bejahung eine absolute?
Für Rahner geht offensichtlich das eine bereits mit dem anderen
einher. Wenn sich der Mensch in seiner Existenz und seinem Wesen
notwendig bejahen muß, ohne sich seiner Existenzweise entziehen
zu können, dann muß er sich als das geistig-existierende Wesen, als
das er sich vorfindet, eben bedingungslos und d.h. unbedingt, absolut
annehmen.

Nach These (4) ist der Mensch aus sich allein heraus zu einer
absoluten Bejahung oder, wie Rahner auch formuliert, zu einer „Ab-
solutsetzung" eines Kontingenten nicht fähig (108–110). Er kann dies
nur, indem er sich in die freie, gelichtete (d.h. bewußte) Schöpfungs-
tat Gottes, die aus Liebe geschieht, einschwingt (124). In der notwendigen, absoluten Selbstbejahung stimmt der Mensch in die Liebe
Gottes zu ihm ein. Er liebt darin zugleich Gott und sich selbst
(126–128).[62]

---

61   Vgl. GW 129.
62   Rahners Begriff der „Liebe" wird in Kap. 3.2. ausführlich behandelt.

These (5) kann formal als die „conclusio" der gesamten transzendentalen Deduktion Rahners betrachtet werden. Mit ihr ist Rahner im Rahmen seiner Systematik beim zweiten ontologischen Satz angelangt. Inhaltlich besagt dieser: Gott ist als das reine absolute Sein für den Menschen der freie Unbekannte und Verborgene, der mit der Schöpfung die Möglichkeiten seiner Freiheit noch nicht ausgeschöpft hat und sich jederzeit in Freiheit dem Menschen offenbaren kann, wenn er will (111-116.207). Rahner selbst formuliert den zweiten ontologischen Satz sehr kurz und allgemein metaphysisch:

(O.2) Das absolute Sein ist dem endlichen Seienden gegenüber das freie Sein. (118)

Oder auch:

(O.2) Das reine Sein ist das freie und damit nicht von vornherein und notwendig bei dem Endlichen (116).

Im Rückblick auf Rahners transzendentale Argumentation bleibt hauptsächlich zweierlei problematisch.

1. Was heißt es, daß der Mensch das Sein bzw. sein eigenes geistiges Dasein metaphysisch notwendig bejahen muß? Eine mögliche Antwort darauf findet sich bei Rahner selber, der später öfter den Gedanken aufnimmt und dann ganz ins Theologische wendet.[63] Der transzendentale Horizont, letztlich Gott, wird als Bedingung der Möglichkeit der Freiheit auch dort noch vom Menschen „notwendig und unausweichlich bejaht", wo er als ‚Gegenstand' der Freiheit verneint wird[64]. Auch das Nein der Freiheit Gott gegenüber ist „von einem transzendental notwendigen Ja zu Gott in der Transzendenz getragen"[65], da der Mensch im Vollzug des Nein von der Transzendenz auf Gott als Bedingung der Möglichkeit seines geistigen freien Vollzugs unabdingbar Gebrauch macht.[66]

2. Die Übergänge bei der transzendentalen Deduktion können nicht immer überzeugen, da sie zum Teil zu abrupt erfolgen und nicht hinreichend begründet werden [z.B. von (1) auf (2), von (2) auf (3) oder von (c) auf (d)]. Aber mehr noch bleiben die zentralen Begriffe,

---

63   Z.B. VI 218f; Gk 104–106.
64   Gk 106.
65   Gk 108.
66   Vgl. These (F.3) in Kap. 1.2.3.1.

deren sich Rahner durchgängig in seiner Argumentation bedient, in
einer seltsam zweideutigen Schwebe. Bei den Begriffen „muß",
„Notwendigkeit", „Bejahung", „Setzung", „Wollen" und „Liebe"
schwankt Rahner zwischen einer metaphysischen und einer sittlichen
Bedeutung. Die Unterscheidung zwischen einer metaphysischen
Bejahung und einer willentlichen greift zwar letztlich nicht bei Gott,
wohl aber beim Menschen, weshalb bei letzterem deutlicher zwischen einer metaphysischen Notwendigkeit und einer sittlichen
Forderung zu unterscheiden wäre. Rahners theologische Intention
scheint dabei jedoch klar zu sein: Der Mensch soll den Grund seiner
geistigen Existenz, aus dem er metaphysisch gesehen nicht heraustreten kann und von dem er notwendig abhängt, im Sinne einer sittlichen Forderung auch bewußt und willentlich bejahen und annehmen, wobei diese sittliche Bejahung noch einmal in der Kraft Gottes
geschieht, und zwar hier – im fundamentaltheologischen Kontext von
„Hörer des Wortes" – des Schöpfergottes, nicht – wie im gnadentheologischen Kontext – des Gottes der Gnade[67]. Mehr Klarheit in die
Ambivalenz der notwendigen Selbst-, Seins- und Gottesbejahung
zwischen metaphysischer Vorgegebenheit und sittlicher Forderung
sucht Rahner in der zweiten Hälfte des 8. Kapitels von „Hörer des
Wortes" (128–137) mit dem voluntativen Transzendenzbegriff hinein-
zubringen.

1.1.3.4 Die Willens-Seite der Transzendenz

Zunächst charakterisiert Rahner das Verhältnis zwischen den beiden
Momenten der Transzendenz: dem Willen bzw. der Liebe und der
Erkenntnis (HW 127f). Beide Momente sind dem Begriffe nach verschieden, machen aber in Wirklichkeit „das eine Grundverhalten des
einen menschlichen Seins" aus, d.h. sie bilden eine echte Einheit
(128). Beide Momente lassen sich jeweils nur vom anderen her verstehen und begreifen.[68] Sie sind gleich ursprünglich und stehen nicht

---

67   Siehe Kap. 2.2.1.1.
68   Der Mensch kann nur wollen und bejahen, was er schon irgendwie kennt.
     Aber es gilt auch umgekehrt, da es sich bei der Transzendenz im Rahner-
     schen Sinn letztlich und eigentlich um personale Wirklichkeit handelt:

in einem einseitigen, sondern völlig gegenseitigen Bedingungs- und Prioritätsverhältnis zueinander (128).

Beide Momente der Transzendenz – das wissentliche und das willentliche, das theoretische und das praktische – sind in dem enthalten, was Rahner das „Selbstverständnis" oder die „Stellungnahme zu sich selbst" nennt (129). Der Mensch muß in Freiheit zu sich selbst Stellung nehmen, muß frei entscheiden, wie und als wer er sich konkret versteht. Diese freie Stellungnahme ist einerseits unausweichlich, andererseits aber nicht willkürlich. Denn das letzte „Gesetz" seiner selbst – seine Verwiesenheit auf Gott – ist ihm vorgegeben (129).

Beide Momente haben gemäß Rahner auch eine ganz analoge Struktur (129f). So wie der Mensch in seiner erkenntnismäßigen Transzendenz auf das absolute Sein bezogen ist, ist er in seiner willensmäßigen Transzendenz auf den absoluten Wert ausgerichtet. Wie er vom unendlichen Sein her die endlichen Gegenstände als solche erkennt, so erfaßt er vom absoluten Wert her alle einzelnen Werte. Und wie er sich den endlichen Gegenständen gegenüber als „in sich selber ständig", d.h. als Erkenntnissubjekt erfährt, so erfährt er sich in seinem Handeln den einzelnen Werten gegenüber als „in sich selber ständig", d.h. als frei (130). Beide Momente der menschlichen Transzendenz erweisen sich somit bei Rahner sowohl an ihrem ‚subjektiven' Ende – dem transzendentalen Grund des Menschen – als auch an ihrem ‚objektiven' Ende – ihrem jeweiligen ‚Gegenstand' – als Einheit. Der ‚Gegenstand' oder das Woraufhin der menschlichen Transzendenz als Erkenntnis – das absolute Sein – und der ‚Gegenstand' oder das Woraufhin der menschlichen Transzendenz als Wille oder Freiheit – der absolute Wert – fallen in Gott zusammen.

Nach dem Verhältnis der beiden Momente der Transzendenz untersucht Rahner das Moment des Willens genauer (131–137). An der willensmäßigen Transzendenz unterscheidet er ihre reale konkrete Gestalt von ihrem Grund oder Grundbestand. Es gibt ihm zufolge in dieser Transzendenz auf der einen Seite eine Wertordnung oder eine Ordnung (einen Maßstab, ein Strukturgesetz) der Liebe, die gottgesetzt ist und von daher als die wahre (reine, richtige) und

---

Personale Wirklichkeit läßt sich nur erkennen, wenn und indem sie auch bejaht und geliebt wird.

notwendige Wert- bzw. Liebesordnung anzusehen ist. Diese wahre
Ordnung der Liebe und der Werte wird vom Menschen in seinem
konkreten Handeln notwendig und immer implizit bejaht und bleibt
ihm zumindest als unverlierbarer „Restbestand" auch immer erhal-
ten. Auf der anderen Seite wird diese ursprüngliche richtige Ordnung
der Liebe überlagert von der frei gesetzten oder selbstgesetzten
Ordnung des Menschen. Der Mensch schafft sich seine eigene Ordnung der Liebe und Werte. Das geschieht durch die Art und Weise,
wie er sich den konkreten (gegenständlichen) Werten gegenüber
entscheidet und verhält. Seine konkreten Wertentscheidungen und
sein konkretes sittliches Verhalten können mit der wahren Wertordnung übereinstimmen oder ihr auch widersprechen. In jedem Fall
aber wirkt das konkrete Wertverhalten des Menschen auf seine
eigene wirkliche Wertordnung (positiv oder negativ) zurück. Mit
jeder sittlichen Entscheidung entscheidet sich gemäß Rahner der
Mensch nicht nur für oder gegen einen bestimmten Wert (oder für
oder gegen eine bestimmte Norm), sondern entscheidet im letzten
über sich selbst und prägt und formt damit seine eigene Person und
seine eigene konkrete, reale Transzendenz. Aus diesem Grund bestimmt der Mensch durch sein eigenes sittliches und religiöses Verhalten mit, als wen er Gott in seiner Transzendenz konkret und
wirklich erkennt, und ist somit für sein Gottesverständnis mitverant-
wortlich (133). Und aus diesem Grund besteht – nach Rahner – der
wahre Sinn der Askese darin, seine eigene konkrete Ordnung der
Liebe und seine eigene konkrete Transzendenz immer wieder und
immer mehr der ursprünglichen wahren Ordnung der Liebe und der
ursprünglichen unverfälschten Transzendenz anzugleichen (135). Die
konkrete, wirkliche, individuelle Transzendenz des Menschen ist also
nach Rahner niemals die ursprüngliche Transzendenz in Reinform,
sondern immer auch schon das Ergebnis seines sittlichen und religiösen Verhaltens und darin seiner freien Stellungnahme Gott und sich
selbst gegenüber.

Rahners Überlegung zur konkreten Transzendenz des Menschen
mündet in den zweiten anthropologischen Satz:

(A.2) Der Mensch ist jenes Seiende, „das in freier Liebe vor dem
Gott einer möglichen Offenbarung steht" (136).

Rahner selbst legt diesen Satz zusammenfassend so aus: Die Offenheit bzw. Transzendenz des Menschen auf den Gott einer möglichen Offenbarung ist „nicht eine rein theoretische Angelegenheit einer neutralen Geistigkeit ..., sondern als solche freie Entscheidung, religio, in sich schon die freie Hingabe des Menschen an diesen Gott einer möglichen Offenbarung" (208). Kurz: Der Mensch ist der „freie Hörende" (116).

In „Hörer des Wortes" übersetzt Rahner den Ausdruck „Vorgriff" in den Ausdruck „Transzendenz" und bevorzugt von da an zweiteren. Gegenüber „Geist in Welt" ergänzt er den Begriff durch die Seite der Freiheit bzw. des Willens und baut ihn zu einem grundlegenden und umfassenden anthropologischen Begriff aus. Die „Transzendenz" steht in „Hörer des Wortes" für die dynamische Offenheit des Menschen für das Sein und für Gott in den beiden menschlichen Grundvollzügen des Erkennens und Wollens. An der voluntativen Seite der Transzendenz tritt noch deutlicher als an der gnoseologischen das Dynamische hervor. Da jede sittlich oder religiös relevante Entscheidung des Menschen auf seine konkrete Transzendenz zurückwirkt, kann sich die Transzendenz selbst wandeln und wandelt sich ständig. Die reale konkrete Transzendenz des Menschen ist für Rahner als solche wandelbar und geschichtlich und auch unter dieser Rücksicht dynamisch. Die Geschichtlichkeit der Transzendenz wird noch eingehend in Kapitel 1.3.3 erörtert. Dort wird auch die Darstellung von Rahners Systematik in „Hörer des Wortes" fortgesetzt.

Am Ende des Kapitels seien noch zwei Texte Rahners aus der Frühzeit angesprochen, in denen er des weiteren den Transzendenzbegriff verwendete.

In seiner ersten, lateinischen Gnadenvorlesung „De gratia Christi", 1937/38, erwähnt Rahner zweimal die Transzendenz des Menschen. An einer der Stellen nennt er sie die „Transzendenz der natürlichen Geistigkeit [des Menschen]" („transcendentiam intellectua-

litatis naturalis")[69] und weist sie so indirekt, aber doch ausdrücklich
als *natürliche* Transzendenz aus.[70]

In seinem dritten philosophischen Text – im Vortrag über „Die
Wahrheit bei Thomas von Aquin"[71] vom Januar 1938, – faßt Rahner
seine Thomas-Interpretation von „Geist in Welt" in den wichtigsten
Punkten zusammen. Im zweiten Teil, den er nach dem „Urteil" und
vor dem „reinen Sein/Gott und dem reinen Denken" dem „Licht des
intellectus agens" widmet, nimmt er auf die epistemische Transzendenz bezug, ohne wesentlich Neues über sie auszusagen. Er kennzeichnet sie als „die dynamische Hinbewegung des Geistes als solchen auf die absolute Gesamtheit der dem menschlichen Geist möglichen Gegenstände", als „Begierde" im Hegelschen Sinn[72], durch die
das Endliche als Endliches und Einzelnes, „als in seiner Begrenzung
die innere Reichweite der Dynamik nicht Erfüllendes" erkannt
wird,[73] und erweist sie noch einmal „als die transzendentale Bedingung der Möglichkeit der Abstraktion und so der urteilenden Aussage, d.h. des Begreifens von etwas als etwas, und schließlich damit
auch der reditio completa, des Selbstbewußtseins"[74]. Weil kein Endliches die innere Weite und Dynamik der Transzendenz zu erfüllen
vermag, vermag der Mensch kraft seiner Transzendenz alles Endliche als Endliches zu erkennen. Die Transzendenz gilt Rahner nicht
nur als Bedingung der Möglichkeit menschlichen gegenständlichen
Erkennens, sondern auch des menschlichen geistigen Selbstbewußtseins.

---

69   DC Kap. VIII, These 29, B. Quaestiones disputatae, Sectio altera, Assertum
     II, III. Expositio asserti, 2. e) aa); vgl. DC Kap. VIII, These 29, B. Quaestio-
     nes disputatae, Sectio altera, Assertum II, III. Expositio asserti, 3.
70   Siehe dazu Kap. 2.1.4.1.
71   X 21–40 = SW II [1996] 303–316.
72   Vgl. GW 212.
73   X 32 = SW II [1996] 311.
74   X 33 = SW II [1996] 311.

1.2 Die „Transzendenz" des Menschen in späteren Schriften

Kapitel 1.2 wird aufzeigen, wie Rahner den Transzendenz-Begriff in den „Schriften zur Theologie" (Kapitel 1.2.1) und im „Grundkurs des Glaubens" (Kapitel 1.2.2) fortsetzte und weiter entwickelte. Darüberhinaus wird Rahners Auffassung von der Transzendenz als Freiheit, von der ‚transzendentalen' Freiheit, eigens dargestellt (Kapitel 1.2.3). Im ganzen Kapitel wird die Transzendenz des Menschen nach wie vor nur unter philosophischer und fundamentaltheologischer Rücksicht betrachtet, obwohl Rahners gnadentheologische Ausdeutung der Transzendenz in dieser Zeit (1956) einsetzte[75].

1.2.1 Die „Transzendenz" des Menschen in den „Schriften zur Theologie"

1.2.1.1 Die Transzendenz auf das heilige Geheimnis

In dem Aufsatz „Zur Theologie der Menschwerdung" (IV 137–155) von 1958 beschreibt Rahner – im Blick auf die Transzendenz – den Menschen als Geheimnis, als Verwiesenheit auf Gott und indirekt als Leere, wie er das bereits in „Die Wahrheit bei Thomas von Aquin" (1938) mit der prinzipiellen Unerfüllbarkeit der Transzendenz durch Endliches angedeutet hatte. (140f) Der Mensch ist nach Rahner wesentlich undefinierbar, insofern er selbst Geheimnis ist. Und er ist Geheimnis, weil er auf Gott als das ursprüngliche Geheimnis verwiesen ist. Dabei ist Gott als Geheimnis die unendliche Fülle und der Mensch als Geheimnis „die arme, zu sich kommende Verwiesenheit auf diese Fülle" (140). Diese arme, leere Verwiesenheit auf das Geheimnis der Fülle ist nichts Beiläufiges am Menschen. Sie macht sein Wesen, seine Natur, seine Existenz aus (140f).

Den Begriff des Geheimnisses entfaltet Rahner 1959 systematisch in drei Vorlesungen „Über den Begriff des Geheimnisses in der

---

75 Siehe Kap. 2.1.3.

katholischen Theologie" (IV 51–99). Dort spricht er in der ersten
Vorlesung im Zusammenhang der Transzendenz vom „Überkatego-
rialen" (59).[76]

Der Mensch greift als (endlicher) Geist in seiner Transzendenz
über seinen umgriffenen Gegenstand vor auf das Absolute (58). Das
Absolute ist für ihn das Unumgreifbare, das ihn selbst umgreift (59).
Nur im Vorgriff auf das Absolute bietet sich der einzelne Gegenstand
abgegrenzt dar. Das Absolute als das Überkategoriale ist daher nicht
das Nachträgliche, sondern das Ursprüngliche und das Tragende in
der Erkenntnis des Menschen. Es ist die letzte transzendentale
Möglichkeitsbedingung, die „jene kategoriale Helligkeit in der ab-
grenzenden Unterscheidung allererst ermöglicht" (59).

Rahner versteht in diesem Kontext unter dem „Kategorialen" das
Gegenständliche oder gegenständlich Gegebene im Gegensatz zum
ungegenständlich (transzendental) gegebenen Absoluten.[77] Das
„Kategoriale" wird bei Rahner später zum vorherrschenden Ausdruck, wenn er das Gegenständliche aller Erkenntnis im Gegensatz
zum Transzendentalen bezeichnen will. Das „Transzendentale"
bedeutet bei Rahner im allgemeinen das gegenüber der Einzelerkenntnis (und der Einzelentscheidung) Apriorische (Vorgängige), das
als Bedingung der Möglichkeit für Erkenntnis (und Freiheit) des
Subjekts im Subjekt bzw. im Sein selbst fungiert.[78]

In der zweiten Vorlesung geht Rahner von der Transzendenz des
Menschen aus und führt zum Begriff des einen heiligen Geheim-
nisses, das Gott ist, hin (IV 67–82).[79] Dabei hebt er vor allem vier
Aspekte an der Transzendenz des Menschen hervor (68f):

1. Der Mensch ist „erkennend und wollend das Wesen absoluter,
unbegrenzter Transzendenz" (68; vgl. 69). – Mit den beiden Begriffen
„erkennend" und „wollend" bestätigt und bekräftigt Rahner die beiden Seiten der menschlichen Transzendenz. Für ihn hat die menschliche Transzendenz bzw. die menschliche Geistigkeit immer diese

---

76 Vgl. GW 141.
77 Vgl. GW 141.
78 Knoepffler [1993] 40.43. Zur genaueren Bedeutung des Begriffs „tran-
    szendental" (und „kategorial") siehe die Monographie von Knoepffler
    [1993] und deren kurze Zusammenfassung in Kap. 1.4.2, sowie Chojnacki
    [1996] 147–166.
79 Vgl. Gk 67–75 mit IV 67–75.

beiden Seiten und besteht aus nichts anderem als aus diesen beiden Seiten: der Seite der Erkenntnis oder des Erkennens und der Seite der Freiheit oder des Willens bzw. Wollens oder der Liebe; der theoretischen und der praktischen Seite der Vernunft[80]. Die beiden Momente oder Dimensionen der Transzendenz bedingen einander nach Rahner und stehen in einem Verhältnis unaufhebbarer Differenz und Einheit zueinander.[81] Die Erkenntnis und die Freiheit des Menschen haben, wie Rahner noch spät wiederholt, „trotz ihrer radikalen Verschiedenheit untereinander eine gemeinsame letzte Struktur"[82], nämlich die Bewegung ins Unendliche, ins Absolute.

2. Der Mensch macht die „Erfahrung der Transzendenz" (69). – Rahner spricht hier wie selbstverständlich von „Erfahrung" in bezug auf die Transzendenz. Für ihn ist die Transzendenz etwas Erfahrbares. Am Ausdruck „Erfahrung" wird er festhalten, wird ihn in verschiedenen Kombinationen verwenden – z.B. in „Transzendenzerfahrung"[83], „Gotteserfahrung"[84], „transzendentale Erfahrung"[85] – und ihn auch an einigen Stellen erläutern und begründen.[86]

3. Der Vollzug der Transzendenz als solcher ist etwas anderes als die nachträgliche Reflexion auf ihn (IV 69). – Auf diesen Unterschied hinzuweisen, wird Rahner in seinem Werk nicht müde. Er hält die Transzendenzerfahrung als solche – in ihrer eigentlichen und ursprünglichen Gestalt – für ungegenständlich und unausdrücklich. Erst durch die ausdrückliche Reflexion darüber wird diese Erfahrung vergegenständlicht. Die Reflexion erweist sich Rahner zufolge somit immer als das Nachträgliche, das die Erfahrung selbst nie adäquat einzuholen vermag (69).

4. Die Transzendenz und ihr „Woraufhin" sind immer nur in Einheit gegeben (69). – Rahner prägt den Ausdruck vom „Woraufhin" der Transzendenz, indem er dasjenige substantiviert, auf das hin der

---

80   Z.B. X 106.
81   Die beiden Momente greift Rahner u.a. unter den Stichworten „Rationalität" und „Emotionalität" in XII 85–107 [1973] auf.
82   XIII [1976] 233.
83   Z.B. IV 69.
84   Z.B. VIII 174.
85   Z.B. VI 68f; vgl. Gk 31f.
86   Zur transzendentalen (Transzendenz- bzw. Gottes-)Erfahrung siehe Weger [1978] 48–54.

Mensch die Einzelgegenstände seiner Erkenntnis transzendiert. Der Ausdruck hat seinen Vorläufer im „Worauf" des Vorgriffs aus „Geist in Welt"[87] und spielt bei ihm eine gewichtige Rolle. Er wählt ihn ganz bewußt und zieht ihn in diesem Zusammenhang den Ausdrücken „Gott" und „Gegenstand" bzw. „Objekt" vor, um dem Mißverständnis, es handle sich dabei um etwas Kategoriales, von vornherein vorzubeugen (69f).

Nach Rahner ist ontologisch und deshalb auch logisch (begrifflich) zwischen der Transzendenz als dem menschlichen Vermögen der Offenheit für das Absolute und dem Woraufhin der Transzendenz, das Gott selbst ist, klar zu unterscheiden.[88] Aber in der Erfahrung sind sie dem Menschen immer nur in Einheit gegeben. Der Mensch kann das eine immer nur im anderen und vom anderen her verstehen: „Akt [= Transzendenz][89] und Aktziel [= Woraufhin] können in diesem transzendentalen Urakt [= in der Transzendenzerfahrung] immer nur in einer Einheit gehabt und verstanden werden." (69)

Allerdings räumt Rahner an anderen Stellen auch einen möglichen erfahrungsmäßigen Unterschied zwischen der Transzendenzerfahrung und der transzendentalen Gotteserfahrung ein. In seinem Artikel „Zur Theologie der Weihnachtsfeier"[90], 1955, hält er die Erfahrung der Unendlichkeit, die auf Gott verweist, und die Erfahrung Gottes streng auseinander (III 37f). Auch in seinem Vortrag über die „Gotteserfahrung heute"[91], 1969, differenziert er zwischen dem unendlichen Raum, der sich in der Transzendenzbewegung öffnet und der als Leere auf eine unendliche Fülle verweist, und dem Woraufhin selbst, das als die unendliche Fülle angezielt wird (IX 168). Letztlich hält er es aber für „eine zweitrangige Frage, ob man von Gotteserfahrung oder von der Erfahrung einer Verwiesenheit auf Gott reden will" (IX 168). Denn trotz der absoluten ontologischen Differenz zwischen der ‚objektiven' und der ‚subjektiven' Seite der Transzendenzerfahrung wird das Woraufhin der Transzendenz immer schon und immer nur „*in* und *an* der unendlichen Bewegung des

---

87   GW 116f.
88   Vgl. IX 168 [1969].
89   Die eckigen Klammern sind von J.H. hinzugefügt.
90   III 35–46.
91   IX 161–176.

Geistes" erfahren (IX 168). Die dynamische Transzendenzbewegung und ihr Woraufhin werden „in *einem* erfahren" (IX 167); sie sind für Rahner „in einer einmaligen und ursprünglichen Weise voneinander untrennbar." (IX 168) Die erfahrungsmäßige Interdependenz hat gemäß Rahner die Konsequenz, daß dem Menschen eine existentiale und existentielle Gotteserfahrung außerhalb und unabhängig von der Transzendenzerfahrung grundsätzlich nicht möglich ist. Die Transzendenzerfahrung ist für den Menschen der „Ort" der Gotteserfahrung.

Im weiteren Verlauf der zweiten Vorlesung „Über den Begriff des Geheimnisses ..." beschreibt Rahner, als was das Woraufhin in der menschlichen Transzendenz erscheint. Insgesamt schreibt er dem Woraufhin sechs Prädikate zu (IV 70–73).

Das Woraufhin der Transzendenz ist für ihn zunächst das Namenlose (70). Denn jeder Name grenzt ab, unterscheidet und kennzeichnet etwas. Das Woraufhin ist jedoch als der unendliche Horizont die Bedingung allen unterscheidenden Nennens und kann als solche nicht selbst im selben Sinne benannt werden. Das Woraufhin der Transzendenz ist somit auch das Unabgrenzbare (70f). Als letzte Grenze und letzter Maßstab ermöglicht es überhaupt erst jegliches Unterscheiden, Abgrenzen und Absetzen der Gegenstände, und zwar sowohl vom Horizont der Transzendenz selbst als auch untereinander. Indem das Woraufhin der Transzendenz zwar selbst über den Menschen absolut verfügt, aber weder physisch noch logisch über sich durch den Menschen verfügen läßt, ist es auch das absolut Unverfügbare (71). Das Maß selbst läßt sich nicht messen; der Vorgriff nicht begreifen.

Des weiteren ist nach Rahner das Woraufhin der Transzendenz nur im Modus des Abweisens und der Abwesenheit, des Sichversagens, des Schweigens und der Ferne – kurz, der abweisenden Ferne (73) – gegeben (72).[92] Es ist dem Menschen, jedenfalls in der normalen Erfahrung, nie direkt als es selbst zugänglich. Und dies aus einem doppelten Grund oder in einem doppelten Sinn. Zum einen kann der Mensch das Woraufhin nicht in seinem Selbst oder Ansich erfahren, sondern nur in seiner eigenen subjektiven Transzendenz. Zum ande-

---

92 Zur Gottferne im Gegensatz zur Gottnähe siehe Kap. 2.1.3.3.

ren kann er das Woraufhin auch in seiner Transzendenz nicht allein für sich erfahren, sondern immer nur als transzendentale Bedingung der Möglichkeit seiner kategorialen Erkenntnis.

Insofern das Woraufhin sich selbst dem Menschen als Freiheit und Liebe eröffnet und insofern es Ziel der freien und liebenden Transzendenz des Menschen ist, kann und muß es laut Rahner auch das Heilige genannt werden (73). Als das unverfügte, ferne und namenlose Heilige ist es dann aber auch das Geheimnis, das heilige Geheimnis (73).

Vom Begriff des Woraufhin als des heiligen Geheimnisses her ,definiert' Rahner dann dementsprechend den Menschen: „Der Mensch ist also wirklich, weil sein eigentliches Wesen als Geist seine Transzendenz ist, das Wesen des heiligen Geheimnisses." (74) Diese ,Definition' Rahners läßt sich im nachhinein noch einmal in einzelne Schritte zergliedern und auslegen: Der Mensch ist als Geist das Wesen der Transzendenz; in der Transzendenz erfährt er zugleich und notwendig das Woraufhin seiner Transzendenz; da das Woraufhin selbst wesentlich heiliges Geheimnis ist, ist der Mensch das Wesen des heiligen Geheimnisses. Auch Gott kommt demzufolge die Bestimmung als „Heiliges Geheimnis" nicht akzidentell, sondern wesentlich zu (75). Gott bleibt für den Menschen nach Rahner auch in der visio beatifica, im Modus der unmittelbaren absoluten Nähe, das unbegreifliche Geheimnis (75–81). Die beiden ,Definitionen' von Mensch und Gott durch den Begriff des heiligen Geheimnisses zeigen einerseits sehr deutlich, wie stark Rahner seinen Gottesbegriff von der Transzendenzerfahrung des Menschen her, d.h. aus einem transzendental-anthropologischen Ansatz, entwickelt, andererseits aber auch, daß er das Wesen des Menschen grundsätzlich von Gott als dem Absoluten her, d.h. von vornherein theologisch, bestimmt.

Die sechs Prädikate, die Rahner dem Woraufhin beilegt, lassen sich in drei Gruppen einteilen. Die ersten drei Prädikate – das „Namenlose", das „Unabgrenzbare" und das „Unverfügbare" – explizieren mit unterschiedlicher Akzentuierung im Grunde ein und dasselbe, nämlich die Unendlichkeit und Unbegreiflichkeit des Horizontes, auf den hin die menschliche Transzendenz ausgespannt ist. Das vierte Prädikat – die „abweisende Ferne" – bringt hingegen die doppelte Vermitteltheit der Gotteserfahrung zum Ausdruck: die Vermittlung durch die Transzendenz des Menschen und die Vermittlung durch die Kategorialität der Erkenntnis (und Freiheit) des Menschen. Das fünfte und sechste Prädikat – das „Heilige" und das „Geheimnis" – gehören engstens zusammen und bilden einen festen Gesamtausdruck – das „heilige Geheimnis". Die beiden Teilausdrücke entsprechen den beiden Seiten der menschlichen Transzendenz: Heilig ist das Woraufhin, insofern es ‚Gegenstand' der menschlichen Freiheit und Liebe ist; und Geheimnis ist das Woraufhin, insofern es für die menschliche Erkenntnis unbegreiflich ist und bleibt (73).[93]

In der dritten Vorlesung erläutert Rahner auf dem Hintergrund des Begriffes vom Heiligen Geheimnis schließlich noch die drei Mysterien des christlichen Glaubens im engeren Sinn (mysteria stricte dicta): „die Trinität, die Inkarnation und die Vergöttlichung des Menschen in der Gnade und Glorie" (89; siehe 82–99).[94]

1.2.1.2 Die Transzendenz als transzendentales Selbstbewußtsein

In der Gastvorlesung „Dogmatische Erwägungen über das Wissen und Selbstbewußtsein Christi" (V 222–245), die Rahner 1961 hielt, beschäftigt er sich mit der menschlichen Transzendenz im Kontext der Begriffe „Bewußtsein" und „Grundbefindlichkeit".

Das menschliche Bewußtsein umreißt Rahner als ein höchst komplexes Gebilde: „Das menschliche Bewußtsein ist ein unendlich vieldimensionaler Raum: es gibt reflex Bewußtes und Randbewußtes, Bewußtes und ausdrücklich Bemerktes, ein gegenständlich begriffliches Bewußtsein und ein transzendental und unreflex am subjektiven Pol des Bewußtseins angesiedeltes Wissen ..." (228). Es geht dabei nach Rahner um ganz verschiedene Weisen, in denen eine Wirklichkeit im Bewußtsein gegeben sein kann (228). Innerhalb dieses komplexen, vieldimensionalen Bewußtseins des Menschen unterscheidet er zwischen einem subjektiven und einem objektiven Pol. Das Bewußtsein am subjektiven Pol ist transzendental und unreflex, das am objektiven Pol gegenständlich begrifflich.

---

93 Vgl. Gk 32.
94 Siehe Kap. 2.1.3.3.

Den subjektiven Pol des Bewußtseins nennt Rahner „eine Grundbefindlichkeit des geistigen Subjektes" (229). In dieser Grundbefindlichkeit ist das Subjekt bei sich und ist „gleichzeitig seiner transzendentalen Verwiesenheit auf das Ganze der möglichen Gegenstände
der Erkenntnis und Freiheit inne" (229). Diese Grundbefindlichkeit
ist demnach nichts anderes als das ungegenständliche Bewußtsein
des Menschen von sich selbst als Transzendenz. Sie ist gemäß Rahner der unthematische tragende Grund aller bewußten Akte des
Menschen, auch der alltäglichen und alltäglichsten (229.237).

Anhand der beiden Begriffe „Bewußtsein" und „Grundbefindlichkeit" lassen sich drei wichtige Aspekte an der menschlichen Transzendenz bzw. Transzendenzerfahrung, wie Rahner sie konzipiert,
verdeutlichen.

1. Mit dem Begriff „Grundbefindlichkeit" will Rahner den subjektiven oder transzendentalen Pol des Bewußtseins abdecken. Dieses
subjektive, transzendentale, implizite Bewußtsein hat einen doppelten Inhalt: Der Mensch ist sich einerseits transzendental-implizit des
Absoluten als des Woraufhin seiner Transzendenz bewußt, und er ist
sich andererseits zugleich transzendental-implizit seiner eigenen
Transzendenz als Offenheit oder Verwiesenheit auf das Absolute
bewußt. Beide Bewußtseinsinhalte sind jeweils im Begriff der Transzendenz bzw. Transzendenzerfahrung und im Begriff der Grundbefindlichkeit bei Rahner eingeschlossen. Während jedoch beim Begriff
der Transzendenz der erste Bewußtseinsinhalt – das menschliche
Bewußtsein vom Absoluten – im Vordergrund steht, akzentuiert der
Begriff der Grundbefindlichkeit stärker den zweiten Bewußtseinsinhalt – das menschliche Bewußtsein von der eigenen Transzendenz,
das Bewußtsein als transzendentales Selbstbewußtsein. So führt
Rahner in dieser Vorlesung den Begriff der Grundbefindlichkeit als
Bewußtsein des Menschen von seiner eigenen Transzendenz ein und
bezeichnet die Grundbefindlichkeit des Menschen auch direkt als
„apriorisches ungegenständliches Wissen um sich selbst" (229). Auch
später wird Rahner unter der „Befindlichkeit" des Menschen in
erster Linie seine Selbstbezüglichkeit, sein Selbstverhältnis, seine
Subjektivität verstehen. In dem Vortrag „Theologie der Freiheit"[95]

---

[95]   VI 215–237.

schreibt er 1964: „der Mensch ist jenes Seiende, dem es in seinem Sein um dieses selber geht, das immer schon ein Verhältnis zu sich selbst hat, Subjektivität und nie einfach Natur, immer schon Person, nie einfach ‚vorfindlich‘, sondern schon immer ‚für sich‘, ‚befindlich‘ ist.“[96] Die menschliche Transzendenz bzw. Transzendenzerfahrung enthält also neben dem Bewußtsein vom absoluten Woraufhin auch das selbstbezügliche Bewußtsein von der eigenen Transzendenz auf das Absolute. Nach Rahner sind beide Inhalte des transzendentalen Bewußtseins immer nur in einem gegeben.

2. Der Mensch erfährt seine Transzendenz nicht punktuell, nicht bloß in besonderen Augenblicken oder in besonderen Akten. Er hat ein kontinuierliches Bewußtsein von seiner Transzendenz. Seine Transzendenzerfahrung ist als der subjektive transzendentale Pol seines Bewußtseins eine durchgängige Dimension seines Bewußtseins, die sein gesamtes bewußtes Leben in all seinen Vollzügen durchzieht und in diesem Sinn allgegenwärtig ist. Nach Rahner „durchstimmt“ sie seine ganze (bewußte) Existenz (vgl. V 238).

3. Die Transzendenzerfahrung ist in ihrer eigentlichen Gestalt Rahner zufolge eine nicht-begriffliche (unthematische, unreflexe usw.) Form des Bewußtseins. Im Sinne Rahners ist sie aber gegenüber dem begrifflichen Bewußtsein als eine höhere, nicht eine niedrigere Form des Bewußtseins anzusehen. Die höchste Bewußtseinsform, die dem Menschen überhaupt möglich ist, ist unbegrifflich, besser überbegrifflich. Denn in der visio beatifica schaut der Mensch Gott selbst – als das unbegreifliche Geheimnis – ganz unmittelbar ohne jede begriffliche Vermittlung. In der Transzendenzerfahrung erfaßt der Mensch Gott zwar nicht unmittelbar in seinem Selbst, aber diese Erfahrung stellt schon ein genuines, adäquates Bewußtsein von Gott dar. Die Transzendenzerfahrung ist daher gegenüber dem begrifflichen Bewußtsein ein höheres, nicht unter-, sondern überbegriffliches Bewußtsein. Das dürfte Rahner – zumindest auch – im Blick haben, wenn er sie immer wieder als „ursprünglich“ bezeichnet.[97] Ursprünglich ist für ihn die transzendentale Erfahrung der eigenen Transzendenz selbstverständlich vor allem insofern, als diese Erfahrung unthematisch „Grund, Bedingung der Möglichkeit und Horizont

---

96   VI 223.
97   Z.B. V 229.238.

der Alltagserfahrung" ist[98] und als solche grundsätzlich mehr „Einsichtigkeit und Sicherheit" bietet als jede begriffliche Erkenntnis[99]. Daß das transzendentale Bewußtsein ursprünglich, dem Ursprung näher und in diesem Sinn dem kategorialen Bewußtsein vorgeordnet ist, darf aber nicht zu der Annahme verleiten, es sei von letzterem unabhängig. Es ist, wie Rahner immer wieder betont, immer nur als Bedingung der Möglichkeit kategorialen Bewußtseins und nicht für sich allein gegeben.[100] Das, was eigentlicher Inhalt des transzendentalen Bewußtseins ist, weist nach Rahner sogar von sich selbst weg, auf das Kategoriale hin. Vom Woraufhin der Transzendenz schreibt Rahner in dem bereits erwähnten Vortrag über die Freiheit deswegen auch: „Nie kann man auf es direkt zugehen. Nie auf es unmittelbar zugreifen. Es gibt sich nur, insofern es uns stumm auf ein anderes, auf ein Endliches als Gegenstand des direkten Anblickes hinweist."[101] Das erinnert wiederum an die „abweisende Ferne" des Woraufhin.[102]

1.2.1.3 Die Transzendenz auf den Nächsten

Im Vortrag zur „Theologie der Freiheit" (1964) präzisiert Rahner die menschliche Verwiesenheit auf das Kategoriale, das Innerweltliche. Er führt dort aus: „der Bezug zu Gott ist in seiner Unmittelbarkeit notwendig vermittelt durch innerweltliche Kommunikation. Die *transzendentale* Eröffnung braucht einen *kategorialen* Gegenstand, einen Halt und Anhalt gewissermaßen, um sich nicht im leeren Nichts zu verlieren; sie braucht ein innerweltliches Du. Die ursprüngliche Beziehung zu Gott ist – Nächstenliebe."[103]

Damit leitet Rahner einen dritten Inhalt des transzendentalen Bewußtseins des Menschen ein. Neben der transzendentalen Verwiesenheit auf das Absolute und neben dem transzendentalen Selbst-

---

98 VI 68.
99 VI 66.
100 Z.B. VI 217. Siehe aber Kap. 2.1.4.1, Kap. 3.1.2.3 und Kap. 3.1.4.1.
101 VI 217f.
102 IV 73.
103 VI 228f.

bewußtsein zeichnet den Menschen auch eine transzendentale Verwiesenheit auf ein innerweltliches Du, auf den Nächsten, aus. Zu diesem Gedanken führt er 1965 in dem Vortrag „Über die Einheit von Nächsten- und Gottesliebe" hin (VI 277–298).

Auf den ersten Blick nimmt der Mensch nach Rahner die Welt und seine Umwelt als etwas Vielfältiges wahr (287). Die vielfältige Welt wird jedoch vom Menschen durch seine Erkenntnis und Freiheit zu einer Einheit strukturiert. Erkenntnis bedeutet bei Rahner metaphysisch das Bei-sich-Sein des Menschen.[104] Und die Freiheit des Menschen besteht ihm zufolge nicht einfach darin, dieses oder jenes tun zu können – im Sinne der Wahlfreiheit –, sondern in der „*Selbst*verfügung in Endgültigkeit hinein" (287).[105] Die Welt ist nun für den Menschen insofern eine (einige), als sie seiner Erkenntnis und Freiheit, also seinem Bei-sich-Sein und seiner Selbstverfügung, dient und dienen kann.

Innerhalb der Welt oder Umwelt des Menschen unterscheidet Rahner zwischen der (dinglichen) Sachwelt und der (personalen) Mitwelt. Die Mitwelt oder Personwelt ist für ihn die wahre und eigentliche Umwelt, durch die hindurch der Mensch sich (erkennend und wollend) findet und vollzieht. Die Sachwelt ist für ihn, personal und sittlich gesehen, nur als Moment an der Mitwelt von Bedeutung (287).[106] Die Erkenntnis des Menschen als formales Bei-sich-Sein oder formaler Selbst-besitz und die Freiheit des Menschen als formale Selbstverfügung oder formale Selbst-tat sind inhaltlich vermittelt durch die apriorische Mitwelt (288). Das Bei-sich-Sein des Menschen ist vermittelt durch das erkannte personale Du. Und die freie Selbstverfügung des Menschen besteht in der liebenden Kommunikation mit dem menschlichen Du. Der Akt personaler Liebe zum menschlichen Du ist deshalb für Rahner „der umfassende, allem anderen Sinn, Richtung und Maß gebende Grundakt des Menschen" (288). Die wesenhafte Offenheit und Geöffnetheit auf das menschliche Du gehört zur apriorischen Grundverfassung des Menschen und ist „ein wesentliches inneres Moment seiner (erkennenden und wollenden) Transzendentalität" (288). Der Mensch ist demzufolge nicht nur

---

104 Siehe Kap. 1.1.3.1 und 1.3.1.1.
105 Siehe Kap. 1.2.3.1.
106 Vgl. X 138f.

biologisch, psychologisch und soziologisch, sondern auch schon durch seine geistige und transzendentale Struktur auf den Mitmenschen hin angelegt. Aber nur in der konkreten Begegnung mit dem konkreten Menschen erfährt er seine apriorische transzendentale Verwiesenheit auf das menschliche Du.

Auf diese Weise erweitert Rahner das transzendentale Bewußtsein des Menschen um einen wesentlichen Inhalt. Der Mensch ist sich transzendental seiner selbst bewußt, er ist transzendental offen für Gott, und er ist auch transzendental auf den Mitmenschen verwiesen. Seine transzendentale Verwiesenheit auf den Mitmenschen realisiert er in der konkreten Nächstenliebe. Der Begriff der Nächstenliebe kann in diesem Zusammenhang auf ein Entsprechungsverhältnis aufmerksam machen. Den drei wesentlichen Inhalten des transzendentalen Bewußtseins des Menschen bei Rahner entsprechen die drei Grundformen der Liebe des Menschen: die Liebe zu Gott, die Liebe zum Nächsten und die Liebe zu sich selbst.

Der neue Inhalt spiegelt sich auch in einer neuen Terminologie Rahners wider. Für den Ausdruck „Transzendenz" gebraucht Rahner den abstrakter klingenden Ausdruck „Transzendentalität" (288). Von nun an verwendet er häufig letzteren statt ersteren, bis er im „Grundkurs" wieder stärker zu ersterem zurückkehrt[107]. Besser als mit der „Transzendenz", die das Übersteigen alles Kategorialen hervorhebt, kann Rahner mit der „Transzendentalität" verdeutlichen, daß es sich dabei um die transzendentale Bedingung der Möglichkeit des menschlichen Selbstvollzugs handelt. Vor allem aber macht Rahner von dem neuen Ausdruck der „Transzendentalität" Gebrauch, um den Begriff selbst um die transzendentale Verwiesenheit auf den Nächsten bereichern und so erneut, jetzt gegenüber „Hörer des Wortes", ausweiten zu können. Zwar umfaßt die Transzendentalität streng genommen alles Transzendentale des Menschen, sämtliche transzendentalen Strukturen des Menschseins, aber im engen Sinn beschränkt sie sich bei Rahner auf die drei wesentlichen transzendentalen Beziehungen des Menschen zu sich selbst, zum Nächsten und zu Gott und darf daher als äquivalent mit einer nunmehr im weiteren Sinn aufzufassenden Transzendenz angesehen werden.

107   Vgl. Knoepffler [1993] 87.

Darüberhinaus ändert sich auch sonst noch terminologisch einiges. So spricht Rahner im Blick auf den transzendentalen Horizont auch vom „apriorischen Formalobjekt"[108], vom „Raum" und vom „apriorischen Koordinatensystem", innerhalb dessen ein bestimmter Einzelgegenstand dem Menschen begegnet (VI 284). Das Bewußtsein des Menschen nennt Rahner auch einfach die „Intentionalität", nicht weil es immer auf etwas (Kategoriales) ausgerichtet ist, sondern eben weil es letztlich immer Gott intendiert (292; vgl. Gk 68). Und den Begriff des „Woraufhin" der Transzendenz ergänzt er durch den Begriff des „Wovonher" (VI 292), um neben dem Ziel der geistigen Dynamik und Bewegung des Menschen auch deren Ursprung und Herkunft anzugeben.

1.2.1.4 Die Transzendenz-Erfahrung als transzendentale Gotteserfahrung und ihr Aufweis

In „Gotteserfahrung heute", einem Vortrag aus dem Jahre 1969, klärt Rahner zunächst den epistemologischen Status der Gotteserfahrung und weist dann die Gotteserfahrung selbst auf, bevor er schließlich über die Zeitgemäßheit und Zeitbedingtheit, das „Heute" dieser Erfahrung spricht (IX 161–176). Da die transzendentale Gotteserfahrung, wie Rahner auch in diesem Vortrag hervorhebt, nur die ‚objektive' Seite der ‚subjektiven' Transzendenzerfahrung darstellt und beide Seiten dieser Erfahrung zwar, will der Mensch sich nicht zu Gott machen, ontologisch scharf zu unterscheiden, aber doch in der menschlichen Erfahrung in untrennbarer Einheit gegeben sind (168), gilt alles, was Rahner hier von der Gotteserfahrung sagt, recht verstanden ebenso von der Transzendenzerfahrung.

Als erstes rechtfertigt Rahner in seinem Vortrag den Ausdruck „Gotteserfahrung" (161). Zum einen geht es um eine Erfahrung, insofern Gott eine Wirklichkeit ist und der Mensch mit dieser Wirklichkeit zu tun hat. Zum anderen möchte Rahner mit diesem Ausdruck das Gemeinte von der Gotteserkenntnis durch die „sogenannten Gottesbeweise" absetzen (161). Die „Gottesbeweise" sind nur

---

108 Der thomistische Begriff vom „Formalobjekt" kommt schon in Rahners Frühwerk vor. Siehe Kap. 2.1.3.2.

die nachträgliche Reflexion auf die transzendentale Gotteserfahrung „als das sie Tragende und Ursprunggebende" (161).

In einem weiteren Schritt grenzt Rahner die transzendentale Gotteserfahrung einerseits gegen jede indirekte (empirische) Erkenntnis wie beispielsweise den „Kausalschluß vom Ei auf das Huhn" oder den „vom Blitz auf den Donner" und andererseits gegen jede direkte empirische Erkenntnis wie etwa die Erfahrung „vom Vorhandensein eines sinnlichen physikalischen Erfahrungsdatums oder einer vitalen Empfindung" ab (162). Die Gotteserfahrung ist „ursprünglicher und unausweichlicher", aber eben auch von völlig anderer Bedeutsamkeit als das „rationale Kalkül" einer indirekten Erkenntnis, bei der von der Wirkung auf die Ursache geschlossen wird (162). Aber sie drängt sich auch nicht so auf wie die (direkte) empirische Erfahrung – die äußere oder innere (sinnliche) Wahrnehmung –, weshalb der Übergang von der ursprünglichen Erfahrung selbst zur expliziten, reflexen Erkenntnis auch nicht so „unwiderstehlich" ist wie im Bereich der Empirie (162).

Schließlich unterscheidet Rahner drei Arten von Erfahrungen: (einfache) sinnliche Erfahrungen, (komplexere) menschliche Erfahrungen und die transzendentale Gotteserfahrung (163). Die einfachen sinnlichen Erfahrungen, wie etwa die äußere Wahrnehmung der Dinge oder innere Empfindungen von Lust und Unlust, bedürfen im Grunde keiner Interpretation. Anders verhält es sich mit menschlichen Erfahrungen wie Freude, Angst, Treue, Liebe, Vertrauen, logischem Denken oder verantwortlicher Entscheidung (163). Bei ihnen kann die eigentliche Erfahrung und ihre Interpretation oder Reflexion auseinanderklaffen. Außerdem können diese menschlichen Erfahrungen, wie etwa die von Liebe und Treue, „in der individuellen Lebensgeschichte wachsen, radikaler werden, entschlossener von der Freiheit angenommen werden" oder auch verkümmern (164).

˙ Im Zusammenhang dieser menschlichen Erfahrungen mißt Rahner der Reflexion über die Erfahrung eine positive Funktion zu. Das ist in gewissem Sinn auffällig und neu. Denn während Rahner sich sonst in anderen Texten meist damit begnügt, den defizienten Modus der Reflexion gegenüber der eigentlichen Erfahrung hervorzukehren – die Reflexion kann die ursprüngliche Erfahrung nie adäquat und ganz einholen, lautet seine diesbezügliche Standardformulierung (vgl. 163) –, weist er hier auf die positive Bedeutung einer gelungenen Reflexion für die Erfahrung selbst hin. Zum einen hat für ihn die ursprüngliche Erfahrung „immer wenigstens eine ansatzhafte Reflexion bei sich" (163).[109] Zum anderen kann durch die Reflexion die Erfahrung selbst „radikaler, reiner und mit größerer Freiheit angenommen werden" (164).

Alles, was bisher von der zweiten Art von Erfahrungen – den menschlichen Grunderfahrungen – gesagt wurde, läßt sich nach Rahner auch auf die transzendentale Gotteserfahrung übertragen, wenn diese auch eine Erfahrung von einmaliger Art – eine Erfahrung sui generis – ist (164.163). Auch bezüglich der Gotteserfahrung besteht eine Diskrepanz zwischen der unthematischen Erfahrung selbst und der Reflexion darüber; die adäquate Reflexion kann sich positiv auf die Erfahrung selbst auswirken und diese vertiefen; und die Erfahrung selbst ist geschichtlich und kann zu- und abnehmen. Gemäß Rahner macht jeder Mensch diese Erfahrung, und er macht sie „unausweichlich" (164.162). In ihr wird Gott als das Woraufhin der unbegrenzten geistigen Dynamik des Menschen weder bloß begrifflich gedacht noch (im Sinne des Ontologismus) unmittelbar angeschaut (165). Sie stellt keine partikuläre Erfahrung neben anderen Erfahrungen dar, sondern ist „die letzte Tiefe und Radikalität *jeder* geistigpersonalen Erfahrung (der Liebe, Treue, Hoffnung und so fort)" und somit „die ursprünglich eine Ganzheit der Erfahrung, in der die geistige Person sich selbst hat und sich selbst überantwortet ist" (166).

Nach der allgemeinen Klärung des epistemologischen Status der transzendentalen Gotteserfahrung versucht Rahner in zwei Anläufen die Erfahrung als solche aufzuweisen (IX 166–172). Er selbst spricht nicht von Aufweis, sondern von Hinweis bzw. Hinweisen (166.162). Solche Hinweise laden den Hörenden ein, die vielleicht ganz anonyme Gotteserfahrung in sich zu entdecken, sie vorzulassen und anzunehmen (162; vgl. 166.176). Rahner unterstreicht mehrmals diesen Hinweis-Charakter. So schreibt er unter anderem: „Nochmals: Man kann auf diese Erfahrung nur hinweisen, den anderen aufmerksam zu machen suchen, daß er in sich selbst das entdecke, was man nur findet, wenn und weil man es schon besitzt." (166) Rahner will

---

109 Vgl. z.B. X 109.

also keineswegs einen streng logischen Gottesbeweis vorlegen. Er
bescheidet sich methodologisch mit einem Hinweis oder Hinweisen,
die auf die eigene Erfahrung aufmerksam machen wollen. Methodisch
ähnelt freilich seine erste Hinführung (167f), die abstrakt-philosophischer Natur ist, seinem Aufweis in den frühen Schriften und beansprucht für sich eine gewisse transzendentale Logik, während seine
zweite Hinführung (168–170) konkret-existentiellen Charakter hat
und tatsächlich aus Hinweisen auf allgemein menschliche Grunderfahrungen besteht.

Sein abstrakt-philosophischer Aufweis der Gottes- bzw. Transzendenzerfahrung läßt sich vereinfacht auf zwei ‚Prämissen' und
zwei transzendentale ‚Schlüsse' reduzieren, wobei er in den ‚Prämissen' jeweils auf eine allgemeine menschliche Selbsterfahrung rekurriert:

(1) Der Mensch erfährt sich selbst real (seinsmäßig) in radikaler,
vielfältiger Weise als begrenzt.

(2) Der Mensch erfährt sich intentional (bewußtseinsmäßig) in der
geistigen Bewegung seiner Erkenntnis und Freiheit als grundsätzlich
unbegrenzt. (Nichts Einzelnes oder Bestimmtes kann endgültiger
Haltepunkt seiner geistigen Bewegung sein.)

(3) Der Mensch muß, wenn er sich als begrenzt erfährt, die Grenze
schon überschritten haben. [Schluß aus (1)]

(4) (Transzendentale) Bedingung der Möglichkeit der Erfahrungen
(1) und (2) ist der Vorgriff auf das Unumfaßbare (= das Unbegrenzte),
das Geheimnis. [Schluß aus (1) und (2)]

Der zentrale Begriff dieses Aufweises ist der der „Begrenzung" [in
(1)] bzw. der „Unbegrenztheit [in (2)]. Rahner verwendet hier nicht
die Begriffe „endlich" bzw. „unendlich"; er zielt nicht auf die Bedingtheit des menschlichen Geistes und der menschlichen Transzendenz
durch das Absolute einerseits und durch das Aposteriorisch-Katego-
riale andererseits ab.

Mit dem ‚Schluß' von (1) auf (3) expliziert Rahner eine erkenntnistheoretische Voraussetzung aus „Geist in Welt".[110] Um sich selbst
überhaupt als radikal begrenzt erfahren zu können, muß der Mensch

110 Kap. 1.1.2.7.

schon irgendwie vom „Jenseits" der Begrenzung her seine Begrenztheit beurteilen können.

,Prämisse' (2) gemäß macht der Mensch die Erfahrung, daß grundsätzlich nichts Innerweltliches das Ziel seiner geistigen Bewegung in
Erkenntnis und Freiheit sein kann. Mithilfe früherer Ausführungen
von Rahner läßt sich dieselbe Erfahrung noch anders ausdrücken: der
Mensch erfährt sich selbst als unbegrenzte – und in diesem Sinn
unendliche – Leere, die prinzipiell kein Innerweltliches, kein Einzelnes, kein Seiendes zu füllen oder zu erfüllen vermag, sondern nur
das unendliche Sein oder das Absolute selbst (vgl. 168).[111] Der
Mensch erfährt seine eigene Transzendenz als unbegrenzte Leere,
die ihn auf das Woraufhin seiner Transzendenz, also auf Gott als die
unendliche Fülle verweist. In einer so formulierten Erfahrung mag
sich der Mensch vor allem mit seiner vielfältigen Lebenserfahrung
auf die eine oder andere Weise wiederfinden. Von daher kann auch
der ,Schluß' von (2) auf (4) einleuchten, daß nur ein echter Vorgriff
auf das absolute Sein bzw. Gott selbst diese Erfahrung überhaupt
ermöglichen und ganz verständlich machen kann.

Dem abstrakten, transzendental-philosophischen Aufweis der
Gotteserfahrung bzw. Transzendenzerfahrung schließen sich konkrete Hinweise auf existentielle Grunderfahrungen des Menschen an
(IX 168–170). Zwar macht, wie Rahner an dieser Stelle erneut unterstreicht, der Mensch in jedem geistigen Vollzug anonym und unausdrücklich die transzendentale Gotteserfahrung, aber in bestimmten
existentiellen Erfahrungen wird die Gotteserfahrung „deutlicher und
in etwa thematisch" (168), wobei Rahner hier unter der „thematischen" Gotteserfahrung eine ,intensiver' bewußte und in dem Sinn
,ausdrücklicher' bewußte versteht, nicht etwa, wie öfter sonst, eine
,reflektierte' oder ,thematisierte'[112]. Als solche existentiellen „Absolutheitserfahrungen" (170) zählt Rahner auf: die Einsamkeit, die
Verantwortung, die Liebe, den Tod, die Freude, die Treue, die Angst,
die Sehnsucht, die Unerbittlichkeit der Wahrheit, den Frieden der
Gelassenheit, die Erfahrung des Schönen, die Vergebung ausweglo-
ser Schuld, die Gültigkeit der Vergangenheit und die Offenheit der
Zukunft (168–170). Später erweitert er die Reihe im „Grundkurs",

111 Vgl. Kap. 1.1.3.4 und 1.2.1.1.
112 Vgl. Kap. 3.1.2.3.

1976, um die lichte Helle des Geistes, die Ermöglichung der absoluten Fraglichkeit und die sittliche Verpflichtung absoluter Art[113] und im Text über die „Erfahrung des Heiligen Geistes", 1976, um eine unausgleichbare Lebensbilanz, das Verzeihen, die Pflichterfüllung, die Selbstlosigkeit, das Schweigen, die Gewissensentscheidung, den Gehorsam gegen Gott, den Verzicht, die Hoffnung, die Freiheit und die Verzweiflung[114].

All diese Erfahrungen sind zunächst einmal einfach im Leben sich ereignende, existentiale Erfahrungen, die erst zu existentiellen Erfahrungen für den Menschen werden, wenn und sobald er sie in Freiheit annimmt und aushält und sich persönlich zu eigen macht. Im Text zur „Erfahrung des Heiligen Geistes" klassifiziert Rahner die existentiellen Erfahrungen indirekt in ‚positive' und ‚negative'. Er unterscheidet zwischen solchen, die durch ihre kategoriale Positivität, und solchen, die durch ihre kategoriale Negativität auf die Transzendenz und damit auf Gott verweisen. Die kategoriale Erfahrungswirklichkeit kann positiv durch ihre eigene „Größe und Herrlichkeit, Güte, Schönheit und Durchlichtetheit ... auf das ewige Licht und das ewige Leben verheißend" hinweisen[115], wie das bei der Erfahrung der Liebe, der Freude, der Schönheit usw. der Fall ist. Sie kann jedoch die Transzendenz- und Gotteserfahrung auch e negativo dort deutlicher vordringen lassen, „wo die umgreifbaren Grenzen unserer Alltagswirklichkeiten brechen und sich auflösen, wo Untergänge solcher Wirklichkeiten erfahren werden ..."[116], wo also die kategoriale Wirklichkeit besonders kraß in ihrer Kontingenz und Negativität erlebt und erlitten wird, wie bei der Erfahrung der Angst, der Einsamkeit usw. Für Rahner sind dabei die „via eminentiae", d.h. der positivkategoriale Hinweis auf die Transzendenz, und die im allgemeinen deutlichere „via negationis", d.h. der negativ-kategoriale Hinweis auf die Transzendenz, „nicht zwei Wege oder zwei hintereinanderliegende Etappen eines Weges, sondern zwei Aspekte ein und derselben Erfahrung"[117]. Alle existentiellen Absolutheitserfahrungen sind im

---

113 Gk 78; vgl. 68.
114 XIII 239–242.
115 XIII 238.
116 XIII 238.
117 XIII 239.

letzten eins (IX 170); in ihnen wird Gott als das unbegreifliche Geheimnis des Lebens erfahren.

Noch einmal sei betont: Nach Rahner macht der Mensch in jedem geistigen Vollzug und in jedem bewußten Akt die Transzendenzerfahrung bzw. die Gotteserfahrung; sein Bewußtsein lebt ständig von dieser Erfahrung. Aber in einer Reihe von existentiellen Erfahrungen kann der Mensch diese Erfahrung deutlicher und intensiver machen; an ihnen läßt sich daher leichter und wirkungsvoller die Gotteserfahrung aufzeigen und ausdrücklich ins Bewußtsein heben. Und nach Rahner macht jeder Mensch diese Erfahrung. „Jeder Mensch! Nur muß er sie vorlassen, gleichsam ausgraben unter dem Schutt des Alltagsbetriebs, darf ihr, wo sie leise deutlich werden will, nicht davonlaufen ...“[118]

Rahners Vortrag über die „Gotteserfahrung heute" bringt drei neue Einsichten in die Transzendenzerfahrung, wie Rahner sie versteht und verstanden wissen will. *Zum einen* weist Rahner auf die positive Bedeutung der Reflexion für die Transzendenzerfahrung selbst hin; eine angemessene Reflexion kann die Erfahrung als solche reinigen und vertiefen. *Zum anderen* versucht Rahner einen neuen transzendental-philosophischen Aufweis der Transzendenzerfahrung; dieser Aufweis erscheint insoweit gelungen, als die Transzendenz als unbegrenzte Leere gekennzeichnet wird, die auf die unendliche Fülle Gottes verweist. *Und zum dritten* führt Rahner eine Reihe von existentiellen Erfahrungen an, in denen der Mensch die Transzendenzerfahrung besonders deutlich und ausdrücklich machen kann.

1.2.1.5 Die Transzendenz-Erfahrung als Selbst-, Nächsten- und Gotteserfahrung

In seinem Aufsatz „Selbsterfahrung und Gotteserfahrung" von 1971 (X 133–144) greift Rahner noch einmal alle drei Dimensionen der Transzendenzerfahrung auf – die Selbst-, Gottes- und Nächstenerfahrung – und verbindet sie in einer eigenen Systematik mitein-

118 XIII 241.

ander. Der Aufsatz darf als Zusammenfassung seiner wichtigsten Überlegungen zur Transzendenzerfahrung angesehen werden.

Zunächst begründet Rahner ein weiteres Mal den Ausdruck „Erfahrung" (133f). Es handelt sich dabei um jene Erkenntnis, „die ursprünglich-unersetzlich in jedem Menschen gegeben ist und den Ausgangspunkt und die Voraussetzung bildet für alle Reflexion, für alles kombinierende und systematisierende Wissen des Menschen" (134). Diese Erkenntnis ist eine „hinnehmende Erfahrung von transzendentaler Notwendigkeit", die „nochmals im Akt ihrer Verneinung oder Bezweiflung implizit bejaht wird." (134) Mit dem abstrakten Begriff „Erfahrung" ist nach Rahner die konkrete Erfahrungsgeschichte eines jeden einzelnen Menschen in seiner Einmaligkeit und Verschiedenheit von anderen gemeint (135). Die Reflexion über die ursprüngliche transzendentale Erfahrung hat in dieser Geschichte ihre Bedeutung und Unvermeidlichkeit, macht aber insgesamt, so Rahner, nur „einen bescheidenen und sekundären Teil des Lebens" aus (135).

Dann beschreibt Rahner abermals die Einheit der beiden transzendentalen Erfahrungen – der Selbsterfahrung und der Gotteserfahrung (136f). Zwar sind beide Erfahrungen keineswegs identisch; denn das transzendentale Subjekt als ‚Gegenstand' der Selbsterfahrung ist endlich, während Gott als der ‚Gegenstand' der Gotteserfahrung unendlich ist; die ‚Gegenstände' der beiden Erfahrungen sind absolut verschieden. Aber die beiden Erfahrungen sind nur in Einheit gegeben. Die transzendentale Gotteserfahrung ist Bedingung der Möglichkeit und Moment der transzendentalen Selbsterfahrung, in der das Subjekt sich selbst im Unterschied zu seinem Akt und dessen Gegenstand erfährt. Und umgekehrt: Die Selbsterfahrung ist die Bedingung der Möglichkeit der Gotteserfahrung. Deshalb ist nach Rahner die Geschichte der Selbsterfahrung die Geschichte der Gotteserfahrung, und umgekehrt (136f).

Rahner unterläßt an dieser Stelle ausdrücklich eine weitere philosophische Begründung der Einheit von Selbsterfahrung und Gotteserfahrung (137). Stattdessen stellt er eine theologische Überlegung an, die zeigt, daß diese Einheit die Bedingung der Möglichkeit der Einheit zwischen Gottesliebe und Nächstenliebe ist (X 138–140). Dazu schaltet Rahner eine Vorüberlegung ein. Ihr zufolge kommt der

Mensch nur zu sich selbst in der Begegnung mit dem anderen Menschen (138). Selbsterfahrung und Erfahrung des menschlichen Du sind eins (139). Dies gilt nach Rahner in einem abstrakten, formalen Sinn, den er nicht genauer angibt, der sich aber allgemein als Bei-sich-Sein im Sein-beim-Anderen oder als Einheit von transzendentaler Selbsterfahrung und transzendentaler Verwiesenheit auf den Nächsten ausbuchstabieren läßt. Die Einheit hat aber auch einen ganz konkreten (korrelativen) Sinn. Im konkreten Lebensvollzug ist Rahner gemäß das Ich immer auf ein Du bezogen, ist „gleich ursprünglich beim Du wie beim Ich" (138). Das konkrete Verhältnis des Subjekts zu sich selbst, seine konkrete Selbsterfahrung, hängt „unlöslich davon ab, wie ein Subjekt dem anderen begegnet" (139). Glückt die Begegnung mit dem Mitmenschen, gelingt auch die Selbsterfahrung; wer jedoch „den Nächsten nicht findet, ist auch nicht wahrhaft bei sich selbst" (139).

Aus der Vorüberlegung zieht Rahner nun generell den ‚Schluß': Die Einheit von Nächstenliebe und Gottesliebe impliziert die Einheit von Selbsterfahrung und Gotteserfahrung, wie auch umgekehrt (139). Die ‚Logik' des ‚Schlusses' läßt sich sehr formal in drei Schritten rekonstruieren.

(1) Wer den Nächsten liebt, erfährt auch sich selbst auf geglückte Weise. (= ‚Vorüberlegung')

(2) Wer den Nächsten liebt, liebt und erfährt auch Gott. (= theologische ‚Prämisse')

(3) Wer Gott erfährt und liebt, erfährt auch sich selbst auf geglückte Weise. [= philosophische ‚Prämisse'; Schluß aus (1) und (2)]

Mithilfe seiner ‚Vorüberlegung' (1) verknüpft Rahner die philosophische ‚Prämisse' von der Einheit von Selbsterfahrung und Gotteserfahrung (3) mit der theologischen ‚Prämisse' von der Einheit von Gottes- und Nächstenliebe (2).

Nach Rahner sind die drei Erfahrungen der Gotteserfahrung, der Selbsterfahrung und der Begegnung mit dem Nächsten letztlich eine einzige Erfahrung mit drei Aspekten, die sich gegenseitig bedingen (139). Diesen Sachverhalt drückt er mehrfach aus. Die drei Bezüge des Subjekts zu sich selbst, zu Gott und zum anderen sind in jedem geistigen Akt zusammen gegeben und bedingen sich gegenseitig (139f). Die Bezogenheit des Subjekts geht in jedem Akt mit dersel-

ben transzendentalen Notwendigkeit auch auf Gott und den Nächsten
wie auf das Subjekt selbst (140).

Mit diesen systematischen Überlegungen bestätigt und vertieft
Rahner, was oben angedeutet wurde: Den drei Inhalten des transzendentalen Bewußtseins bzw. der transzendentalen Erfahrung
entsprechen die drei Grundformen der menschlichen Liebe: die Liebe
zu Gott, zum Nächsten und zu sich selbst. Gottes-, Nächsten- und
Selbsterfahrung bzw. -liebe sind transzendental immer in Einheit
gegeben und bedingen einander[119].

Die Darstellung des philosophischen und fundamentaltheologischen
Transzendenzbegriffes in den „Schriften zur Theologie" endet in
diesem Kapitel mit dem Erscheinen des „Grundkurses", 1976. Danach modifizierte Rahner den Begriff nicht mehr nennenswert. Im
„Grundkurs des Glaubens" aber legte Rahner seinen Transzendenz-
gedanken noch einmal auf sehr umfassende und systematische Weise
dar.

1.2.2 Die „Transzendenz" des Menschen im „Grundkurs des Glaubens"

Da Rahner im „Grundkurs" vieles von seiner bis dahin entwickelten
Transzendenz-Theorie wiederholt, sollen nur einige wenige Punkte
herausgestellt werden, die gegenüber dem Bisherigen neu sind oder
Bisheriges neu zu erhellen vermögen.

---

119 Auf die wichtige „triadische Perspektive" des Gott-, Welt- und Selbst-
    bezugs (als Ergänzung zur ‚diadischen' Perspektive des Transzendentalen
    und Kategorialen) hebt W. Sandler in seiner Reinterpretation von Rahners
    Anthropologie und Soteriologie ab: Sandler [1996]. Die vorliegende Unter-
    suchung kann diesen Ansatz, wie sich abzeichnete, vor allem aus dem
    Kontext der Transzendenzerfahrung und der Liebe (Kap. 3.2.2) bei Rahner
    stützen.

1.2.2.1 Die Identität von Transzendenz-Erfahrung und transzendentaler Erfahrung und die ‚Selbstverständlichkeit' des heiligen Geheimnisses

Am Schluß seiner „Einleitung" zum „Grundkurs" nimmt Rahner schon einmal programmatisch seine wichtigsten fundamentaltheologischen Gedanken zur Transzendenz, die er dann vor allem in den ersten beiden „Gängen" entfalten wird, vorweg.[120] Dabei definiert er auch, was er unter „transzendentaler Erfahrung" versteht:

(TE) „Das subjekthafte, unthematische und in jedwedem geistigen Erkenntnisakt mitgegebene, notwendige und unaufgebbare Mitbewußtsein des erkennenden Subjekts und seine Entschränktheit auf die unbegrenzte Weite aller möglichen Wirklichkeit nennen wir die *transzendentale Erfahrung*" (Gk 31).

Rahner rechtfertigt bezüglich der Definition die beiden Teilausdrücke „transzendental" und „Erfahrung". Das Mitbewußtsein hält er für eine *Erfahrung*, weil es „Moment und Bedingung der Möglichkeit jedweder konkreten Erfahrung irgendeines beliebigen Gegenstandes ist." (31) Damit deutet Rahner neben der unmittelbaren Wirklichkeit des Erfahrungs-‚Gegenstandes'[121] und neben der Ursprünglichkeit und Fundamentalität der Erfahrung[122] einen dritten Grund für die Bezeichnung „Erfahrung" an, durch den die beiden anderen Gründe gleichsam gebündelt werden: Als unausweichliches Moment jeder kategorialen Erfahrung ist die transzendentale Erfahrung immer gegebene Miterfahrung der gegenständlichen Erfahrung. Und er nennt die Erfahrung *transzendental*, „weil sie zu den notwendigen und unaufhebbaren Strukturen des erkennenden Subjekts selbst gehört" und gerade in dem Überstieg über die „Kategorien" besteht (31). Die so definierte transzendentale Erfahrung setzt Rahner dann ausdrücklich mit der Erfahrung der Transzendenz gleich: „Die transzendentale Erfahrung ist die Erfahrung der *Transzendenz*" (31).

Freilich ist die Erfahrung, wie Rahner in einem etwa gleichzeitig entstandenen Text über die „Erfahrung des (Heiligen) Geistes"

---

120 Eine gute eigene Zusammenfassung seiner gesamten Transzendenztheorie bietet Rahner auch in XIII [1977] 232–238.
121 IX 161.
122 X 134.

anmerkt[123], „inkommensurabel … mit dem, was wir sonst im Alltag ‚Erfahrung' – besonders in einem naturwissenschaftlichen oder empirisch psychologischen Sinne – zu nennen pflegen; denn diese Erfahrung des Geistes setzt in der innersten Mitte unserer Existenz an, an ihrem subjektiven Pol" (XIII 227). Es ist „die Erfahrung des einen Subjekts als solchen …, das sich selber in seiner ursprünglichen Einheit und Ganzheit präsent ist" (XIII 227f). Es handelt sich um die „ursprüngliche und immer und überall hinter allen gegenständlichen Einzelerfahrungen gegebene Urerfahrung des Subjekts von sich selbst", um die „‚transzendentale' Subjekthaftigkeit des Menschen" (XIII 228).

Noch in der „Einleitung" des „Grundkurses" verweist Rahner auf die ‚Selbstverständlichkeit' der Transzendenz und ihres „Woraufhin" und „Wovonher". Ursprung und Ziel der menschlichen Transzendenz ist, wie Rahner bereits früher ausführte, das heilige Geheimnis, genannt Gott. Der Mensch ist dementsprechend „das Wesen der Transzendenz auf das heilige, absolut wirkliche Geheimnis" (Gk 32). Wenn nun schon die Transzendenz „die schlichteste, selbstverständlichste, notwendigste Bedingung der Möglichkeit *allen* geistigen Verstehens und Begreifens" des Menschen ist, dann ist, so folgert Rahner, erst recht und „eigentlich das heilige Geheimnis das einzige Selbstverständliche", und das in einem doppelten Sinn (33). Es ist das dem Menschen Vertraute, weshalb es auch leicht übersehen werden kann. Und es ist das einzige, „was in sich selber … gründet" (33), was sich selber und alles andere (einschließlich der menschlichen Transzendenz) begründet. Da die menschliche Transzendenz unmittelbar im heiligen, ‚selbstverständlichen' Geheimnis Gottes gründet, ist sie auch – so Rahner zum Schluß der Einleitung – der ‚Ort' möglicher Gottesbegegnung. Nur dort, wo man sich „dem Raum der Erkenntnis und nicht nur den Gegenständen der Erkenntnis, der Transzendenz und nicht nur dem in dieser Transzendenz kategorial raumzeitlich Erfaßten zuwendet, ist man eben am Beginn, ein homo religiosus zu werden." (33f)

---

123 XIII [1976] 226–251.

1.2.2.2 Die Transzendenz als Subjekt- und Personsein, ihr Aufweis
über die ‚Frage‘ und die Transzendenz auf das Sein

Rahner bestimmt im „Ersten Gang" zunächst unter zweierlei Rücksicht die Subjekthaftigkeit und Personhaftigkeit des Menschen unabhängig von der Transzendenz (Gk 37–42), bevor er sie mit letzterer in Verbindung bringt (45f; vgl. 32). Der Mensch ist für ihn *zum
einen* Person und Subjekt, insofern er das Ganze der empirischen
Einzeldaten von sich, das ihm hauptsächlich aus den empirischen
Humanwissenschaften bekannt ist, vor sich bringen und sich dazu
verhalten kann (40–42). Daß der Mensch es mit sich als ganzem zu
tun hat, ist dabei selbst kein Element oder Moment innerhalb des
Systems der empirischen Einzeldaten. Vielmehr hebt ihn diese Möglichkeit über das System hinaus. Der Mensch kann sich auf sich
selbst als ganzes beziehen, er kann sich (erkennend) als ganzes in
den Blick nehmen und (frei) zu sich als ganzes Stellung nehmen bzw.
(frei) sich zu sich selbst verhalten; er kann sich als ganzes in Frage
stellen und ist sich als ganzes gegeben, aufgegeben und überantwortet. Wenn der Mensch sich vor allem in den empirischen Wissenschaften selbst ganz zu erklären sucht, so ist es *zum anderen*, laut
Rahner, doch er selbst, der das tut, der erklärt, analysiert, reduziert
und konstruiert. Der Mensch selbst geht daher in der (objektiven)
Erklärung nie ganz auf und kann darin als der die Erklärung Vollziehende nicht ganz aufgehen; er ist und bleibt als der Erklärende
Subjekt und Person. Die doppelte Erfahrung des Menschen, Person
und Subjekt zu sein, ist nach Rahner bereits eine transzendentale
Erfahrung (42).

Metaphysisch gesehen ist der Mensch nun selbst ein Seiendes
und als solches nicht mit dem Sein selbst identisch. Erst sein realer
Vorgriff, seine Transzendenz auf das Sein befähigt ihn, sich selbst als
endliches Seiendes zu erkennen und sich zu sich selbst als Ganzes
sowohl theoretisch als auch praktisch zu verhalten (vgl. 45f). Darin
besteht aber genau die Subjektivität und Personalität des Menschen.
Es ist daher nach Rahner die Transzendenz auf das Sein und auf Gott,
die den Menschen als Person und Subjekt erst konstituiert und „sein
ursprüngliches Wesen als Subjekt und Person ausmacht" (32). Erst
dadurch, daß der Mensch das Wesen der Transzendenz ist und bleibt,

„d.h. jenes Seiende, dem sich die unverfügbare und schweigende Unendlichkeit der Wirklichkeit als Geheimnis dauernd zuschickt", wird er „zur reinen Offenheit für dieses Geheimnis gemacht und gerade so als Person und Subjekt vor sich selbst gebracht." (46)

Mit diesen Überlegungen führt Rahner im „Grundkurs" den Gedanken vom transzendentalen Selbstbewußtsein des Menschen fort und interpretiert und präzisiert ihn im Sinne des Subjekt- und Personseins.

In seinem transzendental-philosophischen Aufweis der Transzendenz selber nimmt Rahner besonders den Begriff der Frage und des Fragens zuhilfe (42f; vgl. 33f). Der Mensch kann alles in Frage stellen, kann alles (hinter-)fragen (42). Jede Antwort auf eine Frage ist aber „immer wieder nur der Aufgang einer neuen Frage" (43). Der Mensch erfährt daher sein Fragen wie einen Horizont, „der immer weiter zurückweicht, je mehr Antworten der Mensch sich zu geben vermag" (43). So erfährt er sein Fragen als einen unendlichen Horizont (42f). Die Erfahrung des unendlichen Horizontes ist aber schon die Erfahrung der Transzendenz.

Mit dem Fragen meint Rahner hier, was den Inhalt betrifft, sicherlich in erster Linie die Frage des Menschen nach dem Selbst-Sein, nach sich selbst, also die Frage: Wer bin ich? Wer ist der Mensch? Für gewöhnlich kommt der Mensch mit dieser Frage, solange er lebt, an kein Ende, findet er keine Antwort, die ihn restlos zufriedenstellt. Freilich kann man zurückfragen, ob er damit schon die Erfahrung der Unendlichkeit macht, um die es Rahner geht, oder ob er nicht vielmehr sein Fragen nach sich selbst als „endlos" erfährt, was nicht schon „unendlich" bedeutet.

Rahner geht in seiner Hinführung noch einen Schritt weiter, indem er den Menschen selbst zur Frage erhebt: „er [der Mensch] ist die Frage, die leer, aber wirklich und unausweichlich vor ihm aufsteht und die von ihm nie überholt, nie adäquat beantwortet werden kann" (43).[124] Auch hier ist der Begriff der „Frage" offensichtlich nicht in

---

124 Rahners existentiale Auslegung des Menschen als Frage bzw. als Frage nach dem Sein (vgl. HW 44–49) geht auf Heidegger zurück (Heidegger [{1927}1963] 5–17; vgl. Muck [1994] 263), der sich seinerseits von einem Satz des Augustinus aus den „Confessiones" inspirieren ließ („Quaestio mihi factus sum." Siehe Heidegger [{1921}1995] 178–180).

einem engen, alltagssprachlichen Sinn zu verstehen, sondern in einem weiten, existentialistischen, der sich letztlich auf die Sinnfrage beläuft.[125]

Des weiteren begründet Rahner, weshalb der Vorgriff auf den unendlichen Horizont im menschlichen Fragen wirklich auf das Sein vorgreift und sich nicht im Leeren, im Nichts verliert (44f). Drei Gründe führt er dazu an, die gegenüber seiner Begründung im philosophischen Frühwerk neu sind.

1. Das Woraufhin des Vorgriffs bringt die (geistige) Wirklichkeit des Menschen in Gang, zieht sie an und bewegt sie. Das Nichts kann aber ontologisch nichts begründen und in Bewegung setzen (Gk 44).

2. Der Mensch macht eine doppelte Erfahrung. Er erfährt einerseits die Leere, die innere Brüchigkeit, die Absurdität – kurz, das Nichts. Und er erfährt andererseits real „die Hoffnung, die Bewegung in das befreiend Freie, die Verantwortung" und „das sich Weitende" – kurz, das Sein (44). Da seine Erfahrung aber eine und eine einheitliche ist, muß der Vorgriff, wenn man nicht zwei „Urwirklichkeiten" oder „einen Dualismus im letzten Urgrund" annimmt, auf das Sein gehen (44).

3. Die Aussage, das Nichts als die schlechthinnige Leere trage und eröffne die absolute Weite der menschlichen Transzendenz, wäre sinnlos (44).

Das Woraufhin der menschlichen Transzendenz kann nach Rahner folglich nur das Sein, nicht das Nichts sein. In seiner Transzendenz auf das Sein ist der Mensch jedoch nicht absolutes Subjekt, das von sich aus den unendlichen Seinshorizont entwirft. Vielmehr geht dem Menschen der Horizont von sich aus auf und eröffnet sich ihm; der Mensch empfängt das Sein (45).

1.2.2.3 Die doppelte Verfügtheit der Transzendenz und die
         Individualität der Transzendenz

Neue Akzente setzt Rahner auch bei der zweifachen, nämlich transzendentalen und kategorialen, Bedingtheit des Menschen als Wesen

---

125 Vgl. Kap. 1.1.3.1.

der Transzendenz. Statt von Vermittlung und Vermitteltheit, von Bedingung und Bedingtheit spricht Rahner hier vorzugsweise von der Verfügtheit und Unverfügbarkeit (Gk 52f).

Der Mensch ist transzendental ein Verfügter. Als transzendentales Subjekt verfügt er nicht „selbstherrlich" über das unendliche Sein, das ihn als Geheimnis umgibt und auf das er verwiesen ist (52). Er verfügt nicht über den Grund, aus dem heraus und auf den hin er sich als Subjekt vollzieht und ist sich selbst in seinem Ursprung und Ziel entzogen. Gott als das absolute Geheimnis eröffnet und entzieht sich souverän dem Menschen. Er verfügt über ihn und konstituiert, begründet und trägt ihn als Subjekt (63.67). Ontologisch ist Gott das „Erste und Letzte" (67) und ermöglicht und bedingt die Transzendenz; die Transzendenz ist das „Zweite und Bedingte" (67), auch wenn epistemologisch die transzendentale Gotteserfahrung und die transzendentale Selbsterfahrung gegenseitig aufeinander verwiesen und nur „in einem und in Identität" gegeben sind (32). Wegen der erfahrungsmäßigen Verschränktheit kann man nach Rahner „immer nur von der Transzendenz sprechen, indem man über ihr Woraufhin redet" und kann man „dieses Woraufhin immer nur verständlich machen in seiner Eigenart, indem man von der Eigentümlichkeit der Transzendenz als solcher spricht." (68)

Der Mensch ist kategorial ein Verfügter. Diesmal modifiziert bzw. spezifiziert Rahner das Kategoriale jedoch als das Geschichtliche. Der Mensch ist ein geschichtliches Wesen, er ist geschichtlich bedingt; ihm ist seine „geschichtliche Position in seiner Umwelt und Mitwelt" vorgegeben (53). Und der Mensch „weiß immer von seiner geschichtlichen Endlichkeit, von seiner geschichtlichen Herkünftigkeit, von der Kontingenz seiner Ausgangsposition" (53). Insofern er um seine Bedingtheit weiß, steht er allerdings in gewissem Sinn schon über ihr und bleibt ihr doch verhaftet. Daraus ergibt sich nach Rahner jene eigentümliche Situation oder Spannung, die das Wesen des Menschen auszeichnet. Das „Gestelltsein zwischen Endlichkeit und Unendlichkeit macht den Menschen aus und zeigt sich noch einmal dadurch, daß sich der Mensch gerade in seiner unendlichen Transzendenz, in seiner Freiheit als der sich Auferlegte und geschichtlich Bedingte erfährt." (53)[126] Der Mensch findet zu seiner eigentlichen Wahrheit (und Freiheit) gerade dadurch, daß er diese doppelte Unverfügbarkeit seiner eigenen geschichtlichen und transzendentalen Wirklichkeit gelassen aushält und annimmt (53).

Die transzendentale Verfügtheit durch Gott ermöglicht dem Menschen sowohl die Unterscheidung der innerweltlichen, kategorialen Gegenstände voneinander als auch ihre Unterscheidung „vom Horizont der Transzendenz selbst" (71), also – vereinfacht – das Unterscheiden zwischen Welt und Gott. Rahner liefert dazu die entsprechende ontologische Begründung. „Der Unterschied zwischen Gott und Welt ist derart, daß das eine den Unterschied des anderen zu sich selber noch einmal setzt und ist und darum gerade in der Unterscheidung die größte Einheit zustande bringt." (71) Rahner möchte damit nicht den metaphysischen Unterschied zwischen Gott und Welt, zwischen Schöpfer und Geschöpf nivellieren (72). Alle Kreatur ist von Gott radikal unterschieden und abhängig (85), wobei die radikale Abhängigkeit des Geschöpfs vom Schöpfer und die echte Selbständigkeit des Geschöpfs im gleichen, nicht im umgekehrten Maße wachsen (86f). Aber dieser Unterschied ist von Gott selbst in Einheit gesetzt, so daß Gott – als Grund, nicht als Teil aller Wirklichkeit – mit der Welt eins und zugleich von ihr verschieden ist (71f). Die Einheit ist dabei das Grundlegendere, von dem her der Mensch den Unterschied zwischen Gott und Welt, zwischen Horizont und Gegenständen erst verstehen kann. Der Mensch erkennt den Unterschied zwischen Gott und Welt in Gott bzw. von Gott her.

Schließlich expliziert Rahner noch einen wichtigen Aspekt der Transzendenz, der im Grunde mit der Geschichtlichkeit schon gegeben ist. Es ist die Individualität der Transzendenzerfahrung und damit der Transzendenz selbst. Die konkrete Transzendenzerfahrung fällt „bei den einzelnen Menschen entsprechend der Verschiedenheit ihres geschichtlichen Daseins sehr verschieden" aus (68). Je „nach der eigenen geschichtlichen und individuellen Situation seines je einmaligen Lebens"[127] macht der einzelne Mensch „gerade ... als dieser einzelne die Erfahrung des transzendierenden Sich-selbst-weggenommen-Seins in das unsagbare Geheimnis hinein" (68).

126 Vgl. GW 298–300.
127 XIII [1976] 241.

Dementsprechend müßte, laut Rahner, jeder einzelne Mensch in einer „existentiellen Mystagogie", im „Einzelgespräch" oder in einer „individuellen Logotherapie" auf die Transzendenzerfahrung in je seinem individuellen Leben anhand bestimmter existentieller Erfahrungen, wie der Angst, der Liebe, der Freude usw.[128], aufmerksam gemacht werden (68). Unter „Mystagogie" versteht Rahner, wie er später in der „Rede des Ignatius von Loyola an einen Jesuiten von heute" darlegt, ganz allgemein „die Hilfe zur unmittelbaren Erfahrung Gottes, in der dem Menschen aufgeht, daß das unbegreifliche Geheimnis, das wir Gott nennen, nahe ist, angeredet werden kann und gerade dann uns selber selig birgt, wenn wir es nicht uns untertan zu machen suchen, sondern uns ihm bedingungslos übergeben."[129]

Die Geschichtlichkeit und die Individualität sind der ‚subjektiven' Seite, die Universalität der ‚objektiven' Seite der Transzendenz bzw. der Transzendenzerfahrung zuzuordnen. Was in der Transzendenz erfahren wird, d.h. das Erfahrene, das Woraufhin, das heilige Geheimnis, ist objektiv und allgemein; wie das Woraufhin in der Transzendenz erfahren wird, d.h. die Erfahrung selbst, ist hingegen subjektiv und individuell (vgl. 70).

Die Individualität der menschlichen Transzendenz läßt sich bei Rahner unter anderem bis zur metaphysischen, qualitativen Individualität des menschlichen Geistes als „forma in se subsistens" zurückverfolgen.[130]

1.2.3 Die Transzendenz des Menschen als Freiheit

Im philosophischen Frühwerk Rahners nahm die erkenntnismäßige Seite der Transzendenz breiten Raum ein. Demgegenüber blieb die willensmäßige Seite der Transzendenz weitgehend im Hintergrund. Später setzte sich Rahner intensiv mit der Freiheit und der Liebe des

---

128 Vgl. Kap. 1.2.1.4.
129 XV [1978] 380. Zu Rahners Mystagogie und mystagogischer Absicht in Theologie und Philosophie siehe Fischer [1986], Fischer [1994].
130 Vgl. QD V [1956] 99. Zur „forma in se subsistens" siehe Kap. 1.3.1.3 und 3.1.2.1.

Menschen auseinander, ohne die transzendentale Erkenntnis des Menschen zu vernachlässigen oder preiszugeben[131]. Auf diese Weise überwand er seinen anfänglichen Intellektualismus, ohne dem anderen Extrem des Voluntarismus zu verfallen. Zur Vervollständigung von Rahners philosophischem und fundamentaltheologischem Zugang zur Transzendenz wird in diesem Kapitel seine Auffassung von der menschlichen Freiheit[132] und in Kapitel 3.2. seine Auffassung von der menschlichen Liebe vorgestellt.

1.2.3.1 Die ‚transzendentale Freiheit' in „Theologie der Freiheit"

Unter dem Titel „Theologie der Freiheit" legt Rahner 1964 seinen eigenen Freiheitsbegriff aus christlich-theologischer Sicht ausführlich dar (VI 215–237).[133] Darin greift er etliche Gedanken von „Hörer des Wortes", insbesondere zur praktischen Transzendenz, auf und entwickelt sie weiter.

Rahner unterscheidet die Freiheit im theologischen Sinn von der Wahl- oder Entscheidungsfreiheit (VI 215). Der Mensch kann zwischen aposteriorisch gegebenen einzelnen Objekten und einzelnen Verhaltensweisen den Objekten gegenüber wählen (216.223f). Eine echte Wahlfreiheit liegt vor, wenn die aktive Entscheidung oder Handlung eines Menschen weder „von einer inneren Zuständlichkeit des Menschen" noch „von einer äußeren Situation ... im voraus kausal schon festgelegt" ist (222; vgl. 215); wenn sie innerlich und äußerlich kategorial indeterminiert ist (vgl. 218).

Die kategoriale Wahlfreiheit, zwischen diesem und jenem entscheiden zu können, wäre jedoch für sich allein genommen ein „neutrales", „sachhaftes", „gleichgültiges" und rein „formales" Vermögen (216.218.220–225), das den Menschen selbst im Grunde unberührt ließe. Als bloße „Aktfreiheit" (222) ließe sich Freiheit zwar von den

---

131 Siehe z.B. Gk [1976] 26–34.42–46.61–64; XIII [1976] 232–234.
132 Vgl. Sandler [1996] 353–372.
133 Zwischen dem Begriff der „Freiheit" in diesem Text und dem Begriff der „Liebe" in Rahners früherem Text über „Das ‚Gebot' der Liebe unter den anderen Geboten" (V [1961] 494–517) besteht ein hohes Maß an Analogie. Für Rahner ist unter sittlicher Rücksicht der positive Freiheitsvollzug des Menschen nichts anderes als dessen Liebe.

Handlungen des Menschen, nicht aber vom Menschen selbst prädizieren. Daher ergänzt und vertieft Rahner die reine Wahl- oder Aktfreiheit um die „Freiheit im theologischen Verstand" (216). Indirekt nennt Rahner diese Freiheit transzendentale Freiheit, indem er sie als „eine transzendentale Auszeichnung des Menschseins selber" (222) charakterisiert und wie selbstverständlich „vom Ineinander transzendentalen und kategorialen Freiheitsvollzuges" (228) spricht. Direkt bezeichnet er sie später im „Grundkurs" als solche.[134]

Rahners transzendentaler Freiheitsbegriff wird in sechs Thesen wiedergegeben, die jeweils knapp anhand seines eigenen Textes erläutert werden und die insgesamt zu seiner Definition der transzendentalen Freiheit führen.

(F.1) Die transzendentale Freiheit des Menschen ist Bedingung der Möglichkeit seiner kategorialen Wahlfreiheit, und Gott ist wiederum Bedingung der Möglichkeit der transzendentalen Freiheit des Menschen (VI 216f).

In seiner Transzendenz und damit in seiner transzendentalen Freiheit ist der Mensch auf den unendlichen, absoluten Horizont bezogen. Von daher kann er jeden bestimmten einzelnen Gegenstand relativieren und sich ihm gegenüber indifferent und frei verhalten. Insofern ist die kategoriale Freiheit des Menschen bedingt und ermöglicht durch seine transzendentale Freiheit. Tragender Grund der Transzendenz und der transzendentalen Freiheit des Menschen ist aber Gott, der sich dem Menschen als das Woraufhin seiner Transzendenz von sich aus eröffnet und „zuschickt" (vgl. 217). Die transzendentale Freiheit ist ermöglicht und „ermächtigt" von Gott (218).

(F.2) Gott ist nicht nur der tragende Grund, sondern auch der eigentliche ‚Gegenstand' der transzendentalen Freiheit des Menschen (218–220).

Gott ist dem Menschen – ursprünglich und eigentlich – unthematisch in seinem unendlichen Horizont oder als dieser Horizont gegeben.[135] Nun kann sich der Mensch aber in seiner transzendentalen Freiheit

---

134 Gk 47f.

135 Rahners Begriff vom „Horizont" schließt sowohl die ‚subjektive' Seite der menschlichen Transzendenz – die unendliche Offenheit des Menschen für Gott – , als auch die ‚objektive' Seite der Transzendenz – ihr Woraufhin, d.h. Gott – ein. Näheres dazu in Kap. 2.1.3.2.

seinem Horizont selbst gegenüber frei verhalten. Insofern ist menschliche Freiheit in ihrem Ursprung Freiheit Gott gegenüber, Freiheit des Ja oder Nein zu Gott (220). Gott ist tragender Grund und eigentlicher ‚Gegenstand' der transzendentalen Freiheit des Menschen. Diese Freiheit ist daher Freiheit von Gott her und auf Gott hin (216). Gott ist das Wovonher und das Woraufhin der menschlichen Transzendenz auch und gerade als Freiheit (vgl. 229).

(F.3) Selbst im transzendentalen Nein zu Gott wird Gott noch einmal notwendig transzendental bejaht (218f).

Der Mensch kann etwa als expliziter oder praktischer „Atheist" Gott auf der kategorialen, reflexen Ebene als begrifflich vermittelten Gegenstand verneinen und ablehnen (219). Er kann ihn aber auch auf der letztlich entscheidenden transzendentalen Ebene verneinen, indem er sich gegen seinen eigenen unthematischen Horizont und gegen den tragenden Grund seiner eigenen Existenz wendet. In jedem Fall muß aber der Mensch Gott als die Bedingung der Möglichkeit seiner kategorialen und/oder transzendentalen Verneinung Gottes noch einmal unausweichlich transzendental bejahen. Denn Gott ist und bleibt der tiefste transzendentale Grund des Menschen, aus dem heraus der Mensch notwendig lebt und sich vollzieht, selbst in der transzendentalen Ablehnung Gottes. Insofern allerdings bei der transzendentalen Verneinung Gottes Gott zugleich transzendental verneint und transzendental bejaht wird, kann in der menschlichen Freiheit ein realer, „absoluter" Widerspruch vorliegen (219).

(F.4) Der Mensch kann seine transzendentale Freiheit nur in seiner kategorialen (Wahl-)Freiheit und durch sie vollziehen (219f).

Wie die transzendentale Erkenntnis des Menschen notwendig kategorial vermittelt ist, so ist es auch die transzendentale Freiheit des Menschen. Der Mensch übt seine transzendentale Freiheit notwendig am „endlichen Material" des Lebens (219), am „konkreten Einzelnen der Erfahrung" aus (220), indem er sich für oder gegen dieses oder jenes Kategoriale entscheidet.[136] Dem Menschen ist auch in

---

136 Dem Begriff vom „Freiheitsmaterial", an dem der Mensch seine Freiheit ausübt, stehen bei Rahner die Begriffe von der „Freiheitssituation" und dem „Freiheitsraum", in dem der Mensch seine Freiheit vollzieht, sehr nahe. Zum Freiheitsraum bemerkt Rahner in seinem Vortrag „Ursprünge

seiner Freiheit kein rein unmittelbares Gottes- oder Selbstverhältnis möglich. Umgekehrt wird in jedem echten, kategorialen Akt der Freiheit wirklich schon Gott selbst – unthematisch und transzendental – gewollt oder auch nicht gewollt (217.219f), wenn auch nicht in jedem kategorialen Freiheitsakt in der gleichen existentiellen Tiefe (vgl. 224).

(F.5) Eigentlicher ‚Gegenstand' der transzendentalen Freiheit des Menschen ist Gott und zugleich und in einem das Subjekt selbst (219–221).

In der Freiheit geht es dem Menschen nicht nur (kategorial) um diese oder jene Sache oder um diese oder jene Verhaltensweise, sondern (transzendental) immer auch schon um seinen unthematisch gegebenen Horizont, um seine Transzendenz. Der ‚objektiven' und der ‚subjektiven' Seite der Transzendenz entsprechend ist die transzendentale Freiheit des Menschen „Freiheit des Ja oder Nein zu Gott und darin Freiheit des Subjekts zu sich selbst" (220; vgl. 224). So betrachtet ist die transzendentale Freiheit des Menschen „Seinsfreiheit" (222f), womit Rahner in diesem Kontext das konkrete Sein des einzelnen Menschen selbst meint. In seiner Freiheit bestimmt der Mensch letztlich, wer er selbst ist und sein will, entscheidet er sich letztlich nicht für oder gegen etwas, sondern entscheidet über sich selbst, hat er die Möglichkeit, zu sich selber ja oder nein zu sagen (223). Transzendentale Freiheit besagt daher im Grunde Selbstverständnis, Selbstvollzug, Selbstverwirklichung oder Selbstverfügung des Menschen (223f). Die transzendentale Entscheidung des Menschen über sich selbst – als Subjekt und Person – geschieht notwendig durch kategoriale Freiheitsentscheidungen. Die einzelnen kategorialen Freiheitsakte des Menschen wirken auf die transzendentale Freiheit und die Transzendenz des Menschen selbst ein oder zurück und lassen so das transzendentale Subjekt als solches nicht

---

der Freiheit. Vom christlichen Freiheitsverständnis", 1965: „Jede Freiheitstat des einen verändert ... die vorgegebenen objektiven Möglichkeiten der Freiheitstat des Nächsten, erweitert, verändert, begrenzt den Freiheitsraum des anderen, und zwar im voraus zu dessen freier Setzung." (36) Der eine gemeinsame, dem einzelnen vorgegebene Freiheitsraum der Menschen unterliegt der ständigen geschichtlichen Veränderung.

unverändert. Der (transzendentale) „Raum" bleibt vom (kategorialen) „Eingeräumten" nicht unberührt (219).

(F.6) = (F.D) Freiheit ist totale Selbstverfügung des Subjektes vor Gott auf Endgültigkeit hin (221–225).[137] In den kategorialen Entscheidungen und durch sie entscheidet das Subjekt über sich selbst, und zwar als ganzes und endgültig (222.224). Die transzendentale Freiheit des Menschen ist „das Vermögen des einmalig Endgültigen" oder „des Ewigen" (225), ist „das Vermögen, sich selbst ein für alle Mal zu tun" (221). Durch das Ganze seines Lebens bestimmt der Mensch endgültig und auf ewig, ob er selbst gut oder böse ist (222). Er wirkt in seiner Freiheit endgültig sein Heil oder Unheil (221f). Dabei geschieht die totale Selbstverfügung des Menschen – als echte Selbstverwirklichung oder als radikale Selbstverweigerung – notwendig „vor Gott" (225; vgl. 224).

Die transzendentale Freiheit besteht daher im Grunde in einer einzigen Freiheitstat, in einem einzigen Grundakt, in einer einzigen Grundentscheidung („option fondamentale"). Sie ist weder identisch mit einzelnen kategorialen Freiheitsakten – auch nicht mit dem letzten vor dem Tod – , noch stellt sie einfach das „moralische Fazit" der Summe der freien Einzelakte dar (224).[138] Und doch wird sie vom Menschen im Ganzen seines Lebens und d.h. im Ganzen seiner freien Einzelentscheidungen vollzogen. Von daher ist die konkrete Freiheit des Menschen „die nicht mehr reflektierbare Einheit in Differenz" von Grundentscheidung und freien Einzelakten des Menschen (225f).[139] Mit der These (F.6) ist Rahner bereits zu seiner Definition der transzendentalen Freiheit im theologischen Sinn (F.D) gelangt, die er auch später beibehält, etwa wenn er unter einer existentiellen Entscheidung „eine Freiheitstat des Menschen" versteht, in der der Mensch „über sich selbst vor Gott auf Endgültigkeit hin verfügt"[140]

Nach der Freiheitsdefinition fährt Rahner mit seinen Thesen zur „Theologie der Freiheit" fort und legt die menschliche Freiheit noch als Liebe und individuellen Dialog mit Gott (VI 225–229), als Geheimnis (229–232), als kreatürliche Freiheit in einer unausweichlichen

---

137 Vgl. u.a. XIV [1979] 428f.
138 Vgl. V 498.
139 Weiteres zur „Grundentscheidung" in Kap. 3.1.2.6.
140 XII [1974] 41.

Schuldsituation (232–235) und als von Gott selbst befreite Freiheit
(235–237) aus.

1.2.3.2 Das Verhältnis von ‚transzendentaler' und ‚kategorialer Freiheit' im „Grundkurs"

Die Texte, in denen Rahner im „Grundkurs des Glaubens" das Thema Freiheit behandelt[141], können mit der Fragestellung gelesen
werden: Wie läßt sich das Verhältnis zwischen transzendentaler
Freiheit und kategorialer Freiheit näher bestimmen? Zu diesem
Zweck wird nacheinander untersucht, was Rahner im „Grundkurs"
zur transzendentalen Freiheit, dann zur kategorialen Freiheit und
schließlich zum Verhältnis der beiden auszuführen weiß.

Rahner spricht im „Grundkurs" in dem betreffenden Kapitel über
die Freiheit (Gk 46–50) mehrmals von der „transzendentalen Erfahrung der Freiheit" (46f; vgl. 103) im Gegensatz zu ihrer „raumzeit-
lich-kategorialen Erfahrung" (47). Er gebraucht im Text aber des
öfteren auch ganz direkt den Ausdruck „transzendentale Freiheit"
(47f; vgl. 103). Auf die transzendentale Freiheit hebt er auch ab, wenn
er sich mit der „eigentlichen Freiheit" (48), der „ursprünglichen
Freiheit" (48) oder der „Freiheit im ursprünglichen Ansatz" (46f)
befaßt.

Den beiden Momenten seiner Transzendenz entsprechend hat der
Mensch nicht nur „erkennend" mit sich selbst zu tun, sondern auch
„handelnd" (46). Seine Existenz ist nicht nur „Selbstbewußtsein",
sondern ebensosehr „Selbsttat" (47). Das zweite Moment der Transzendenz deutet Rahner hier im „Grundkurs" vor allem als eine
Freiheit aus, durch die der Mensch sich selbst überantwortet
(46f.50), sich selbst aufgegeben (46f) und anheimgegeben (46), sich
selbst sogar aufgebürdet (47) ist. Deshalb bevorzugt er in diesem
Text durchgängig als alternativen oder sogar synonymen Ausdruck
zur „Freiheit" den Ausdruck „Verantwortung".

Die transzendentale Erfahrung der Freiheit ist aufs engste an die
Selbsterfahrung des Menschen als Subjekt gebunden. Dort, wo der

---

141 Vor allem Gk 46–53, 101–104.

Mensch sich selbst (transzendental) als Subjekt erlebt und erfährt, erfährt er sich im Grunde auch als verantwortlich und frei (47.49). Dementsprechend tritt die transzendentale Freiheitserfahrung des Menschen als Moment seiner Transzendenz- und Subjektivitätserfahrung nicht nur sporadisch in seinem Leben auf, sondern ist kontinuierlich in seinem ganzen Leben vorhanden. Die transzendentale Freiheit ist eine Freiheit, so schreibt Rahner, „die das eine ganze Subjekt in der Einheit des ganzen Existenzvollzugs als einen meint" (49; vgl. 101f).

Auch im „Grundkurs" tauchen die drei wesentlichen Aspekte der transzendentalen Freiheit auf: 1) Freiheit als Selbstverfügung, 2) Freiheit als Entscheidung des Verhältnisses zu Gott und 3) Freiheit als Setzung von Endgültigkeit.[142] Rahner selbst faßt die drei Apekte zusammen: „Bei unseren Überlegungen über das Wesen subjekthafter Freiheit kommt es darauf an, zu begreifen, daß die Freiheit der Selbstverfügung eine Freiheit gegenüber dem Subjekt als ganzem ist, eine Freiheit zur Endgültigkeit und eine Freiheit, die in einem freien absoluten Ja oder Nein gegenüber jenem Woraufhin und Wovonher der Transzendenz vollzogen wird, das wir ‚Gott' nennen." (Gk 104) Die drei Aspekte der transzendentalen Freiheit sind notwendig ineinander verschränkt. Der Mensch bezieht in seiner Freiheit durch das Ganze seines Lebens unweigerlich und endgültig Stellung sowohl zu sich selbst als auch zu Gott (vgl. 105).

Für den ersten Aspekt verwendet Rahner die Termini „Selbsttat" (47.50) und „Selbstverständnis (50) bzw. „Selbstinterpretation" (49). Die transzendentale Freiheit als Verfügung und Entscheidung des Menschen über sich selbst beschränkt sich nicht darauf, sich selbst, soweit das möglich ist, aktiv zu verwirklichen und in diesem engen Sinn sich selbst zu „tun". Sie besteht wesentlich auch in einer letzten, inneren, ablehnenden oder annehmenden Stellungnahme zu sich selbst, in einer umfassenden Selbstinterpretation. Als solche ist sie selber noch einmal freie Tat des Menschen (49). Der Begriff der „Selbsttat" ist demnach bei Rahner denkbar weit und schließt den des „Selbstverständnisses" mit ein.

---

142 Vgl. „Ursprünge der Freiheit" [1965] 34.

Mit dem Begriff des „Selbstverständnisses" oder der „Selbstinterpretation" rückt Rahner die transzendentale Freiheit des Menschen nahe an die transzendentale Erkenntnis heran. Erkennen und Anerkennen, Selbstbewußtsein und Selbstverständnis liegen nahe beieinander. Damit spielt Rahner auf jenen Grund der menschlichen Existenz an, aus dem die beiden Momente der menschlichen Transzendenz erst hervorgehen und wo das Erkennen und das Wollen noch nicht oder nicht mehr klar zu unterscheiden sind.[143]

Was den zweiten Aspekt angeht, hat der Mensch die Freiheit, „jene unendliche Unbegreiflichkeit", die sich ihm in seiner Transzendenz „zuschickt", als solche anzunehmen oder sich ihr zu verweigern (49). Menschliche Freiheit ist immer auch „Freiheit vor Gott" (50), Freiheit Gott gegenüber (104–106).

Den dritten Aspekt umreißt Rahner als „die Engültigkeit des wahren Selbstverständnisses und der wahren Selbsttat des Menschen in Freiheit vor Gott durch die Annahme seines eigenen Selbst" (50; vgl. 102f). In dem Zusammenhang deutet Rahner auch seinen Begriff von „Ewigkeit" an. „Die Ewigkeit des Menschen kann nur verstanden werden als die Eigentlichkeit und Endgültigkeit der sich ausgezeitigt habenden Freiheit. Allem anderen kann nur wieder Zeit, aber nicht Ewigkeit folgen, Ewigkeit, die kein Gegenteil von Zeit, sondern die Vollendetheit der Zeit der Freiheit ist." (50)

Der Mensch verwirklicht nach Rahner in der Zeit seines Lebens seine (transzendentale) Freiheit. Er gibt im Laufe seiner Lebenszeit seiner Freiheit – als Annahme oder Ablehnung seiner selbst und Gottes – einen letzten Sinn. Dieser Sinn bleibt endgültig und d.h. ewig bestehen. Die Ewigkeit ist daher nicht das Gegenteil der Zeit, sondern die „Eigentlichkeit", „Endgültigkeit" und „Vollendetheit" der Freiheit des Menschen, wie dieser sie in der Zeit vollzogen hat. Ewigkeit ist durch die Zeit vollzogene und vollendete Freiheit. Und Freiheit ist das Vermögen des Endgültigen, des Ewigen (103).

Schon mit Blick auf die kategoriale Freiheit betont Rahner mehrmals, daß die Freiheit kein partikuläres, empirisches Datum sei (46–49). Die Freiheit des Menschen ist für ihn kein einzelnes isoliertes psychisches Vorkommnis (49), kein empirisches Einzeldatum in

---

143 Siehe Kap. 3.1.1.2.

der Wirklichkeit des Menschen neben anderen (46f.102f) und auch
kein partikuläres Vermögen des Menschen neben anderen (101).
Deshalb kann eine empirische Psychologie die Freiheit des Menschen auch nicht kategorial (d.h. hier empirisch-wissenschaftlich)
feststellen (46.48). Leugnet Rahner mit dieser eindeutig negativen
Aussage nicht überhaupt so etwas wie eine kategoriale Freiheit des
Menschen oder eine kategoriale Dimension der Freiheit? Und steht
diese Aussage nicht im Widerspruch zu dem, was er in seinem Vortrag über die „Theologie der Freiheit" dargelegt hatte? Zur Beantwortung der Frage müssen zwei Thesen klar auseinandergehalten
werden:
(1) Die Freiheit des Menschen läßt sich kategorial, d.h. empirisch-
wissenschaftlich nicht (eindeutig) nachweisen.
(2) Der Mensch ist kategorial determiniert.
Auch im „Grundkurs" vertritt Rahner mit Einschränkung nur die
schwächere These (1), nicht aber die starke These (2). Er setzt voraus, daß der Mensch kategorial nicht determiniert und d.h. kategorial
indeterminiert sei. Aber daraus folgt eben noch nicht, daß sich die
Freiheit des Menschen im kategorialen, empirischen Bereich wissenschaftlich nachweisen und unzweideutig entdecken lasse.

Nach Rahner kann der Mensch nie unmittelbar den transzendentalen Vollzug seiner Freiheit beurteilen (Gk 47f). Er kann unmittelbar
immer nur über die kategorialen Objektivationen seiner (transzendentalen) Freiheit reflektieren. Diese aber sind seiner Auffassung
nach immer und grundsätzlich ambivalent (48). Der Mensch kann von
keinem einzigen (kategorialen) Ereignis in seinem Leben mit *eindeutiger* absoluter Sicherheit behaupten, er sei dabei völlig frei gewesen, wie er auch bezüglich keines Lebensereignisses die eigene
Mitverantwortung völlig ausschließen kann[144]. Trotzdem hält Rahner
das Sprechen von einer kategorialen Erfahrung der Freiheit im vor-
und außerwissenschaftlichen Bereich für durchaus berechtigt. Es ist
sinnvoll, wenn sich im gewöhnlichen Alltagsleben der Mensch einmal
als (eher) frei und ein andermal als (eher) unfrei einschätzt (Gk 46).
Die Begriffe „Freiheit", „Verantwortlichkeit", „Zurechnungsfähig-
keit" und „Unzurechnungsfähigkeit" haben etwa im „bürgerlichen

---

144 Diesen letzten Gedanken hatte Rahner sehr deutlich in „Schicksal und
Freiheit" [1967] 88f ausgesprochen.

Leben des Rechtes", in der Rechtsprechung und der Rechtsphiloso-
phie, selbstverständlich ihre Legitimation (47). Auch wenn sich die
Freiheit des Menschen nicht empirisch-wissenschaftlich feststellen
läßt, wird im alltäglichen Leben ganz selbstverständlich und zu Recht
angenommen und damit operiert, daß es eine solche kategoriale
Freiheit des Menschen im Sinne einer echten Wahl- und Entscheidungsfreiheit bezüglich einzelner Akte gibt. Nur erschöpft sich die
menschliche Freiheit nicht in der kategorialen Freiheit, sondern hat
ihre eigentliche Dimension in der Transzendenz des Menschen.

Wie beschreibt Rahner im „Grundkurs" nun das Verhältnis von transzendentaler Freiheit und kategorialer Freiheit? Ganz seinem Ein-
heitsdenken entsprechend hebt er sehr stark die Einheit der beiden
hervor. Bei der transzendentalen und der kategorialen Freiheit handelt es sich für ihn nicht um zwei Freiheiten, sondern um eine: „Das
sind natürlich nicht zwei Dinge, die getrennt werden können, sondern
zwei die eine Einheit der Freiheit bildende Momente." (48) Die
Freiheit des Menschen ist eine – die eine, die er im Ganzen seines
Lebens vollzieht. Die transzendentale und die kategoriale Freiheit
stellen die zwei ‚Pole' der einen Freiheit des Menschen dar (vgl. 47).
Den Unterschied zwischen den ‚Polen' bzw. ‚Momenten' schildert
Rahner als Unterschied zwischen Ursprünglichkeit und kategorialer
Objektivation der Freiheit (47), zwischen entspringender und ent-
sprungener Freiheit (48) und „zwischen der Freiheit im Ursprung
und der Freiheit, insofern sie durch das Medium der Welt und der
leibhaftigen Geschichte hindurchgeht und zu sich selbst vermittelt
wird" (47).
   Insgesamt gebraucht Rahner fünf direkte (substantivische) Ausdrücke für das Verhältnis des Kategorialen zum Transzendentalen
der Freiheit. Ersteres ist für ihn „Applikation und Konkretisation"
(46), „Objektivation" (47), „Produkt und Inkarnation" (48) des letzteren. Der transzendentale Freiheitsvollzug konkretisiert, manifestiert
und „inkarniert" sich im Kategorialen. Näher präzisiert Rahner auch
im „Grundkurs" das Verhältnis von transzendentaler und kategorialer
Freiheit nicht. Er erklärt, im Gegenteil, erneut ausdrücklich, daß der
Zusammenhang und die Vermittlung zwischen dem Transzendentalen
und dem Kategorialen der menschlichen Freiheit im einzelnen und

prinzipiell kaum durchschaubar sei (101f). Wie sich die (transzendentale) Freiheit „in der raumzeitlichen Breite und Länge eines geschichtlichen Daseins", in der „Konkretheit der Pluralität des
menschlichen Lebens" vollziehe, sei eine Frage, die man nicht genau
entscheiden könne (49). Dennoch ist an beiden Polen festzuhalten.
Selbst wenn der Mensch nämlich kategorial nahezu determiniert
wäre und sich weitgehend „als der Fremdbestimmte, als der Verfüg-
te, als der Funktionale, als der Abhängige, als der Analysierbare, als
der nach rückwärts und vorwärts Auflösbare" erfahren würde (49),
bliebe ihm immer noch die Möglichkeit und die Notwendigkeit einer
letzten inneren Stellungnahme zu sich als dem ‚Determinierten‘ im
Sinne einer letzten freien Annahme oder Ablehnung seiner selbst
(49f). Die eigentliche Freiheit des Menschen läßt sich nicht wegredu-
zieren oder weganalysieren.

Rahners Freiheitsbegriff im „Grundkurs" läßt sich somit in seinem ‚logischen Kern‘ in drei Thesen zusammenfassen.
(1) Der Mensch ist transzendental (als Subjekt) wirklich frei.
(2) Die Freiheit des Menschen läßt sich empirisch-wissenschaftlich
(und in dem Sinne ‚kategorial‘) nicht nachweisen.
(3) Der Mensch vollzieht seine (transzendentale) Freiheit im Kategorialen bzw. Empirischen und durch es.
Ob und inwieweit die drei Thesen miteinander vereinbar sind, hängt
entscheidend davon ab, wie man These (2) deutet. In einer ‚starken‘
Deutung wäre mit ihr bereits ein kategorialer Determinismus ausgesagt. Einige Stellen im „Grundkurs" lassen sich durchaus in diesem
Sinne verstehen. So, wenn Rahner wiederholt einzuräumen scheint,
daß der Mensch die (kategorialen) Objektivationen seiner (transzendentalen) Freiheit funktional „nach vorn und hinten, nach oben und
unten", d.h. gänzlich, auflösen könne (103; vgl. 49).

Nach der ‚schwachen‘ Deutung impliziert These (2) nicht den
kategorialen Determinismus, sondern wird mit ihr bloß behauptet,
die Freiheit des Menschen lasse sich empirisch-wissenschaftlich
nicht eindeutig und positiv aufzeigen. Gegen die ‚starke‘ Deutung und
damit für die ‚schwache‘ sprechen bei Rahner selber vor allem drei
Gründe.

1. Wenn das Leben des Menschen kategorial (vollständig) determiniert wäre, würde sich die transzendentale Freiheit des Men-

schen auf eine Art letzte, innere Stellungnahme dem determinierten Leben gegenüber reduzieren. Eine solche müßte dann ein rein transzendentaler Akt sein; denn ein kategorial vermittelter transzendentaler Akt wäre von der kategorialen Seite her wiederum bedingt und determiniert. Eine reine, unvermittelte Transzendentalität beim Menschen schließt Rahner jedoch im allgemeinen aus.

2. Ein kategorialer Determinismus stünde im Widerspruch zu These (3). Denn danach soll sich die Freiheit des Menschen gerade im Kategorialen und durch es vollziehen, nicht losgelöst und unabhängig davon. Rahner möchte ausdrücklich die gnostische Auffassung vermeiden, derzufolge die Freiheit des Menschen „hinter" der Zeitlichkeit des Menschen liegt und sich in einem „vorleiblichen" und ungeschichtlichen Daseinsraum vollzieht (Gk 101). Der Mensch zerfiele dann in zwei unvermittelte, getrennte Bereiche. Wenn das Transzendentale und das Kategoriale hingegen nur zwei Pole der einen Wirklichkeit der menschlichen Freiheit sind, dann äußert sich in jedem bewußten kategorialen Akt mehr oder weniger die transzendentale Freiheit und manifestiert sich die transzendentale Freiheit notwendig in den kategorialen Entscheidungen und Handlungen.

3. Ein kategorialer Determinismus widerspräche auch dem weiteren Kontext. Geht Rahner in seinem Vortrag über die „Theologie der Freiheit" doch selbstverständlich von einem ‚kategorialen Indeterminismus' aus (VI 218).

These (2) ist demnach bei Rahner nur so zu verstehen, daß sich die eine kategorial-transzendentale Freiheit des Menschen dem positiven empirisch-wissenschaftlichen Nachweis zwangsläufig entzieht.

In drei Richtungen läßt sich Rahners Freiheitsbegriff weiter differenzieren.

1. Rahner selber unterscheidet innerhalb der kategorialen Dimension der menschlichen Freiheit nicht explizit zwischen der kategorialen Freiheit als solcher und ihren kategorialen Objektivationen und Manifestationen. Eine solche Differenzierung ist aber sachlich angebracht, denn es besteht auch bezüglich der einzelnen kategorialen Freiheitsakte des Menschen ein wirklicher Unterschied zwischen der kategorialen Entscheidung als solcher und ihrer kategorialen Ausführung, ihrem kategorialen Ausdruck oder ihrer kategorialen Aus-

wirkung. Die transzendentale Freiheit ist in dem Sinn sogar doppelt kategorial vermittelt: einerseits durch die kategorialen Einzelentscheidungen im Leben eines Menschen und andererseits durch die vielfältigen äußeren Manifestationen dieser Einzelentscheidungen.

2. Rahner differenziert zwischen der Freiheit im Ursprung einerseits und der Freiheit, die durch Welt und Geschichte hindurchgeht und so zu sich selbst vermittelt wird (Gk 47), bzw. der (von Gott) befreiten Freiheit (VI 235–237) andererseits. Die Freiheit ist für den Menschen nicht bloß der bleibende Ursprung, aus dem heraus er sich als Subjekt vollzieht. Sie ist als vollkommen verwirklichte und endgültig zu sich selbst befreite zugleich Ziel seines Lebens. So wie sich in jedem Augenblick synchron betrachtet ein kategoriales Moment und ein transzendentales Moment an der menschlichen Freiheit unterscheiden lassen, lassen sich diachron betrachtet ein (schon) vollzogenes, getanes Moment der Freiheit als Ursprung und bereits verwirklichte Möglichkeit und ein (immer noch) zu vollziehendes Moment der Freiheit als Ziel, Aufgabe und noch zu verwirklichende Möglichkeit auseinanderhalten. Das eine Moment geht im zeitlichen Durchgang durch das Kategoriale von Welt, Leben und Geschichte mehr und mehr über in das andere, aber so, daß das Kategoriale am Ende der Zielbewegung der Freiheit nicht als bloßes Durchgangsstadium oder -medium abgeschüttelt wird, sondern ganz in die Freiheit aufgenommen wird, endgültig in ihr bewahrt bleibt und so selbst vollendet wird.

3. Sowohl bezüglich des Kategorialen als auch bezüglich des Transzendentalen unterscheidet Rahner einen eher aktiven Aspekt der Freiheit im Sinne der Selbstverwirklichung und einen eher passiven oder rezeptiven Aspekt der Freiheit im Sinne der Selbstannahme, wobei letzter insgesamt bei ihm überwiegt. Der Mensch ist im letzten ein Empfangender, womit nicht mehr zum Ausdruck kommt, als daß die Freiheit des Menschen nicht absolut ist, daß sie Freiheit des Geschöpfs, nicht des Schöpfers ist.

Allerdings verhält es sich nach Rahner im Transzendentalen mit der Freiheit anders als im Kategorialen. Während nämlich die Freiheit des Menschen im kategorialen Bereich im Maß seiner kategorialen Bedingtheit und Eingeschränktheit abnimmt, nimmt sie im transzendentalen Bereich im Maß seiner Abhängigkeit vom Absoluten zu.

Je mehr der Mensch Gott über sich verfügen läßt und ihm gegenüber ein Empfangender wird, desto mehr gewinnt und realisiert er seine wahre Freiheit (vgl. Gk 86f).

1.3 Der Mensch als endlicher Geist und seine ‚Medien'

Die Transzendenz auf Gott zeichnet den menschlichen endlichen Geist aus.[145] Endlicher transzendentaler Geist ist wesensmäßig auf das Kategoriale verwiesen, in dem und durch das er sich vollzieht und vollziehen muß. Seine Verwiesenheit auf das Kategoriale bzw. das Kategoriale selbst ist durch verschiedene ‚Medien' zu ihm vermittelt.[146] Um das Verhältnis des Geistes zu drei ganz verschiedenartigen ‚Medien' geht es im folgenden Kapitel.

Der Mensch ist als geistiges transzendentales Wesen erkenntnismetaphysisch – vor allem nach „Geist in Welt" – auf die Sinnlichkeit angewiesen (Kapitel 1.3.1), ist ontologisch auf die Materialität und die Materie bezogen, aus der er sich kraft des absoluten Geistes evolutiv entwickeln konnte, (Kapitel 1.3.2) und ist metaphysisch auf die Geschichtlichkeit und die Geschichte angelegt, in der er – „Hörer des Wortes" gemäß – nach einer Offenbarung des absoluten Geistes Ausschau halten kann und muß (Kapitel 1.3.3.)

1.3.1 Geist und Sinnlichkeit

In diesem Kapitel (Kapitel 1.3.1) über die endliche Geistigkeit des Menschen, die erkenntnismetaphysische Sinnlichkeit und das Verhältnis der beiden zueinander wird hauptsächlich ein Streifzug durch „Geist in Welt" unternommen (Kapitel 1.3.1.1– 1.3.1.3). Dabei soll keineswegs die Erkenntnismetaphysik Rahners systematisch dargestellt und kritisiert werden. Nur einige Inhalte, die für das Thema

145 Z.B. HW 85–87.
146 Der Ausdruck „Medium" geht auf Rahner selber zurück, der ihn im Kontext des „Mittleren" verwendet (II 288f). Siehe Kap. 1.3.2.1.

relevant sind, werden aufgegriffen. Ein Blitzlicht auf einige weitere Aspekte aus Rahners früher Erkenntnismetaphysik beschließt das Kapitel (Kapitel 1.3.1.4).

1.3.1.1 Die erkenntnismetaphysischen Prinzipien, die Sinnlichkeit und die ‚species sensibilis (impressa)' in „Geist in Welt"

Bei seiner Erkenntnismetaphysik in „Geist in Welt"[147] geht Rahner im Anschluß an Thomas von Aquin von der Identität von Sein und Erkennen als oberstem Prinzip aus. Die erkenntnismetaphysische Identitätsthese (EM.1) formuliert er in drei Varianten.[148]

Sein und Erkennen sind „eines einzigen Ursprungs", befinden sich „in einer ursprünglichen Einheit" (GW 62), woraus sich für ihn ihre aktuelle Identität ergibt:

(EM.1) „Sein und Erkennen ist dasselbe". (GW 62)[149]

Das bedeutet für das Erkennen:

(EM.1²) „Erkennen ist Beisichsein des Seins, und dieses Beisichsein ist das Sein des Seienden" (GW 62); und umgekehrt für das Sein: Sein ist „von sich aus Erkennen und Erkanntheit", ist „Beisichsein" (63).

Erkenntnis beläuft sich demzufolge ursprünglich und wesentlich auf die Erkenntnis des eigenen Seins, auf Selbsterkenntnis, „Subjektivität" (62–64), innere Gelichtetheit, Sein-bei-sich-selbst.[150]

Daraus folgt für Rahner unmittelbar „die Identität von Erkennen und Erkanntem" (GW 63; vgl. 69):

(EM.1³) Erkennen und Erkanntes sind identisch.

Rahner faßt bei seiner Identitätsthese den Erkenntnisbegriff denkbar weit, so daß er auch das Erkennen Gottes einschließt, mehr noch, sich an letzterem orientiert: „Das reine Sein und das reine Erkennen

---

147 Zu Hintergrund und Aufbau von „Geist in Welt" siehe Knoepffler [1993] 17–22 und Zahlauer [1996] 129–131.
148 Dem erkenntnismetaphysischen Identitätsprinzip (EM.1) in „Geist in Welt" entspricht der erste ontologische Satz (O.1) in „Hörer des Wortes" (Kap. 1.1.3.1).
149 Vgl. „Die Wahrheit bei Thomas von Aquin" [1938] X 37–40 = SW II 314–316.
150 Vgl. HW 50–67.

sind dasselbe, und wir nennen es Gott."[151] Für Gottes vollkommen
spontanes und aktives Erkennen ist das Ersterkannte („objectum
proprium") er selbst. Das andere wird von Gott miterkannt, indem er
„sich als dessen schöpferischen Grund erfaßt." (GW 67) Dem Seienden kann hingegen Erkenntnis als Beisichsein nach Rahner nur analog im Maße seines Seins zugesprochen werden.[152]

Trotz seines Hinweises auf die Analogie wurde Rahners Identitätsthese unter verschiedenen Rücksichten kritisiert[153] und ist in
ihrem undifferenzierten Anspruch auf Allgemeingültigkeit problematisch. Während das Bei-sich-Sein als Grund aller Substantialität analog jedem Seienden, auch dem anorganischen, zuzusprechen ist, kann
von bewußter Erkenntnis sinnvollerweise erst ab organisch Seiendem und von reflex bewußter Erkenntnis erst beim Menschen die
Rede sein.[154]

Dem obersten erkenntnismetaphysischen Prinzip (EM.1), der
Identitätsthese, zufolge ist menschliches Erkennen Selbsterkennen,
Beisichsein des menschlichen Seins. Dem steht jedoch in Rahners
thomistischer Erkenntnismetaphysik als zweites Prinzip (EM.2) die
Erfahrungstatsache gegenüber, daß der Mensch „sich je schon beim
andern der Welt vorfindet, daß also das andere als solches sein objectum proprium" darstellt, „sein Beisichsein also ein Beim-andern-
Sein" ist (GW 68). Dementsprechend läßt sich Rahners zweites er-
kenntnismetaphysisches Prinzip (EM.2) so formulieren:

(EM.2) Menschliches Bei-sich-Sein ist Sein-beim-Anderen.[155]
Menschliches Erkennen ist hinnehmendes Erkennen eines anderen
(67)[156], es hat sein eigentliches Objekt (objectum proprium) im anderen, das andere ist für es das Ersterkannte. Rahner nennt das „Beisichsein als Bei-einem-andern-Sein" Sinnlichkeit und das „Beisichsein als Gegen-ein-anderes-Gestelltsein" Denken (Intellekt, Geist)
(68). Wie läßt sich die Sinnlichkeit mit der Intellektualität, die Rezep-

---

151 X [1938] 38 = SW II 315.
152 GW 64–68; HW 63–65; X [1938] 38 = SW II 315.
153 Siehe z.B. Schwerdtfeger [1982] 103–106.
154 Vgl. Weissmahr [1973] 115f.
155 Dem erkenntnismetaphysischen Prinzip (EM.2) entspricht das erkenntnis-
     theoretische Prinzip (E.3) bzw. (E.5) in „Geist in Welt" (Kap. 1.1.2.4 bzw.
     Kap. 1.1.2.9).
156 Vgl. HW 147.150f.156.

tivität mit der Identität, das Beim-anderen-Sein mit dem Bei-sich-Sein im menschlichen Erkennen vereinbaren? Damit ist das Grundproblem von „Geist in Welt" gestellt und das Programm vorgezeichnet. Ausgehend von der grundlegenden Einheit des menschlichen Erkennens (60f)[157] untersucht Rahner im zweiten Kapitel des Hauptteils (Zweiten Teils) das „eine Erkennen als Sinnlichkeit: praesentia mundi" (68; vgl. 69–97), im dritten Kapitel das „eine Erkennen als Denken: oppositio mundi" (68; vgl. 98–180) und im vierten Kapitel das „eine Erkennen in seiner Einheit selbst: conversio ad phantasma" (68; vgl. 181–283).

Im Kapitel über die Sinnlichkeit deutet Rahner bereits die Lösung des Grundproblems an. Das ‚objectum proprium' der menschlichen Erkenntnis kann nur dann zugleich – der Identität gemäß – das Erkennende selbst und – der Rezeptivität gemäß – das andere sein, wenn *„das Erkennende selbst das Sein des andern ist"*, wenn das Erkennende „im voraus zu jeder Erfassung eines bestimmten andern sich von sich aus schon immer in die Andersheit begeben" hat (70). Jenes „andere" bzw. jene „Andersheit" heißt nun *„thomistisch materia prima"*, weshalb rezeptive Erkenntnis „wesentlich nur als Sein eines Materiellen" denkbar ist (70)[158]. Damit bindet Rahner das menschliche hinnehmende Erkenntnisvermögen der Sinnlichkeit an das allgemeine metaphysische Seinsprinzip der materia prima als der leeren, unbestimmten, aber doch realen Seinsmöglichkeit. In der Beziehung zum metaphysisch Materiellen, das die seinsmäßige Voraussetzung für die Sinnlichkeit ist, bekundet sich aber nach Rahner auch schon eine Grundspannung im endlichen Geist (Seinswirklichkeit, forma) des Menschen selbst. Menschlicher Geist ist einerseits wesentlich auf die eigene Materialität als das notwendig andere bezogen und verwiesen und andererseits über die Materialität hinaus und unabhängig von ihr wirklich bei sich selbst. Entsprechend faßt Rahner das Sein des sinnlich Erkennenden „als die schwebende Mitte ... zwischen einer eigentlichen Verlorenheit an das andere der materia und einer innern Unabhängigkeit des Seins gegen sie, so daß der sinnliche Akt in ungeschiedener Einheit materiell (actus materiae)

157 Vgl. HW 147.
158 Vgl. HW 157.

und, als solcher materieller, Akt der Behauptung des Seins (der forma) gegen die materia ist (actus contra materiam)." (71)

Des weiteren spezifiziert Rahner im Kapitel über die Sinnlichkeit die Identität von sinnlichem Gegenstand [Erkenntnisobjekt] und Sinnlichkeit [Erkenntnissubjekt] anhand der thomanischen „species sensibilis (impressa)" (75–79).[159] Dabei sucht er drei Aussagen zu vereinbaren, die einander zu widersprechen scheinen:

1. „Bei der äußern sinnlichen Wahrnehmung gibt es eine species (impressa); diese ist aber als solche nicht das Wahrgenommene ..."

2. „Die äußere Wahrnehmung bildet keine species expressa"[160], „so daß der Gegenstand in seinem unmittelbaren Selbst erfaßt wird ..."

3. „Ein Gegenstand kann nur dann in seinem Selbst unmittelbar erfaßt werden, d.h. angeschaut werden, wenn er in seiner eigenen Wirklichkeit eine Wirklichkeit des Erkennens selbst ist." (74)

Er löst das Problem, indem er die species sensibilis als „Selbstvollzug" des sinnlichen Gegenstandes deutet (76–78), „so daß diese species einerseits den Gegenstand in seinem Selbst zur Gegebenheit bringt, anderseits doch als seine ‚stellvertretende Wirkung' aufgefaßt werden kann", d.h. nicht einfachhin mit dem Sein des Gegenstandes zusammenfällt. (76) Die species sensibilis muß aber auch der Selbstvollzug der Sinnlichkeit sein, sonst käme der sinnliche Gegenstand dem Erkenntnissubjekt nicht zum Bewußtsein (78–81). Die Sinnlichkeit verleiht der species die Bewußtheit „durch deren ‚passive' Aufnahme" (81). Sie nimmt demnach das sinnlich Gegebene einerseits rein passiv d.h. rezeptiv hin [Passivität], andererseits aber auch aktiv, d.h. bewußt [Aktivität] auf. Soll die Sinnlichkeit in ihrem bewußtseinsverleihenden, aktiven Selbstvollzug dennoch nicht bei sich bleiben, sondern den Gegenstand in seinem Selbst erreichen und anschauen, muß – so folgert Rahner – „der Selbstvollzug des sinnlichen Gegenstandes mit dem Selbstvollzug der Sinnlichkeit (mit der ‚passiven' Aufnahme der species) identisch sein" (81). Unter der

159 Siehe zum folgenden u.a. Schwerdtfeger [1982] 99–126, Knoepffler [1993]
     17–22 und Sandler [1996] 98–145.
160 Mittels der „species expressa" [z.B. mittels eines Wortes] vergegenwärtigt
     sich das Erkenntnissubjekt in seiner äußeren Sinnlichkeit den Erkenntnis-
     gegenstand, ohne daß dieser in seinem Selbst im Erkennen anwesend wäre,
     d.h. ohne angeschaut zu werden (GW 73–75).

Voraussetzung, daß sinnlicher Gegenstand (Erkenntnisobjekt) und Sinnlichkeit (Erkenntnissubjekt) in der materia prima ein gemeinsames Medium haben, kann Rahner bezüglich der drei eingangs formulierten, divergierenden Aussagen ihre Identität in der species (impressa) zusammenfassend so erklären: „die species (impressa) ist in eins der Selbstvollzug der Sinnlichkeit in der Andersheit der materia und der Selbstvollzug des sinnlichen Gegenstandes. Insofern sie Selbstvollzug der Sinnlichkeit ist, ist sie bewußt, insofern sie Wirklichkeit des Gegenstandes selbst in der Andersheit der materia ist, ist der andere Gegenstand als anderer in seinem Selbst angeschaut …" (GW 79)

Problematisch an Rahners Interpretation der species sensibilis ist vor allem der Ausgangspunkt, wonach „Sein" und „Selbst" des sinnlichen Gegenstandes auseinanderfallen, während Rahner sonst in seiner Metaphysik – im Blick auf den Menschen, aber auch auf Gott – Sein und Selbst eines „Seienden" sinnvollerweise gleichsetzt.

1.3.1.2 Der Geist als „intellectus agens" und „intellectus possibilis" in „Geist in Welt"

Menschliches Erkennen erschöpft sich nicht in der Sinnlichkeit, in der Erkenntnisobjekt und Erkenntnissubjekt noch ungeschieden eins sind. Im dritten Kapitel (der „Abstractio") zeigt Rahner nach und nach auf, wie die Intellektualität die Sinnlichkeit wesentlich übersteigt (GW 98-180). In der „abstractio" löst der menschliche Intellekt die „Washeit" (quidditas, forma) aus dem sinnlichen Einzelgegenstand heraus, erkennt sie als etwas Allgemeines und bringt so das Sinnliche auf den Begriff. Dadurch ist er in der Lage, den Gegenstand als Gegen-stand zu erfassen, ihn von sich und sich von ihm abzusetzen und auf diese Weise zu sich selbst zurückzukommen. Die *Rückkunft zu sich*, zur eigenen *Subjektivität*, die *In-sich-Ständigkeit* heißt thomanisch die *reditio completa subjecti in se ipsum*.[161] Den Intellekt

---

161 Die Hinwendung zur Subjekthaftigkeit bzw. zum subjekthaften Sein ist bei Rahner von Anfang an dank der thomanischen „reditio completa" vorhanden, wird von ihm aber erst im Laufe der Zeit in ganzer Konsequenz und voller Ausdrücklichkeit (siehe „Grundkurs") vollzogen.

bestimmt Rahner daher als die „Fähigkeit der einen menschlichen
Erkenntnis, das in der Sinnlichkeit gegebene andere von sich weg in
Frage zu stellen, es zu beurteilen, es zu vergegenständlichen und
damit den Erkennenden erst zum Subjekt, d.h. zu einem zu machen,
der bei sich selber und nicht beim andern ist ... Diese Möglichkeit
der reditio completa in se ipsum ist für Thomas die metaphysisch
entscheidendste Auszeichnung des Intellekts gegenüber der Sinnlichkeit." (98f) Reditio und abstractio sind dabei nicht zwei Vorgänge,
die einander zeitlich folgen, sondern zwei Momente (Seiten) ein und
desselben Erkennntisvorgangs (99). Die reditio geschieht in der
abstractio (vgl. 173f). Denn der Mensch „ist bei sich selbst als er
selber, weil er sich im Beziehen des allgemeinen Gewußten auf
etwas und im Urteilen über etwas von diesem Etwas abhebt. Er ist
aber nur *in* dieser Abhebung gegen ein anderes bei sich selbst" (109).

Darin wird erneut die Spannung innerhalb der endlichen Geistigkeit des Menschen deutlich. Endlicher Geist ist „bei sich gegen
anderes", ist einerseits „Beisichsein als Beisichselbersein" und
andererseits „Beisichselbersein als Gegen-anderes-gestellt-Sein"
(109f). Diese Doppeltheit macht die „eine Grundverfassung des
menschlichen Intellekts" aus, wobei für Rahner die beiden diesbe-
züglichen grundlegenden thomanischen Begriffe vom „intellectus
agens" und vom „intellectus possibilis" jeweils „die ganze Grundverfassung unter verschiedener Rücksicht" ausdrücken (110). Während der intellectus agens als „das den Intellekt vorzüglich charakte-
risierende Moment" die Gegensetzung von Erkenntnissubjekt und -
objekt leistet, nimmt der intellectus possibilis das andere hin und ist
„wegen dieses Wartenmüssens auf das Begegnen des anderen ... an
sich leer (possibilis)." (110) Die rezeptive Leere hat er formal mit der
Sinnlichkeit gemeinsam (110). Den intellectus agens definiert Thomas als das „quo est omnia facere", das Rahner folgendermaßen
auslegt: „Der intellectus agens enthält so, insofern er das Ganze
(omnia) möglicher Gegenstände ... kraft seiner reinen Spontaneität
(semper actu) zu aktuell erfaßbaren Objekten zu machen vermag
(omnia facere), – wenn auch nicht auf einmal – dieses Ganze in gewisser Weise in sich." (172) Dem intellectus possibilis ist hingegen das
„quo est omnia fieri" eigen – die Möglichkeit, in rezeptiver Erkenntnis das Ganze (omnia) zu umfassen (vgl. 184). Intellectus agens und

intellectus possibilis unterscheiden sich demnach nicht hinsichtlich ihres „Objekt"-Bereiches, sondern hinsichtlich ihrer Modalität: ersteren zeichnet Spontaneität und Aktualität, letzteren Rezeptivität und Möglichkeit aus (vgl. 184). Seine wichtigste Funktion übt der intellectus agens im Vorgriff auf das Sein aus, der seinerseits die transzendentale Bedingung der Möglichkeit der abstractio und der reditio darstellt.[162]

1.3.1.3 Das dynamisch-prozessuale Verhältnis von Geist und Sinnlichkeit und die Spannung des Geistes zwischen „forma materiae" und „forma in se subsistens" in „Geist in Welt"

Im vierten Kapitel („conversio ad phantasma") untersucht Rahner, inwiefern die Sinnlichkeit und die Intellektualität im menschlichen Erkennen eine Einheit bilden. Die Sinnlichkeit hatte sich für ihn bereits als „actus materiae", als „forma corporis" (forma materiae), also ihrem Wesen nach als Sein-beim-anderen, der Geist hingegen als „excessus auf das esse schlechthin" und als „forma in se subsistens", also seinem Wesen nach als Bei-sich-Sein, erwiesen (GW 182). Wie kann der Mensch „in se subsistens", d.h. forma in se subsistens, und zugleich „Wirklichkeit des anderen (der materia)", d.h. forma materiae sein?

Geistigkeit und Sinnlichkeit bedingen einander. Der Mensch kann nur geistig erkennen, indem er sinnlich erkennt, und umgekehrt. „Der Mensch ist in diesem Sinn sinnliche Geistigkeit."[163] Gelegentlich gleicht Rahner in „Hörer des Wortes" und danach sein Vokabular für das grundlegende Bedingungsverhältnis von Sinnlichkeit und Geistigkeit dem der deutschen Mystiker an und bringt so dessen geistliche Dimension zum Ausdruck. Dem Menschen ist eine „Rückkehr in sich" (Geistigkeit) nur in einer „Auskehr in Welt" (Sinnlich-

---

162 Insofern Rahners Begriff des menschlichen „Geistes" („intellectus") auch schon die abstractio und reditio umfaßt, ist er weiter als der Begriff des „Vorgriffs" bzw. der „Transzendenz". Insofern er aber in letzterem gipfelt, dürfen „Geist" im engeren Sinn und „Transzendenz" bei Rahner gleichgesetzt werden.

163 HW 161.

keit)[164], ein „Ausgang zu Gott nur in einem Eingang in die Welt"[165] möglich. Die „Einkehr" des Menschen zu sich selbst geschieht immer in einer „Auskehr zu einem anderen Fremden".[166] Der Mensch „muß welthaft sein, um personal sein zu können, sich zerstreuen, um sich auf sich zu sammeln, ausgehen (wie die deutschen Mystiker sagten), um in sich, in seinen Personkern eingehen zu können."[167]

Trotz des gegenseitigen Bedingungsverhältnisses kommt, „Geist in Welt" zufolge, innerhalb des einen menschlichen Erkennens dem Intellekt der Vorrang vor der Sinnlichkeit zu. Die „eine einigende Erkenntnis und das eine einigende menschliche Sein" sind für Rahner „ursprünglicher" durch das Denken als durch die sinnliche Anschauung bestimmt (GW 183). Der Geist stiftet im Grunde die Einheit. Weil er das „Ursprünglichere" (183) und Umfassendere im Menschen ist und weil er Beisichsein bedeutet und eine unbegrenzte Reichweite besitzt, ist er das Seinsmächtigere und „das Vollkommenere gegenüber der Sinnlichkeit" (198).

Innerhalb der menschlichen Geistigkeit ist es der intellectus possibilis, der den Geist als intellectus agens mit der Sinnlichkeit verbindet und eint. Der intellectus possibilis ist wie der intellectus agens zunächst einmal *Intellekt*: Beide sind wesentlich komplementäre Momente oder Fähigkeiten des einen Erkennens, „die in ihrem Wesen, von der Spontaneität bzw. Rezeptivität abgesehen, gleichartig sind. Ist so der intellectus agens das spontane, dynamische Hingerichtetsein des menschlichen Geistes auf das esse schlechthin, das ‚quo est omnia facere', so ist der intellectus possibilis als intellectus die Möglichkeit des menschlichen Geistes, in hinnehmender Erkenntnis das esse schlechthin zu umfassen, das ‚quo est omnia fieri'." (184) Und der intellectus possibilis ist *possibilis*, was bedeutet: „Er ist Sein, das Beisichsein, reditio completa besagt, aber er ist nicht von sich her immer schon bei sich,…, er kommt nur zu sich selbst, indem er hinnehmend ein anderes sich begegnen läßt …" (185) Erkenntnismäßig läßt sich demnach das Wesen des intellectus possibilis einfach so wiedergeben: „jenes Sein, das in der Erkenntnis eines anderen bei

---

164 HW 148.
165 HW 178.
166 HW 150.
167 II [1953] 284.

sich selber ist."(186) Seinsmäßig liegt der intellectus possibilis dagegen in der „Mitte zweier verschiedener Bestimmungen: in seinem Beisichsein ist der intellectus possibilis forma in se subsistens ..., in dem Zwang des Begegnenlassens eines anderen ist er Sinnlichkeit: forma materiae, forma corporis." (186) In dieser ontologischen „Doppeltheit" oder Spannung darf der intellectus possibilis als *„die adäquateste und einfachste Fassung für menschliche Erkenntnis und menschliches Sein überhaupt"* aufgefaßt werden (186).

Als Bei-sich-Sein im Sein-beim-Anderen kann der intellectus possibilis im weiteren Sinn[168] einerseits nur dadurch real Geist werden, „daß er Sinnlichkeit wird" (188). Da er aber andererseits „als in sich zurückkehrender nicht sinnlich, sondern frei von materia, in se subsistens ist, kann dieses Sinnlichwerden des intellectus (possibilis) nur so verstanden werden, daß er die Sinnlichkeit als sein Vermögen aus sich entspringen läßt, ohne sich selbst ganz in dieses zu verlieren, so also, daß er die aus ihm entspringende Sinnlichkeit als sein zwar eigenes, ihm aber untergeordnetes Vermögen bei sich hält und selbst als nichtsinnliches Vermögen, das als solches handelt, neben die Sinnlichkeit tritt." (188)

Die Sinnlichkeit „entspringt" aus dem Intellekt, aber auch der Intellekt resultiert umgekehrt aus der Sinnlichkeit. Das gegenseitige Ursprungsverhältnis wird allerdings nur in einer dynamischen, prozessualen Sicht des Erkennens deutlich. Der menschliche Geist ist keineswegs von vornherein vollendet. Er muß erst noch sein eigenes Wesen als Beisichsein entfalten (193.195), muß sich selbst im metaphysischen Sinn erst noch verwirklichen (198), seine Vollendung erst noch finden (195.198f). Das geschieht - nach Rahner - in einer „Bewegung" auf ein „Ziel-Ende" hin (196). Am Anfang der Bewegung, der sich nicht einmal, sondern ständig ereignet (196f), entläßt der Geist als intellectus possibilis aus seinem „substantiellen Grund" (192–199), aus seiner „innersten Mitte" (193), die Sinnlichkeit aus

---

168 GW 187. W. Sandler weist auf die Spannungen in Rahners zentralem Begriff des intellectus possibilis sowohl was den Inhalt als auch was den Umfang betrifft hin: Sandler [1996] 133-137.

sich.[169] Insofern wirkt der intellectus possibilis als „entspringenlassender Ursprung" gegenüber der Sinnlichkeit, und ist die Sinnlichkeit der „empfangende Ursprung des Intellekts" (197). Da der menschliche Geist aber erst mittels der Sinnlichkeit als Sein-beim-Anderen zu sich selbst kommt, sich selbst in seinem Bei-sich-Sein konstituiert und aktualisiert, muß er im Blick auf seine Vollendung und sein Ziel-Ende selber als „empfangender Ursprung" gegenüber der Sinnlichkeit begriffen werden. Sinnlichkeit und Intellekt sind daher als Teilbewegungen einer einzigen Bewegung zu verstehen (198), bei der der Geist als möglicher am Anfang und als vollendeter und realisierter am Ende steht (199) und den ersten „entspringenlassenden Ursprung" und den letzten „empfangenden Ursprung" darstellt. Am Ziel-Ende der Bewegung ist der intellectus possibilis voll aktuiert und vollkommen mit dem intellectus agens geeint, ist der menschliche Geist ganz bei sich (199). Das sinnliche und das geistige Erkenntnisvermögen entfließen so einem einzigen substantiellen Grund und sind vom Ursprung her zu einer Einheit miteinander verbunden. Ihre Einheit überwiegt und übertrifft ihre Vielfalt und Verschiedenheit, ganz der thomistischen prinzipiellen Priorität der Einheit vor der Vielheit entsprechend. (192)

An der dynamisch-prozessualen Auffassung vom menschlichen Erkennen als einer Bewegung auf ein Ziel-Ende hin macht sich Maréchals Einfluß auf Rahner deutlich bemerkbar.[170] Seine dynamische

---

169 Bereits in seinem Aufsatz über „Die Lehre von den ‚geistlichen Sinnen' ..."
     bei Bonaventura, 1933, hatte Rahner auf den „Grund" rekurriert, ihn dort
     scholastisch noch „Seelengrund" genannt und noch fundamentaler als
     einheitlichen Ursprung von Erkennen und Wollen ausgelegt. Siehe Kap.
     3.1.1.2. Vgl. II [1953] 287.
170 Vgl. dazu schon eine frühere Stelle in GW, wo Rahner die Aktualität des
     intellectus agens dahingehend erklärt, „daß er [der intellectus agens] die
     Spontaneität des menschlichen Geistes ist, die dynamisch auf die Gesamtheit möglicher Gegenstände hingerichtet ist ..., als solche schon in ihrer
     dynamischen Ausgerichtetheit die Gesamtheit aller Gegenstände nach
     ihren allgemeinsten metaphysischen Strukturen (sub ratione entis) vorwegnimmt ... und die doch noch der Bestimmungen der Sinnlichkeit bedarf,
     um dem intellectus possibilis einen Gegenstand und in ihm diese metaphysischen Strukturen der Gegenstände überhaupt vorzustellen. Der intellectus agens erfaßt so die einzelne Bestimmung der Sinnlichkeit (phantasma)
     in seiner dynamischen Hingerichtetheit auf die Gesamtheit aller möglichen
     Gegenstände, auf das esse..." (GW 172)

Sicht des Erkennens erläutert Rahner noch näher. Der intellectus (possibilis) ist für ihn „das Sein schlechthin in Möglichkeit" (211), er ist „quodammodo (d.h. in Möglichkeit und Hingeordnetheit) omnia" (211). Deshalb ist auch der menschliche Geist als ganzer und „als solcher Begierde, Streben, Handlung. Denn er ist an sich intellectus *possibilis*, d.h. ein von seiner Möglichkeit aus seine volle Wirklichkeit erreichender, und zwar durch seine eigene Handlung, da er durch seine eigene tätige Kraft (intellectus agens) von sich aus (...) seinen Gegenstand (...) aus einem nur sinnlich Gegebenen erzeugt." (212) So „in sich selbst Begierde" befindet sich der menschliche Geist „in Bewegung auf ein Ziel-Ende" (212), und dieses Ziel-Ende besteht im „Sein schlechthin" (213). „Denn das Ziel eines Vermögens", so Rahner in seiner Begründung, „entspricht der Weite seines Ausgriffs" und ist nichts anderes als die „materiale Erfüllung" seines Formalobjekts; das aber ist das Sein schlechthin (213). Der menschliche Geist hat „vorgreifend schon immer in jedem Akt das Sein im Ganzen und sucht durch den Gegenstand eines jeden Aktes die formale Leere des im Vorgriff gegebenen Seins zu erfüllen. Das Sein überhaupt in solch materialer Erfülltheit, das absolute Sein, ist darum das Ziel-Ende des Geistes als solchen." (213) Die Begierde des menschlichen Geistes enthüllt sich so als „Begierde nach dem Sein schlechthin" (214), nach dem absoluten Sein, nach Gott, und fällt mit dem Vorgriff auf das Sein zusammen.

Seitens der Erkenntnisvermögen liegt das Ziel des gesamten Erkenntnisprozesses in der realisierten Einheit von intellectus possibilis und intellectus agens, im aktualisierten Beisichsein des menschlichen Geistes (199), seitens des Erkenntnisinhalts in der materialen Erfüllung der Leere des Vorgriffs, in der materialen Fülle des absoluten Seins. Endlicher Geist findet zu seinem eigenen Sein, wenn und indem er zur Fülle des absoluten Seins gelangt.[171]

---

171 Der von Maréchal angeregte und von Rahner aufgenommene Erkenntnisdynamismus kann den Eindruck erwecken, als käme das Erkenntnissubjekt mit jedem Erkenntnisakt eo ipso der Fülle des absoluten Seins näher (vgl. Kap. 1.1.1), was schon allein insofern problematisch wäre, als die Freiheit des Menschen gegenüber Gott nahezu bedeutungslos bliebe. Diese Konsequenz lag Rahner jedoch völlig fern. Vgl. Kap. 1.2.3 und Kap. 3.2.2.7.

Trotz der grundlegenden Einheit im einen Ursprung hebt Rahner noch einmal die Differenz, ja Diskrepanz zwischen den Erkenntnisvermögen hervor (GW 218–223). Das Ende, auf das der Geist „zuspringt", ist „nicht das andere, die materia und darum auch nicht die Sinnlichkeit, sondern das Sein überhaupt, der Geist selbst als nichtsinnlicher" (220). Insofern ist der Geist „vor und nach der Sinnlichkeit." (220) Indem der Geist als Form die Materie bestimmt, läßt er die Sinnlichkeit aus sich entspringen. Aber er bleibt „in seinem Sichentspringen-Lassen in die Sinnlichkeit hinein doch frei. Er ist eine Form der Materie, die in se subsistens ist." (220) Der Geist wird das andere; er wird Sinnlichkeit bzw. Materie. Er kann das andere als anderes aber nur dadurch erkennen, daß er „frei von der materia" bleibt, daß er das andere überholt, über es hinausreicht, sich über es erhebt und so bei sich ist (221). „Dieses Hinausgekommensein über das andere der Sinnlichkeit, welches die Rückkunft des Geistes zu sich selber ist", nennt Rahner thomistisch „die Freiheit des Geistes" (221). Dabei ist die „Freiheit des Geistes" gegenüber allem sinnlich gegebenen Einzelnen „nur ein anderer Titel für die Möglichkeit des Vorgriffs auf das Sein im Ganzen" (222). Obwohl der Geist sich an die Sinnlichkeit bindet, ist er ihr „Herr" (222) und ist er „ein Vermögen, das sein eigenes Wesen treibt, neben der Sinnlichkeit." (223)

Um die substantielle Einheit von Geist und Sinnlichkeit oder auch von Spontaneität und Rezeptivität, welche durch die angezeigte Diskrepanz von neuem bedroht scheint, zu gewährleisten, greift Rahner schließlich erneut auf die materia (prima) zurück und wendet sich damit wieder dem Ausgangspunkt zu. In der Materie haben, analog zur „species sensibilis (impressa)", das Erkenntnisobjekt und das Erkenntnissubjekt ein gemeinsames Medium (268). Bei der sinnlichen Erkenntnis wirkt das „Tätige" [= das sinnliche Erkenntnisobjekt] wie eine causa formalis (forma) durch seinen Selbstvollzug auf die Materie (causa materialis) des „Leidenden" [= des Erkenntnissubjekts] ein (269–271). Das „Leidende" vollzieht sich in der so bestimmten Materie, mit der es substantiell geeint ist, indem es sich als forma (causa formalis) in die Materie hineingibt und sie auf diese Weise aktiv informiert, ohne daß die Materie ihrerseits auf die Form einwirkte (263; vgl. 253f). In der materia prima kann daher durch die zweifache innere, formale Kausalität „die Bestimmung des Leidenden von außen in strengster Identität seine eigene Tat von innen" sein (265). Weil in der Materie der Selbstvollzug des Gegenstandes und der aktive Selbstvollzug des Subjekts zusammenfallen (270), können auch im Erkenntnissubjekt selber die Rezeptivität, d.h. das passive Bestimmtwerden durch den äußeren Gegenstand, und die Spontaneität, d.h. die aktive Selbstbestimmung durch die eigene forma, streng identisch sein.[172]

Die menschliche erkenntnismetaphysische Sinnlichkeit ist demnach für Rahner in „Geist in Welt" das Beisichsein im unmittelbaren Sein-beim-Anderen, während der menschliche Geist das Beisichsein in der Spannung des Seins-beim-Anderen und des Seins-bei-sich-Selber ist. Der menschliche endliche Geist vollzieht sich in der dynamischen Grundspannung, einerseits ganz auf die eigene Materialität und das sinnlich Gegebene verwiesen zu sein und andererseits in seiner Transzendenz auf Sein und Gott wesentlich darüber hinauszureichen, einerseits ‚actus materiae' bzw. ‚forma materiae', andererseits ‚actus contra materiam' bzw. ‚forma in se subsistens' zu sein. Der Mensch ist Geist in Welt über die Welt hinaus auf Gott hin. Darin, daß der menschliche Geist nicht nur und nicht schlechthin abhängig ist vom Sinnlichen, sondern auch gleichzeitig von ihm unabhängig und selbständig ist, ist bei Rahner der metaphysische Grund zu sehen, weshalb die Transzendenz auf das Sein und auf Gott unter Umständen intensiver als im alltäglichen welthaften Bewußtsein erfahrbar und selber thematisch werden kann[173]. Die beiden Momente des menschlichen Geistes als forma materiae und als forma in se subsistens bilden bei Rahner die ontologische und anthropologische Grundlage für die geistig-geistliche Bewegung des Menschen in Konversion (zum Sinnlichen) und Abstraktion (vom Sinnlichen), in Auskehr (in die Welt) und Einkehr (in sich selbst)[174] bzw. Ausgang in Gott, in Kenose (als Abstieg in die Welt) und Ekstase (als Ausgang aus der Welt zu Gott)[175]. Es handelt sich jeweils um die beiden Mo-

---

172 Rahners Reduktion der äußeren effizienten Kausalität auf die innere formale Kausalität (GW 246–271) wird als Ganzes ausführlicher dargestellt u.a. in Schwerdtfeger [1982] 121–125 und Sandler [1996] 128–130.
173 Kap. 1.2.1.4 und 3.1.
174 Vgl. Schwerdtfeger [1982] 111.
175 Zu „Ekstase" und „Kenose" siehe Kap. 3.1.1.2 und 3.2.2.6.

mente ein und derselben Bewegung zugleich in die Welt hinein und auf Gott hin.

Der menschliche Geist ist für Rahner in „Geist in Welt" in sich dynamisch. In seiner Transzendenz auf Sein und Gott strebt er als „tätige Begierde"[176] von sich aus danach, sich zu entfalten, zu realisieren und zu vollenden, strebt er von sich aus von der Leere zur Fülle des absoluten Seins, zur ‚Freiheit'. Erst im gnadentheologischen Zusammenhang macht Rahner deutlich, daß diese innere Dynamik und Bewegung des menschlichen Geistes selbst noch einmal ganz getragen, motiviert und umfangen ist vom Ziel-Ende her, das Gott selber ist.[177]

1.3.1.4 Einige Akzente aus Rahners früher Erkenntnismetaphysik

Im betreffenden Abschnitt in „Hörer des Wortes" hebt Rahner noch einmal die erkenntnismetaphysische Eigenart der Sinnlichkeit und deren Verhältnis zur Materialität hervor.[178] Er löst die Aporie des menschlichen Erkennens zwischen Identität d.h. Bei-sich-Sein (EM.1) und Rezeptivität d.h. Beim-andern-Sein (EM.2), indem er den menschlichen Geist (als forma, als Seinswirklichkeit) wesenhaft bei sich sein läßt im Sein-beim-Anderen der Materialität (als unbestimmter, aber realer Seinsmöglichkeit). Der Mensch ist für Rahner auch in seiner hinnehmenden Erkenntnis des anderen wirklich bei sich selbst, weil er seinsmäßig bei sich selbst ist, wenn und insofern er beim anderen ist. Rahner bestimmt demzufolge die Sinnlichkeit erkenntnismetaphysisch durch die erkenntnismäßige Rezeptivität und die seinsmäßige Materialität, wobei letztere unabdingbare metaphysische Voraussetzung für erstere ist. Sinnlichkeit ist für ihn die hinnehmende Erkenntnis, „die jenes Seiende hat, das, um das andere zu seinem erstgegebenen Gegenstand zu haben, selbst Sein der materia sein muß" (HW 157; vgl. 158). Aber nicht nur das Erkenntnissubjekt, auch das Erkenntnisobjekt muß bei der Sinnlichkeit materiell sein. Denn da – (EM.1) gemäß – Subjekt (Erkennen) und Objekt

---

176 GW 213.
177 Siehe Kap. 2.2.3.1.
178 HW 147–159.

(Erkanntes) im Sein eine ursprüngliche Einheit bilden, müssen sie sich auch innerlich entsprechen und in ihrer metaphysischen Struktur übereinstimmen (HW 149; vgl. 158). Daher ist auch der „Gegenstand der Sinnlichkeit als der menschlichen hinnehmenden Erkenntnis ... das materielle Seiende" (HW 159). Sinnlichkeit ist also nach allem bei Rahner die rezeptive Erkenntnis, bei der der Mensch als materielles Seiendes ein anderes materiell Seiendes, das sich ihm von sich her zeigt, unmittelbar in seinem Selbst erkennt.[179]

In „Geist in Welt" erschien aufs ganze gesehen das „andere", bei dem der menschliche Geist kraft seiner Sinnlichkeit weilt, einmal (seinsmäßig) als die eigene Seinsmöglichkeit (Materialität) des Erkenntnissubjekts, d.h. als ein *„inneres* Moment seines eigenen Seins"[180], und dann wieder (erkenntnismäßig) als das real von ihm verschiedene Erkenntnisobjekt, d.h. der konkrete sinnlich-materielle andere Gegenstand. Rahner versuchte die beiden verschiedenen Realitäten des materiellen „anderen" über die gemeinsame „species sensibilis (impressa)" und dann noch allgemeiner über das gemeinsame ,Medium' der materia prima, auf die das Erkenntnissubjekt und das Erkenntnisobjekt gleichermaßen in formaler Kausalität einwirken, zu identifizieren. In „Hörer des Wortes" stellt sich das Problem erneut[181] und Rahner sucht es wiederum mit Hilfe des metaphysischen Materie-Begriffs zu lösen[182]. Wenn der Mensch in der sinnlichen Erkenntnis einen von ihm verschiedenen konkreten materiellen Gegenstand rezeptiv erfaßt, ist er nach Rahner insofern auch auf die materia prima bezogen, als dieser Gegenstand seinerseits notwendig und wesentlich auf die materia prima als das für ihn (d.h. den Gegenstand) andere hingeordnet ist. Beide, der erkannte Gegenstand und der erkennende Mensch, haben ihre Andersheit in der Materie, die in sich sowohl eine (als leere reale Möglichkeit) als auch viele (in den materiellen Seienden) ist[183] und somit beide wesentlich verbindet. Auch dieser Lösungsversuch kann die Schwierigkeit nicht zufriedenstellend beheben. Die Ambiguität von Rahners Begriff des

179 Vgl. X [1938] 26–28 = SW II 306–308.
180 HW 170.
181 HW 170.
182 HW 171–173.
183 Vgl. GW 120f.

„anderen" bzw. der „Materie" oder der „Welt" verlagert sich nur in
den Begriff der „materia prima" selbst, die dann einerseits ganz
allgemein die bloße leere Seinsmöglichkeit im Gegensatz zur Seinswirklichkeit bedeutet und andererseits die individuelle, wenn auch
noch unbestimmte Seinsmöglichkeit der vielen einzelnen Seienden.
Mit letzterem geht jedoch Rahners metaphysischer Materiebegriff
tendentiell bereits in den physischen über.

Doch unabhängig davon, ob man unter dem für den Geist „anderen" primär die eigene Materialität als unselbständige Realität oder
primär den real verschiedenen, selbständigen anderen Gegenstand
versteht, bleibt Rahners Ansatz im philosophischen Frühwerk in
jedem Fall hinter der Bedeutung der Intersubjektivität und Interpersonalität für das geistige Subjektsein und die Personwerdung des
Menschen zurück.[184] Rahner führt nicht aus, daß das menschliche
Subjekt sich nur selbst vollziehen und entfalten kann, indem es der
anderen Person begegnet und die andere Person ihm begegnet, daß
der menschliche Geist sein Bei-sich-Sein nur verwirklichen kann im
Sein-beim-Anderen als Person, im Sein-beim-Du. Rahners erkennt-
nismetaphysischer Ansatz ist jedoch prinzipiell dafür offen. In seiner
Theologie entwickelte Rahner selber den Ansatz weiter und vertiefte
ihn vor allem im Kontext der transzendentalen Verwiesenheit bzw.
Transzendenz auf den Nächsten und der Nächsten- und Gottesliebe
auf die Interpersonalität hin.[185] Dort erscheint als das „andere", bei
dem allein das Subjekt in echter Selbstvergessenheit sich findet, der
Mitmensch und Gott.

Rahner versucht bei seiner Interpretation der Erkenntnismetaphysik
von Thomas von Aquin kantischen Idealismus und thomistischen
Realismus miteinander zu verbinden (vgl. GW 74). Seine Mittelposi-
tion darf als realistischer Idealismus oder als transzendentaler Neo-
Thomismus beurteilt werden.

Bereits bei der gegenständlichen Erkenntnis identifiziert Rahner
in der Begrifflichkeit der „species sensibilis"[186] und der formal-mate-
rialen Kausalität den Selbstvollzug des Gegenstandes und den Selbst-

---

184 Vgl. Sandler [1996] 141–144.
185 Siehe Kap. 1.2.1.3. und 3.2.
186 GW 75, 79, 81.

vollzug des Subjekts. Objekt und Subjekt konstituieren gleichermaßen den Inhalt der kategorialen Erkenntnis.

Noch fundamentaler gestaltet sich bei Rahner die Einheit von
Erkenntnissubjekt und -objekt hinsichtlich der Seinserkenntnis. Ihm
zufolge nimmt der intellectus agens in seiner dynamischen Ausrichtung auf das esse „die Gesamtheit aller Gegenstände nach ihren
allgemeinsten metaphysischen Strukturen (sub ratione entis)" vorweg (GW 172). Er erfaßt im Vorgriff die einzelne Bestimmung der
Sinnlichkeit als ens (Seiendes), indem er mit seinem „Licht"[187] das
konkrete sinnliche Material „erleuchtet" und ihm die formalen metaphysischen Strukturen des ens verleiht (GW 172). Mit den allgemeinen, formalen metaphysischen Strukturen sind die „ersten Prinzipien" (prima principia)[188], und mit diesen wiederum „die obersten
Grundsätze des Seins und des Denkens gemeint" (GW 157).[189] Als

---

187 Zum „lumen" des intellectus agens siehe GW 163–173.
188 Zu den „ersten Prinzipien" siehe GW 157–161; vgl. X [1938] 33–35 = SW
II 312f.
189 Zu den „ersten Prinzipien" gehören im Thomismus hauptsächlich das
Kontradiktionsprinzip („Ein und dasselbe kann nicht zugleich sein und nicht
sein") bzw. das Identitätsprinzip („Ein jedes ist, was es ist") als oberstes
Prinzip, das Prinzip vom ausgeschlossenen Dritten („Zwischen zwei kon-
tradiktorisch einander entgegengesetzten Urteilen ist ein drittes nicht
möglich") und das Prinzip vom zureichenden Grund („Nichts ist ohne
hinreichenden Grund"); es wird aber auch u.a. dazugerechnet das Prinzip
von der Drittgleichheit („Wenn zwei Größen einer dritten gleich sind, sind
sie untereinander gleich"), das Prinzip „Das Ganze ist größer als sein Teil"
und das sehr bedeutsame metaphysische Kausalitätsprinzip („Was entsteht,
hat eine Ursache", bei Thomas: „Omne quod movetur, ab alio movetur").
Siehe dazu: Manser, G., Das Wesen des Thomismus, Freiburg in der
Schweiz ³1949, 291–296.314–329.
Rahner nennt in „Hörer des Wortes" die „allgemeinsten Strukturen von
Sein überhaupt" die „transzendentalen Bestimmungen des Seins" und zählt
dort in Übereinstimmung mit den beiden Momenten der Transzendenz in
erster Linie „Beisichsein, Gelichtetheit" und „Selbstbejahung, Wille und
Wert" auf (HW 186). Vor allem im Vortrag über „Die Wahrheit bei Thomas
von Aquin" könnte er darüberhinaus mit den formalen Strukturen des Seins
die Transzendentalien (omne ens est aliquid, unum, bonum, verum, [pulch-
rum]) und mit der allgemeinsten Struktur des Seins, wenn auch nicht mit
der des Seienden, die Unendlichkeit selber im Sinn haben.
Als die wichtigsten Seinsprinzipien, wenn auch nicht ersten Prinzipien,
gelten im Thomismus die äußeren Prinzipien der Kausal- und Finalursache
und die inneren Prinzipien von Wesen (Sosein, Essenz) und Dasein (Exi-

Grundsätze gelten sie aber ‚objektiv' und werden nicht einfach vom transzendentalen Subjekt in die Realität hineinprojiziert. Sie sind schon „an sich" vorhanden. „Der Geist bringt", so Rahner, „die letzte formalmetaphysische Struktur seiner möglichen Gegenstände von sich aus mit und muß sie doch als die seiner Gegenstände, d.h. als die des Seins überhaupt und an sich bejahen."[190] Die transzendentalen Erkenntnisstrukturen des Subjekts und die ‚objektiven', metaphysischen Strukturen des Seienden bzw. des Seins als des Erkenntnisobjekts fallen demnach für Rahner zusammen. In der transzendentalen Erfahrung ist für ihn auch später „die Struktur des Subjekts" und „die letzte Struktur aller denkbaren Gegenstände der Erkenntnis in einem und in Identität gegeben" (Gk 32). Die Identität der Strukturen und somit „die Geltung des formalen apriori des Geistes vom Sein schlechthin" ist aber ihm zufolge wiederum nur „einsichtig und verständlich", wenn Sein und Erkennen selbst ursprünglich eins sind.[191] Damit kehrt Rahner wieder zu seinem obersten erkenntnismetaphysischen Prinzip (EM.1) zurück, zielt nunmehr aber wieder das Sein des Menschen, nicht mehr das Sein schlechthin an. Um das eigene Sein des endlichen Geistes handelt es sich auch, wenn er das Sein etwa als „Selbstbejahung" und „Wille" umschreibt (HW 186) oder wenn er resümiert: „Sein ist mehr als Erkennen, Sein ist Leben und Handeln, Tat und Entscheidung." (HW 58)

Rahners Seinsbegriff hat dementsprechend eine transzendentalerkenntnismetaphysische und zugleich eine ontologisch-metaphysische Bedeutung, wie seiner Auffassung nach überhaupt alle ontologischen Begriffe „wesentlich nichts anderes als die ontologische Wendung der erkenntnismetaphysischen Begriffe" (HW 183), und d.h. der ‚transzendentalen' Begriffe sind. Das Sein fungiert in strenger Identität sowohl als transzendentaler Horizont oder Grund und transzendentale Bedingung der Möglichkeit der menschlichen Subjektivität als auch als ‚objektiver', metaphysischer, transzendenter Grund aller

---

stenz) und von Materie und Form. Dabei verhält sich jeweils das erste der beiden inneren Teilprinzipien, aus dem das Endliche – im Gegensatz zum absolut einfachen Unendlichen – zusammengesetzt gedacht wird, wie die Potenz zum Akt. Siehe Brugger [1976] 349f („Seinsprinzipien").

190 X [1938] 37 = SW II 314f.
191 X [1938] 37f = SW II 315.

Wirklichkeit[192], der im innerweltlich Seienden real zur „Erscheinung" kommt[193] und sich doch jenseits von Welt erstreckt.[194]

In seiner transzendentalen Erkenntnismetaphysik hält Rahner im Gegensatz zu Kant mit Thomas an der Möglichkeit und Tatsächlichkeit echter Seinserkenntnis fest. Mit Thomas schließt er freilich eine unmittelbare intellektuelle Anschauung des Seins, also eine materiale Seinserkenntnis aus. Die Erkenntnis des Seins ist formal, d.h. das Sein wird in seinen formalen Strukturen, nicht aber von vornherein in seiner Fülle und überhaupt nicht in seinem Selbst erkannt. Noch wesentlich deutlicher als Thomas nimmt Rahner der kantischen, neuzeitlichen Wende folgend die formalen Strukturen des Seins in die transzendentalen Strukturen des Subjekts selbst auf.[195]

Zwischen der Sinnlichkeit und der Geistigkeit herrscht gemäß Rahner ein Verhältnis von Identität und Nicht-Identität. Das manifestiert sich in den beiden Spannungen des menschlichen Geistes zwischen *intellectus possibilis* und *intellectus agens* einerseits und zwischen *forma materiae* und *forma in se subsistens* andererseits. Als *intellectus possibilis* ist der Geist hinsichtlich seiner Leere und Rezeptivität eins mit der Sinnlichkeit. Wegen seiner Fähigkeit zur *abstractio*, zur *reditio* und zum *excessus* reicht er vor allem als spontaner *intellectus*

---

192 Z.B. Gk 83–87.

193 W 177–179.184f.203.

194 Daher kann Rahner beispielsweise im „Grundkurs" wie selbstverständlich vom „transzendenten" Grund des Menschen (Gk 83) sowie vom „transzendentalen" Grund der Welt (Gk 92) sprechen. Gott bzw. das reine Sein ist für ihn der weltjenseitige Grund aller Wirklichkeit – der subjektiven wie der objektiven – , der aber vor allem ‚subjektiv' als der transzendentale Grund der menschlichen Transzendenz und Subjektivität erfahren wird (vgl. Gk 87f).

195 Darüberhinaus bezeichnet Rahner selber seinen Seinsbegriff als analog, leer, positiv und dynamisch. Er ist analog, weil den Seienden in ganz unterschiedlichem Maße je nach ihrer Seinsmächtigkeit Sein zukommt (HW 61f.65); leer, insofern im Vorgriff das Sein nur in seinen allgemeinen formalen Strukturen, nicht in seinem Selbst, in seiner eigenen und eigentlichen Inhaltlichkeit erfaßt wird (vgl. HW 191); positiv, insoweit die „Erscheinung" des Seins im innerweltlich Seienden einen „Ansatz von positiver Fülle" bietet (HW 191) und sich an ihr die Fülle des Seins immer mehr erschließen kann und will; und deshalb auch dynamisch, da er „bei all seiner leeren Allgemeinheit eine innere Dynamik auf die Fülle des Seins hat" (HW 191).

agens über die Sinnlichkeit hinaus. Der endliche Geist als ganzer, als
intellectus possibilis und agens, wirkt als actus materiae oder forma
materiae und ist insofern in seinem Bei-sich-Sein als Sein-beim-
anderen der Materie identisch mit der Sinnlichkeit. Aber er ist auch
forma in se subsistens und hebt sich als solches Bei-sich-Sein als
Gegen-das-andere-Gestelltsein und Bei-sich-selber-Sein von der
Sinnlichkeit ab.

Dabei ist unter beiderlei Rücksicht das Verhältnis von Identität
und Differenz zwischen Sinnlichkeit und Intellektualität bei Rahner
eingebunden in den dynamischen Erkenntnisprozeß des Geistes. Der
menschliche Geist umfängt in seiner Dynamik vom ersten entspringenlassenden Ursprung aus dem substantiellen Grund zum letzten
empfangenden Ursprung in der Fülle des Seins noch einmal das
gegenseitige Bedingungs- und Ursprungsverhältnis von Sinnlichkeit
und Intellekt. Insofern läßt sich das Verhältnis von Sinnlichkeit und
Geist in der Einheit der Dynamik des Geistes in letzter Abstraktion
als dynamisch-prozessuale Identität in Identität und Differenz bestimmen.[196]

1.3.2   Geist und Materie

Als erstes ‚Medium', durch das der endliche transzendentale Geist
zum Kategorialen und so zu sich selbst vermittelt ist, wurde das
Erkenntnisvermögen der Sinnlichkeit behandelt. Die Sinnlichkeit
ermöglicht dem Geist den Zugang zum „anderen". Ausschließlich mit
dem ‚Medium' des „anderen", bei dem der menschliche Geist notwendig ist, und dem Verhältnis von Geist und „anderem" befaßt sich
das folgende Kapitel.

Rahners Begrifflichkeit und inhaltliche Ausdeutung des „anderen"
wandelte und verschob sich im Laufe der Zeit. Ursprünglich galt ihm
die Materialität im metaphysischen Sinn als das dem Geist gegenüber
schlechthin andere. Bereits in „Geist in Welt" und „Hörer des Wortes" übersetzte und ersetzte er den Begriff der „materia" durch den
der „Welt". Die Welt ist für ihn die Gesamtheit aller Gegenstände,

---

196 Vgl. Schwerdtfeger [1982] 99–103.

die der Mensch unmittelbar hinnehmend erkennt (HW 178). Darunter fallen nicht nur die äußeren Gegenstände, sondern auch sämtliche innerpsychischen Phänomene (vgl. HW 178). Von der „Welt" im engen, speziell transzendental-philosophischen Sinn ist bei Rahner nicht das Physische und Psychische, wohl aber das Geistige des Menschen ausgenommen, tritt die Welt doch gerade als das „Gegenüber", als das „andere" des menschlichen endlichen Geistes auf. Im weiteren, theologischen Sinn gehört bei ihm freilich auch der geschaffene Geist des Menschen als Teil der Schöpfung zur „Welt".[197] Mit dem Begriff „Welt" als Fortsetzung des Begriffs „materia (prima)" verlagert sich bei Rahner bereits merklich die Bedeutung des „anderen" vom Materiellen im metaphysischen zum Materiellen im physischen Sinn. Später bezeichnet Rahner das „andere" auch als das „Mittlere" (Kapitel 1.3.2.1), bis er es schließlich direkt unter dem Begriff der „Materie" im metaphysisch-physischen Sinn abhandelt (Kapitel 1.3.2.2 und 1.3.2.3).

1.3.2.1 Geistperson und „Mittleres"

Im Vortrag über „Schuld und Schuldvergebung als Grenzgebiet zwischen Theologie und Psychotherapie" (II 279–297), 1953, denkt sich Rahner den Menschen nach dem Modell von Innen-Außen bzw. nach dem Modell von Kern und Schale. Der Mensch ist für ihn „ein gewissermaßen von einem Innen nach außen gebautes Wesen" (II 286); es gibt ein Inneres und Äußeres der Person (293). Das Innen oder Innere bezeichnet er als „Personkern" (284)[198], als „personkernhafte Freiheit" (284) oder auch kurz als „Geistperson" (285). Seine Bezeichnungen kreisen um den Begriff des „Kerns". Der geistig-personale Kern des Menschen ist nichts anderes als die Transzendenz des Menschen auf das Sein überhaupt und auf Gott (286). Seine Transzendenz und damit seine ursprüngliche Person vollzieht der Mensch

---

197 Z.B. Gk 83–96.
198 Den Ausdruck „Personkern" variiert Rahner auch zu „geistigem Personkern" (II 284), „Kern der Person" (286) oder „geistig-personalem Kern" (286).

am „Material" der Freiheit (284)[199], das sowohl von seinem Kern als auch vom transzendenten Gegenüber seiner Transzendenz, sprich Gott, verschieden ist (287). Das „Material" nennt Rahner hinwiederum „das Mittlere" oder „das welthaft Mittlere" (287f). Es besteht für den Menschen „in einer Einheit von seiner beseelten Leiblichkeit und leiblichen Seelenhaftigkeit, von deren gegenständlichen, sach- und satzhaften Objektivationen, von der Umwelt von ebenso leibhaftigen Personen und Dingen, von den darin vollzogenen Objektivationen durch die ‚äußeren' Handlungen" (287), d.h. es umfaßt sowohl die eigene psycho-physische Wirklichkeit des Menschen als auch dessen Umwelt (vgl. 288). Und es ist vom Menschen „als ursprünglicher Person sowohl verschieden wie ungetrennt, derart, daß auch keine ein für allemal fixe Grenzlinie zwischen diesen beiden in ständiger Osmose stehenden Sphären des Menschen besteht" (II 287). Die beiden Sphären des Urspünglich-Personalen und des Mittleren wirken ständig aufeinander ein. Das Mittlere ist in gewissem Sinn der Mensch selber und doch eigentlich nicht er selber, „ist er [der Mensch] im Andern und als der Andere, der so als im Andern nie einfach er als er selbst sein kann" (287). Es muß einerseits als etwas Personeigenes aufgefaßt werden (288), insofern es der „Ausdruck" (287), die „Expression" (289), das „konstitutive Zeichen" (288) oder die „Einbildung" (289) der ursprünglichen freien und geistigen Person ist und alle „Objektivationen" des Menschen (287), alles, womit und worin sich der menschliche Geist äußert, beinhaltet. Und es muß andererseits zugleich als etwas Personfremdes verstanden werden, insofern es „Medium des Einwirkens des Personfremden auf die Person" ist, d.h. insofern personfremde Faktoren wie die Umwelt, die Natur, die Vererbung und die anderen Personen physisch, psychisch oder anderweitig auf es einwirken und so dem Individuum die Möglichkeiten seines personalen Selbstvollzugs apriorisch vorgeben (288). Als Personeigenes und als Personverschiedenes ist es nach Rahner in strenger Identität das eine Medium, in dem sich die ursprüngliche Person frei und von innen äußert und zugleich von außen beeinflußt und bestimmt wird. Von daher entsteht „im identisch selben Raum" des „Mittleren" auch „eine Interferenz von Aktion und

---

199 Vgl. Kap. 1.2.3.1.

Passion, von Getanem und Auferlegtem, von Eigenem und Fremdem" (288).

Das eine und das andere ‚Extrem' zum „Mittleren" stellt jeweils die geistige freie Person des Menschen dar, einmal als „ursprüngliche" und das andere Mal als „endgültige" Person – in Entsprechung zum „Wovonher" und „Woraufhin" der Transzendenz. Nach Rahner ist „zu unterscheiden zwischen *ursprünglicher* Person als transzendentem Geist und als Freiheit vor Gott, dem welthaften und stückweisen Mittleren, in das hinein die Person, sich selbst suchend, sich vollziehen muß, und der endgültigen Person, die sich in Freiheit durch den Durchgang durch das Mittlere vollzogen hat." (287f)[200] Das „Mittlere" hat demnach als Inbegriff alles dessen, was für den endlichen Geist das „andere" ist, für Rahner nicht nur eine metaphysische, sondern auch eine zeitlich-existentielle Bedeutung und verweist bereits auf das Geschichtliche und die Geschichtlichkeit des Menschen. Die ursprüngliche Person vollzieht sich – im „Durchgang durch das Mittlere" – in einer ganzen Lebensgeschichte zur endgültigen Person.

Im Fortgang des Vortrags verengt Rahner den Bedeutungsumfang des „Mittleren", zu dem er anfänglich auch die gesamte Umwelt des Menschen rechnet (287f), auf den beseelten Leib des Menschen. Das zeigen drei Beobachtungen am Text. Zum einen setzt Rahner in einigen Wendungen die Umwelt vom Mittleren ab, etwa wenn er schreibt: „Die Person hat in ihrem Kern und in ihrem seelisch-leiblichen Mittleren und ihrer Umwelt bestimmte Strukturen, die der Freiheit ... vorgegeben sind." (288f) Zum anderen wirkt Rahner zufolge die Umwelt oder „Außenwelt" auf das Mittlere ein (288). Als Ursache muß sich die Umwelt jedoch vom Mittleren als der Wirkung unterscheiden und kann nicht selbst zum Mittleren gehören. Und zum dritten ist es Rahner im weiteren Kontext des Vortrags hauptsächlich um die Phänomene von Schuld und Leid zu tun. Die Schuld

---

200 Mit dem „Durchgang" der freien Geistperson „durch das Mittlere" entwickelt Rahner seinen Gedanken von „Geist in Welt" fort, demzufolge sich die erkennende Geistperson sozusagen nur im „Durchgang" durch die Sinnlichkeit selber finden kann (vgl. GW 187–199). Historisch aufschlußreich ist an dieser Fortentwicklung wiederum, wie Rahner die Dynamik des Geistes, natürlich kontextbedingt, von der Erkenntnis zur Freiheit ausweitet oder sogar verlagert.

entspringt dem freien und geistigen Personkern des Menschen. Das
Leid hingegen ist Ausdruck eigener oder fremder Schuld und fällt in
den Bereich des Leib-Seelischen. Im Kontext des Leides beschränkt
sich somit das „Mittlere" wieder nur auf das Leib-Seelische des
Menschen ohne dessen Umwelt.

Die Bedeutungseinschränkung erklärt sich daher, daß Rahner von
der sehr allgemeinen Bestimmung des Menschen ausgeht, als Geist
auf das „andere" der Welt bezogen zu sein (vgl. 284.287f), dann aber
zusehends zum eigentlichen Thema von Schuld und Leid übergeht
und sich auf die Leib-Seele als den ‚Ort' des Leidens konzentriert.
Für Rahner ist demnach in der Begrifflichkeit des „Mittleren" das
notwendig „andere" des menschlichen Geistes primär die eigene
Leib-Seele des Menschen und sekundär dann auch die gesamte weitere Umwelt.

Aufschlußreich ist in dem Zusammenhang Rahners konzentrisches Menschenbild. Für ihn ist der Mensch in Schichten oder Dimensionen von innen nach außen aufgebaut. Der freie und geistige
Kern der Person bildet die innere Schicht des Menschen. Das Innerste und zugleich das Alleräußerste der menschlichen Person reicht in
das absolute Geheimnis hinein, d.i. in Gott selbst.[201] Als weitere
Schicht nach außen schließt sich das Leib-Seelische des Menschen
an, wobei die Seele als innerlicher denn der Leib des Menschen
aufzufassen ist. Die äußerste Schicht der menschlichen Person – freilich nicht physisch, sondern metaphysisch oder existentiell verstanden – stellt die Umwelt des Menschen dar, „seine" Welt. Somit ist
nach Rahner der Mensch konzentrisch zwei-, drei- oder mehrfach von
innen nach außen geschichtet oder dimensioniert. Im Vortrag über
„Schuld und Schuldvergebung …" stellt Rahner, etwa in der Tradition des Origenes[202], den menschlichen Geist der leiblichen Seele
gegenüber und gelangt so zu einer grundlegenden ‚Dreiteilung' des
Menschen in Leib, Seele, Geist. An anderen Stellen spricht er von
der „geistigen Seele" des Menschen[203] und ordnet so den Geist der
Seele zu, womit er sich ausdrücklich in die thomistisch-christliche

---

201 Siehe Kap. 2.2.3.4.
202 XII [1932] 119.
203 Z.B. QD 12/13 [1961] 79f; VI [1963] 204.

Tradition einer grundlegenden ,Zweiteilung' in Leib und Seele (forma corporis) einreiht.

1.3.2.2 Geist als selbsttranszendierte Materie[204]

Mit der Materie im metaphysisch-physischen Sinn[205] als dem „anderen" des endlichen Geistes und ihrem Verhältnis zum Geist befaßte sich Rahner in seinem Text über „Die Hominisation als theologische Frage"[206], 1961. Seine darin entwickelte Position gab er z.t. verkürzt, z.t. weiter ausgebaut in zwei Vorträgen wieder, einem über „Die Christologie innerhalb einer evolutiven Weltanschauung"[207], 1962, und einem über die „Einheit von Geist und Materie im christlichen Glaubensverständnis"[208], 1963. Der erste Vortrag gliedert sich in vier Teile, von denen Rahner im ersten das Verhältnis von Geist und Materie in fünf Punkten darlegt (V 187–195).

Im *ersten Punkt* geht es Rahner um die grundsätzliche Einheit von Geist und Materie (V 187f). Da (endlicher) Geist und Materie von ein und demselben Gott geschaffen sind, haben sie eine gemeinsame Ursache und weisen trotz ihrer Verschiedenheit eine „innere Ähnlichkeit und Gemeinsamkeit" auf (187). Sie stehen nicht als disparate oder gar widersprüchliche Wirklichkeiten nebeneinander, sondern bilden „eine Einheit in Ursprung, Selbstvollzug und Bestimmung ...", eben die *eine* Welt" (188) – „Welt" hier selbstverständlich im weiten

---

204 Siehe dazu Weissmahr [1999].
205 P. Geister ermittelt drei Bedeutungen des Rahnerschen Materie-Begriffs: 1. Materie im thomistischen ontologischen Sinn der „materia prima" als „ein zwar reales, aber nicht beobachtbares, nicht dinghaft aufzufassendes metaphysisches Konstitutivum eines Dinges" (HW 154) im Unterschied zur Form; 2. Materie im umgangssprachlich-naturwissenschaftlichen Sinn, „im Sinn der Physik" (GW 175), wie er in etwa dem der „materia secunda" der aristotelisch-thomistischen Tradition entspricht; 3. Materie im weiteren, vermittelnden Sinn, der die umgangssprachliche und die ontologische Bedeutung umfaßt, wie z.B. in Rahners Begriff vom „materiell Seienden". Geister [1996] 27f. Mit der „Materie im metaphysisch-physischen Sinn" ist die dritte Bedeutung gemeint.
206 QD XII/XIII 13–90 (siehe insbesondere 43–78).
207 V 183–221.
208 VI 185–214.

Sinn der Schöpfung, nicht im engen Sinn des Korrelats zum menschlichen Geist verstanden. Ihre Gemeinsamkeit überwiegt ihre Verschiedenheit. Geist und Materie haben, laut Rahner, „mehr (wenn man so sagen darf) Gemeinsames als Verschiedenes" (188).

Bei der Erfahrung des Gemeinsamen und der Einheit wird, so ergänzt Rahner im zweiten Vortrag zu diesem Punkt, nicht die Einheit Gottes als des Schöpfers erfahren oder im Glauben gewußt und dann auf die Einheit der Schöpfung geschlossen. Vielmehr macht der Mensch ganz ursprünglich die Erfahrung der Einheit der kreatürlichen Wirklichkeit und der Welt und erfährt darin Gott als den (Seins-) Grund und die vorgängige Einheit dieser Einheit mit (VI 187; vgl. 201.206.214). Der Mensch hat eine „Urerfahrung" von der Einheit, der ursprünglichen gegenseitigen Verwiesenheit bzw. Bezogenheit und der letzten Verwandtschaft von Geist und Materie (201).

Da die Materie demselben Urgrund entstammt und dieselbe Herkunft hat wie der kreatürliche Geist, darf sie auch nicht als das Dunkle, Widergöttliche und zum Geist Widersprüchliche aufgefaßt werden (VI 188). Sie ist gut, gleich unmittelbar zu Gott wie der endliche Geist und sagt auf ihre Weise ihren Ursprung aus (VI 188). Auf den möglichen Einwand, Gott als Schöpfer „Himmels und der Erde" sei aber selber Geist (VI 188), antwortet Rahner zunächst, daß der endliche Geist innerhalb der Welt mit Recht als das Höhere gegenüber der Materie angesehen wird (VI 189). Denn die Materie ist das schlechthin und in jeder Hinsicht Endliche, der menschliche Geist hingegen aufgrund der Transzendenz immerhin intentionale Unendlichkeit. Deshalb wird auch Gott – der schlechthin Unendliche – „Geist" genannt. Aber die „Geistigkeit" Gottes, so fährt Rahner fort, ist von vornherein qualitativ anderer Art als die endliche Geistigkeit des Menschen, die das von der Materie Verschiedene ist und sie voraussetzt, nicht schafft. Die „Geistigkeit" Gottes ist der Grund von Geist und Materie in der Welt und als solcher dem innerweltlichen Unterschied zwischen den beiden transzendent (VI 189.200). Gott als „Geist" hat zu beidem – zu Materie und Geist – ein gleich unmittelbares Verhältnis (VI 189). Damit wendet sich Rahner im zweiten Vortrag noch entschiedener als im ersten gegen jede Abwertung der Materie und gegen jeglichen Dualismus.

Die Gemeinsamkeit zwischen Geist und Materie zeigt sich – so Rahner im *zweiten Punkt* seines Vortrags von 1962 – „zunächst und am deutlichsten", d.h. paradigmatisch an der „Einheit des Menschen selbst" (V 188). Geist und Materie sind als zwei Momente am Menschen zu begreifen, deren Einheit „sachlich und logisch" ihrer Unterschiedenheit und Unterscheidbarkeit vorausliegt (188). Sie sind Momente des einen Menschen, „in die hinein sich dieses ursprünglich eine Wesen des Menschen notwendig auseinanderlegt und entfaltet" (188).

Während Rahner beim zweiten Punkt noch einmal die Einheit betont, hebt er im vierten Punkt die Differenz zwischen den beiden hervor. Obwohl Geist und Materie aufeinander bezogene und untrennbare Momente des einen Menschen sind, lassen sie sich nicht aufeinander zurückführen (190).[209] Zwischen ihnen besteht eine „Wesensverschiedenheit", was jedoch nicht „Wesensgegensätzlichkeit", „absolute Disparatheit" oder „gegenseitige Gleichgültigkeit" bedeutet (190).

Unter dem *dritten Punkt* bestimmt Rahner das Wesen von Geist und Materie (V 189f). Das Wesen des menschlichen Geistes besteht in der Transzendenz. Hinsichtlich der Transzendenz differenziert Rahner an dieser Stelle deutlich zwischen der Subjektivität des Menschen als „absolutem Sichselbstgegebensein" bzw. „Rückkehr zu sich selbst" einerseits und der Verwiesenheit des Menschen „auf die absolute Ganzheit möglicher Wirklichkeit und deren Grund", d.h. auf Sein und Gott andererseits und läßt die beiden sich gegenseitig bedingen (189).

Der Mensch macht die Erfahrung des Geistigen bzw. der Transzendenz nur in der „Begegnung mit dem einzelnen, dem von sich aus Zeigenden, dem konkreten Unverfügbaren und, obzwar endlich, unausweichlich Gegebenen", d.i. in der Materie (189). Von der Materie prädiziert Rahner im wesentlichen drei ontologische und drei transzendentale Eigentümlichkeiten (190), wobei er im Gegensatz zum Materialismus die Materie vom menschlichen Geist aus, nicht aber „an sich" zu erfassen sucht. Die Materie ist für den menschlichen Geist das Faktische, das Hinzunehmende, das Vorgegebene,

---

209 Allerdings versucht Rahner selber die Materie auf den Geist zurückzuführen, wenn er sie als „gefrorenen Geist" bestimmt. Siehe Kap. 1.3.2.3.

das er weder geschaffen noch entworfen hat und das er einfach vorfindet; das Unverfügbare, das er nicht beliebig verändern kann und an
dessen Gesetze und Eigenschaften er gebunden ist; und das Fremde
und „andere". Und die Materie ist für ihn Bedingung der Möglichkeit
der Erfahrung des „Gegenständigen", der Erfahrung von Raum und
Zeit und der unmittelbaren Interkommunikation mit anderen Menschen in Raum und Zeit, in Geschichte.

Im *vierten Punkt* hebt Rahner auf die Geschichte von Geist und
Materie ab (V 190–194). Das Verhältnis von Geist und Materie ist
nicht einfach statisch, es hat selbst eine Geschichte (190). Die Materie entwickelt sich aus ihrem eigenen, inneren Wesen auf den Geist
hin (191); aus ihr wird Geist. Um dies zu verdeutlichen, führt Rahner
über den metaphysischen Begriff des „Werdens" den Begriff der
„aktiven Selbsttranszendenz" ein (191–193).[210] Werden ist ihm zufolge in seiner wahren Gestalt nicht bloß ein Anderswerden, sondern
ein Mehrwerden, ein Entstehen von mehr Wirklichkeit (191). Das
impliziert aber auf seiten des Werdenden eine aktive Selbsttranszendenz, die in einer doppelten Spannung steht.

Die erste Spannung betrifft das Verhältnis des bisherigen Seienden zum neuen Seienden, zu dem es wird bzw. geworden ist. Das
Mehr, das das neue Seiende gegenüber dem bisherigen Seienden
aufzuweisen hat, ist auf der einen Seite das vom bisherigen Seienden
selbst Gewirkte (191). Insofern ist es dem Bisherigen gegenüber
wirklich etwas Neues und etwas anderes. Das Neue übersteigt und
überbietet das Bisherige. Es holt seine eigene Fülle, die bisher Leere
war, ein. In diesem Sinn liegt eine echte Selbst*transzendenz* vor. Auf
der anderen Seite ist das Mehr des Neuen gegenüber dem Bisherigen
der eigene, innerliche Seinszuwachs des Bisherigen (191). Das Mehr
entsteht aus dem Bisherigen selbst; das Bisherige bringt das Mehr an
Seinswirklichkeit aus seinem eigenen Selbst hervor und wird aus
seinem eigenen Selbst heraus Neues. Unter dieser Rücksicht liegt
eine echte *Selbst*transzendenz vor.

Die zweite Spannung betrifft das Verhältnis zwischen dem (mehr)
werdenden Seienden und dem absoluten Sein. Soll nicht das meta-

---

210 Vgl. QD XII/XIII 61–78. Zum transzendentalphilosophischen Begriff des
      Werdens und der Selbstüberbietung siehe Weissmahr [1973], insbesondere
      35–38, und Weissmahr [1983] 72–94.

physische Kausalitätsprinzip verletzt werden[211], kann das bisherige Seiende nur in der Kraft der absoluten Seinsfülle, in der Kraft Gottes wirklich mehr werden (191). Das absolute Sein ermächtigt das Seiende zur Selbsttranszendenz.[212] Das bedeutet aber wiederum ein Doppeltes. Einerseits muß die Kraft der absoluten Seinsfülle dem Seienden *innerlich* sein (191). Sonst könnte das Seiende den echten Seinszuwachs nicht wirklich aus sich selbst vollbringen, sondern würde die neue Wirklichkeit bloß als von Gott gewirkte passiv empfangen. Insofern die Kraft des absoluten Seins dem Seienden selbst innerlich ist, ist das Seiende zu einer wirklichen *aktiven Selbst*transzendenz fähig (191). Andererseits kann die Kraft der absoluten Seinsfülle nicht ein *Wesens*konstitutiv des (endlichen) Seienden sein, denn sonst könnte sich das Seiende überhaupt nicht mehr entwickeln, weil es schon im Besitz der absoluten Seinsfülle wäre (191f). Die Kraft des absoluten Seins ist demzufolge dem werdenden Seienden einerseits innerlich, andererseits äußerlich. Sie ist für es „das Innerste und Fremdeste zumal" (192).[213] Rahners Begriff der „aktiven Selbsttranszendenz" zufolge entwickelt sich demnach ein Seiendes in der Kraft des absoluten Seins, die ihm sowohl innerlich als auch äußerlich ist, aktiv aus sich selbst heraus zu einem neuen Seienden, das gegenüber dem alten Seienden ein echtes Mehr an Wirklichkeit aufweist.

Die zweite Spannung des Begriffs, die das Verhältnis von Seiendem und absolutem Sein betrifft, sucht Rahner zu lösen, indem er das Innerste und das Wesen eines Seienden auseinanderhält. Die Kraft des Absoluten gehört nach Rahner zwar zum Innersten eines Seienden, nicht aber zu seinem Wesen. Allerdings bleibt die Spannung auf dem „Selbst" lasten. Denn einerseits muß die Kraft des Absoluten aus dem Selbst des Seienden stammen, soll das Seiende wirklich zu

211 Nach dem metaphysischen Prinzip der Kausalität kann kein geringeres Seiendes (aus sich allein) das Mehr an Seinsvollkommenheit eines höheren Seienden bewirken.

212 Der letzte Ermöglichungsgrund der Selbsttranszendenz liegt auf seiten Gottes als der absoluten Seinsfülle, aber so, daß Gott das Mehr der Selbsttranszendenz vom Geschöpf selbst hervorbringen läßt. Er ermächtigt also das Seiende zu echter aktiver Selbsttranszendenz. Dabei wirkt Gott in der Welt immer als Erstursache, niemals als Zweitursache, auch wenn sein ‚kategoriales', d.h. weltimmanentes Handeln grundsätzlich durch geschöpfliche Zweitursachen vermittelt ist. Vgl. Weissmahr [1973] 140–145.

213 Vgl. VIII 601.

*aktiver Selbst*transzendenz befähigt werden, andererseits kann sie nicht daraus hervorgehen, weil sonst das Seiende selbst schon die absolute Fülle des Seins besäße.

Ähnlich verhält es sich mit der ersten Spannung zwischen dem alten und dem neuen Seienden. Auch diesbezüglich läßt sich die Spannung am Begriff des Selbst ansiedeln. Zum einen soll nämlich das Selbst des neuen Seienden mit dem des alten Seienden identisch sein, da das alte Seiende das Mehr an Seinsfülle aus seinem Selbst hervorbringt und das Mehr einen inneren Seinszuwachs des alten Seienden darstellt. Zum anderen muß das Selbst des neuen Seienden vom Selbst des alten Seienden wirklich verschieden sein, soll es tatsächlich ein Mehr-Seiendes von größerer Seinsfülle und Seinsvollkommenheit und nicht bloß ein quantitatives Mehr sein.

In einem nächsten Schritt erweitert Rahner den Begriff der „Selbsttranszendenz" zu dem der „Wesensselbsttranszendenz" (192f). Die Selbsttranszendenz schließt auch „die Transzendenz ins substantiell Neue, den Sprung zum *Wesens*höheren" ein (192). Auch und gerade in der Wesensselbsttranszendenz überbietet sich das Frühere selbst, um sich im Neuen, Höheren und Wesensverschiedenen, das es selbst erwirkt hat, aufzuheben und aufzubewahren (193). Das Niedrige „präludiert" in der Entfaltung seiner eigenen Wirklichkeit und Ordnung dem Höheren (193). Die höhere Ordnung umfaßt die niedrigere als bleibend in sich. Auch und insbesondere die Wesensselbsttranszendenz geschieht nach Rahner „in der Dynamik der inneren und doch nicht eigenwesentlichen Kraft des absoluten Seins, in dem, was man theologisch Erhaltung und Mitwirkung Gottes mit dem Geschöpf nennt, in der inneren und bleibenden Getragenheit aller endlichen Wirklichkeit in Sein und Wirken" (192).

Um solch eine Wesensselbsttranszendenz handelt es sich bei der evolutiven Entwicklung der Materie zum Leben und zum Geist (193). Die Materie bringt das Leben und den Geist kraft des absoluten Seins aus sich selbst hervor. Der endliche Geist entwickelt sich aus der Materie durch die aktive Wesensselbsttranszendenz der Materie selbst.

Im Vortrag von 1963 fügt Rahner dem Begriff der „aktiven Selbsttranszendenz" drei nennenswerte Aspekte hinzu (VI 210–214).

1. Der „transzendentale Ursprungsort" des metaphysischen Begriffs vom Werden als echter Selbstüberbietung liegt in der Bewegung des Geistes selber, „welcher sich selbst als radikalster Fall der Selbstübersteigung in der Transzendenz auf das Sein überhaupt erfährt" (VI 210). Was mit dem Begriff der aktiven Selbsttranszendenz eigentlich gemeint ist, erfährt der Mensch am radikalsten an seiner eigenen geistigen Transzendenz. Rahner gewinnt also den Begriff der aktiven Selbsttranszendenz, indem er den Begriff der individuellen geistigen Transzendenz des Menschen „extrapoliert" und auf die Evolution als ganze überträgt.[214]

2. Das Wesen des Seienden, das durch aktive Selbsttranszendenz ein höheres Seiendes wird, beweist zum einen, daß das niedrigere Seiende die Potenz zur Selbstüberbietung hatte oder hat, daß es sich selbst nicht (ganz) verwirklicht hatte und in diesem Sinn das Höhere werden „mußte". Und es zeigt zum anderen das apriorisch einschränkende Gesetz dessen an, was aus dem niedrigeren Seienden unmittelbar als nächstes überhaupt werden kann. (VI 211f) So hätte beispielsweise der menschliche Geist nicht unmittelbar aus unbelebter Materie hervorgehen können.

3. Bei der Wesensselbsttranszendenz oder „wesentlichen Selbsttranszendenz" klafft zwischen dem niedrigeren Seienden und dem wesenshöheren Seienden kein (absolut) disparater Gegensatz (VI 212). Bei dem niedrigeren Seienden liegt nur eine relativ engere Eingrenzung des Seins vor. Seine positive Wirklichkeit ist im höheren Seienden ganz bewahrt und aufgehoben (212). Deshalb sollte auch aus heuristischen Gründen die echte Diskontinuität und der „Sprung" ins wirklich wesenhaft Neue bei der Wesensselbsttranszendenz möglichst klein gedacht werden (213).

Im *fünften* und *letzten Punkt* geht es Rahner schließlich um die Einheit der Geschichte des Kosmos (V 194f; vgl. VI 206–214). Die Natur- und die Geistesgeschichte ergeben eine innere gestufte Einheit (V 194; vgl. VI 208). Die Naturgeschichte steuert auf den Menschen zu und setzt sich in der menschlichen Geschichte fort. Mit und in der freien Geistesgeschichte des Menschen kommt sie zu ihrem eigenen Ziel (V 195). Aber auch die Geistesgeschichte wirkt auf die

---

214 Siehe QD XII/XIII 71–78.

Naturgeschichte ein und zurück (VI 190). Die Materie steht nach christlichem Verständnis also nicht für eine vorläufige, endgültig zu überholende Periode der Geschichte (VI 195). Sie ist ein Moment an der Vollendung selbst. Von seinem Glauben her weiß der Christ überdies, daß die eine Geschichte des Kosmos als ganze „trotz der und in der Freiheit des Menschen" dank „der sich zum Guten siegreich durchsetzenden Gnade Gottes" ihre wirkliche Vollendung finden wird (V 195; vgl. VI 195).

1.3.2.3 Materie als „gefrorener Geist"

Nachdem Rahner im ersten Teil[215] seines Vortrags von 1963 die Einheit von Geist und Materie von ihrem Ursprung her (VI 187–190), in ihrer Geschichte (190–194) und in ihrem Ziel (194–195) behandelt hat, legt er im zweiten, systematischen Teil[216] *anfangs* den *Unterschied* von Geist und Materie dar (VI 196–201). Er hält dabei an seiner methodischen Prämisse fest. Der Mensch weiß nicht zunächst einmal genau und klar, was im metaphysischen Sinn Materie ist, und muß dann mühsam den Geist entdecken. Vielmehr geht er primär mit sich selbst (als Geist) im anderen (der Materie, der Welt) um und kann nur aus der apriorischen Erfahrung seiner Geistigkeit heraus das metaphysische Wesen der Materie erfassen (VI 197). Die Geistigkeit des Menschen setzt Rahner mit der Subjektivität und die Materialität des Menschen und seiner Umwelt mit der Objektivität gleich. Der Mensch als endlicher Geist ist wissendes Subjekt, die Materie oder „Welt" (im engeren Sinn) ist begegnendes Objekt (197; vgl. 189.199f). Die Subjektivität bzw. Geistigkeit des Menschen läßt sich nicht aus dem Objektiven und Materiellen ableiten (201). Zwischen Geist und Materie besteht in diesem Sinn ein Wesensunterschied. Aber von der Erfahrung des Geistes her läßt sich aussagen, was Materielles und Materie als solches ist, „nämlich das der Erfahrung der Transzendenz auf das Sein überhaupt in seiner Einzelheit Verschlossene" (201). Die Materie erweist sich dem prinzipiell offenen Geist gegenüber als das konkret Verschlossene.

215 VI 185–195.
216 VI 196–214.

Der Geist ist das „logisch und ontologisch Frühere", obwohl er gegenüber der Materie das raumzeitlich Spätere und Spärlichere ist (201). „Logisch" ist er insofern „früher", als sich nur von einer positiven Erkenntnis des Unendlichen her das Wesen des Endlichen erkennen läßt, vom Wesen des intentional unendlichen Geistes her das Wesen der endlichen Materie, aber nicht umgekehrt. „Ontologisch" ist der Geist gegenüber der rein endlichen und begrenzten Materie höher einzustufen, weil seine intentionale, bewußtseinsmäßige Unendlichkeit in gewissem Sinn, wenn auch nicht schlechthin zu seinem Sein gehört und sein Sein ausmacht.

Sodann stellt Rahner systematisch die *Einheit* von Geist und Materie dar (201–206). Zwei epistemologische und zwei theologische Gründe sprechen für die Einheit.

(1.1) Wenn in der einen „Urerfahrung"[217] Geist und Materie als aufeinander bezogen erfahren werden, können sie „nicht absolut disparat sein" (201).

(1.2) In der unmittelbar sinnlichen Erkenntnis teilt sich der Erkenntnisgegenstand in einem „realen, ontologischen Prozeß" dem Erkenntnissubjekt mit (202).[218] Demnach muß eine innere Verwandtschaft auch zwischen dem Materiellen als dem Erkannten und dem Geistigen als dem Erkennenden bestehen.

(2.1) Gott als der Schöpfer und die Materie als geschaffene Wirklichkeit können wegen des Schöpfungsverhältnisses einander nicht völlig unähnlich sein. Wenn aber schon Gott als absoluter Geist von der Materie nicht gänzlich verschieden sein kann, dann erst recht nicht der geschaffene, endliche Geist (202).

(2.2) Gott hat die Materie von vornherein um des Geistes willen und auf ihn hin geschaffen (202). Es war ihm moralisch und daher auch ontologisch bzw. physisch ‚unmöglich', eine materielle Welt für sich allein, ohne jeden Geist und d.h. ohne jede Offenheit auf ihn, zu schaffen, weil es sinnlos gewesen wäre (203).

In bezug auf Geist und Materie führt Rahner die Begriffe „Negativität" und „Positivität" ein (203). Beide Begriffe sind relativ zur unendlichen bzw. unbegrenzten Fülle des Seins überhaupt. Das Ma-

---

217 Vgl. VI 187.206.
218 Man denke an die „species sensibilis (impressa)" aus „Geist in Welt". Kap. 1.3.1.1; vgl. Kap. 1.3.1.3.

terielle ist negativ, insofern es durchweg begrenzt ist und die unbegrenzte Fülle des Seins in jeder Hinsicht eingrenzt. Seine Negativität, seine Begrenzheit und Beschränktheit, fällt unter sein Wesen und ist von Gott gesetzt (203). Das Materielle kann sich zwar tatsächlich von sich aus (d.h. aufgrund des durch den Schöpfer ihm als Eigenes Mitgeteilten) in einem innerweltlichen Prozeß in Geist verwandeln, aber nicht ohne das Mitwirken der absoluten Ursache.

Insofern ein materielles Seiendes aber wirklich ist und Sein hat, ist Rahner zufolge sein „Sein als solches, d.h. abgesehen von der realen Negativität und Begrenzung in diesem Seienden (gewöhnlich ‚materia prima' genannt, die von sich her keine positive Wirklichkeit bedeutet), genau jenes Sein ..., das außerhalb einer solchen Begrenzung Bei-sich-Sein, Erkenntnis, Freiheit und Transzendenz auf Gott besagt", also metaphysische Positivität (203). In welchem Sinn dem materiellen Sein als solchem bereits Beisichsein, Freiheit und Transzendenz auf Gott auf welch latente, rudimentäre oder analoge Weise auch immer zuzuerkennen ist, gibt Rahner allerdings nicht an.[219]

Die bereits vorhandene metaphysische Positivität des Materiellen wird vom Geist und im Geist freigesetzt und entschränkt (204). Im Sinn der Positivität des Seins ist endlicher Geist demzufolge schon in vormenschlicher Materie in nuce vorhanden. Rahner bezeichnet daher die Materie als „gefrorenen Geist" (203.205.213). Die Materie ist für ihn eingegrenzter, beschränkter, noch nicht auf das unendliche Sein real geöffneter Geist. (203f) Als „gefrorener Geist" bleibt die Materie ein (positives) Moment am sozusagen ‚aufgetauten', real entfalteten Geist und dessen Seinsfülle. Umgekehrt ist alle positive materielle Wirklichkeit am Menschen Wirklichkeit und Ausdruck seines Geistes, insofern er als geistige Seele – der christlich-philosophischen Tradition gemäß – Form des Leibes ist (204). Das gilt auch vom übrigen Materiellen, das als Umwelt des Menschen die „erweiterte Leiblichkeit" seines Geistes darstellt (204).

Schließlich macht Rahner noch darauf aufmerksam, daß solch eine geistige Interpretation der Materie zugleich eine „materielle" Interpretation des Geistes bedeutet (205). Er verdeutlicht das an der Fleischwerdung des göttlichen Logos (205f). Die Materie ist die

---

219 Vgl. Kap. 1.3.1.1.

Weise, in der sich der göttliche Logos in der Sphäre des Endlichen und Außergöttlichen zur Erscheinung bringt und aussagt. Auch in der Vollendung seiner endlichen Erscheinung – der Auferstehung – legt er die Materie bzw. Materialität nicht wieder ab, sondern behält sie ewig bei. Von daher erscheint die Materie nicht nur als Moment für und am endlichen Geist, sondern auch und sogar als Moment am ewigen Logos, am absoluten Geist. Die gesamte Schöpfung der (materiellen) Welt läßt sich nach Rahner als Moment an der Inkarnation des göttlichen Logos begreifen (205). Der Geist hat in allen seinen Dimensionen und Wirklichkeiten – bei Gott, bei den Engeln[220] und beim Menschen – auf je eigene Weise einen wesentlichen Bezug zur Materie.

Rahner schwankt an einigen Stellen in seinem Materiebegriff zwischen einer metaphysischen und einer physischen Bedeutung. Bei ihm ist nicht konsequent und kohärent durchdacht, ob es sich bei der Materie um ein Seinsprinzip oder ein Seiendes handelt. Auf dem Hintergrund dieses nicht immer eindeutigen Materiebegriffs sei noch einmal versucht, die wesentlichen Gedanken Rahners zum Verhältnis von Geist und Materie systematisch zusammenzufassen.

Geist und Materie sind zwei wesensverschiedene und zugleich zwei wesensverwandte Wirklichkeiten der einen Welt. Sie sind weder zwei völlig disparate noch zwei schlechthin identische Größen. Ihre Einheit überwiegt jedoch grundsätzlich ihre Verschiedenheit.

Als Paradigma für das Verhältnis von endlichem Geist und Materie kann der Mensch gelten. Der menschliche Geist zeichnet sich durch seine unendliche Offenheit für das Absolute – durch Transzendenz – aus. Insofern er als ganzer unbegrenzt offen ist für das Absolute, ist er (intentional) unendlich. Insofern er aber auch als ganzer von Gott geschaffen, an die Materie gebunden und auf Gott, der sich ihm von sich aus eröffnet und eröffnen muß, verwiesen ist, ist er (ontologisch) endlich und bedingt.

Für den endlichen menschlichen Geist ist die Materie das notwendig andere. Dieses andere begegnet ihm primär im eigenen seelischen Leib, sekundär aber auch in seiner gesamten Umwelt als sei-

220 Siehe VI 191–193.

ner erweiterten Leiblichkeit. Endlicher Geist und Materie als das für ihn andere sind wesentlich aufeinander bezogen, lassen sich aber metaphysisch nicht aufeinander zurückführen. Geist kommt nur zu sich und ist nur bei sich, indem er in und bei der Materie als dem anderen ist. Und Materie ist von vornherein auf Geist hin angelegt. Geist als Subjektivität läßt sich aber nicht aus der Materie als Objektivität ableiten, wie sich umgekehrt das Vorhandensein des Objektiv-Materiellen nicht durch das Subjektiv-Geistige erklären läßt.

Der endliche Geist hat in der Welt den logischen und ontologischen Primat gegenüber der Materie, obwohl er zeitlich später ist. Erkenntnismäßig wird das Wesen der Materie vom Wesen des Geistes her erfaßt, nicht umgekehrt. Zudem kommt der Mensch durch seine Geistigkeit, nicht durch seine Materialität als solche zu sich selbst. Seine Geistigkeit macht ihn zum Subjekt und zur Person, die sich frei und bewußt zu sich selbst verhalten kann. Seinsmäßig ist der menschliche Geist wenigstens in seiner Intentionalität unendlich und unbegrenzt, während die Materie schlechthin endlich und begrenzt ist. Gemessen an der reinen Positivität des unendlichen Seins erscheint der endliche Geist als positiver denn die Materie, zu deren Wesen die Negativität im Sinne der metaphysischen Beschränktheit gehört.

Da der endliche Geist dem absoluten, unendlichen Sein kraft seiner intentionalen Unendlichkeit metaphysisch näher steht und ähnlicher ist als die Materie, kann Gott als das absolute Sein auch metaphysisch mit Recht als „Geist" bezeichnet werden. Diese Bezeichnung darf aber nicht darüber hinwegtäuschen, daß er Grund der einen geistigen und materiellen Wirklichkeit ist und nicht ein Teil davon. Er hat die Materie gleichermaßen wie den Geist geschaffen und hat als Schöpfer zu beidem – zur Materie wie zum Geist – ein gleich unmittelbares Verhältnis. Dem innerweltlichen Unterschied zwischen Geist und Materie ist er völlig transzendent. „Geist" in bezug auf Gott bedeutet daher qualitativ etwas ganz anderes als in bezug auf den Menschen.

Geist und Materie bilden trotz ihrer Wesensverschiedenheit eine Einheit in Ursprung, Geschichte und Ziel. Beide stammen von Gott als dem Schöpfer her und werden vom Menschen ursprünglich auch als Einheit erfahren. In einer langen evolutiven Geschichte entwikkelt sich die Materie aus ihrem eigenen Wesen heraus auf den Geist hin. Die materielle Welt ist von Gott von vornherein auf Geist hin konzipiert. So gesehen ist Materie ein Moment am endlichen Geist und für den endlichen Geist. Sie ist selbst begrenzter, „eingefrorener" Geist, der seine eigene Positivität im und durch den menschlichen Geist entfaltet und verwirklicht. Die Evolution des Geistes aus der Materie geschieht durch die aktive Wesensselbsttranszendenz der Materie selber. Über die Stufe des Lebens und verschiedenste Zwischenstufen bringt die Materie in der Kraft des absoluten Seins den endlichen Geist als etwas wirklich Neues und Wesenshöheres aus sich selbst hervor. Der geistige Mensch ist Ergebnis und Ziel der Geschichte der Materie, der Naturgeschichte. Er setzt in seiner Geistesgeschichte die Naturgeschichte frei fort und wirkt verändernd auf die Natur selbst ein. Beide – Materie und Geist – haben insofern eine gemeinsame Geschichte. Beide werden auch an einem gemeinsamen Punkt vollendet, dann nämlich, wenn Gott durch seine eigene Tat die Weltgeschichte endgültig aufhebt. Auch die Materie geht dann gewandelt als bleibendes Moment in die Vollendung ein.

Alles in allem läßt sich angesichts der evolutiven Einheit in Verschiedenheit wiederum sehr formal und abstrakt auch auf das Verhältnis von Geist und Materie, wie schon auf das Verhältnis von Geist und Sinnlichkeit, Rahners implizites Systemprinzip der *dynamischen prozessualen Identität in Identität und Differenz* anwenden. Geist und Materie sind in ihrer wesensmäßigen Einheit und Verschiedenheit durch ihre gemeinsame kosmische Entwicklungsgeschichte noch einmal dynamisch-prozessual geeint.

1.3.3   Geist und Geschichte[221]

Ein ‚Medium' wieder ganz anderer Art ist bei Rahner nach dem Erkenntnisvermögen der Sinnlichkeit und nach dem „anderen" der Materie im metaphysisch-physischen Sinn für den menschlichen Geist die Geschichte und die Geschichtlichkeit. Trotz ihres engen Zusammenhangs unterscheidet Rahner deutlich zwischen der Ge-

---

221 Siehe zu diesem Kapitel vor allem Gmainer-Pranzl [1996].

schichte, die das weltlich-kategoriale Geschehen, den zeitlichen Ablauf meint, und der Geschichtlichkeit, die für ihn ein „Moment der transzendentalen Grundverfassung des Menschen" ist.[222] Näherhin bezeichnet die Geschichtlichkeit bei ihm „jene eigentümliche Grundbestimmung des Menschen, durch die er in die Zeit gestellt ist und ihm eine jeweilige Welt verfügt ist, die er in Freiheit übernehmen muß."[223] Wie Rahner das Verhältnis von Geist und Geschichte bzw. Geschichtlichkeit in „Hörer des Wortes" bestimmt, ist Thema der ersten beiden Teile dieses Kapitels (Kapitel 1.3.3.1 und 1.3.3.2), wie er es in späteren Texten auslegt, Thema des dritten Teils (Kapitel 1.3.3.3).

1.3.3.1 Die „Geschichtlichkeit" in „Hörer des Wortes"[224]

Bereits im letzten Kapitel des III. Teils[225] von „Hörer des Wortes" hatte Rahner der Sache nach die Geschichtlichkeit des Menschen im Zusammenhang der (individuellen) Transzendenz auf den absoluten Wert vorweggenommen.[226] Unter dem Titel „Der Ort der freien Botschaft" geht er im IV. Teil der Frage nach, welches der konkrete „Ort" einer freien möglichen Offenbarung Gottes für den Menschen sei, und weist die konkrete Geschichte des Menschen als diesen „Ort" aus. Um zur Geschichte bzw. zur Geschichtlichkeit des Men-

---

222 Gmainer-Pranzl [1996] 142. Bei seiner Begriffsklärung der „Geschichtlichkeit" und „Geschichte" einerseits und der „Transzendentalität" und „Transzendenz" andererseits reißt F. Gmainer-Pranzl allerdings das zweite Paar zu weit auseinander und gibt die „Transzendenz" bei Rahner verzerrt wieder, wenn er sie „im strengen Sinn alleine Gott ... als die ihm zukommende Gegebenheitsweise für den Menschen" vorbehalten sein läßt (Gmainer-Pranzl [1996] 142). Rahner versteht unter der „Transzendenz" primär die dynamische Offenheit und Verwiesenheit des Menschen auf das absolute Geheimnis. Die Transzendenz ist für ihn die transzendentale Bedingung der Möglichkeit des menschlichen Selbstvollzugs schlechthin, der Inbegriff der menschlichen Transzendentalität (siehe dazu auch Kap. 1.4.2).
223 KTW 143.
224 Vgl. Gmainer-Pranzl [1996] 41–49.
225 Das ist das 8. Kapitel von HW.
226 Siehe Kap. 1.1.3.4.

schen zu gelangen, schlägt er einen kürzeren Weg (HW 162–168) und einen längeren ein (HW 175–201).

Auf dem kürzeren Weg leitet Rahner die Geschichtlichkeit des Menschen rein begrifflich aus dem metaphysischen Begriff der „Materie" ab. Als unbestimmte, aber reale Seinsmöglichkeit ist die materia prima „Grund der vielfachen Vereinzelung des Selbigen", also Prinzip der [quantitativen] Individuation (HW 162; vgl. 160f)[227]. Darüberhinaus impliziert sie, wie Rahner in zwei sehr abstrakten Gedankengängen nachzuweisen sucht, die (innere) Räumlichkeit und die (innere) Zeitlichkeit aller materiellen Seienden (162–165). Die drei Bestimmungen der Materie – die (prinzipielle) Vielheit (gemäß dem Individuationsprinzip), die Räumlichkeit und die Zeitlichkeit (164f) – wendet Rahner auf den Menschen an. Als materielles Wesen ist der Mensch prinzipiell einer von vielen, ist er nicht nur biologisch, sondern bereits metaphysisch auf Vielheit hin angelegt. Er kann seine Möglichkeiten nur in der Vielheit, in einer Menschheit verwirklichen. „Der Mensch ist nur in einer Menschheit wirklich." (166) Und als materielles Wesen ist der Mensch ein räumliches und ein zeitliches Wesen, das mit seinesgleichen Raum und Zeit teilt. Aus all dem resultiert aber noch nicht die Geschichtlichkeit des Menschen. Es muß als ein wesentliches Moment noch die Freiheit hinzutreten (166f. Der Mensch ist ein geschichtliches Wesen im eigentlichen Sinn nur, insofern er der frei Handelnde ist, „frei handelnd sogar in seiner Transzendenz auf Gott, also in der Bestimmung seines Verhältnisses zum Absoluten" (167). Er ist ein geschichtliches Wesen, weil und insofern er einerseits als geistiges Wesen ein freies Wesen und andererseits als materielles Wesen ein räumliches, zeitliches und – im weitesten Sinn – gemeinschaftliches Wesen ist.

Auf dem längeren Weg führt Rahner über die einander korrespondierenden Begriffe der „Erscheinung" und der „Sinnlichkeit" zur Geschichtlichkeit und Geschichte des Menschen hin. Zunächst setzt Rahner die „Erscheinung" mit der „Welt" im engeren Sinn gleich (HW 178). In der Welt „erscheinen" dem Menschen die sinnlich wahrgenommenen Gegenstände unmittelbar in ihrem eigenen *Selbst*. Und an den sinnlichen Gegenständen, und nur an ihnen, „erscheint"

---

227 Prinzip der qualitativen Individuation ist für Rahner der Geist als forma in se subsistens. Siehe Kap. 3.1.2.1.

dem Menschen kraft seines Vorgriffs das *Sein* überhaupt. (179) Später bezieht Rahner den menschlichen Geist selbst in den Begriff der „Erscheinung" mit ein, so daß er sich mit dem Begriff der „Welt" im weiten Sinn deckt. Für ihn ist der Mensch die „an sich schon geistigste Erscheinung", weswegen er „von sich aus für das Sein überhaupt die erfüllteste Erscheinung sein kann" (203).

Aufgrund des rezeptiv-sinnlichen Charakters seiner Geistigkeit muß sich der Mensch der Erscheinung zuwenden, um Sein überhaupt erfassen zu können. Die Erscheinung als Gesamtheit aller sinnlich gegebenen Gegenstände ist selbst raumzeitlich und, da der Mensch mit seiner Freiheit wesentlich zu ihr gehört, auch selbst geschichtlich (189). Die Erscheinung umfaßt, so wiederholt Rahner, „das ganze innerweltliche Seiende", auch die Geschichte des Menschen und der Menschheit. (202) Von daher ist „der Mensch, um Geist zu sein, wesentlich kraft seiner geistigen Natur ausgerichtet auf die Geschichte" (203). Er muß sich, will er die Erscheinung des Seins in der Welt in ihrer Fülle erfahren, vor allem seiner eigenen Geschichte zuwenden (202–204). Zur Geschichtlichkeit des Menschen gehört die Hinwendung zur Geschichte.

Damit zeichnet sich eine Bedeutungsverschiebung in Rahners Begriff der Geschichtlichkeit ab. Auf seinem ersten Weg kommt es Rahner am Ende sehr stark auf die Freiheit des Menschen an (166f). Die Geschichtlichkeit erscheint als das ‚Medium', in dem der Mensch als ‚materielles', d.h. raumzeitliches und gemeinschaftliches Wesen notwendigerweise seine Freiheit vollzieht. Die Geschichte ist für den Menschen primär der „Ort", an dem er seine Freiheit realisiert. Bei seinem zweiten Weg geht Rahner von der Sinnlichkeit, d.i. dem Hinnahmecharakter menschlicher Erkenntnis aus. Dementsprechend erscheint die Geschichte des Menschen am Ende seiner Überlegung vor allem als dasjenige, was der Mensch hinzunehmen, anzunehmen, von dem er im weitesten Sinn zu lernen hat. Die Geschichte des Menschen und der Menschheit ist als die erfüllteste Erscheinung des Seins in der Welt der „Ort", an dem der Mensch Wesentliches über sich selbst, über das Sein und über Gott erfährt oder erfahren kann. Die Geschichtlichkeit des Menschen besteht dann auch nicht mehr in erster Linie in seinem freien Vollzug der Geschichte, sondern in seiner Hinwendung zur Geschichte oder seiner Verwiesenheit auf Geschichte.

An Rahners Begriff von der Geschichtlichkeit des Menschen läßt sich ein überwiegend aktiver und ein überwiegend rezeptiver Aspekt unterscheiden. Die Geschichtlichkeit des Menschen resultiert bei Rahner aus dem engen wesensmäßigen Zusammenhang zwischen der Freiheit bzw. Geistigkeit des Menschen einerseits und seiner metaphysischen Sinnlichkeit bzw. Materialität andererseits. Wird an der Geschichtlichkeit stärker die Freiheit des Menschen akzentuiert, rückt zwangsläufig der aktive Aspekt in den Vordergrund, wobei dieser Aspekt durchaus auch viele rezeptive Momente einschließt, da dem Menschen in seinem geschichtlichen Freiheitsvollzug sehr vieles konkret und unveränderbar vorgegeben ist. Wird hingegen an der Geschichtlichkeit stärker die Sinnlichkeit des Menschen hervorgehoben, gewinnt der rezeptive Aspekt an Bedeutung. Aber auch dieser Aspekt enthält umgekehrt ein freiheitliches und aktives Moment im Sinn einer (zumindest inneren) freien Stellungnahme zur Geschichte. Die Geschichtlichkeit des Menschen beinhaltet bei Rahner sowohl den aktiven freien Vollzug der Geschichte als auch die rezeptive Hinnahme oder Annahme der Geschichte oder auch Hinwendung zur Geschichte.

1.3.3.2 Die „potentia oboedientialis" in „Hörer des Wortes"

Bei seinem weiteren Gedankengang in „Hörer des Wortes" beschreibt Rahner das Verhältnis der menschlichen Transzendenz zur Erscheinung in drei Formeln (HW 184–194).
(1) Das Sein überhaupt ist *nur in der Erscheinung* für den Menschen eröffnet. (184)
(2) An der Erscheinung ist für den Menschen *alles Sein* eröffnet. (186)
(3) Alles Seiende kann an der Erscheinung *durch das Wort* zur Erscheinung gebracht werden. (190)
Im Anschluß daran führt Rahner mithilfe einiger Zusatzüberlegungen zur Gesamtthese von „Hörer des Wortes" hin. Diese Überlegungen teilen sich in zwei Reihen von jeweils drei Thesen auf.

Mit der ersten Reihe präzisiert Rahner die Möglichkeit einer Offenbarung Gottes (196–201).

(1) Eine mögliche Offenbarung Gottes ist als einmalige freie Handlung Gottes im Unterschied zur „vorgeschichtlichen" Erschaffung des Menschen im eigentlichen Sinn geschichtlich, insofern Gott bei seiner Offenbarung im Menschen einen freien „Gegenspieler", d.h. Partner hat. (197f)

(2) Eine konkrete Offenbarung Gottes muß sich nicht unbedingt punktförmig in jeder Einzelgeschichte eines jeden Menschen zutragen (199), und ereignet sich auch faktisch nicht auf diese Weise.

(3) Daher muß der Mensch mit einer möglichen Offenbarung „in der Geschichte *bestimmter* einzelner Menschen" rechnen (199). Er muß sie „als ein raumzeitlich fixiertes Ereignis innerhalb der Gesamtgeschichte der Menschen" erwarten (200).

Schluß (3) dient Rahner als Beginn der zweiten Reihe von Zusatzüberlegungen, die sich auf den Adressaten einer möglichen Offenbarung konzentrieren. (201–204).

· (4) Eine Offenbarung Gottes kommt, wenn sie kommt, geschichtlich, d.h. in der Geschichte der Menschen (202).

(5) Der Mensch als Geist muß mit einer Offenbarung des freien Gottes rechnen (202).

(6) Der Mensch selbst ist ein geschichtliches Wesen in dem Sinn, daß er sich seiner eigenen Geschichte zuwenden muß (202–204).

Mit Satz (5) greift Rahner auf die Gesamtthese des III. Teils von „Hörer des Wortes" zurück (88–137.208). Satz (6) beinhaltet den rezeptiven Aspekt der Geschichtlichkeit des Menschen. Aus der zweiten Reihe kann Rahner die letzte conclusio seines gesamten transzendentalen Gedankenganges ziehen und seine „Analytik" der potentia oboedientialis des Menschen für eine mögliche Offenbarung abschließen (vgl. 204): Der Mensch muß in seiner Geschichte mit einer freien, geschichtlichen Offenbarung Gottes im Wort rechnen.

Rahner faßt zum Schluß des IV. Teils noch einmal die Thesen aller Einzelteile und seiner gesamten transzendentalen Deduktion zusammen (HW 206–209). Dabei formuliert er auch die beiden Thesen des IV. Teiles selber, die in seiner Systematik dem dritten ontologischen Satz und dem dritten anthropologischen Satz entsprechen. Sein dritter ontologischer Satz lautet:

(O.3) Eine Offenbarung Gottes „ist möglich, und sie geschieht, im Menschenwort, das als Einheit von Erscheinung und transzendentaler Offenheit des Geistes auf Sein überhaupt in einer Verneinung Zeichen für schlechthin alles, auch das außerweltliche Seiende, sein kann. Und dieses Gott offenbarende Menschenwort ist selbst ein geschichtliches Ereignis innerhalb der Geschichte der Menschheit überhaupt." (208)

Der dritte anthropologische Satz heißt:

(A.3) Insofern der Mensch „Geist ist und so mit einer möglichen Offenbarung des freien Gottes rechnen muß und insofern er Geist nur als geschichtliches Wesen sein kann, muß er sich an die Geschichte der Menschheit wenden, um in ihr der möglichen Offenbarung Gottes zu begegnen." (209)

Indem Rahner die beiden Sätze (O.3) und (A.3) bündelt, gelangt er zur Gesamtthese des IV. Teils, die zugleich die Haupt-, Schluß- und Gesamtthese von „Hörer des Wortes" bildet:

(H) „Der Mensch muß in seiner Geschichte auf die möglicherweise im menschlichen Wort kommende geschichtliche Offenbarung Gottes horchen." (209; vgl. 22)

These (H) erklärt die „potentia oboedientialis" des Menschen. (32f) Mit der „potentia" will Rahner ausdrücken, daß der Mensch von seinem ganzen Wesen her auf eine mögliche Offenbarung Gottes angelegt und hingeordnet ist, ohne deshalb ein Recht auf die Erfüllung seiner Hinordnung durch eine tatsächliche Offenbarung beanspruchen zu können. Mit dem Ausdruck „oboedientialis" macht er klar, daß der Mensch eine Gehorsamspflicht gegenüber einer solchen Offenbarung hat, ihr gehorchen muß, wenn sie ergeht. Bezüglich der „potentia oboedientialis" kann in „Hörer des Wortes" eine starke von einer schwachen These unterschieden werden. Die starke These entspricht der These (H). Sie läßt sich noch durch zwei weitere Standardwendungen Rahners vervollständigen (z.B. 23.24) und dann so formulieren:

(H.1) Der Mensch ist das Wesen, das in seiner Geschichte auf eine mögliche freie (selbst geschichtliche) Wortoffenbarung Gottes horchen muß, nach einer solchen Ausschau halten muß, mit einer solchen rechnen muß.

Die schwache These wird von Rahner in „Hörer des Wortes" nirgendwo richtiggehend expliziert, aber sie steckt in etlichen seiner Formulierungen.[228] Man könnte sie etwa so wiedergeben:

> (H.2) Der Mensch hat von seinem ganzen metaphysischen d.h. geistig-geschichtlichen Wesen her die Fähigkeit und die Offenheit, eine mögliche freie Offenbarung Gottes in seiner Geschichte zu verstehen, und die Pflicht, einer solchen, wenn sie sich ereignen sollte, zu gehorchen.

Rahner vertritt zweifelsohne die starke These (H.1), die die schwache These (H.2) in sich einschließt. Handelt es sich bei dem Rechnen-*Müssen* mit einer möglichen Offenbarung Gottes aber um eine ‚logische', eine sittliche oder eine transzendental-metaphysische Notwendigkeit? Bei Rahner klingen alle drei Bedeutungen an; die dritte deckt sich jedoch im Grunde bereits mit der schwachen These (H.2).[229] Wenn der Mensch im Sinn einer transzendentalen ‚Logik' sein eigenes Wesen überdenkt, müßte er konsequenterweise nach Rahner zu dem Schluß gelangen, daß er mit einer Offenbarung Gottes in seiner Geschichte zu rechnen hat. Dadurch wäre er sittlich verpflichtet, sich seiner Geschichte zuzuwenden und nach einer solchen zu suchen bzw. eine solche zu erwarten. Vor allem aber ist der Mensch von seinem ganzen transzendentalen bzw. metaphysischen Wesen her auf seine Geschichte verwiesen und ausgerichtet, um darin und von dort her Entscheidendes von Gott – in seinem Schweigen oder Reden – über sich selbst und seine letzte Bestimmung zu vernehmen.

Mit der starken These (H.1) in ihrer ‚logischen' und sittlichen Bedeutung überzieht Rahner die Möglichkeiten einer apriorischen transzendentalen Philosophie. Gegen (H.1) sprechen offenbarungs- und fundamentaltheologische Gründe. Als (und insoweit) das auserwählte jüdische Volk einen Messias und damit eine Wortoffenbarung konkret herbeisehnte, tat es das, weil es von seinem Gott in einer jahrhundertelangen Offenbarungsgeschichte, angefangen von

---

228 Z.B.: HW 35f.38.43.197.201.204.
229 Zur Mehrdeutigkeit des Rahnerschen Begriffs der „Notwendigkeit" in „Hörer des Wortes" vgl. Kap. 1.1.3.3.

den Stammvätern über die Propheten bis hin zu Johannes dem Täufer, darauf vorbereitet worden war, nicht aber aus allgemein transzendental-philosophischen Gründen. Wenn Rahners starke These stimmte, hätten die Menschen vor der aposteriorischen Offenbarungsgeschichte schon ernsthaft mit einer möglichen Offenbarung rechnen müssen und müßte ein Mensch dieses Jahrhunderts, dem noch nichts von der christlichen Wortoffenbarung zu Ohren gekommen wäre, bei entsprechendem Reflexionsniveau und entsprechendem sittlichen Ernst sich nach einer solchen möglicherweise in der Menschheitsgeschichte ergangenen Wortoffenbarung erkundigen. Eine solche Annahme oder Forderung wird jedoch der geschichtlichen Vorbereitung auf die Offenbarung in Jesus Christus bzw. der Geschichtlichkeit der Offenbarung selbst nicht gerecht.

Rahners starke These zur potentia oboedientialis ist als rein (religions-)*philosophische* These unhaltbar. Es verstärkt sich der Eindruck, der bereits bei seiner dritten Formel bezüglich der Beziehung zwischen Transzendenz und Erscheinung entstehen kann: Rahner schreibt *post factum* – im nachhinein zur faktischen Wortoffenbarung – einer möglichen Wortoffenbarung eine *apriorische* Plausibilität zu, die ihr nur *a posteriori* zukommt.

Somit eröffnen sich zwei grundsätzlich verschiedene Lesarten des Gesamttextes von „Hörer des Wortes", insofern Rahner für ihn einen (religions-)philosophischen Anspruch erhebt – eine Lesart gemäß der starken These (H.1) und eine Lesart gemäß der schwachen These (H.2).

Gemäß der starken These (H.1) ist „Hörer des Wortes" eine transzendentalphilosophische Begründung, weshalb der Mensch von seinem transzendentalen und metaphysischen Wesen her von sich aus (aktiv) nach einer möglichen Wortoffenbarung Gottes in der Menschheitsgeschichte Ausschau halten und mit einer solchen rechnen muß. Nach dieser Lesart ist eine *mögliche* Wortoffenbarung im voraus zur *faktischen* Wortoffenbarung und unabhängig von ihr zwar nicht in ihrem konkreten Inhalt[230], aber doch grundsätzlich zu erwar-

---

230 Rahner betont mehrmals, daß die faktische Offenbarung nicht das notwendige „gegenständliche Korrelat" der Offenheit des Menschen für Offenbarung sei und sich nicht von dieser Offenheit her in ihrem Inhalt wie in ihrer Faktizität bestimmen lasse (HW 43; vgl. 38).

ten. Diese Lesart läßt sich weder rein philosophisch noch interpretatorisch konsequent durchhalten. Rahner selber setzt im Laufe seines Werkes und vor allem gegen Schluß (im IV. Teil) zunehmend die faktische Wortoffenbarung voraus und macht von daher bereits Anleihen bei der Offenbarungs-Theologie.

Gemäß der schwachen These (H.2) ist „Hörer des Wortes" eine zur tatsächlichen Wortoffenbarung *nachträgliche* transzendentalphilosophische Begründung, weshalb der Mensch von seinem ganzen transzendental-metaphysischen Wesen her eine Wortoffenbarung, wenn und nachdem sie sich ereignet hat, verstehen, annehmen und sich darauf einlassen kann, weshalb die tatsächliche Wortoffenbarung Gottes beim Menschen überhaupt ankommen und ihn in seinem tiefsten Wesen erreichen kann. So gelesen ist „Hörer des Wortes" ein nachvollziehbares, großartiges Werk.

Für Rahner bedeutet in „Hörer des Wortes" die Geschichtlichkeit des Menschen einerseits die Geschichtlichkeit seiner (individuellen und kollektiven) Transzendenz und darin seiner Freiheit und andererseits seine Verwiesenheit auf die Geschichte im Sinne der potentia oboedientialis. Die Geschichte ist für den Menschen das ‚Medium', in dem er sich als Geist frei vollzieht, und der ‚Ort', an dem er eine Wortoffenbarung Gottes vernehmen kann. Der Mensch ist ein geistiges Wesen nur als geschichtliches Wesen.

1.3.3.3   „Geist" und „Geschichte" in späteren Texten[231]

In seinen philosophischen und fundamentaltheologischen Bemerkungen zur Geschichte und Geschichtlichkeit des Menschen im „Grundkurs des Glaubens" setzte Rahner gegenüber „Hörer des Wortes" einige neue Akzente. (Gk 51–53)

Als Momente, die in der Geschichtlichkeit des Menschen inbegriffen sind, führt Rahner im „Grundkurs" die Weltlichkeit und die Zeitlichkeit an (Gk 51), nicht mehr wie in „Hörer des Wortes" die Räumlichkeit, Zeitlichkeit und Vielheit. „Geschichtlichkeit bezeichnet jene eigentümliche Grundbestimmung des Menschen, durch die er gerade

---

231 Siehe dazu auch Gmainer-Pranzl [1996] 135–156.

als freies Subjekt in die Zeit gestellt ist und durch die ihm eine jeweilige Welt verfügt ist, die er in Freiheit schaffen und erleiden und in beidem noch einmal übernehmen muß." (51) Die Weltlichkeit oder Welthaftigkeit des Menschen ist „sein dauerndes Weggegebensein an das andere einer vorgegebenen und auferlegten Welt als Umwelt und als Mitwelt" (51).

Zwischen der Geschichtlichkeit, Weltlichkeit und Zeitlichkeit des Menschen einerseits und seiner Geistigkeit andererseits besteht ein inneres wesensmäßiges Verhältnis. Weltlichkeit, Zeitlichkeit und Geschichtlichkeit des Menschen sind innere Momente seiner Geistigkeit. Sie sind „Momente am Menschen, die er nicht bloß – neben und zusätzlich zu seiner freien Personhaftigkeit – auch *hat*, sondern Momente an der freien Subjekthaftigkeit der Person als solcher." (51) Gerade durch Welt, Zeit und Geschichte geschieht die Subjektivität des Menschen. In der Geschichte vollzieht der Mensch seine Geistigkeit. Und Zeit, Welt und Geschichte vermitteln den Menschen als Subjekt zu sich selbst. Der Mensch findet in der materiellen Welt sich selber. Er ist „als Subjekt nicht zufällig in diese materielle zeitliche Welt hineingeraten als in das ihm als Subjekt letztlich doch Fremde und zu ihm als Geist Widersprüchliche, sondern die weltliche Selbstentfremdung des Subjekts ist gerade die Weise, in der das Subjekt sich selber findet und endgültig setzt." (51)

Sehr deutlich unterscheidet Rahner im „Grundkurs" zwischen dem aktiven und rezeptiven Aspekt der Geschichtlichkeit des Menschen. Der Mensch hat „sein ewiges Wesen", „*indem* er seine Geschichte erfährt, erleidet und handelt", und muß dank seiner Geschichtlichkeit die Welt in Freiheit „schaffen und erleiden". (51) Allerdings verschmelzen die beiden Aspekte der Geschichtlichkeit im konkreten Leben des Menschen zu einer Einheit, an der sich das Aktive und das Passive, das Getane und das Erlittene nicht klar voneinander trennen lassen. „Der Mensch ist in einem letzten, unausweichlichen Sinne auch als der Tätige immer noch der Leidende, und seine Selbsterfahrung bietet ihm immer schon in einer nicht mehr gegenständlich adäquat analysierbaren Einheit die Synthese von vorgegebener Möglichkeit der Freiheit und freier Selbstverfügung, von Eigenem und Fremdem, von Tat und Leiden, von Wissen und Tun." (53)

Mit „Geschichte" meint Rahner im „Grundkurs" weniger die
gesamte, kollektive Geschichte des Menschen, auf die jeder Mensch
verwiesen und metaphysisch hingeordnet ist, als vielmehr jene individuelle Geschichte oder jenen besonderen Abschnitt der Gesamtgeschichte, durch den der einzelne Mensch konkret verfügt und
bedingt ist (53). Jedem Menschen ist eine bestimmte geschichtliche
Situation vorgegeben. Niemandem ist es möglich, sich vom Vorgegebenen seiner Welt und seiner Geschichte unabhängig zu machen
und sich in eine reine Subjektivität oder Innerlichkeit zurückzuzie-
hen. Der Mensch kann sich nicht von seiner Geschichte distanzieren.
Er kann aber auch nicht das geschichtliche Material, das seiner Freiheit vorgegeben ist, „rein aufzehren", d.h. sich dieses Material vollständig aneignen, und kann seine geschichtlichen Möglichkeiten nie
adäquat einholen (53).

Insgesamt bleibt die Bestimmung der Geschichte bzw. Geschichtlichkeit und ihres Verhältnisses zum Geist bei Rahner „in einer eigen-
artigen Schwebe".[232] Rahner selber hielt die Bestimmung für äußerst
schwierig. Für ihn gab es „wenig philosophische, anthropologische
und theologische Probleme, die schwerer richtig und ausbalanciert
beantwortet werden können als das Verhältnis von Transzendentalität und Geschichte".[233] In der Geschichtlichkeit und der Transzendentalität sah er „die am schwierigsten zu verstehenden Grundstruk-
turen der menschlichen Existenz, die nicht auf eine einzige reduziert
werden können und die sich gegenseitig bedingen."[234]
   Der Mensch ist „durch seine Transzendentalität selbst an wirkliche Geschichte verwiesen".[235] Echte Transzendentalität[236] und echte
Geschichtlichkeit bedingen einander[237], das eine ist durch das andere
vermittelt: „So wie die Verwiesenheit auf das Geheimnis die Bedin-

---

232 Gmainer-Pranzl [1996] 138.
233 Gnade als Mitte menschlicher Existenz [1974] 83; vgl. Karl Rahner ant-
      wortet Eberhard Simons [1969] 42.
234 Karl Rahner im Gespräch I [1974] 254.
235 VI [1964] 70.
236 Gemeint ist in diesem Zusammenhang bei Rahner immer schon die überna-
      türlich erhöhte, begnadete Transzendenz, nicht bloß die natürliche Tran-
      szendenz (Kap. 2).
237 VI [1964] 70; Gnade als Mitte menschlicher Existenz [1974] 86.

gung der Möglichkeit eines welt- und geschichtshaften Verhältnisses
des Subjekts zu sich als solchen ist, so ist umgekehrt diese Verwiesenheit als in Freiheit zu vollziehende vermittelt durch die Welt und
Geschichte: dieser Zirkel ist unauflöslich, der Mensch tritt nie aus
ihm heraus, er hat dessen einzelne Momente immer nur im (immer
neuen) Vollzug des ganzen ‚Zirkels' seiner Existenz."[238] Geschichte
ist „gerade das Zu-sich-selber-vermittelt-Werden des transzendentalen Wesens"[239], ist „nichts anderes als die kategoriale geschichtliche
Vermittlung der übernatürlich erhobenen Geistigkeit des Menschen
zu sich selbst"[240]. Und die Transzendenz ihrerseits kommt nur in der
konkreten, letztlich unableitbaren Geschichte zu sich selbst, kann
sich nur in ihr und durch sie selber einholen.[241]

Auf der einen Seite faßt Rahner das Verhältnis von Transzendenz
und Geschichte denkbar eng. Die „Transzendentalität des Menschen
geschieht in konkreter Geschichtlichkeit", sie „ereignet sich in der
ganzen Höhe und Breite seiner geschichtlichen Existenz".[242] Sie hat
„nicht für sich ihre Geschichte" oder verharrt gar „in einer ungeschichtlichen Fixheit", sondern hat „in der konkreten Geschichte des
Menschen als deren innerste Form und Dynamik ihre eigene Geschichte".[243] Der Mensch realisiert seine Transzendenz nur geschichtlich[244], seine Transzendenz hat „selbst eine Geschichte", er ist
selber „*als* Subjekt der Transzendenz geschichtlich".[245] Und umgekehrt ist die Geschichte „immer selber das Ereignis dieser Transzendenz", ist „gerade im letzten die Geschichte der Transzendentalität selbst".[246]

Auf der anderen Seite läßt Rahner den Mensch trotz seines radikal
geschichtlichen Wesens nicht in der Geschichte einfachhin aufgehen.
So ist für ihn der Mensch in einer christlichen Anthropologie „ein

---

238 SM III [1969] 412; vgl. QD XXV [1965] 14–16.
239 IX [1969] 121f.
240 X [1971] 541; vgl. VII [1966] 74; Gk 436.
241 Gnade als Mitte menschlicher Existenz [1974] 86; Karl Rahner antwortet
    Eberhard Simons [1969] 15.
242 XV [1981] 239.
243 X [1971] 541.
244 Gnade als Mitte menschlicher Existenz [1974] 83; Gk 145.
245 Gk 145.
246 Gk 145.

Wesen der raumzeitlichen Geschichte und zwar bis in sein Heil hinein, also immer und überall, und doch geht er in dieser Raumzeitlichkeit nicht auf".[247] Denn ohne übergeschichtliche „Identität und Struktur" wären „weder Wandel noch Werden" denkbar.[248] Der Mensch steht als Wesen der Transzendenz in der Zeit und in der Geschichte, aber gerade wegen seiner Transzendenz auch über der Zeit und über der Geschichte. „Insofern er [der Mensch] seine geschichtliche Bedingtheit als solche erfährt, ist er schon in einem gewissen Sinne über sie hinaus und kann sie trotzdem nicht eigentlich verlassen."[249] Beim Verhältnis des Geistes zur Geschichte handelt es sich für Rahner weder um eine einfache Identität noch um einen Dualismus, sondern um eine Korrelation, die sich auf die Formel eines „In-Über" bringen läßt.[250] Mehr noch als das Verhältnis zu den beiden anderen ‚Medien' der Sinnlichkeit und der Materie fällt das Verhältnis des Geistes zum ‚Medium' der Geschichte und Geschichtlichkeit unter das formal-abstrakte Prinzip der dynamisch-prozessualen Einheit in Einheit und Unterschiedlichkeit. Insofern der Geist *in* der Geschichte (und der Zeit) steht, ist er mit ihr identisch, insofern er *über* ihr steht, ist er von ihr verschieden. Dieses Verhältnis von Identität und Nicht-Identität ist noch einmal umfaßt von einer dynamischen Identität von beidem, insofern die Transzendenz des Menschen selbst geschichtlich ist, die Geschichte des Menschen im Grunde die Geschichte seiner Transzendenz ist und die Transzendenz nur in der Geschichte und durch sie zu sich selbst kommt, d.h. zu sich selbst gelangt und sich ihrer selbst reflex bewußt werden kann.

Bei seinen offenbarungstheologischen Überlegungen zur Geschichte und Geschichtlichkeit des Menschen unterstrich Rahner, wie sehr der „Gedanke der Geschichtlichkeit ... ein zutiefst christlicher Gedanke" sei.[251] „Daß die Welt eine Geschichte hat in einem einmaligen, irreversiblen und gezielten Ablauf, das ist, wenigstens im Blick auf die Geschichte der Menschheit, schon im Alten Testament eine

---

247 XII [1972] 398; vgl. XIV [1979] 427f.
248 Karl Rahner antwortet Eberhard Simons [1969] 42.
249 Gk 53.
250 Gmainer-Pranzl [1996] 139.
251 VI [1963] 206.

fundamentale Aussage. Und insofern das Christentum eine göttliche
Vorsehung, eine Gemeinsamkeit aller Menschen in Ursprung, Be-
stimmung und Ziel, eine Fülle der Zeiten, eine Geschichte der Offen-
barung Gottes, den Gottmenschen als Mitte und Höhepunkt der
Geschichte, die Hoffnung als eine der Grundbefindlichkeiten des
christlichen Menschen, das ewige Reich Gottes, in dem am Ende der
Geschichte Gott alles in allem ist, kennt, gehört auch für das Neue
Testament und das Christentum überhaupt Geschichte, Geschicht-
lichkeit, Zeit, Entwicklung (im weitesten Sinn des Wortes) zu den
Grundkategorien des Daseinsverständnisses."[252]
    Geschichte und Geschichtlichkeit zählen für Rahner zu den
Grundkategorien des christlichen Daseinsverständnisses. Die kollektive Geschichte des Menschen hat für den Christen eine Richtung.
Sie hat einen „einmaligen, irreversiblen und gezielten Ablauf", der im
Leben und in der Person Jesu Christi seine Mitte und seinen un-
überbietbaren absoluten Höhepunkt gefunden hat[253] und in der Wie-
derkunft Jesu Christi seine Vollendung finden wird. In der Inkarnation hat sich Gott „leibhaft in die Geschichte eingestiftet".[254] Daher
ist er ihre innere Dynamik, aber auch ihr Fundament und ihre Entelechie.[255] Er ist „der erste Ursprung ... und die letzte Wirklichkeit, auf
den die ganze Geschichte der Welt hinsteuert,... das Ziel, auf das die
ganze geschaffene Wirklichkeit sich hinbewegt".[256] Und umgekehrt
ist die Geschichte der Welt und der Menschheit „wirklich die Geschichte Gottes selbst, weil er seine eigenste unberührbare Wirklichkeit zum Grund, zur innersten Dynamik, zum eigentlichen Inhalt und
zum Ziel dieser Geschichte gemacht hat."[257] Weil Gott „wegen seines
allgemeinen Heilswillens die Geschichte der Menschheit als ganzer
gnädig umgriffen und in ihr allen Menschen sein Heil angeboten
hat"[258], ist letztlich die Heilsgeschichte koextensiv mit der Weltgeschichte, ist die Weltgeschichte immer schon Heilsgeschichte.

---

252 VI [1963] 206f.
253 Gk 177.194f.435f.
254 Gmainer-Pranzl [1996] 147.
255 X [1971] 540; XIV [1976] 117; Was sollen wir noch glauben? [1979] 100.
256 Karl Rahner im Gespräch I [1971] 150.
257 XV [1981] 191.
258 KTW 188.

Offenbarungstheologisch betrachtet spiegeln sich in den beiden Momenten der Transzendenz und Geschichte bzw. Transzendentalität und Geschichtlichkeit des Menschen die beiden Modi der göttlichen Selbstmitteilung in der Sendung Jesu Christi und in der Sendung des Heiligen Geistes wider, d.h. das kategorial-geschichtliche und das transzendentale Moment der Offenbarung.[259] Die begnadete Transzendentalität des Menschen ist zugleich christologisch und pneumatologisch vermittelt. „Von daher läßt sich auch ein Verständnis gewinnen vom Zusammenhang der Gotteserfahrung und der Bezogenheit des Menschen auf Jesus Christus. Christus ist das produktive Vorbild schlechthin für ein Sicheinlassen auf das Geheimnis unseres Daseins, das wir ‚Gott' nennen. Die absolute Radikalisierung unserer transzendentalen Bezogenheit auf Gott nennt der Gläubige den Geist Christi. Im Blick auf die Geschichte Jesu gewinnt der Christ die geschichtliche Legitimation, sich auf den Gott einzulassen, den Jesus seinen Vater nannte. Transzendentale Gotteserfahrung und geschichtliche Erfahrung Jesu schließen sich zu einem gegenseitigen Bedingungsverhältnis zusammen, Geist und Geschichte sind eine Einheit, in der Gott Ursprung und Ende des Menschen zugleich ist."[260]

1.4 Fazit

1.4.1 *Die natürliche Transzendenz des Menschen*

Die „Tendenz ins Unendliche" von Maréchal baut Rahner in seiner Interpretation des thomanischen „excessus" in „Geist in Welt" zum erkenntnismäßigen „Vorgriff" auf das (absolute) Sein aus. In „Hörer des Wortes" wandelt er den „Vorgriff" in Heideggerscher Terminologie zur „Transzendenz" und ergänzt diese durch die willensmäßige Transzendenz auf den absoluten Wert. Die Transzendenz bedeutet

---

259 QD XXV [1965] 15f; MySal [1967] 381; Gk 436. Siehe dazu Kap. 2.1.4.2 und
     2.2.1.2.
260 XII [1973] 595.

von nun an die dynamische Offenheit des Menschen für Gott.[261] Sie
fungiert als die transzendentale Bedingung des menschlichen
Erkenntnis- und Freiheitsvollzugs und verändert sich selber durch
diesen Vollzug. Insofern ist sie selber wandelbar und geschichtlich. In
den „Schriften zur Theologie" faßt Rahner die Transzendenz noch
stärker theologisch. Sie wird zur Verwiesenheit auf das heilige Geheimnis. Als solche umfaßt sie ‚horizontal' das Erkennen und das
Wollen des Menschen, und ‚vertikal' seine (transzendentale) Selbsterfahrung und Gotteserfahrung. Neben der Transzendenz auf Gott
kennt Rahner nun auch eine ‚Transzendenz' auf den Nächsten, eine
transzendentale Erfahrung der Mitmenschlichkeit. Dem „Grundkurs
des Glaubens" zufolge gründet in der Transzendenz die Subjektivität
und die Personalität des Menschen. Als transzendentale Beziehung
zu Gott ist die Transzendenz und die für gewöhnlich implizite und
unthematische, aber doch ständig bewußte Transzendenzerfahrung
bei jedem Menschen individuell. Das zweite, willensmäßige Moment
der Transzendenz – die Freiheit – deutet Rahner als endgültige
Selbstverfügung des Menschen vor Gott. Die Transzendenz macht
das Wesen des menschlichen Geistes aus. In seiner Endlichkeit
vollzieht sich der Geist des Menschen notwendig in verschiedenen
‚Medien', die sich gegenseitig bedingen, – im ‚Medium' der Sinnlichkeit, der Materialität und der Geschichtlichkeit.[262] Menschlichen
Geist gibt es nur als Sinnlichkeit, in Materie, in Geschichte usf., mit

---

261 In Rahners Philosophie und damit auch in seiner philosophischen Auffassung von der menschlichen Transzendenz greifen „aristotelisch-thomi-
stische Metaphysik" (Thomas), „neuzeitliche Transzendental-Philosophie"
(Kant, Deutscher Idealismus, Maréchal) und „Existenzanalyse unseres
Jahrhunderts" (Heidegger) ineinander und ergänzen sich. (Muck [1994]
258) Gegenüber Maréchal erweitert Rahner (mit Heidegger) die phänome-
nologische Ausgangsbasis der transzendentalen Untersuchung und gewinnt
gegenüber dessen eher formalem Dynamismus dem Apriori des Menschen
mehr Inhalt ab. (Muck [1994] 262.264.) Gegenüber Heidegger (und natürlich mehr noch Kant) vertieft Rahner (mit Maréchal) die transzendentale
Analyse ontologisch und zeigt in seiner spiralförmig-hermeneutischen
Entfaltung des menschlichen Seinsverständnisses das „absolute Sein", d.h.
Gott, als Möglichkeitsbedingung auf. (Muck [1994] 265; vgl. 262)
262 Zur Reihe der ‚Medien' ließe sich bei Rahner zudem die Räumlichkeit, die
Zeitlichkeit, die „Vielheit" und die Leiblichkeit zählen, aber auch die Welt-
haftigkeit (in einem spezifischeren Sinn), die Gesellschaftlichkeit usf.

denen er jeweils in Identität und Differenz dynamisch-prozeßhaft
geeint ist.

1.4.2   Der Gegensatz „transzendental – kategorial"

Der von Rahner selber immer wieder gebrauchte Ausdruck „transzendental" gehört zum selben Wortfeld wie die „Transzendenz" und
die „Transzendentalität".[263] Seine Bedeutung sei daher kurz zusammengefaßt.[264] Rahner verwendet den Ausdruck „transzendental" von
Anfang an auf einer (1) methodologischen und einer (2) sachlichen
Ebene.

(1) Methodologisch[265] steht der Ausdruck für die Reflexion auf das
Apriorische im engeren, d.h. im notwendigen, oder im weiteren, d.h.
faktischen Sinn in Wendungen wie „transzendentale Reflexion"[266],
„transzendentale Deduktion"[267] bzw. „Analytik"[268] oder „Transzen-
dentalphilosophie" bzw. „-theologie"[269].

(2) Inhaltlich hat der Terminus „transzendental" eine (2.1) ontologische (‚objektive') und eine (2.2) gnoseologische (‚subjektive') Bedeutung.[270] In „Geist in Welt" ist das Transzendentale im thomistischen
Sinn dasjenige (2.1), was das Raum-Zeitliche übersteigt und sich auf

---

263 Für Kant ist in seinen klassischen Definitionen der „Kritik der reinen
     Vernunft" eine Erkenntnis im Unterschied zur lebensweltlichen Alltags-
     erkenntnis von Objekten und zur wissenschaftlichen Erkenntnis genau
     dann „transzendental", wenn sie sich nicht mit Objekten, sondern mit der
     „Erkenntnisart" von Objekten beschäftigt, insofern sie „a priori", d.h. in
     strenger Allgemeingültigkeit und Notwendigkeit möglich sein soll. Nach
     Kant lassen sich transzendentale Erkenntnisse als die notwendigen und
     daher universal geltenden Bedingungen der Möglichkeit der gerechtfertig-
     ten Bezugnahme auf Objekte der menschlichen Erkenntnis ausweisen.
     Siehe Knoepffler [1993] 130–143 und „Transzendentalphilosophie, tran-
     szendental" von K. Cramer in Ricken [1984] 214–217.
264 Siehe dazu Knoepffler [1993].
265 Siehe Knoepffler [1993] 26f.41.103–112.
266 GW 293; HW 184f.
267 HW 93 u.a.
268 HW 117.
269 IX [1969] 95–113; vgl. Gk 36.178f.
270 Siehe Knoepffler [1993] 39.123.

das Metaphysische, auf das Sein bezieht.[271] In „Hörer des Wortes" bezeichnet das „Transzendentale" das „gegenüber der Einzelerkenntnis Apriorische (Vorgängige), das als Bedingung der Möglichkeit von Erkenntnis für das Subjekt fungiert."[272] Es kann sowohl (2.2) gnoseologisch das Apriorische im erkennenden Subjekt selbst als auch (2.1) ontologisch das Apriorische des absoluten Seins bedeuten oder auch beides zugleich wie etwa in der Wendung vom „transzendentalen Horizont".[273] Während Rahner das Transzendentale in „Hörer des Wortes" jedoch überwiegend der philosophisch-fundamentaltheologisch reflektierbaren ‚Natur' des Menschen und somit dem notwendigen Apriori des Menschen zuordnet, kennzeichnet er damit im „Grundkurs" das faktische Apriori des Menschen, das immer schon von der Gnade getragen ist[274], und erhebt es so zum Gegenstand der Theologie im engeren Sinn.[275]

Dem Transzendentalen ist das Kategoriale entgegengesetzt. Entsprechend der Begriffsentwicklung des „Transzendentalen" ändert sich bei Rahner auch die Bedeutung des „Kategorialen". Das Kategoriale meint zunächst primär das Raum-Zeitliche (GW), das ‚Gegenständliche', dann aber auch „Ausgesagtes … in Sätzen und Normen Ausgesprochenes"[276] und schließlich insbesondere das Geschichtliche, wie es vor allem Rahners Begriff von der „kategorialen Offenbarung" im Unterschied zur „transzendentalen"[277] zum Ausdruck bringt.[278]

Zu ergänzen ist die praktische Seite des Transzendentalen. Die kategoriale Freiheit besteht in der Wahlfreiheit, in der Freiheit, zwischen verschiedenen Handlungsweisen wählen zu können, die transzendentale Freiheit in der Selbstbestimmung des Subjekts vor Gott auf Endgültigkeit hin. An der transzendentalen Freiheit wird noch einmal deutlich, daß für Rahner das Transzendentale bzw. das Apriorische im Sinne der sittlichen Selbstbestimmung zu gut und

---

271 Knoepffler [1993] 22–28.
272 Knoepffler [1993] 40.
273 Knoepffler [1993] 34–40.
274 Siehe dazu Kap. 2.
275 Knoepffler [1993] 102.123.
276 SG 297.
277 Z.B. Gk 174–177.
278 Knoepffler [1993] 27f.80f.87–89.

böse im Subjekt selber wandelbar ist.[279] Die Transzendenz und das Transzendentale im Menschen ist nicht statisch-fixiert, sondern wandelbar und dynamisch.

In „Hörer des Wortes" umfaßt das Transzendentale die Transzendenz und die (2.2) ‚subjektive' und (2.1) ‚objektive' Transzendentalität.[280] Die Transzendenz des Menschen ist teilidentisch mit dem Transzendentalen (2.2), insoweit sie transzendentale Bedingung der Möglichkeit für die Erkenntnis und Freiheit des Subjekts ist[281], die im Subjekt selbst gegeben ist, wenngleich sie in sich schon wesentlich auf das Sein verweist. Die (2.1) ‚objektive' Transzendentalität (Überkategorialität) kommt im Sinn der thomanischen Transzendentalienlehre der Einheit (unum), Wahrheit (verum), Gutheit (bonum) und Schönheit (pulchrum) einem jeden Seienden aufgrund seines Seins zu.[282]

Später gleicht Rahner den Begriff der „Transzendentalität" dem der „Transzendenz" an und bevorzugt vorübergehend ersteren. Eine Annäherung der „Transzendenz" und des „Transzendentalen" verrät sich bei ihm auch in der Synonymität der Ausdrücke „transzendentale Erfahrung" und „Transzendenzerfahrung"[283], zumal bei der „Transzendenz" für den späteren Rahner immer schon das „Woraufhin" mitschwingt, das die ‚objektive' Seite der Transzendenz darstellt und zugleich der objektive transzendente Grund aller Wirklichkeit ist.

1.4.3   Die ersten vier Leitfragen zur menschlichen Transzendenz

Vier von den sechs eingangs[284] gestellten Leitfragen zur Transzendenz lassen sich am Ende des ersten Kapitels bereits beantworten.

Bezüglich der *ersten Frage*, wie sich die menschliche Transzendenz aufweisen lasse, sind bei Rahner zwei grundlegend verschiedene Typen zu unterscheiden – der vor allem anfangs durchgeführte

---

279 Kap. 1.1.3.4.
280 Knoepffler [1993] 42–44.
281 HW 179f.
282 HW 53.
283 Gk 45.
284 Siehe Einleitung.

,transzendentalphilosophische Beweis' oder ,Aufweis'[285] und der vor
allem später angewandte ,existentielle Hinweis'. Den ersten Typ
variierte Rahner mehrfach. Im Frühwerk ging er vom Urteil bzw. von
der Seinsfrage aus, in „Gotteserfahrung heute"[286] von der Begrenztheit des Menschen und im „Grundkurs des Glaubens" allgemein vom
Fragen des Menschen. Die Transzendenz des Menschen erwies sich
ihm jeweils als Bedingung der Möglichkeit des Ausgangsphänomens.
Bezüglich des ersten Typs könnte sich auch etwa der universale
Wahrheitsanspruch des Subjekts bei behauptenden Aussagen als
Ausgangspunkt eines transzendental-philosophischen Aufweises der
Transzendenz eignen.

Obwohl die Transzendenz im Grunde ständig vom Menschen
erfahren wird, hat diese Erfahrung, wie Rahner im „Grundkurs" noch
einmal betonte, „auch ihre ausgezeichneten Momente: in der Erfahrung des Todes, einer radikalen Gültigkeit der Liebe usw."[287] Den
einzelnen Menschen über solche besonderen „Momente" und bestimmte existentielle Erfahrungen für das Geheimnis, das ihn ständig
in seinem Leben und in seinem Alltag umgibt, hellhörig zu machen,
wäre Sinn der ,existentiellen Hinweise' und Aufgabe einer ,individuel-
len Mystagogie'. Die Methode des ,existentiellen Hinweises' läßt sich
im Unterschied zur Methode des transzendental-philosophischen
Aufweises zwar streng genommen nicht allgemein, sondern nur
individuell anwenden, mag aber gerade deshalb dem einzelnen eher
als letztere dazu verhelfen, das unbegreifliche Geheimnis in seinem
eigenen Leben zu entdecken oder mehr vorzulassen.

Die *zweite Frage*, worin die menschliche Transzendenz bestehe,
ist bei Rahner eindeutig beantwortet. Die Transzendenz des Menschen besteht in seiner dynamischen Offenheit und Verwiesenheit
auf das heilige Geheimnis, Gott genannt. Sie dient als apriorische
transzendentale Bedingung aller Erkenntnisakte und freien Handlungen des Menschen. In dem Zusammenhang sei der Vorwurf des
Apriorismus bei Rahner[288], demgemäß das Aposteriorische (das Sinn-

285 Hinsichtlich dieses Aufweises sprach Rahner von der „erkenntnismetaphy-
     sischen oder existentialontologischen Überlegung" (XIII [1976] 228).
286 IX 167f.
287 Gk 138.
288 Vgl. z.B. Schwerdtfeger [1982] 125.

liche, aber auch das Materielle und Geschichtliche) nur als Explika-
tion dessen erscheint, was der menschliche Geist eh schon apriorisch
weiß, weitgehend zurückgewiesen. Auch wenn Rahner etwa in „Hörer des Wortes" nach einer bestimmten Lesart die Reflexion auf das
Apriori überzieht[289], wahrt er ansonsten die Eigenbedeutung des
Aposteriorischen. Im philosophischen Kontext etwa teilt er die thomistische Einsicht in die „conversio ad phantasma"[290], derzufolge
jede menschliche Erkenntnis beim Sinnlichen anhebt. Im theologischen Kontext macht Rahner immer wieder unmißverständlich deutlich, daß sich die eigentlichen Offenbarungsinhalte der menschlichen
Reflexion auf das Apriori entziehen und der Mensch nur durch die
geschichtlich-kategoriale Offenbarung etwa von seiner Begnadung
und Berufung zum ewigen Leben weiß. Insbesondere im christologischen Kontext betont Rahner, wie selbstverständlich eine apriorische
transzendentale Christologie das heilsgeschichtliche Faktum Jesu
Christi voraussetzt.[291]

Bei der *dritten Frage*, ‚woraus' die Transzendenz bestehe, ist auf
die beiden Momente des Erkennens und des Wollens (der Freiheit,
der Liebe) hinzuweisen. Die Transzendenz setzt sich bei Rahner
grundsätzlich aus diesen beiden Momenten zusammen, und im allgemeinen nur aus ihnen[292]. Auch die Gottesschau kennzeichnet Rahner durch die beiden Momente der unmittelbaren Erkenntnis und
unmittelbaren Liebe zu Gott.[293] Beide Momente entstammen demsel-

---

289 Siehe Kap. 1.3.3.2.
290 Siehe Kap. 1.1.2.4 und 1.1.2.9.
291 Z.B. Gk 179.203.206f.
292 Von der Dualität weicht Rahner deutlich im „Grundkurs" ab (Gk 310–312).
      Dort integriert er im Kontext der Christologie die „memoria" als drittes
      Moment in die menschliche Transzendentalität, indem er die lange abend-
      ländische Tradition der „memoria"-Lehre aufgreift und umdeutet und so
      indirekt auch die alte Lehre von den drei Seelenkräften wieder aufleben
      läßt. Die „memoria" bestimmt er als eine Art inneren Sinn für die Ge-
      schichte und ihre Bedeutung, als „ein apriorisches Prinzip der Erwartung,
      des Suchens, der Hoffnung" und näherhin als „die in der Geschichte su-
      chende und Ausschau haltende ... Antizipation des absoluten Heilsbrin-
      gers", also Christi (Gk 311; vgl. 208–211). Mit der „suchenden ‚memoria'"
      nimmt Rahner seinen Grundgedanken von „Hörer des Wortes" auf und
      bündelt ihn zu einem einzigen Begriff.
293 Vgl. I [1939] 360; Gk 128.136.

ben Grund[294], sind untrennbar miteinander verbunden und aufeinander verwiesen und haben trotz ihrer radikalen Verschiedenheit letztlich dieselbe Struktur[295], nämlich die geistige Dynamik auf Gott hin. Sie korrelieren miteinander. Je mehr der Mensch seine (transzendentale) Freiheit positiv und endgültig auf Gott hin vollzieht, desto mehr wächst auch seine (transzendentale) Gotteserkenntnis. Und je mehr der Mensch erfährt, was es mit dem heiligen Geheimnis auf sich hat, desto mehr wird er bereit sein, das Geheimnis in Freiheit und Liebe anzunehmen. Letztlich hat bei Rahner das praktische Moment der Freiheit Priorität vor dem theoretischen Moment der Erkenntnis.[296] So führt er etwa im Zusammenhang der zwischenmenschlichen Vermittlung der beiden Momente aus: „Da aber die Erkenntnis (weil sie selber schon Tat ist) nur in der Tat der Freiheit zu ihrem eigenen, vollen Wesen gelangt, sich also in Freiheit ‚aufheben' muß, um ganz sie selbst zu sein, hat sie erst ganzmenschliche Bedeutung, wenn sie in die Freiheit, also in die liebende Kommunikation mit dem Du integriert ist."[297] Im Kontext der Exerzitien[298], in denen Ignatius im Suscipe-Gebet die Freiheit den Seelenkräften voranstellt[299], deutet Rahner die Freiheit als das Tiefste der menschlichen Existenz, das tiefer reicht als Gedächtnis, Verstand und Wille und sich so noch einmal vom Willen unterscheidet.[300] Insgesamt zeichnet sich bei Rahner eine Entwicklung ab von der transzendentalen neothomistischen Erkenntnis- und Wesensmetaphysik hin zu einer Art Existentialismus[301], in dessen Zentrum die Freiheit des Menschen steht, ohne daß Rahner später das Moment der Erkenntnis vernachlässigt hätte[302]. Von daher darf Rahner unter anderem als ‚christlicher Existentialist' angesehen werden, wenngleich er sich selber wegen der wesentlichen Begrenzung der menschlichen Exi-

---

294 XII [1933] 161; vgl. XII [1973] 107.
295 XIII [1976] 233.
296 Zur Priorität der Liebe vor der Erkenntnis siehe Stolina [1996] 76f.
297 VI 288.
298 Siehe vor allem die „Betrachtungen zum ignatianischen Exerzitienbuch" [1965] und die „Einübung priesterlicher Existenz" (EE) [1970].
299 EB Nr. 234.
300 Z.B. EE 28.304.
301 Vgl. Eicher [1970].
302 Siehe z.B. Gk (Einleitung und Erster Gang) oder XIII [1976] 232–238.

stenz durch die vorgegebene Essenz gegen einen reinen, philosophischen Existentialismus indirekt abgrenzte.[303] In der wachsenden Hinwendung zur Freiheit spiegelt sich auch Rahners immer konsequentere Entwicklung zu einem subjekthaften Seinsverständnis wider, seine ständig zunehmende Tendenz zur wahren Subjekthaftigkeit des Menschen, die erst im „Grundkurs" ihren vollen Abschluß findet.

Angesichts der Exklusivität der beiden Momente der Erkenntnis und des Willens stellt sich allerdings noch einmal die Frage, wo in Rahners Menschenbild das Innerpsychische[304] – insbesondere die Emotionalität – anzusiedeln ist und welche Bedeutung andere ‚seelische Vermögen' des Menschen in bezug auf die Transzendenz haben. In seinem Text über „Glaube zwischen Rationalität und Emotionalität"[305] von 1973 bestimmt Rahner das Emotionale negativ von der Rationalität her als alles, was rational nicht durchdacht und aufgearbeitet ist (XII 88). Zu diesem Emotionalen zählt er dann auch die Freiheit und ihre Objektivationen (89). Die Freiheit macht für ihn „das eigentlichste Wesen von Emotionalität überhaupt" aus, „demgegenüber alle übrige Emotionalität als sekundär, als bloße Bedingung der Möglichkeit ... und als rationalisierbarer als die Freiheit selbst" erscheint (90). Das Emotionale ist bei Rahner der Freiheit vorgelagert. Es hat seinen Grund in der (transzendentalen) Freiheit des Menschen, so wie die rationale, kategoriale Verstandes-Erkenntnis in der überbegrifflichen transzendentalen Vernunfterkenntnis gründet. Die Emotionalität fällt wie alles Innerpsychische nach Rahners konzentrischem Menschenbild in die innere, nicht aber in die innerste Wirklichkeit des Menschen. Sie will im „Durchgang durch das Mittlere" von der geistigen, freien Person des Menschen erlebt, durchlebt und durchlitten, ganz angenommen und integriert sein.[306]

---

303 QD V [1956] 80f Anm. 19.
304 Unter dem Innerpsychischen ist hier ganz undifferenziert der ganze Bereich der Antriebe, Empfindungen, Gefühle usf. im Unterschied zum rationalen Denken gemeint. Rahner selber differenziert innerhalb des Innerpsychischen sehr wohl beispielsweise zwischen Sinneseindrücken, vitalen Empfindungen von Lust, Unlust usw. und Gefühlen wie Freude, Angst usw. (IX 163).
305 XII 85–107.
306 Siehe Kap. 1.3.2.1 und 3.2.2.2.

Insoweit Rahner die Emotionalität und das Innerpsychische ‚negativ'
als dasjenige charakterisiert, was erst noch zu „rationalisieren" ist
und wegen seiner auseinanderstrebenden Pluralität dem sittlich
positiven Freiheitsvollzug tendentiell widerstrebt[307] und insofern ihm
für gewöhnlich die Rationalität im Sinne des begrifflichen, rationalen
Urteilens und Denkens, nicht aber die Emotionalität als privilegierter
Ausgangspunkt für die Transzendenz dient, zeigt sich an seinem
Menschenbild ein gewisser rationalistischer Einschlag und bleibt er
einer rationalistischen Tradition der abendländischen Geistesgeschichte verhaftet. Insofern sich für ihn die Transzendenz selber
nicht nur in den beiden Momenten der Erkennnis und des Willens erschöpft, sondern sich bei ihm auch der Zugang zu ihr weitgehend auf
diese beiden Momente beschränkt, erliegt er einer weiteren traditionellen philosophisch-anthropologischen Verengung. Die Emotionen,
das ästhetische Empfinden und Erleben, die Vorstellungskraft, das
Gedächtnis usf. spielen in seinem eigenen systematischen Denken
bezüglich der Transzendenz eine untergeordnete oder keine Rolle.[308]
Aber auch sie sind prinzipiell so transparent für die menschliche
Transzendenz auf Gott wie das kategoriale Erkennen und Wollen.

Bei der Beantwortung der *vierten Frage*, inwiefern sich der
Mensch seiner Transzendenz bewußt sei, ist die durchgängige Be-
wußtseinsdimension und die ganzheitliche Erfahrung der Transzendenz hervorzuheben. Der Mensch ist sich seiner Transzendenz wirklich bewußt, aber normalerweise nur implizit am kategorialen Bewußtsein als dessen transzendentale Bedingung, unthematisch, d.h.
ohne daß sie ins Zentrum des Bewußtseins rückte, und unreflektiert,
d.h. ohne daß der Mensch über sie eigens begrifflich nachdenken
würde. Trotz einer gewissen Tendenz alles Transzendentalen, von
sich aus ins reflexe Bewußtsein aufzusteigen, und bei allem denkeri-

---

307 Selbstverständlich beurteilt Rahner das Innerpsychische auch durchaus
positiv, etwa wenn er im Kontext der menschlichen Konkupiszenz eine
spontane „naturhafte Tendenz auf das sittlich Gute" annimmt und die
„Natur gegen die schlechte sittliche Entscheidung" Widerstand leisten und
beharren läßt (I [1941] 396.401 = SW VIII 18.22).
308 Insoweit sich Rahner mit der Seelenkraft der „memoria" etwa im Zusammenhang ignatianischer Exerzitien (z.B. „Exerzitienbetrachtungen" [1965]
47) oder der Christologie (Gk 310–312) beschäftigt, ist das freilich zu relativieren.

schen Bemühen läßt sich die Transzendenz auch nie adäquat reflektieren, weil sie als solche eben ungegenständlich gegeben ist und bei jeder Reflexion schon wieder implizit vorausgesetzt und als Bedingung der Möglichkeit des Reflektierens beansprucht wird. In einer Reihe von existentiellen Erfahrungen sowie bei bestimmten Trosterlebnissen, bei enthusiastischen Phänomenen und in der Mystik kann der Mensch jedoch ausdrücklicher und deutlicher seiner stets gegebenen Transzendenz auf Gott inne werden.[309]

---

309   Siehe dazu Kap. 3.1.

2 Die gnadentheologische Gedankenentwicklung: Der Mensch als Wesen der übernatürlich erhöhten Transzendenz

Im ersten Kapitel wurde die Transzendenz des Menschen unter philosophischer und fundamentaltheologischer Rücksicht erörtert, d.h. sie wurde weitgehend im Rahmen der natürlichen Ordnung – als natürliche Transzendenz – behandelt, wie Rahner das selber bis 1950 getan hatte und noch, mit Einschränkung, im „Grundkurs des Glaubens" (im Ersten Gang) durchführte. Das zweite Kapitel zeichnet Rahners Transzendenztheorie unter gnadentheologischer Rücksicht nach, zuerst bis 1960 (werk-)geschichtlich (Kapitel 2.1) und von da an systematisch (Kapitel 2.2). Ein Fazit beendet wieder das Kapitel (Kapitel 2.3).

2.1 Vom übernatürlichen Existential zur übernatürlich erhöhten Transzendenz des Menschen

Kapitel 2.1 zeigt, wie Rahner die ungeschaffene Gnade verstand (Kapitel 2.1.1), wie er sein Theologumenon vom übernatürlichen Existential allmählich vorbereitete und dann ganz entfaltete (Kapitel 2.1.2), wie er später das „übernatürliche Existential" und „das übernatürliche Formalobjekt" mit der „Transzendenz" des Menschen verband (Kapitel 2.1.3) und schließlich was für eine Bedeutung sein Begriff von der „gnadenhaft erhöhten Transzendenz" hat und welchen Platz er in seiner Systematik einnimmt (Kapitel 2.1.4).

2.1.1. Die ungeschaffene Gnade[1]

Nach seiner ersten, lateinischen Gnadenvorlesung „De gratia Christi" (1937/38), in der er sich zwar noch weitgehend an den traditionellen neuscholastischen Gnadentraktat der römischen Schultheologie gehalten, aber doch schon einige abweichende Akzente gesetzt hatte[2], diente Rahner insbesondere sein 1939 erschienener Artikel „Zur scholastischen Begrifflichkeit der ungeschaffenen Gnade" seinen eigenen gnadentheologischen Ansatz zu entwickeln und vorzustellen (I 347–375).

In dieser Abhandlung möchte Rahner das Wesen der ungeschaffenen Gnade mit Hilfe scholastischer Begrifflichkeit bestimmen und das Verhältnis zwischen geschaffener und ungeschaffener Gnade klären. Die ungeschaffene Gnade (gratia increata) beschreibt Rahner vornehmlich als (Selbst-) Mitteilung Gottes an den Menschen oder als Einwohnung des heiligen Pneumas Gottes, des Heiligen Geistes, im Menschen (z.B. I 347.350.352). Die geschaffene Gnade (gratia creata) umreißt er als (geschaffene) innere Qualität (oder Kraft) des gerechtfertigten und geheiligten Menschen (349f)[3]. Durch die geschaffene Gnade wird der Mensch absolut und seinshaft, wenngleich nur akzidentell verändert, wird die Seele des Menschen umgeschaffen und umgestaltet.[4] In der Heiligen Schrift (vor allem bei Paulus) und in der Patristik wurde die geschaffene Gnade als Folge der ungeschaffenen aufgefaßt, in der Scholastik jedoch die ungeschaffene Gnade als Folge der geschaffenen betrachtet (353). Wie lassen sich die beiden Positionen in Einklang bringen?

2.1.1.1 Die ontologischen Voraussetzungen der visio beatifica

Bei seinem Lösungsversuch geht Rahner von einer allgemein anerkannten Voraussetzung der scholastischen Theologie aus: Zuständli-

---

1   Zur Entwicklung und Bedeutung von Rahners Gnadentheologie siehe
     Siebenrock [1994] und Rulands [1996] 66–103.137–159.287–348.
2   Siehe Siebenrock [1994] 35–37.
3   Zur geschaffenen Gnade: vgl. Gk 126.
4   I 349.352.360.362.

che Gnade (als Ganzes, d.h. als geschaffene und ungeschaffene) und selige unmittelbare Gottesschau bzw. Glorie des Menschen hängen nicht bloß moralisch-juridisch miteinander zusammen, so daß die Glorie als Lohn für die Gnade (als Verdienst) erscheint, sondern ontologisch (I [1939] 354). Die Gnade (als Ganzes) ist der noch verborgene und zu entfaltende, aber schon wirkliche und seinshafte Anfang und der „gleichartige Keim" der ontologischen Voraussetzungen der unmittelbaren Gottesschau (354.362f).

Um diese ontologischen Voraussetzungen zu klären, greift Rahner auf die thomanische Lehre von der species (impressa) zurück (355f). Die species ist, wie in „Geist in Welt" dargelegt, einerseits eine reale Bestimmung des Erkennenden selbst, andererseits eine Wirkung des Erkannten, durch die das Erkennende dem Erkannten seinshaft angeglichen wird. Nach Thomas tritt bei der visio beatifica im endlichen erkennenden Geist an die Stelle der species (impressa) „das Wesen Gottes selbst" (355). Die ansonsten immer geschaffene species kann daher in diesem Fall nicht geschaffen sein. Bei der ungeschaffenen, übernatürlichen quasi-species der visio wirkt Gott dann aber auch nicht wie bei aller geschaffenen, „natürlichen" Wirklichkeit (Schöpfung) als effiziente Ursache (causa efficiens), sondern als formale Ursache (causa formalis) (357–361).[5] Die Wirkursächlichkeit Gottes umschreibt Rahner in dem Zusammenhang als ein „Aus-der-Ursache-*Heraus*-stellen" und die formale Ursächlichkeit Gottes als ein „In-den-Grund [forma]-*Hinein*nehmen" (358). Er empfiehlt, dem Terminus der „formalen Ursächlichkeit" ein „quasi" voranzustellen und von der „quasi-formalen Ursächlichkeit" Gottes zu sprechen (358). Das „quasi" soll unterstreichen, daß bei dieser Ursächlichkeit Gottes – wie auch bei seiner effizienten Ursächlichkeit – die Wirkung (im Geschöpf) in keiner Weise auf die Ursache (Gott) zurückwirkt

---

5 Nach der aristotelisch-scholastischen Ursachenlehre gibt es zwei innere und zwei äußere Ursachen. Die Formalursache (causa formalis) und die Materialursache (causa materialis) konstituieren zusammen durch gegenseitige Mitteilung das konkrete reale Seiende (für gewöhnlich des Körpers); die „Materie", indem sie die Form in sich aufnimmt und trägt, die „Form", indem sie die Materie bestimmt (vgl. Kap. 1.1.2.2). Äußere Ursache ist zunächst die Wirkursache, die durch ihr Wirken ein Seiendes (als Wirkung) hervorbringt, sodann das Ziel oder der Zweck (causa finalis), um dessentwillen das Seiende existiert. Vgl. Brugger [1976] 424f („Ursache").

und die absolute Transzendenz und Unveränderlichkeit Gottes völlig unangetastet bleiben (358f).[6]

Die erste und wesentliche ontologische Voraussetzung der Anschauung Gottes, in der der Mensch Gott vollkommen und unmittelbar erkennt und liebt („will"), besteht daher in der Selbstmitteilung Gottes an den Menschen in quasi-formaler Kausalität. In der visio teilt sich Gott als er selbst dem Menschen mit, teilt sein göttliches Sein (als „forma") dem endlichen, geschaffenen menschlichen Geist (als „materia") mit, ohne sich dadurch selber zu ändern (363f).[7]

Allen streng übernatürlichen Wirklichkeiten – der hypostatischen Union, der visio beatifica und, was Rahner hier zeigen möchte, der übernatürlichen (ungeschaffenen) Begnadigung – ist das quasi-formale Wirken Gottes nach außen auf das nichtgöttliche Geschöpf (357f), ist die „formalursächliche Mitteilung des göttlichen Seins an den Menschen" (364f) gemeinsam.

Die zweite unabdingbare ontologische Voraussetzung für die visio beatifica ist das [geschaffene] Glorienlicht (lumen gloriae). Thomas hält es für die letzte Voraussetzung (dispositio ultima) für den Empfang der Selbstmitteilung Gottes in der Anschauung. Für ihn geht das Glorienlicht als causa materialis (d.h. als materia) einerseits der Selbstmitteilung Gottes (als forma) voraus, andererseits hängt sie von letzterer ontologisch ab.

2.1.1.2 Ungeschaffene Gnade als quasi-formale, echt trinitarische Selbstmitteilung Gottes an den Menschen

Von der visio beatifica her bestimmt Rahner das Wesen der Gnade, indem er die Ontologie der Glorie auf die diesseitige Gnade überträgt (I [1939] 362–365). Entsprechend der ersten ontologischen Voraussetzung der visio liegt das Wesen der streng übernatürlichen, ungeschaffenen Gnade in der Selbstmitteilung Gottes an den Menschen in quasi-formaler Kausalität. Und in Entsprechung zur zweiten ontologischen Voraussetzung (d.i. dem Glorienlicht) stellt die geschaffene Gnade die letzte materiale Disposition für die ungeschaffene Gnade

---

6   Zum Begriff der formalen Ursächlichkeit: vgl. Gk 127f.
7   Vgl. Gk 128f.

dar (362f.371). Wie das Glorienlicht unterliegt die geschaffene Gnade der [quasi-] effizienten Ursächlichkeit Gottes (362).

Nunmehr ist Rahner in der Lage, das eingangs gestellte Problem zu lösen (353). Das Verhältnis der beiden Arten von Gnade zueinander läßt sich analog zum Verhältnis von Glorie (Selbstmitteilung) und Glorienlicht in formal-ontologischer Begrifflichkeit fassen. Ungeschaffene und geschaffene Gnade bedingen einander und gehen miteinander einher. Sie stehen in einem gegenseitigen Prioritätsverhältnis (369f), in einer wechselseitigen epistemo-logischen und ontologischen Grund-Folge-Relation zueinander (369f). Als (Quasi-) Formalursache geht die ungeschaffene Gnade der geschaffenen logisch und sachlich voraus (362f). Als letzte materiale Disposition, d.h. als Materialursache, ist letztere ihrerseits ontologischer Grund der ersteren (369; vgl. 361). Trotz ihrer Wesensverschiedenheit sind die beiden real nicht voneinander getrennt. Deshalb läßt sich auch aus dem Vorhandensein der geschaffenen Gnade auf die Präsenz der ungeschaffenen Gnade schließen (370).[8]

Am Ende seines Aufsatzes zieht Rahner noch eine weitere Folgerung aus seinen Überlegungen (372–375). Wenn der beseligte Mensch in der Glorie die drei göttlichen Personen in ihrer jeweiligen personalen Eigenart unmittelbar schaut, dann müssen die drei göttlichen Personen auch auf eigentümliche, nicht-appropriierte Weise als quasi-formale Ursache auf den Menschen einwirken.[9] Dann aber darf man auch bei der ungeschaffenen Gnade als quasi-formaler Selbstmitteilung Gottes[10] eine eigentümliche Beziehung einer jeden göttlichen Person zum begnadeten Menschen annehmen – im Gegen-

---

8 Geschaffene und ungeschaffene Gnade zusammen konstituieren nach Rahner die eine Rechtfertigungsgnade, die ihrerseits als Formalursache für die Rechtfertigung selbst fungiert (I 370f).

9 In den Appropriationen werden Eigenschaften oder Tätigkeiten Gottes, die den drei Personen der Dreifaltigkeit gemeinsam sind, von einer einzelnen göttlichen Person ausgesagt (obwohl sie nicht nur einer einzelnen Person zukommen). Im Gegensatz dazu bezeichnen die trinitarischen Proprietäten jene Eigentümlichkeiten, die die drei göttlichen Personen in der Dreifaltigkeit real voneinander unterscheiden. KTW 33.349.

10 Der Ausdruck „quasi-formale Selbstmitteilung Gottes" dient hier und im folgenden als verkürzte Ausdrucksweise für die „Selbstmitteilung Gottes in quasi-formaler Ursächlichkeit". Rahner selber gebraucht die elliptische Ausdrucksweise, z.B. in IV 91f.

satz zur geschaffenen Gnade, wo Gott – wie überhaupt in seiner schöpferischen, effizienten Ursächlichkeit – als strikte Einheit am Werk ist.

Rahner vervollständigt damit das ontologische Wesen der *gratia increata*: ungeschaffene Gnade ist anfanghafte, noch verborgene, aber schon wirkliche, quasi-formale, echt trinitarische Selbstmitteilung Gottes an den Menschen. Sie ist die Gnade Jesu Christi und die Ausgießung und Einwohnung des Heiligen Geistes im Menschen. Als trinitarische Selbstmitteilung Gottes[11] läßt sie sich mit Rahner auch ganz allgemein auf die trinitarische Formel bringen, „Selbstmitteilung des Vaters durch den Sohn im Heiligen Geist"[12] zu sein, „Selbstmitteilung des einen Gottes in der dreifach relativen Weise, in der Gott subsistiert"[13].

2.1.2 Das übernatürliche Existential

2.1.2.1 Die Anfänge des „übernatürlichen Existentials"

Rahners Lehre vom übernatürlichen Existential – dem „Herzstück" seiner Theologie[14] – setzte nicht erst mit seinem Artikel „Über das Verhältnis von Natur und Gnade", 1950, ein. Das Theologumenon hatte vielmehr seine längere Vorgeschichte[15], aus der einige Stationen erwähnt und angedeutet seien.[16]

Im Aufsatz über „Die ignatianische Mystik der Weltfreudigkeit"[17], 1937, läßt Rahner die Mitte des christlichen Daseins aus der Welt hinaus in den weltjenseitigen Gott verlagert sein: Gott ist „als Welt-

---

11 Zur quasi-formalen Selbstmitteilung Gottes als trinitarischem Geschehen und zur christologischen und pneumatologischen Dimension der Selbstmitteilung Gottes siehe Schwerdtfeger [1982] 135–150 und Stolina [1996] 45–60.
12 MySal II 356 Anm. 10.
13 IV 125.
14 Weger [1978/²1986] 79.
15 Vgl. Schwerdtfeger [1982] 164–169, Fischer [1986] 47, Knoepffler [1993] 58–67, u.a.
16 Zur theologischen Bedeutung des übernatürlichen Existentials siehe Weger [1978/²1986] 79–98.
17 III 329–348.

jenseitiger die innere Mitte und das Ziel unseres christlichen Daseins" (III 342). Dabei verdankt sich für ihn die durch den sich offen-
barenden Gott „schon immer" vollzogene „Verlagerung des Mittel-
punktes unseres Daseins in den dreifaltigen Gott hinein", die „neue
Mitte unserer Existenz", einzig und allein der freien Gnade Gottes
(III 342). ·Diese Stelle bei Rahner ließe sich vielleicht noch auf das
christliche Dasein beschränkt verstehen. Aber bereits in seinem
Gnadentraktat „De gratia Christi", 1937/38, stellt Rahner in bewußter
Abweichung von der schultheologischen Tradition den universalen
Heilswillen Gottes an den Anfang und macht ihn so zum axiomati-
schen Ausgangspunkt seiner gesamten Gnadentheologie.[18] Der allgemeine Heilswille Gottes findet, wie Rahner später expliziert, im
übernatürlichen Existential seinen ontologischen Reflex im Menschen.

Die christliche Offenbarung und Glaubensbotschaft, die der
Mensch von außen vernimmt, trifft „grundsätzlich einen Menschen,
der seinshaft existential – was nicht gleich ist mit ‚existentiell *über-
nommen* habend' – schon im Bereich jener Wirklichkeit steht, die von
der Botschaft ausgesprochen wird" (III 300). Das führt Rahner in
seinem Artikel über die „Priesterliche Existenz", 1942, aus.[19] Alle
Menschen sind „seinshaft Kinder Gottes durch den Geist mit Christus" (III 299); Christus und so ‚Kirche' ist „eine Wirklichkeit des
konkreten Daseins jedes Menschen" (III 300); zum menschlichen
Dasein gehört „schon das Medium der Gnade (‚Kirche')" (III 300). Im
Glauben kommt diese „Salbung", dieser „innerst übernatürliche
existentiale Bereich des Menschen", kommen „diese übernatürlichen
Tiefen seines Seins" (III 300), die „gnadenhaft geschaffenen Tiefen
unserer tatsächlichen Existenz" (III 299) ausdrücklich zum Bewußtsein. Nach Rahner gibt es demzufolge „der übernatürlichen *Seins-
ordnung*" gemäß (III 299) im Menschen einen innersten existentialen
oder seinshaften Bereich, in dem er durch die Salbung des Heiligen
Geistes in Christus übernatürlich begnadet ist.

Durch die Heilswirklichkeit Christi ist die ganze Schöpfung grundsätzlich konsekriert.[20] Näherhin ist durch die Menschwerdung Christi

---

18   Siehe Schwerdtfeger [1982] 71.174.178f.
19   III 285–312.
20   SG [1943] 263f.

die gesamte Menschheit zum Volk Gottes geweiht worden und real-
ontologisch zum Volk Gottes geworden (II 87–94) – so Rahner 1947
in seiner Abhandlung über „Die Gliedschaft in der Kirche nach der
Lehre der Enzyklika Pius' XII. ‚Mystici Corporis Christi'"[21]. Dadurch,
daß das Wort Gottes selbst in Jesus Christus zu einem Glied der
einen Menschheit geworden ist, ist nämlich „die eine Menschheit
grundsätzlich und radikal zur übernatürlichen Teilnahme am Leben
Gottes berufen worden." (II 87f) Insofern nun jeder Mensch notwendig Glied der geschichtlich-real einen Menschheit und so des Volkes
Gottes ist, ist diese „Berufung zur übernatürlichen Teilnahme am
Leben des dreifaltigen Gottes ... als faktische Bestimmung des Men-
schengeschlechtes im ganzen auch eine real-ontologische Bestimmung des Wesens eines jeden Menschen" (II 88). Die real-ontologische übernatürliche Berufung gehört im Sinne einer vorgegebenen
Wirklichkeit zur „Natur" des Menschen, die er als Person in Freiheit
zu übernehmen hat.[22]

2.1.2.2 Die ‚Logik' des „übernatürlichen Existentials"

Systematisch und begrifflich entfaltete Rahner seine Theorie vom
übernatürlichen Existential im Aufsatz „Über das Verhältnis von
Natur und Gnade", 1950. Sein Beitrag wurde in der Zeitschrift
„Orientierung"[23] kurz vor der Enzyklika „Humani Generis" veröffentlicht.[24] In der späteren, leicht überarbeiteten und erweiterten
Fassung in den „Schriften zur Theologie"[25] nahm Rahner ausdrücklich Bezug auf die Enzyklika[26] und unterstrich damit, daß seine Position mit der lehramtlichen übereinstimmte. In seinem Rundschreiben

---

21   II 7–94.
22   II 86–91; vgl. I [1941] 388–400, insbesondere 394f.
23   Orientierung 14 [1950] 141–145.
24   Er erschien am 30. Juni, die Enzyklika am 12. August 1950. Mit seinem Bei-
      trag antwortete Rahner auf einen in der gleichen Ausgabe veröffentlichten
      Artikel von E. Delaye, den er neben H. de Lubac, H. Bouillard, H. Rondet
      und H. U. von Balthasar zu den Reformtheologen unter dem Namen „La
      nouvelle Théologie" zählte (Lutz-Bachmann [1994] 288.297 Anm. 16).
25   I 323–345.
26   I 323.330; vgl. 344.

„Humani Generis" hatte sich nämlich Papst Pius XII. gegen die Auffassung der sogenannten „nouvelle théologie" gewandt, Gott hätte den Menschen als geistige Person nicht sinnvollerweise ohne Hinordnung auf die visio beatifica erschaffen können.[27]

Im ersten Teil des Aufsatzes[28] schließt sich Rahner der Kritik der „nouvelle théologie" an der „durchschnittlichen Schulauffassung des Verhältnisses zwischen Natur und Gnade" an (I 324). Diese Kritik läuft auf den Vorwurf des „Extrinsecismus" hinaus, der sich hauptsächlich durch drei Thesen auszeichnet.

(1) Der Mensch ist als das konkrete Wesen, als das er sich – abgesehen von möglicher Gnade – erfährt, „reine Natur" (325). Und von dieser „Natur" läßt sich ein klarer Begriff gewinnen, der in der Theologie den Gegenbegriff zum Übernatürlichen (der Gnade und der Glorie) bildet.

(2) Der Mensch als dieses rein natürliche Wesen ist von Gott durch ein äußeres, juridisches Dekret verpflichtet, die angebotene Gnade und Glorie anzunehmen. Zwischen der Natur des Menschen, seiner „potentia oboedientialis", und der Gnade besteht ein äußerliches, nur negativ bestimmbares Verhältnis der Widerspruchslosigkeit (324.336); d.h. die Natur des Menschen widerspricht der Gnade nicht, aber auch nicht mehr.

(3) Die Gnade selbst ist bewußtseinsjenseitig und nicht erfahrbar. Sie wird von Gott als Überbau der menschlichen Natur hinzugefügt (324). Alle drei extrinsecistischen Thesen lehnt Rahner ab. In Übereinstimmung mit der „nouvelle théologie" hält er – gegen These (3) – die Gnade für bewußtseinsimmanent und erfahrbar und nimmt – gegen These (2) – ein inneres positives Verhältnis der menschlichen Natur zur Gnade an. Entgegen der Auffassung der „nouvelle théologie" erkennt er aber – gegen These (1) – im konkreten, erfahrbaren We-

---

27 Der entscheidende Satz im Rundschreiben lautet: „Alii veram ‚gratuitatem' ordinis supernaturalis corrumpunt, cum autument Deum entia intellectu praedita condere non posse, quin eadem ad beatificam visionem ordinet et vocet" (Pius XII [1950] 24.26): „Andere nehmen der übernatürlichen Ordnung die Eigenart einer wirklich ungeschuldeten Gabe, da sie behaupten, Gott könne keine vernunftbegabten Wesen schaffen, ohne sie zu seiner beseligenden Anschauung zu bestimmen und zu berufen" (Neuner/Roos [1971] 526).

28 I 324–329.

sen des Menschen bereits vor der Gnade ein übernatürliches Moment.

Im zweiten Teil des Artikels[29] setzt sich Rahner mit der Auffassung der „nouvelle théologie" selbst auseinander. Diese Auffassung läßt sich in vier Sätzen wiedergeben.

(1) Die Hinordnung des Menschen auf das Übernatürliche, d.h. auf die Gnade und die selige Gottesschau, gehört zur *Natur* des Menschen.

(2) Sie ist eine *innere* Hinordnung.

(3) Sie ist *unbedingt.*

(4) Gnade und Gottesschau sind *ungeschuldet.*

Im Gegensatz zum Extrinsecismus bestimmt die „nouvelle théologie" in Satz (1) das Verhältnis der menschlichen Natur zur Gnade nicht bloß rein negativ als Nichtwidersprüchlichkeit, sondern positiv als *innere* Hinordnung. Der Mensch ist nicht einfach von außen durch ein Dekret Gottes zur Annahme der Gnade und der visio beatifica verpflichtet, sondern auf das Übernatürliche von Natur aus innerlich angelegt und ausgerichtet. Die Hinordnung ist nach Satz (3) in dem Sinn *unbedingt,* daß Gott dem Menschen mit seiner Anlage zum Übernatürlichen die übernatürliche Gnade und Gottesschau nicht vorenthalten kann, ohne seiner eigenen Weisheit und Güte zuwiderzuhandeln (330). Satz (4) drückt mit der *Ungeschuldetheit* der Gnade und der Gottesschau ein unumstrittenes, unbezweifelbares Axiom der Theologie aus, dem alle Theologen beipflichten (330.332).

Nach Rahner läßt sich jedoch Satz (4) nicht zugleich mit den ersten drei Sätzen aufrechterhalten. Wenn Gott den Menschen so erschafft, daß er von Natur aus auf die Gottesschau als sein übernatürliches Ziel hin angelegt ist, kann er dem Menschen die Erfüllung seiner Anlage nicht verweigern, „ohne gegen den Sinn dieser Schöpfung und seiner schöpferischen Tat selbst zu verstoßen" (332; vgl. 333.336). Dann aber ist nicht mehr nur die Hinordnung auf das übernatürliche Ziel unbedingt, sondern auch „die tatsächliche Gewährung des Zieles dieser Hinordnung nicht mehr frei und ungeschuldet" (332). Gott selber würde sich dann die Erfüllung der menschlichen Hinordnung schulden (333; vgl. 332.335). Von daher weist Rahner Satz (1) der „nouvelle théologie" zurück und entwickelt im dritten

---

29 I 329–336.

Teil seines Aufsatzes[30] seine eigene Theorie vom übernatürlichen Existential. Sie setzt sich im Kern aus vier Thesen zusammen.

(1) Gnade und Gottesschau sind und bleiben ihrem Wesen nach *ungeschuldet* (336f). [erste, oberste ‚Prämisse']

(2) Im konkreten Wesen des Menschen findet sich eine *innere, unbedingte* Hinordnung auf die ungeschuldete, übernatürliche Gnade und Gottesschau (342). [zweite ‚Prämisse']

(3) Diese innere, unbedingte Hinordnung ist selbst *ungeschuldet* und d.h. *übernatürlich* (= übernatürliches Existential) (339). [erster ‚Schluß']

(4) Die „reine Natur" des Menschen besteht in einer *inneren,* aber *nicht unbedingten* Hinordnung auf das ungeschuldete, übernatürliche Existential (342). [zweiter ‚Schluß']

Zur Lösung des Problems schlägt Rahner demnach vor, die innere, unbedingte Hinordnung des Menschen auf die ungeschuldete, übernatürliche Gnade und Gottesschau selbst schon als etwas *Ungeschuldetes* und *Übernatürliches* aufzufassen. Ist die Hinordnung selbst ungeschuldet und übernatürlich, so ist gewährleistet, daß auch die Erfüllung dieser Hinordnung in Gnade und Glorie *ungeschuldet* bleibt, obwohl die Hinordnung unbedingt ist. Die innere, unbedingte und doch ungeschuldete Hinordnung des Menschen auf Gnade und Gottesschau nennt Rahner „übernatürliches Existential".

Von diesem übernatürlichen Existential her wird klar, wie die „reine Natur" des Menschen beschaffen sein muß. Sie muß auf das übernatürliche Existential hin positiv angelegt und für es offen sein, sonst würden letztlich Natur und Gnade doch wieder wie im Extrinsecismus auseinanderklaffen. Aber diese positive Naturanlage für das übernatürliche Existential darf selbst nicht unbedingt sein, weil sonst das übernatürliche Existential geschuldet und damit die Ungeschuldetheit von Gnade und Gottesschau wiederum wie in der „nouvelle théologie" untergraben wäre. Die „reine Natur" muß trotz ihrer positiven inneren Hinordnung auf das übernatürliche Existential auch ohne ihre Erfüllung durch das Übernatürliche (unmittelbar durch das Existential und mittelbar durch Gnade und visio) eine in sich sinnvolle Möglichkeit sein.

---

30 I 336–345.

Rahners Theorie vom übernatürlichen Existential beinhaltet daher eine doppelte Hinordnung des Menschen auf das Übernatürliche. Einerseits ist der Mensch von Natur aus *bedingt* auf das ungeschuldete, übernatürliche Existential hingeordnet, andererseits ist er durch das ungeschuldete, übernatürliche Existential *unbedingt* auf die Gnade und die Glorie ausgerichtet, die beide ungeschuldet bleiben, weil bereits die Hinordnung auf sie im übernatürlichen Existential ungeschuldet ist.

Mit seiner Theorie vom *übernatürlichen Existential* gelingt Rahner ein Dreifaches. Erstens kann er damit, im Einklang mit der Lehrtradition, die *Ungeschuldetheit* der Gottesschau in ihrer vollen Bedeutung wahren. Zweitens kann er die Bestimmung des Verhältnisses der Natur zur Gnade als *positiver, innerer* Hinordnung, wie es auch von der „nouvelle théologie" interpretiert worden war, beibehalten. Und drittens kann er damit Raum für die Möglichkeit einer *Natur* des Menschen schaffen, die nicht schon von vornherein unbedingt auf die Gottesschau angelegt ist, – eine Möglichkeit, die kurz darauf „Humani Generis" fordern wird.

2.1.2.3 Die Bedeutung des „übernatürlichen Existentials"

Im Aufsatz „Über das Verhältnis von Natur und Gnade" definiert Rahner das Wesen der Gnade „von ihr selbst her", und nicht einfach von der Natur her, als „Selbstmitteilung Gottes in Liebe" (I 334). Daher ist Gnade „wesensmäßig ungeschuldet". Was „ungeschuldet" im theologischen Sinn bedeutet, weiß man nach Rahner, wenn man weiß, was personale Liebe ist, nicht umgekehrt (337). Gott ist Liebe[31], er will sich selbst mitteilen, seine Liebe verschwenden (336). Um seine Gnade, seine Liebe, letztlich sich selbst zu schenken, hat Gott die Welt und den Menschen erschaffen (336f). Darin liegt die erste und letzte Absicht Gottes und somit der erste und letzte Sinn der gesamten Schöpfung.[32] Auch die Schöpfung einschließlich des „natürlichen" Daseins des Menschen ist als „geschaffene Gabe" in einem abgeschwächten, sekundären Sinn „ungeschuldet", insofern

---

31 I 336.338.340.
32 I 329.334.336.

sie von Gott frei, aus absolut souveräner Freiheit heraus, geschaffen ist.[33] Aber die gnadenhafte, personale Selbstmitteilung Gottes ist in ganz anderem, spezifischem Sinn „ungeschuldet" und ist und bleibt das unerwartete Geschenk, „das ewig erstaunliche Wunder"[34], weil sie nicht nur aus Liebe und in Liebe geschieht, sondern in der Liebe selbst besteht, die Gott selber ist.

Von der Ungeschuldetheit der Gnade schließt Rahner auf die Ungeschuldetheit der entsprechenden Anlage im Menschen für die Gnade. Gott hat das konkrete Wesen des Menschen vom übernatürlichen Ziel der Teilhabe an seinem innergöttlichen Leben her (als erstem und konkretem Ziel des Menschen) entworfen (334). Von daher besitzt der Mensch eine positive und unbedingte, ungeschuldete und übernatürliche Anlage für das übernatürliche Ziel (334f) – das übernatürliche Existential. Rahner beschreibt das Existential als Raum und Weite, Verständnis und Verlangen, Potenz und Fähigkeit, Hinordnung, Anlage und reale Empfänglichkeit für die Selbstmitteilung Gottes in Liebe (338–342). Dank der existentialen Anlage vermag der Mensch die Gnade und die Liebe, die Gott selbst ist, aufzunehmen und zu empfangen (338). Da das übernatürliche Ziel das wahre Ziel des Menschen ist, macht das übernatürliche Existential das Innerste und Eigentlichste, die (innerste) Mitte und den Wurzelgrund der menschlichen Existenz aus.[35] Der Mensch kann es als sein zentrales und bleibendes Existential nicht verlieren (339f).

Wegen des Existentials ist das faktische Wesen und das konkrete geistige Dasein des Menschen immer auch schon übernatürlich[36] und mischt sich in seine Selbsterfahrung und seine (existentiellen) Grunderfahrungen von vornherein ein übernatürliches Element.[37] Aus diesem Grund erlebt und erfährt der Mensch seine Sehnsucht,

---

33　I 331.333–335; vgl. 339. Später hielt Rahner die Anwendung des Begriffs der „Ungeschuldetheit" auf die Schöpfung (als geschaffene Substanz) und die Natur nicht mehr für sinnvoll, „weil kein von der ungeschuldeten Gabe verschiedener Adressat der Gabe vorhanden wäre" (IV [1959] 91), d.h. weil eine ungeschuldete Gabe seitens Gottes den geschaffenen Menschen als Empfänger der Gabe schon voraussetzt. „Ungeschuldet" im eigentlich theologischen Sinn ist nur das Übernatürliche.

34　I 337; vgl. 336.339.

35　I 338.340.

36　I 338f.342.

37　I 326f.336.340–344.

seine Zerrissenheit, seine Begierlichkeit, Arbeit und Tod anders, nämlich radikaler, als er das als rein natürliches Wesen täte.[38]

Vom übernatürlichen Existential her, dessen Wesen sich seinerseits aus dem Wesen der Gnade ergeben hat, bestimmt Rahner nun das theologische Wesen der menschlichen „Natur". Zur „reinen Natur" im theologischen Sinn gelangt man ihm zufolge, indem man, fast wie in einer mathematischen Gleichung, vom konkreten Wesensbestand des Menschen das übernatürliche Existential als dessen innerste Mitte abzieht.[39] Die reine Natur ist jener „Rest", der bleibt, wenn man sich vom konkreten Wesen des Menschen alles Ungeschuldete und Übernatürliche, von dem man durch die Wortoffenbarung weiß, wegdenkt.[40] Äußerlich kennzeichnet Rahner den theologischen Begriff von der menschlichen Natur als Gegenbegriff zum Übernatürlichen und als „Restbegriff"[41], der sich nicht genau eingrenzen läßt, weil im Wesen des Menschen, wie er es konkret erfährt, Übernatürliches und Natürliches letztlich nicht klar trennbar ineinander übergehen[42], weil sich zwischen der reinen Natur und dem Übernatürlichen (Gnade und Existential) keine saubere Horizontale ziehen läßt (340f).

Inhaltlich setzt Rahner die „reine Natur" des Menschen mit der potentia oboedientialis gleich und charakterisiert diese vom übernatürlichen Existential her und d.h. letztlich offenbarungstheologisch (!) als positive Anlage, als Begierde oder als Offenheit für das Übernatürliche.[43] Der Mensch hat eine innerliche, wesensmäßige, nichtunbedingte, natürliche Offenheit und Hinordnung auf das Übernatürliche (unmittelbar auf das Existential und mittelbar auf Gnade und Gottesschau)[44], die auch dann Sinn und Bedeutung hätten und eine echte Daseinsmöglichkeit darstellten, wenn sie nicht durch die übernatürliche Selbstmitteilung Gottes erfüllt würden.[45] Für Rahner fällt

---

38   I 326.341; vgl. I [1954] 406–414 = SW VIII 26–32.
39   I 327f.340.342. Zum Begriff der „natura pura" bei Rahner siehe Rulands [1996] 221–286.326–335.
40   I 328.340.342.
41   I 340.342.
42   I 327.340–344.
43   I 329.335f.342.
44   I 342.335.
45   I 335.340.342f.

die (theologisch definierte) potentia oboedientialis als „reine Natur" des Menschen mit der (bereits philosophisch faßbaren) Geistnatur des Menschen zusammen, mit seinem (naturalen) unbegrenzten Dynamismus als Bedingung der Möglichkeit geistigen Lebens, mit seiner (natürlichen) Transzendenz.[46]

Vom theologischen unterscheidet Rahner den philosophischen Begriff von der Natur des Menschen.[47] Für den Philosophen ist die Natur „der unaufhebbare Bestand des menschlichen Seins, der von der menschlichen Erfahrung festgestellt wird unabhängig von der Wortoffenbarung"[48] und der sich inhaltlich als „animal rationale" umschreiben läßt[49]. Im Gegensatz zum theologischen kann der philosophische Begriff „schon Übernatürliches, wenn auch nicht als solches", enthalten (341), da das „Übernatürliche" seinerseits mehr als das „nur durch Wortoffenbarung Wißbare" umfaßt (325).

Bei Rahner sind dementsprechend drei verschiedene Begriffe von der „Natur" des Menschen auseinanderzuhalten: ein theologischer, ein klassisch-philosophischer und ein existentialphilosophischer. Im gnadentheologischen Kontext steht die „Natur" für das Wesen des Menschen ohne alles Übernatürliche, im philosophischen Kontext für sein durch die bloße Vernunft erfaßbares, zum Teil schon übernatürliches Wesen, und im sündentheologischen Kontext der Konkupiszenz für sein Wesen, insoweit es der Freiheit und der Person als Bedingung ihrer Möglichkeit entgegengesetzt ist und erst noch persönlich angeeignet sein will[50].

Auch die ,theologische', „reine" Natur des Menschen umfängt das unaufhebbare Wesen des Menschen, d.h. dasjenige am Menschen, das nicht fehlen darf, weil er sonst aufhören würde, Mensch zu sein (327). Zum rein natürlichen, geistigen Wesen des Menschen gehört es bereits, auf Gott ausgerichtet zu sein, wenn auch nur als asymptotisch intendiertes Ziel (343). Durch das faktische übernatürliche Ziel der unmittelbaren Gemeinschaft mit Gott wird die reine Natur des

---

46 I 335.342.344.
47 Zu Rahners allgemeiner Verhältnisbestimmung von Theologie und Philosophie siehe Lutz-Bachmann [1994].
48 I 341; vgl. 327.
49 I 341.327.
50 I 395.406 = SW VIII 17.26.

Menschen nicht aufgehoben, sondern bleibt inneres Moment an ihm
(344f). Teilweise erreicht der Mensch sein übernatürliches Ziel bereits in der Rechtfertigungsgnade, ganz erreicht er es in der Gottesschau (329). Da es in der Gnade, wie in der Gottesschau, um die
personale, unmittelbare Selbstmitteilung Gottes geht, läßt sich die
Gnade nicht allein durch formale ontologische Kategorien wie „Qualität", Akzidenz, Habitus usw. erfassen (343). Es bedarf zu ihrer
Bestimmung auch personaler Kategorien wie Liebe, personale Nähe,
Intimität usw. (343). Jene personale Selbstmitteilung Gottes in Liebe,
die sich nach dem Tod in der absoluten Vollendung des Menschen in
Gott ereignet, nennt Rahner in diesem Aufsatz außer seliger, un-
mittelbarer Gottesschau auch visio beatifica, übernatürliche, ewige
Gemeinschaft mit Gott, Glorie und ewiges Leben.

Es bleibt noch zu fragen, was Rahner unter dem Begriff „überna-
türlich" in diesem Text im Zusammenhang des „übernatürlichen
Existentials" genau versteht. Die häufige Parallelisierung der beiden
Ausdrücke „übernatürlich" und „ungeschuldet" sowie der selbstver-
ständliche Übergang vom einen zum anderen[51] macht deutlich, daß
Rahner die beiden Ausdrücke hier weitgehend synonym verwendet.
Auf diese Weise nähert er den primär metaphysischen Begriff der
„Übernatürlichkeit" und den primär juridischen oder ‚sittlichen‘
Begriff der „Ungeschuldetheit" einander an und wendet beide zu
einem primär personalen Begriff. Das Übernatürliche ist das Ungeschuldete, das Gott aus freier Liebe dem Menschen schenkt und
das Gottes eigene Wirklichkeit ist. Gott selbst ist die Liebe. Die
„Liebe" gibt bei ihm sowohl das an, was er in der Gnade und der visio
dem Menschen schenkt (nämlich sein Wesen, sein Sein, sich selbst),
als auch das ‚Motiv‘, aus dem heraus er sich dem Menschen mitteilt.
Bei Gott gehen ‚Essenz‘ und ‚Motiv‘ ineinander über, weshalb sich
bezüglich der Selbstmitteilung Gottes Metaphysik (Übernatürlichkeit) und ‚Motivation‘ (Ungeschuldetheit) nicht voneinander trennen
lassen.

Eine zweite, damit eng zusammenhängende Frage, die Rahner
selbst stellt (343), betrifft das Verhältnis von übernatürlichem Existential und Gnade. Einerseits differenziert Rahner innerhalb der

---

51   Z.B. I 339.

übernatürlichen Wirklichkeit zwischen dem Existential und der Gnade und setzt dadurch das Existential deutlich gegen die Gnade ab.[52] Zudem beschreibt er das übernatürliche Existential bezüglich der Gnade weniger in ‚realen' als in ‚potentiellen' Kategorien wie „Potenz", „Empfänglichkeit", „Anlage" usw. für Gnade. Andererseits ordnet er das übernatürliche Existential indirekt der Gnade zu, wenn er die reine Natur den Gegenbegriff auch zur „Gnade" (und nicht nur zum „Übernatürlichen"!) sein läßt (329). Darüber hinaus fragt er, ob ein übernatürliches Existential ausschließlich in der Rechtfertigungsgnade, und d.h. nicht auch in einer anderen Form von Gnade, in einer Vorform von Gnade bestehen könne (328). Damit deutet sich bereits in diesem Aufsatz an, daß für Rahner das übernatürliche Existential selbst schon wirkliche Gnade ist, wenngleich noch nicht Rechtfertigungsgnade. Ohne das voll zu explizieren, rechnet Rahner das ungeschuldete, übernatürliche Existential nach der hypostatischen Union und nach der visio beatifica und der rechtfertigenden Gnade zu den streng übernatürlichen Wirklichkeiten, in denen sich Gott als er selbst (in Liebe) dem Menschen mitteilt.

Schließlich kann man noch fragen, warum Rahner in diesem Aufsatz von 1950 zur Unterscheidung von Natur und Gnade bzw. Übernatürlichem vom formal-ontologischen Kriterium der Ursächlichkeit überhaupt keinen Gebrauch macht, wie das sein Aufsatz über die ungeschaffene Gnade von 1939 nahelegen würde[53] und wie er das später tut[54]. Demnach wäre alles „Natur", was von Gott effizient, und alles „übernatürlich", was von Gott quasi-formal bewirkt ist. Diese Unterlassung oder Auslassung könnte zum einen ihren Grund im ‚Grenzfall' der geschaffenen Gnade haben, die einerseits effizient verursacht, andererseits übernatürlich ist, zum anderen in der epistemischen Unklarheit, die trotz des klaren ontologischen Unterscheidungskriteriums bleibt. Denn Rahner zufolge weiß der Mensch nicht, was in seiner konkreten „existentiellen Erfahrung" auf das „Konto" der Natur und was auf das „Konto" des Übernatürlichen „kommt".[55] Die Auslassung erklärt sich aber hauptsächlich dadurch, daß Rahner

---

52　Z.B. I 340; vgl. 343.
53　I 347–375.
54　Z.B. IV [1959] 91.
55　I 340f.328.

selber in diesem Aufsatz zur Beschreibung des Übernatürlichen mehr zu personalen Kategorien (Liebe, Selbstmitteilung) tendiert als zu (formal-) ontologischen (vgl. 343).

Am übernatürlichen Existential zeigt sich unter anderer Rücksicht erneut Rahners gestuftes, konzentrisches Modell vom Menschen. Das Wesen des Menschen konstituiert sich durch verschiedene, immer tiefer reichende Stufen von Hinordnung und Erfüllung. Als rein naturales Wesen ist der Mensch auf das übernatürliche Existential innerlich, wenn auch nur bedingt hingeordnet. Das übernatürliche Existential ist die primäre Erfüllung der natürlichen potentia oboedientialis des Menschen, zugleich aber innere, unbedingte Hinordnung auf die Rechtfertigungsgnade und die Gottesschau. In der Rechtfertigungsgnade findet das übernatürliche Existential seine anfanghafte, vorläufige Erfüllung, in der Gottesschau seine endgültige, vollkommene.

Rahners Theorie vom übernatürlichen Existential ist zweifelsohne schon allein auf der logisch-begrifflichen Ebene ein genialer Versuch, das Problem, das sich ihm durch die verschiedenen, z.T. vorgegebenen theologischen Daten stellte, zu lösen. Man kann allerdings über seine Terminologie geteilter Meinung sein. Dadurch, daß Rahner die Natur des Menschen theologisch ermittelt, indem er vom realen, konkreten Wesen des Menschen das übernatürliche Existential (und überhaupt alles Übernatürliche) abstrahiert, wird sein theologischer Natur-Begriff in gewissem Sinn künstlich und schwer verständlich. Zumindest weicht der Terminus erheblich von seinen sonstigen Verwendungen ab, auch und gerade in der Philosophie, wie Rahner selbst einräumt. Diese terminologische Reserve tut aber der von Rahner mit dem „übernatürlichen Existential" gemeinten ‚Sache' keinen Abbruch. Denn das Existential steht dafür, daß dem Menschen, so wie er jetzt konkret beschaffen ist und sich faktisch erfährt, eine wirkliche Berufung, eine wunderbare Offenheit, eine existentiale Anlage zum ewigen Leben in Gott geschenkt ist und daß diese Berufung, Offenheit und Anlage die innerste Mitte und den eigentlichen Sinn seiner jetzigen realen Existenz ausmacht.

2.1.3 Übernatürliches Existential, übernatürliches Formalobjekt und übernatürlich erhobene Transzendenz

2.1.3.1 Der Übergang vom übernatürlichen Existential zur übernatürlich erhobenen Transzendenz

Im dritten Teil seines Aufsatzes „Zum theologischen Begriff der Konkupiszenz", durch den Rahner spätestens 1954 seinen ursprünglichen Aufsatz von 1941 ergänzte, stellt er seine Lehre vom übernatürlichen Existential in Kürze dar (I 406–414). Er betont den realen, innerlichen und permanenten Charakter des Existentials. Die verpflichtende Hinordnung des Menschen auf das übernatürliche Ziel besteht nicht bloß in einer rein äußerlichen, juristischen Verpflichtung, die als juristische Entität „real bloß beruhen würde auf der Realität des göttlichen Willens und darum *nur* durch eine Mitteilung Gottes im *Wort* gewußt oder erfahren werden könnte" (408). Eine solche bloß juristische Entität hätte ihre Realität ausschließlich im Willen Gottes, nicht aber im Bewußtsein des Menschen. Vielmehr ist die Hinordnung auf das übernatürliche Ziel, die den Menschen verpflichtet, zu denken als ein realontologisches Existential, das den Menschen „real und innerlich qualifiziert" (408). Das Existential ist als freie ungeschuldete Gnade dem Menschen nicht etwa „intermittierend", sondern immer gegeben (408).

Das übernatürliche real-ontologische Existential beschreibt Rahner als Bewußtseinsgegebenheit im Gegensatz zur reflexen Bewußtseinsgegenständlichkeit.[56] Das Existential ist dem Menschen nicht nach Art der (Bewußtseins-) Gegenstände bewußt, die sich gegen andere (Bewußtseins-) Gegenstände abgrenzen lassen. Stattdessen verändert das Existential das gesamte Bewußtsein des Menschen, ohne daß sich der Mensch dessen reflex bewußt sein müßte. Um den realen Unterschied zwischen dem tatsächlichen, immer auch schon übernatürlichen Bewußtsein des Menschen zu einem möglichen, rein natürlichen Bewußtsein zu begründen, beruft sich Rahner auf die scholastische Lehre von den verschiedenen Formalobjekten (409).[57] Das jetzige Bewußtsein des Menschen und mit ihm jeder einzelne

---

56 I 409; vgl. 413.
57 Zum Begriff des „Formalobjekts" siehe gleich unten Kap. 2.1.3.2.

geistige Akt ist aufgrund des übernatürlichen Existentials auf das
übernatürliche Ziel ausgerichtet und hat daher ein spezifisch anderes
Formalobjekt, als es ein rein natürliches Bewußtsein mit einem rein
natürlichen Ziel hätte. Hat es aber ein spezifisch anderes Formalobjekt, dann unterscheidet es sich auch real und wesentlich von
einem natürlichen Bewußtsein und dessen Akten.

Ausdrücklicher und direkter als im Aufsatz „Über das Verhältnis
von Natur und Gnade" bezieht sich Rahner in seinem Artikel über die
„Konkupiszenz" auf das übernatürliche Existential als *Gnade* (I 408).
So läßt er u.a. die Natur des Menschen übernatürlich-*gnadenhaft* erhoben sein, auch wenn sie nicht durch die (Rechtfertigungs-) Gnade
gerechtfertigt und innerlich geheiligt ist.[58] Das übernatürliche real-
ontologische Existential der Hinordnung auf das übernatürliche Ziel
beläuft sich auf eine ständig angebotene Gnade[59]; in ihm besteht für
den Menschen schon das existentiale „Angebot" der (Rechtferti-
gungs-) Gnade (408).

Im Aufsatz „Über das Verhältnis des Naturgesetzes zur übernatürlichen Gnadenordnung"[60], 1956, erklärt und rechtfertigt Rahner noch
einmal den Ausdruck „übernatürliches Existential": „Versteht man
unter Existential eine dauernde, bleibende Verfaßtheit einer endlichen Geistperson, die die Ermöglichung und ontologische Vor-be-
stimmung eines personalen Handelns ist (das also, was in der freien
Tat an der Person ins Spiel kommt), dann … kann man das hier Gemeinte sehr wohl als übernatürliches Existential bezeichnen. Übernа-
türlich ist dieses Existential sowohl, weil es den Menschen ausrichtet
auf das übernatürliche Ziel, als auch, weil es ungeschuldet ist. Existent*ial* ist es, weil es nicht (wie das Existent*ielle*) der freien Tat der
Person entstammt, sondern deren Voraussetzung ist." (9)

Im selben Aufsatz schlägt Rahner die Brücke vom übernatürlichen
Existential zur Transzendenz des Menschen. Er fragt am Ende rheto-
risch, warum es nicht möglich sein sollte, die „transzendentale Erfahrung" des Menschen – „heute vor allem als Erfahrung der ‚Grenze', wodurch aber auch seine absolute Transzendenz erlitten wird" –

---

58   I 411.407.
59   I 408.410.
60   In: Orientierung 20 [1956] 8–11.

so darzustellen, „daß sie, so wie sie wirklich ist in ihrer unfixierbaren Weite, tatsächlich getragen ist von einem erlebten (…) Dynamismus auf jenen Gott hin, der der Gott des übernatürlichen Lebens ist" (11). Und er fragt weiter, ob man nicht die Lehre des heiligen Thomas vom „desiderium naturale in visionem beatificam" aktualisieren könne. Wegen der eminenten Bedeutung für den Zusammenhang von übernatürlichem Existential und Transzendenz sei seine eigene Antwort darauf in voller Länge zitiert:

> „Wenn man dem ,naturale' seinen *alten* Sinn läßt, nämlich den, daß ,natural' auch das genannt werden kann, was immer und überall zum immer und überall und unvermeidlich gegebenen Wirklichkeitsbestand des konkreten Menschen gehört von seinem Ursprung an durch alle seine Geschichte, dann hat der Mensch auch heute noch ein wirkliches, unbedingtes, positives ,naturale desiderium' zur Unmittelbarkeit Gottes, auch wenn es, von einem andern Gesichtspunkt aus gesehen, ein übernatürliches Existential ist. Und dieses ist die immer schon real gegebene und wirksame Verlängerung jener Grundverfassung des Menschen, die man heute seine Transzendenz nennt. Mag sie der Mensch (wie im deutschen Idealismus) mehr als positive Unendlichkeitsweite erfahren oder mehr (wie in der heutigen Existentialphilosophie) als finstere Erfahrung eines unendlichen Jenseits *der* Grenze, die er erleidet in seinem Dasein, in jedem Fall ist in diesen transzendentalen Erfahrungen ein Ort im Menschen, an dem Natur und Gnade ineinander übergehen, nicht weil sie im Grunde dasselbe wären, sondern weil Gott uns schon immer über unsere Natur hinausgehoben hat, bevor wir anfangen, ihn mit den Mitteln unserer Natur zu suchen." (11)

Rahner belebt mit seiner Theorie von der übernatürlich dynamisierten Transzendenz die thomanische Lehre vom *desiderium naturale in visionem beatificam*. Seiner Theorie zufolge liegt das *übernatürliche Existential* in der *Verlängerung der (natürlichen) Transzendenz*, die der Mensch eher *positiv* oder eher *negativ* erleben und deuten kann. Durch das Existential ist die Transzendenz bzw. die transzendentale Erfahrung des Menschen vom *Dynamismus auf den Gott des übernatürlichen Lebens getragen*. In der dynamisierten Transzendenz gehen *Natur und Gnade* ineinander über.

Zur Ambivalenz der natürlichen Transzendenz ist anzumerken, daß bei Rahner selber im allgemeinen ein eher positives, idealistisches Verständnis der Transzendenz als ein eher negatives, existentialistisches vorherrscht.[61] Das darf allerdings die pessimistische Bewertung der natürlichen Transzendenz, die es bei Rahner auch gibt, nicht übersehen lassen.[62] Ohne Jesus Christus wäre für Rahner „alles Absolute, von dem wir reden oder das wir in mystischem Aufschwung zu erreichen meinen, nur das nie erreichte objektive Korrelat zu jener leeren und hohlen, finstern und verzweifelt in sich selbst sich verzehrenden Unendlichkeit, die wir selber sind, die Unendlichkeit der unzufriedenen Endlichkeit".[63] Einer solch düsteren Einschätzung der Unendlichkeit des menschlichen Geistes und damit der natürlichen menschlichen Transzendenz steht aber insgesamt eine eher positive Einschätzung bei Rahner selber gegenüber und die Möglichkeit einer natürlichen Seligkeit des Menschen[64].

2.1.3.2 Der Übergang vom „übernatürlichen Formalobjekt" zur „übernatürlich erhobenen Transzendenz"

In seiner Abhandlung über „Die Logik der existentiellen Erkenntnis bei Ignatius von Loyola"[65], 1956, spricht Rahner die Transzendenz als „übernatürlich erhobene" an (QD V 110 Anm. 38), als „Transzendenz übernatürlich erhöhter Art" (QD V 126) oder auch kurz als „übernatürliche Transzendenz"[66] und unterscheidet sie explizit von der „natürlichen Transzendenz"[67]. Diesmal nähert er sich dem Begriff der Transzendenz nicht mittels des „übernatürlichen Existentials", sondern mittels des „übernatürlichen Formalobjekts" (109).

Schon in seinem Frühwerk nahm Rahner die thomistische Lehre vom „Formalobjekt" auf.[68] Das „objectum formale (ratio formalis)

---

61 Vgl. Kapitel 1.
62 Vgl. Stolina [1996] 140f.157f.
63 III [1953] 57; vgl. NSG [1946/1958] 12f.27–34.42f.
64 IV [1960] 232.
65 QD V 74–147.
66 QD V 110 Anm. 38; 126f.
67 QD V 109 Anm. 38; vgl. 126f.
68 Siehe dazu Schwerdtfeger [1982] 150–160.

besagt nichts anderes als jene der faktischen Erfassung des Ein-
zeldinges vorausgehende Hinsicht, unter der ein solches überhaupt
Gegenstand dieser Fähigkeit werden kann, eine Hinsicht, die in der
Natur der betreffenden Fähigkeit a priori gründet".[69] Das Formalobjekt gehört zur apriorischen Erkenntnisstruktur des Subjekts. Von
vornherein verbindet Rahner mit ihm das traditionelle „Licht" der
Vernunft und den „Horizont": das apriorische Formalobjekt ist „quasi
‚horizon', ‚ambitus' et ‚medium', in et sub quo solo positum obiectum
adventicium est cognoscibile ... lumen quo videtur" (DC 459). Das
natürliche „objectum formale des intellectus agens ist das ... Sein des
vielen Selbigen" (GW 119); der menschliche Geist hat sein natürliches „Licht" und Formalobjekt im Sein schlechthin (esse commune)[70], das er am Seienden als dem aposteriorischen Materialobjekt
bewußt miterkennt. Insofern der menschliche Geist aber darüber
hinaus übernatürlich begnadet ist, sieht er alles nicht mehr nur unter
dem natürlichen, sondern auch unter dem übernatürlichen Formalobjekt, das letztlich Gott selber ist: „sub ratione entis simpliciter,
ipsius esse illimitati, quod est in concreto Deus trinus" (DC 470).
Denn er hat aufgrund der quasi-formalen Selbstmitteilung Gottes
nicht nur ontologisch an der göttlichen Natur, sondern auch gnoseologisch an der göttlichen Intellektualität teil.[71] Infolgedessen hat er
auch dasselbe bewußte Formalobjekt wie Gott und nimmt alles unter
der Rücksicht des dreifaltigen Gottes wahr. Sein übernatürliches
apriorisches Formalobjekt, traditionell auch das „Glaubenslicht"
genannt[72], ist der dreieinige Gott selber.

Die thomistische Lehre vom Formalobjekt greift Rahner im Text
über „Die Logik ..." wieder auf. Alle übernatürlichen, d.h. alle „durch
die seinshafte Gnade erhobenen" Akte haben notwendigerweise ein
spezifisch anderes Formalobjekt als die natürlichen Akte mit ihrem
natürlichen Formalobjekt.[73] Rahner deutet wieder ganz allgemein
jedes bewußte apriorische Formalobjekt als „Horizont" des Erken-

---

69 GW 95; vgl. GW 87 Anm. 50; 213 und DC 457.
70 Vgl. GW 172; X [1938] 33 = SW II 311f.
71 Vgl. DC [1937/38] 469–479.
72 Vgl. GW 167.
73 QD V [1956] 108f; vgl. I [1954] 409; IV [1960] 224f.

nens (QD V 109).[74] Auch das „übernatürliche Formalobjekt" ist für
ihn nicht mehr „als solch ein unausdrücklich und ungegenständlich
gegebener Horizont, ein Woraufhin der Erfassung der bewußten
gegenständlich gegebenen Objekte, und zwar ein Horizont, der obwohl bewußt gegeben, doch nicht durch einfache immanente Reflexion unterschieden werden kann von dem unbegrenzten Horizont der
menschlichen geistigen Transzendenz auf das Sein überhaupt." (109)

Weiter unten im Text setzt Rahner dann die Transzendenz ausdrücklich mit dem Horizont und dem „Licht" gleich. Die „Transzendenz übernatürlich erhöhter Art, die als Horizont und Bedingung der
Möglichkeit eines geistigen Aktes auf ein kategorial-gegenständli-
ches Objekt hin immer gegeben ist", ist für ihn „in einem solchen
durchschnittlichen Akt sehr unausdrücklich, eben als Bedingung der
Möglichkeit, als *Vor*griff, als bloß einen Gegenstand beleuchtendes
‚Licht', das selbst nicht Gegenstand ist, gegeben".[75] Die Gleichsetzung von Transzendenz einerseits und Formalobjekt, Horizont und
„Licht" andererseits bekräftigt er, wenn er in dem einige Jahre später
· erschienenen Aufsatz über „Natur und Gnade", 1960, die natürliche
und die übernatürliche „Weise" der Transzendenz sogar mit Gleich-
heitszeichen mit dem natürlichen und dem übernatürlichen Formalobjekt identifiziert: Die natürliche „Transzendenz auf das Sein überhaupt" und die „übernatürliche ... Transzendenz des Geistes ... auf
den Gott des ewigen Lebens" sind ihm zufolge „für eine nachträgliche Reflexion nicht deutlich unterscheidbar ..., obwohl beide Weisen
der Transzendenz (= Formalobjekt des natürlichen Geistes und
Formalobjekt des übernatürlich erhobenen Geistes) bewußt gegeben
sind."[76] Diese Gleichsetzung steht jedoch im Gegensatz zu entsprechenden Ausführungen im philosophischen Frühwerk. Denn dort
hebt Rahner den „Vorgriff" und damit die „Transzendenz" meist
deutlich vom „Horizont" und somit dem apriorischen „Formalobjekt"
und „Licht" ab. Der Vorgriff ist für ihn die dynamische „Hinbewegung des Geistes auf die absolute Weite aller möglichen Gegenstände" (HW 77), nicht aber schon einfachhin diese absolute Weite
selbst. Der Horizont als diese absolute Weite wird im Vorgriff „er-

74   Vgl. IV [1960] 225.
75   QD V 126; vgl. 109 Anm. 38.
76   IV 225; vgl. Gk 42f.

faßt"[77], er gibt die „Reichweite" der Transzendenz an[78]. Der Vorgriff seinerseits „eröffnet" den Horizont, er ist „die bewußtmachende Eröffnung des Horizontes" (HW 77). Das alles bedeutet, daß „Vorgriff" und „Transzendenz" einerseits und „Horizont" andererseits nicht ohne weiteres zusammenfallen. Der Horizont kommt eher auf die Seite des „Worauf des Vorgriffs" zu stehen[79], auf die Seite des Seins[80], als auf die Seite der menschlichen Transzendenz als solcher, wenn ihn Rahner auch primär transzendental denkt und ins Subjekt verlegt. Das deckt sich auch mit Rahners Identifikation des natürlichen Formalobjekts mit dem Sein und des übernatürlichen Formalobjekts mit Gott im Frühwerk und stimmt mit Passagen im „Grundkurs" überein, wo der Horizont eher dem Sein an sich als der Transzendenz des Menschen zugehört (Gk 45). Allerdings verkehrt sich im „Grundkurs" das Verhältnis von Transzendenz und Seinshorizont im Vergleich zu „Hörer des Wortes". Nicht der Vorgriff eröffnet den Horizont (HW 77), sondern der Seinshorizont eröffnet die Transzendenz (Gk 44f).[81]

Auffällig kommt die Doppeldeutigkeit des Begriffs vom „apriorischen Horizont" in einem Abschnitt aus Rahners „Überlegungen zur Dogmenentwicklung"[82], 1958, zum Ausdruck. Dort identifiziert er zunächst den übernatürlichen Horizont als Glaubenslicht mit dem übernatürlich erhobenen Geist und d.h. mit der übernatürlich erhobenen Transzendenz des Menschen selber und sogleich anschließend den natürlichen Horizont mit dem Sein und dadurch mit dem Woraufhin der (natürlichen) Transzendenz. Für ihn ist „das vom Geist getragene, ja letztlich mit ihm identische Glaubenslicht der apriorische Horizont ..., innerhalb dessen die Einzelgegenstände der Offenbarung erfaßt werden, ähnlich wie im natürlichen Bereich das Sein überhaupt der apriorische Horizont ist, auf den hin der Geist in seiner

77   GW 116; vgl. 119.
78   X [1938] 33 = SW II 311f.
79   GW 116–119; HW 78; vgl. IV [1959] 70f.
80   GW 157.294; HW 78–86.
81   Im „Grundkurs" hebt Rahner auch besonders die Dynamik des Horizontes selber hervor: „Der Mensch erfährt sich als die unendliche Möglichkeit, weil er ... immer wieder in einen weiteren Horizont hineinrückt, der sich unabsehbar vor ihm auftut." (Gk 43)
82   IV 11–50.

Transzendenz den einzelnen Gegenstand erfaßt und erst eigentlich verstehbar macht."[83] Rahner sieht hier die natürliche Transzendenz und die Transzendenz als „übernatürliches Apriori" in einem analogen Verhältnis zueinander. Wie der menschliche Geist in seiner natürlichen Transzendenz den einzelnen Erkenntnisgegenstand als Moment seiner Bewegung auf das Sein überhaupt erkennt, so erfaßt er im Glaubenslicht, d.h. in seiner Transzendenz in ihrer apriorischen Übernatürlichkeit, den einzelnen Glaubensgegenstand „*als* Moment" seiner „Bewegung ... auf die eine Selbstmitteilung Gottes hin" (38).

Das traditionelle „Glaubenslicht", welches „das Licht der Vernunft ‚aufhebt' und bewahrt als Moment an sich selbst", bezeichnet Rahner auch als „übernatürliches Existential".[84] Damit schließt sich der Kreis zwischen dem „übernatürlichen Formalobjekt" („Glaubenslicht", „übernatürlichen Horizont"), dem „übernatürlichen Existential" und der „übernatürlich erhobenen Transzendenz", deren Bedeutungen sich überschneiden. In seinem Gebrauch des natürlichen wie des übernatürlichen „Formalobjekts", das gleichbedeutend ist mit dem „Licht" und das er mit Vorliebe in den „Horizont" übersetzt, schwankt Rahner. Gelegentlich verwendet er es, wie im Text über die „Logik ..." und über „Natur und Gnade", für die Transzendenz selber, meist jedoch für das Sein bzw. für Gott und somit für das Woraufhin der menschlichen Transzendenz. Der übernatürliche Horizont kann dementsprechend entweder die übernatürlich erhobene Transzendenz oder das übernatürliche Woraufhin der Transzendenz bedeuten, während das übernatürliche Existential im Kern speziell die übernatürliche Ausrichtung und Erhöhung der Transzendenz meint.[85]

Mit einigen Formulierungen im Text zur „Logik ..." erweckt Rahner den Eindruck, als gäbe es realiter *zwei* Transzendenz*en* im Menschen. So, wenn er separat von einer „natürlichen Transzendenz" und einer „übernatürlichen Transzendenz" spricht[86] oder auch von einer „Transzendenz auf den dreifaltigen Gott" im Unterschied zu

---

83   IV 37f.
84   LThK I [1957] 623. Zum „Licht der Vernunft" siehe oben Kap. 1.3.1.4.
85   Weiteres zum Horizont und Formalobjekt in Kap. 2.2.3.3.
86   QD V 109f Anm. 38; 126f.

einer „Transzendenz auf das Sein überhaupt" (QD V 126). Besonders krass im Sinne einer Doppeltheit der Transzendenz fällt seine Sprechweise an der bereits zitierten Stelle in „Natur und Gnade" aus, wo er „die Transzendenz auf das Sein überhaupt, die natürliche Geöffnetheit auf das Sein im ganzen und die übernatürliche, von der Gnade eröffnete und getragene Transzendenz des Geistes in jedem seiner übernatürlich erhobenen Akte auf den Gott des ewigen Lebens, auf die unmittelbare Erfahrung des (dreifaltigen) Seins" voneinander unterscheidet (IV 225). Der Kontext verrät, woher diese mißverständliche Redeweise Rahners rührt. Vom Unterschied zwischen dem natürlichen Formalobjekt (Horizont, Licht) und dem übernatürlichen Formalobjekt (Horizont, Glaubenslicht) als jeweiligem Woraufhin der Transzendenz her, die Rahner – wie schon Thomas – parallel zu denken geneigt ist (vgl. GW 167), d.h. vom Unterschied zwischen Sein und Gott her gedacht legen sich zwei verschiedene Transzendenzen im Menschen nahe. Aber einen derart verhängnisvollen Dualismus überwindet Rahner selber von vornherein, indem er sogleich an anderen Stellen vorsichtiger nur zwei „Weisen" der Transzendenz auseinanderhält (IV 225) und diese beiden Weisen zu einer einzigen Transzendenz synthetisiert. Im Text über die „Logik ..." schreibt er, „daß eine solche Transzendenzerfahrung ... eine Transzendenz auf den dreifaltigen Gott der seligen Anschauung hin ist, welche Transzendenz die Synthese ist aus der absoluten geistigen Transzendenz auf das Sein überhaupt hin und aus der Gnade, die diese natürliche unbegrenzte Offenheit überformt und zu einer Dynamik in die Teilnahme am Leben Gottes selbst macht." (QD V 126) Es gibt nur *eine einzige* Transzendenz des Menschen und das ist die übernatürlich erhöhte Transzendenz, in der die natürliche Transzendenz des Menschen auf das Sein übernatürlich auf den dreifaltigen Gott hin erhöht und dynamisiert ist. Rahner bringt das noch einmal klar zum Ausdruck, wenn er kurz danach zum wiederholten Male darauf hinweist, „daß die natürlich-geistige Komponente der absoluten Transzendenz auf das Sein überhaupt hin und die übernatürliche Überhöhung dieser Transzendenz durch eine einfache Reflexion nicht voneinander abhebbar sind" (QD V 126).[87] Von der geistigen Dynamik des Menschen her gedacht gibt es nur eine menschliche Transzendenz und diese eine Transzendenz geht kraft ihrer übernatürlichen gnadenhaften Erhöhung über das Sein hinaus auf das innere Leben des dreifaltigen Gottes selbst.

2.1.3.3 Objektive Erlösung, Ferne und Nähe Gottes und Selbstmitteilung Gottes in der übernatürlich erhobenen Transzendenz

Den Zusammenhang von übernatürlichem Existential und Erlösung erläutert Rahner in seinem Beitrag „Fragen der Kontroverstheologie über die Rechtfertigung"[88], 1958.[89]

Durch die Menschwerdung, den Tod und die Auferstehung Christi hat sich die existentiale Situation eines jeden Menschen – aller Menschen, auch der vor Christus – objektiv und real geändert (IV 249). Weil Gott den Menschen in Christus erlöst hat und in Christus liebt, ist der Mensch ein anderer als er von „Natur" aus als bloßes Geschöpf oder als bloßer Sünder wäre (250). Der Kreuzestod Christi ist nicht nur eine historische Angelegenheit, sondern prägt die jetzige Heilssituation des Menschen (251). In der durch den Tod Christi real bestimmten, existentialen Heilssituation eines jeden Menschen liegt die objektive Erlösung oder die objektive Rechtfertigung des Menschen (250f), und diese ist als existentiale Heilssituation des Menschen mit dem übernatürlichen Existential identisch.

---

87 Rahner betont immer wieder die Unmöglichkeit, durch eine einfache Reflexion auf sich selbst oder durch eine einfache Introspektion das übernatürliche Existential von der natürlichen Transzendenz unterscheiden zu können, um die „modernistische Irrlehre" oder den „häretischen Modernismus" eines Immanentismus zu vermeiden, demzufolge sich die Begnadung des Menschen adäquat reflektieren und der Inhalt der Offenbarung aus der (religiösen) Selbsterfahrung zwingend ableiten läßt (vgl. III 300; VIII 60). Rahner sucht mit seiner Gnadenlehre einen Mittelweg zwischen einem solchen Immanentismus (Apriorismus) und dem Extrinsezismus einzuschlagen (QD XXV 12). Siehe Schwerdtfeger [1982] 152.

88 IV 237–271.

89 IV 249ff; vgl. SM I [1967] 1104–1116 („Erbsünde"); Gk 119.

Das übernatürliche Existential des (objektiven) Erlöstseins oder des (objektiven) Gerechtfertigtseins geht der subjektiven Erlösung, der subjektiven Rechtfertigung, der subjektiven Heilsaneignung voraus (250f). Der Mensch wird subjektiv erlöst und gerechtfertigt, indem er durch die positive Stellungnahme des (gnadengeschenkten) Glaubens und der Liebe und durch das Sakrament der Taufe das übernatürliche Existential seiner objektiven Erlösung in Christus persönlich bejaht, sich kognitiv und real zu eigen macht und existentiell ratifiziert (249f).

Um den Zusammenhang zwischen der objektiven und der subjektiven Erlösung bzw. Rechtfertigung zu verdeutlichen, nimmt Rahner wieder den scholastischen Begriff der „Potenz" zu Hilfe. Wenn der Mensch von und vor Gott subjektiv erlöst und gerechtfertigt werden kann, dann muß dem Akt der subjektiven Rechtfertigung das Können, die Potenz dazu vorausgehen (250). Die Potenz zur subjektiven Rechtfertigung ist dem Menschen innerlich und kommt ihm nicht von „Natur" aus, sondern allein durch den Tod Christi zu (250). Um diese Potenz geht es im übernatürlichen Existential der objektiven Rechtfertigung (250).

Für Rahner macht demnach das übernatürliche Existential das existentiale, objektive Erlöstsein und Gerechtfertigtsein des Menschen durch Christus aus. Es ist für ihn einerseits in bezug auf die potentielle reine Natur des Menschen Realität und übernatürliche Gnade, andererseits in bezug auf die subjektive Rechtfertigung und die Rechtfertigungsgnade Potenz.

In der ersten Vorlesung „Über den Begriff des Geheimnisses in der katholischen Theologie"[90] von 1959 bestimmt Rahner die Transzendenz noch allgemein als Vorgriff auf das Unumgreifbare (IV 59). In der zweiten Vorlesung[91] bezieht er sich dann schon spezifischer auf die übernatürlich erhobene Transzendenz. Der Gang seiner Überlegungen setzt „beim Subjekt des Geheimnisses in seiner natürlichen und durch die Gnade übernatürlich erhobenen Transzendenz" ein (78). Die (satzhafte) Offenbarung des göttlichen Geheimnisses bzw. der göttlichen Geheimnisse fordert nach Rahner ein „gnadenhaft

90 IV 51–99. Vgl. Kap. 1.2.1.1.
91 IV 67–82.

vergöttlichtes Subjekt" (64f), ein „durch die göttliche Gnade erhobenes Subjekt" (64; vgl. 75). Hier spricht Rahner wie schon an einigen früheren Stellen das übernatürliche Existential im Sinne der übernatürlichen Erhobenheit der Transzendenz nunmehr direkt als Gnade an. Die Transzendenz des Menschen ist „faktisch schon immer von der übernatürlichen Gnade erhoben".[92] In ihr teilt sich Gott bereits als er selbst in ungeschaffener Gnade dem Menschen mit[93], weshalb sie von vornherein wirklich schon eine „gnadengetragene", „pneumatisch erhöhte und vergöttlichte Transzendenz" ist.[94]

Wegen der doppelten (transzendentalen und kategorialen) Vermittlung[95] ist dem Menschen auch in seiner gnadenhaft erhöhten Transzendenz „auf das absolute Sein"[96] Gott als Woraufhin der Transzendenz nur im „Modus des Abweisens und der Abwesenheit", „im Modus des Sichversagens, des Schweigens" und der Ferne gegenwärtig (IV 72).[97] Solange sich der Mensch im Pilgerstand befindet und noch nicht zur Schau Gottes gelangt ist, nimmt er „das heilige Geheimnis nur im Modus der abweisenden Ferne" wahr (76).

Das transzendentale und das kategoriale Vermittlungsmoment, durch welches das heilige Geheimnis in abweisender Ferne bleibt, kann aber aufgehoben werden – das verbürgt die Offenbarung Gottes. Dann wird, so Rahner, das Woraufhin der Transzendenz „nicht *an* der subjektiven Transzendenz *mit*gewußt, sondern an ihm selber erfahren" und geschieht „diese Erfahrung nicht mehr bloß als die Bedingung einer kategorialen Erkenntnis gegenständlicher Art" (77). Es stellt sich die interpretatorische Frage, ob Rahner mit dieser Erfahrung nur die visio beatifica oder auch schon die diesseitige Begnadung des Menschen meint. Für letzteres spricht, daß Rahner kurz zuvor die „Gnade und die visio beatifica" getrennt anführt (76f) und daß die Erfahrung der Transzendenz bzw. des Woraufhin der Transzendenz in der Gottesschau ja überhaupt nicht (mehr) als Bedingung der Möglichkeit kategorialer Erkenntnis fungiert. Damit

---

92   QD V [1956] 126.
93   Vgl. VII [1958] 489f.
94   VII [1958] 489.490.
95   V 72f; vgl. 77. Siehe Kap. 1.2.1.1.
96   IV 68. Dahingegen interpretiert R. Stolina den Abschnitt (IV 68–75) auf die *natürliche* Transzendenz hin: Stolina [1996] 67f.
97   Vgl. IV 73.77.

stimmt auch eine Anmerkung Rahners im Text zur „... Logik ..."
überein. Dort unterscheidet er bezüglich der übernatürlich erhöhten
Transzendenz[98] zwischen der unthematischen und „der thematisch
gewordenen, als sie selber erlebten Transzendenz"[99] und fährt fort:
„Je intensiver, ..., je mehr die übernatürliche Erhöhung dieser Transzendenz sich geltend macht und dadurch gerade dieser Transzendenz eine Bedeutung und Funktion verliehen wird, die nicht mehr
bloß die der Ermöglichung der Erfassung von innerweltlichen Erkenntnisgegenständen und Gottes mit Hilfe innerweltlich gebildeter
Begriffe ist, sondern eine (im Vergleich zu diesen ‚begriffenen' Erkenntnissen) Unmittelbarkeit und Fürsichständigkeit dieses Vorgriffes auf Gott besagt, um so mehr wird deutlich werden müssen,
daß mit diesem Thematischwerden der Transzendenz und ihres
Woraufhin ein qualitativ anderes als die bloß begleitende, unthematische Transzendenz gegeben ist."[100]

Die faktische, übernatürlich erhöhte Transzendenz des Menschen
hat demnach für Rahner eine doppelte Funktion und Bedeutung.
Einerseits dient sie (vor allem als natürliche) als Bedingung der
Möglichkeit innerweltlichen Erkennens und Handelns. Andererseits
hat sie (vor allem als übernatürliche) eine gewisse Selbständigkeit
und Unabhängigkeit gegenüber der Welt und führt zur Unmittelbarkeit Gottes hin. Die Selbständigkeit der übernatürlich erhöhten Transzendenz auf den unmittelbaren Gott liegt bei Rahner in der Verlängerung der relativen Selbständigkeit der natürlichen Transzendenz
auf das Sein, insofern bereits der natürliche endliche Geist forma in
se subsistens ist[101]. Sie ist aber wesentlich radikaler, weil der dreifaltige Gott als ihr Woraufhin für sich subsistiert, während das Sein
schlechthin als das Woraufhin der natürlichen Transzendenz nur im
Seienden anwesend ist.

Allerdings ist in der zweiten Vorlesung „Über den Begriff des
Geheimnisses ..." Rahners Aussage, das Woraufhin der Transzen-
denz werde „an ihm selber" erfahren, – bereits auf die diesseitige
Begnadigung bezogen – insofern problematisch, als sie sich dann

---

98 QD V 126.
99 QD V 127 Anm. 48. Siehe dazu Kap. 3.1.2.
100 QD V 127 Anm. 48.
101 Kap. 1.3.1.3.

kaum mehr gegen den Ontologismus abgrenzen läßt, dem Rahner immer wieder abschwört. Im „Grundkurs" stellt Rahner in ausdrücklicher Absetzung vom Ontologismus klar, daß das Woraufhin der Transzendenz, sprich Gott, immer nur in der Erfahrung der Transzendenz gegeben ist, daß das Woraufhin nicht an sich selbst, sondern nur in der Erfahrung der subjektiven Transzendenz ungegenständlich gewußt wird.[102] Das gilt auch von der übernatürlich erhöhten Transzendenz und vom angenommenen Gnadenangebot in der Rechtfertigungsgnade.

Die zweite Vorlesung „Über den Begriff des Geheimnisses ..." wirft noch ein weiteres Problem auf. Denn die Gnade soll nicht nur ontologisch die absolute Nähe des heiligen Geheimnisses in der visio beatifica ermöglichen, sondern bedeutet selbst schon, wie Rahner beteuert, die Unmittelbarkeit und Nähe des unbegreiflichen Geheimnisses (IV 75–77).[103] Wie läßt sich aber die gnadenhafte Erhöhung der menschlichen Transzendenz mit dem Modus der abweisenden Ferne ihres Woraufhin vereinbaren, der grundsätzlich den Pilgerstand des Menschen kennzeichnet?

Das Problem löst sich, wenn man Rahners Begriffe der „Ferne" und der „Nähe" nicht statisch und absolut, sondern dynamisch und relativ begreift. Es gibt verschiedene Grade und Stufen der Ferne bzw. Nähe Gottes zum Menschen.[104] Dem Menschen als reiner Natur wäre Gott radikal fern, weil der rein natürliche Mensch niemals zur Unmittelbarkeit Gottes gelangen könnte.[105] Dem real existierenden Menschen ist Gott nicht mehr „einfach und in jeder Hinsicht" fern (IV 84), schenkt er ihm doch in der Gnade des übernatürlichen Existentials schon seine Nähe. Durch die Rechtfertigungsgnade wächst die Nähe und Unmittelbarkeit Gottes, bis sie sich in der absoluten,

102 Gk 73; vgl. IX 167f.
103 Mit dem Begriff der „Nähe" spielt Rahner, wie er es sich im Aufsatz „über das Verhältnis von Natur und Gnade" vornahm (I [1950] 343), bezüglich der Gnade nach der „Selbstmitteilung" und der „Liebe" eine weitere personale Kategorie durch.
104 Zur Bedeutung der Nähe Gottes bei Rahner siehe Dirscherl [1996], speziell zur Rezeption des Heideggerschen Begriffes der „Nähe" und zur Bedeutung dieses Begriffes bei Rahner siehe Dirscherl [1996] 160–181.
105 Eine gewisse und bleibende Nähe Gottes zum Menschen (als „Natur") ist selbstverständlich schon mit dem Verhältnis des Schöpfers zum Geschöpf gegeben.

unvermittelten Nähe Gottes in der visio beatifica vollendet[106]. Nach
Rahner nimmt mit dem Grad der Selbstmitteilung Gottes an den
Menschen und d.h. mit dem Grad der Nähe und Unmittelbarkeit zu
Gott der Geheimnis-Charakter Gottes für den Menschen nicht ab,
sondern im Gegenteil zu. Die Unmittelbarkeit zu Gott – in absoluter
Weise in der visiò – hebt die Unbegreiflichkeit Gottes nicht auf.
Vielmehr geht dem Menschen das absolute Geheimnis, das Gott ist,
dadurch erst richtig auf.[107]

Mit den mysteria strice dicta des Christentums, den Geheimnissen
im strengen, theologischen, absoluten Sinn, von denen der Mensch
nur durch (kategoriale Wort-)Offenbarung weiß, befaßt sich Rahner in
der dritten Vorlesung „Über den Begriff des Geheimnisses in der
katholischen Theologie" (IV 82–99). Es sind die drei der Trinität, der
Inkarnation und der Vergöttlichung des Menschen in Gnade und
Glorie (IV 89).

Die Trinität ist trotz der Heilsökonomie evidentermaßen ein
innergöttliches Geheimnis (89). Bei den beiden anderen Geheimnissen handelt es sich dagegen um ein Verhältnis Gottes zum Nicht-
göttlichen (89). Was die Inkarnation und die Gnade bzw. Glorie miteinander verbindet, ist – in formal-ontologischer Terminologie – die
quasi-formale Ursächlichkeit, die Gott dabei auf die von ihm verschiedene, nicht-göttliche Wirklichkeit des Geschöpfes ausübt, bzw.
– in personaler Terminologie – die Selbstmitteilung Gottes an das
Geschöpf (90.93). In beiden Geheimnissen wird das Endliche mit dem
Unendlichen als solchen begabt, dringt Gott als er selbst in den un-
göttlichen Bereich des Endlichen ein (92). Beide Geheimnisse – die
hypostatische Union der menschlichen Natur Jesu mit dem göttlichen
Logos in der Inkarnation und die Vergöttlichung des Menschen in der
Gnade und Glorie – lassen sich nach Rahner auf die *eine* quasi-formale Selbstmitteilung Gottes an die Kreatur zurückführen, „die sich

---

106 An dieser Stelle kann die Frage auf sich beruhen bleiben, ob man die Unmittelbarkeit Gottes in der visio beatifica noch durch die (reine) Transzendenz des Menschen, die zu seinem bleibenden Wesen gehört und durch
die visio nicht aufgehoben wird, vermittelt denken will oder nicht.
107 Zur „Unmittelbarkeit" Gottes siehe abschließend Kap. 3.1.5.

wesentlich vollzieht als Ausgang Gottes in das andere derart, daß er dem anderen sich schenkt, indem er das andere wird" (93).[108]

Hier in der dritten Vorlesung über den Begriff des Geheimnisses gibt Rahner nun die Kausalität als eindeutiges (ontologisches) Kriterium zur Unterscheidung von Natur und Gnade bzw. Übernatürlichem aus. Im Unterschied zwischen effizienter und quasi-formaler Ursächlichkeit Gottes ist für ihn „der wesentliche und radikale Unterschied zwischen der Natur und dem Übernatürlichen eindeutig begründet" (91). Vom zentralen Begriff der quasi-formalen Selbstmitteilung Gottes aus zeigen sich die drei wesentlichen Unterschiede zwischen dem Natürlichen und dem Übernatürlichen (90f). Bei der „natürlichen" Wirklichkeit der Schöpfung wirkt Gott als *effiziente Ursächlichkeit* (selbstverständlich absolut einmaliger und göttlicher Art), bei den streng übernatürlichen Wirklichkeiten (unio hypostatica, visio beatifica, Rechtfertigungsgnade, übernatürliches Existential) hingegen in *quasi-formaler Ursächlichkeit*. Mit der Kreatur schafft Gott etwas von ihm *absolut Verschiedenes*; im Übernatürlichen gibt sich dagegen Gott als er *selbst* dem Nicht-Göttlichen. In der Schöpfung bringt Gott etwas aus dem *Nichts* (ex nihilo) hervor; beim Übernatürlichen schenkt sich Gott einer *bereits vorhandenen* Kreatur.

Rahner dient der Begriff der „quasi-formalen Selbstmitteilung" Gottes als Schlüssel zum zweiten und dritten Geheimnis des christlichen Glaubens. Der Begriff der „Selbstmitteilung" allein läßt sich aber auch fruchtbar auf das erste, innertrinitarische Geheimnis anwenden. Es geht dann freilich nicht mehr um die quasi-formale Selbstmitteilung Gottes nach außen an das Nicht-Göttliche, sondern um die innere, gegenseitige Selbstmitteilung des Vaters an den Sohn im Heiligen Geist. Eine solche innertrinitarische Selbstmitteilung aus Liebe darf allerdings nicht im Sinne menschlicher interpersonaler

---

108 Neben diesem Zugang zur unio hypostatica von oben, von der Selbstmitteilung Gottes her erwähnt Rahner in diesem Kontext auch den Zugang zur hypostatischen Union von unten, von der Selbsttranszendenz des kreatürlichen Geistes aus (IV 94). In jedem Fall ist nach Rahner die Erhebung des Menschen zur Gnade und Glorie nur auf der Basis der hypostatischen Union wirklich möglich (93); die visio beatifica des Menschen ist und bleibt durch die unio hypostatica Jesu Christi als ihre ontologische Voraussetzung vermittelt (94). Siehe dazu auch „Die ewige Bedeutung der Menschheit Jesu für unser Gottesverhältnis (III [1953] 47–60).

Liebe tritheistisch mißverstanden werden. Die quasi-formale Selbstmitteilung Gottes nach außen gründet in der gegenseitigen, innergöttlichen Liebe als innerer Selbstmitteilung Gottes und bringt diese
zum Ausdruck.

2.1.4 Zwischenfazit

2.1.4.1 Übernatürliches Existential, natürliche und übernatürlich erhöhte Transzendenz

In der zweiten Hälfte der 30er Jahre entwickelte Rahner vor allem
mit „Geist in Welt" (1936) und „Hörer des Wortes" (1937) seinen
philosophischen und fundamentaltheologischen Ansatz von der (natürlichen) Transzendenz des Menschen. Im selben Zeitraum begann
er bereits mit dem Artikel über „Die ignatianische Mystik der Weltfreudigkeit" (1937), der Vorlesung „De gratia Christi" (1937/38) und
dem Aufsatz „Zur scholastischen Begrifflichkeit der ungeschaffenen
Gnade" (1939) seinen gnadentheologischen Ansatz von der übernatürlichen Mitte des Menschen einerseits und von der Gnade als
Selbstmitteilung Gottes andererseits zu entfalten. Innerhalb seiner
Theologie des Übernatürlichen führte er die beiden Stränge um die
übernatürliche Mitte des Menschen und um die quasi-formale Selbstmitteilung Gottes relativ unabhängig voneinander weiter und brachte
sie erst in seiner Theorie vom übernatürlichen Existential (1950)
ansatzweise zueinander. Es ist sicher nicht richtig, wie früher in der
Forschung behauptet wurde, daß Rahner seine Idee vom übernatürlichen Existential allererst 1950 entwickelt habe.[109] Es ist aber richtig,
daß Rahner trotz der gnadentheologischen Vorgeschichte die Gna-
denhaftigkeit des übernatürlichen Existentials erst nach und nach
explizierte, bis er das Existential und die übernatürliche Erhöhung
der Transzendenz direkt als ungeschaffene Gnade und Selbstmitteilung Gottes beschrieb.
    1956 verknüpfte Rahner seinen philosophisch-fundamentaltheolo-
gischen Ansatz von der Transzendenz des Menschen mit seinem

---

109 Siehe Schwerdtfeger [1982] 164–169.

gnadentheologischen Ansatz von der Selbstmitteilung Gottes und vom übernatürlichen Existential in seiner Theorie von der übernatürlich gnadenhaft erhöhten Transzendenz miteinander. In diesem Jahr begann er ausdrücklich zwischen der natürlichen und der übernatürlichen bzw. übernatürlich erhöhten Transzendenz zu unterscheiden. Vorher hatte er die Transzendenz wie selbstverständlich und allermeist unausdrücklich als natürliche behandelt und über einen möglichen Unterschied zwischen ihrer Natürlichkeit und Übernatürlichkeit nicht reflektiert. Freilich sagte er philosophisch und fundamentaltheologisch über die Transzendenz als faktischer schon mehr aus, als das über eine rein natürliche Transzendenz möglich gewesen wäre.[110] So ließ er beispielsweise die Transzendenz des Menschen in „Hörer des Wortes" auf einen freien, personalen Gott aus sein, der sich dem Menschen in der Geschichte offenbaren kann.[111] 1956 führte Rahner via „übernatürliches Existential" und via „übernatürliches Formalobjekt" den Begriff der *„übernatürlich erhobenen* Transzendenz" im Unterschied zu einer *„natürlichen* Transzendenz" ein und entfaltete von da an den inneren Zusammenhang seines philosophisch-fundamentaltheologischen und seines gnadentheologischen Ansatzes.[112]

Etliche natürliche und übernatürliche, ‚negative' und ‚positive' Wirklichkeiten des menschlichen Daseins, wie z.B. die Endlichkeit, die Bedrohtheit, die Sündigkeit, die Erlösungsbedürftigkeit und Erlöstheit, Christus selbst, das Kreuz und die Heilige Schrift nannte Rahner „Existentialien" des Menschen.[113] Unter dem ‚innerlichen' „übernatürlichen Existential" verstand er ursprünglich die übernatürliche Hinordnung des Menschen auf die übernatürliche Gnade und die visio beatifica, die „Fähigkeit" des Menschen „für den Gott der persönlichen Liebe"[114] – dank der Heilstat Jesu Christi und in Christus. Zunehmend sah er in ihm bereits Gnade im eigentlichen Sinn.[115] Wie

---

110 Vgl. I 341.
111 HW 7. Kapitel.
112 Siehe Kap. 2.2.
113 Schwerdtfeger [1982] 169. Zum gesamten Begriff des „übernatürlichen Existentials" siehe Schwerdtfeger [1982] 169–173 und Knoepffler [1993] 68–72.
114 I 339.
115 Vgl. IX 112.

die (Rechtfertigungs-) Gnade im Grunde schon visio beatifica oder deren formaler Anfang und deren ontologische Voraussetzung oder die innere, ungegenständlich bewußte Dynamik auf die visio hin ist[116], so ist das übernatürliche Existential des Menschen im Grunde schon Gnade, formaler Anfang und ontologische Voraussetzung der (subjektiven) Rechtfertigungsgnade und innere, bewußte Dynamik auf diese Gnade hin und durch sie auf die visio beatifica hin. Im übernatürlichen Existential teilt sich dem Menschen Gott schon als er selber in quasi-formaler Ursächlichkeit und auf echt trinitarische Weise mit. Das übernatürliche Existential stellt daher bereits die objektive Rechtfertigungsgnade, die objektive Erlösung dar, wenn auch noch nicht die subjektive Rechtfertigungsgnade, die darin angeboten und erst noch in Freiheit zu übernehmen ist. Durch das übernatürliche Existential ist die Existenz des Menschen real-ontologisch, seinshaft erhöht bzw. gnadenhaft vertieft, zielt der Mensch Gott nicht mehr als den immer fernen, sondern als den unmittelbaren und nahen an, ist seine natürliche Transzendenz auf das Sein übernatürlich gnadenhaft auf Gott hin erhöht und auf das Leben Gottes selbst dynamisiert und finalisiert.

Systematisch betrachtet entsprechen einander auf der einen Seite weitgehend die Transzendenz in ihrer Übernatürlichkeit und das übernatürliche Existential und auf der anderen Seite das Glaubenslicht, das übernatürliche Formalobjekt, der übernatürliche apriorische Horizont und das (übernatürliche) Woraufhin der (übernatürlich erhöhten) Transzendenz. Während jedoch erstere primär für die existentiale Verfassung des Menschen stehen, übernatürlich-dynamisch auf die Unmittelbarkeit und die Selbstmitteilung Gottes hingeordnet zu sein, beziehen sich letztere primär auf Gott selbst, insofern er sich dem Menschen gnadenhaft-apriorisch mitteilt.

Im engeren Sinn meint Rahner mit dem übernatürlichen Existential die übernatürliche, gnadenhafte Erhöhung der (natürlichen) Transzendenz des Menschen, im weiteren Sinn die übernatürlich erhobene Transzendenz als ganze[117], bzw. das Glaubenslicht. Die natürliche

---

116 IV 75.84.91.
117 VIII 360. Rahners weiter Begriff ist freilich insofern inkonsequent, als er das übernatürliche Existential gerade als rein übernatürliche Wirklichkeit einführt, während die übernatürlich erhöhte Transzendenz auch die natürli-

Transzendenz (Natur im theologischen Sinn, potentia oboedientialis)
zusammen mit dem übernatürlichen Existential im engeren Sinn
(Gnade) macht die übernatürlich erhöhte Transzendenz aus. Auch als
gnadenhaft erhöhte ist die Transzendenz für Rahner wesentlich
geschichtlich. Der „Vollzug der übernatürlich erhöhten Transzendentalität des Menschen, des ‚übernatürlichen Existentials' " geschieht
„nicht an seinem geschichtlichen Dasein vorbei, sondern inmitten
seiner konkreten geschichtlichen Existenz. Das ‚übernatürliche Existential' des Menschen hat seine Geschichte in der ganzen Länge und
Breite des geschichtlichen Lebens des Menschen."[118]

Vom übernatürlichen Existential her lassen sich schon einmal vorläufig die hauptsächlichen Unterschiede zwischen der *natürlichen* Transzendenz des Menschen und der *übernatürlich erhöhten* feststellen.
Nach Rahner unterscheidet sich die übernatürlich erhöhte bzw. übernatürliche Transzendenz von der natürlichen *kausal*, *final* und *funktional*.

Insofern die Transzendenz des Menschen natürlich ist, ist sie von
Gott in *quasi-effizienter Kausalität* geschaffen. Insofern sie übernatürlich ist, teilt sich in ihr Gott als er selber in *quasi-formaler Kausalität*
dem Menschen mit.

Die natürliche Transzendenz ist auf das *Sein* hingeordnet, während die übernatürlich erhöhte auf den *dreifaltigen Gott selbst* ausgerichtet ist. Am häufigsten bezeichnet Rahner das Woraufhin der
natürlichen Transzendenz als „Sein überhaupt".[119] Er spricht aber
auch vom „Sein im ganzen"[120] und, sofern man die entsprechenden
Stellen im „Grundkurs" auf die natürliche Transzendenz hin interpretiert, vom „Sein schlechthin"[121], vom unendlichen Sein[122] und
sogar vom „absoluten Sein"[123]. Das „Sein überhaupt" und das „Sein
schlechthin" entspricht dem „esse (commune)" aus „Geist in

----

        che Wirklichkeit der menschlichen Geistigkeit in sich einschließt.
118 VIII [1966] 360.
119 IV 37; QD V 109.126; IV 225; vgl. Gk 44.77.
120 IV 225.
121 Gk 45.77.
122 Vgl. Gk 45.
123 Gk 44.

Welt"[124]. Mit ihm ist primär das Sein im allgemeinen als einheitlicher erfüllter Grund alles Seienden gemeint. Mit ihm wird aber auch schon das absolute Sein, also Gott, mitbejaht und insofern mitgemeint.[125] Rahner erkennt zwar den grundlegenden intensionalen Bedeutungs- unterschied zwischen dem „Sein" und „Gott" an. So weist er etwa dem Philosophen die Aufgabe zu, darüber nachzudenken, wie die transzendentale Verwiesenheit auf das *Sein* und diejenige auf *Gott* „zusammengehören und zu unterscheiden sind" (Gk 69). Er selber hat aber auch im „Grundkurs" keine Bedenken, das „Sein schlecht- hin", „das absolute Sein" oder auch den „Seinsgrund" als das Wor- aufhin der menschlichen Transzendenz und „Gott" selbst ,extensio- nal' miteinander zu identifizieren (Gk 69.77; vgl. IV 225). Das heilige Geheimnis, der personale Gott, ist für ihn als das Woraufhin der Transzendenz zugleich „das absolute Sein oder das Seiende absoluter Seinsfülle und Seinshabe" (Gk 76). Das bedeutet, daß für Rahner bereits die natürliche Transzendenz des Menschen auf *Gott* zielt. Der entscheidende teleologische Unterschied zwischen dem Woraufhin der natürlichen Transzendenz und dem Woraufhin der übernatürlich erhöhten Transzendenz kann demnach nicht darin bestehen, daß erstere auf das Sein und zweitere auf Gott finalisiert ist, sondern muß in dem liegen, *wie* oder *als wer* Gott näherhin angezielt wird. Wäh- rend der Mensch in seiner natürlichen Transzendenz sich Gott nur *asymptotisch* annähern[126], ihn aber nie ganz erreichen könnte, Gott ihm also grundsätzlich fern und unerreichbar bliebe, ist er kraft der gnadenhaften Erhöhung seiner Transzendenz auf die *Unmittelbarkeit* und absolute *Nähe*, auf das *ewige Leben* und die unmittelbare Schau des *dreifaltigen* Gottes ausgerichtet.[127] Die natürliche Transzendenz des Menschen zielt zwar schon auf das Unendliche oder den Unendli- chen, sie verläuft zwar „*vor* dem Unendlichen", bleibt aber doch immer „im Endlichen"[128], insofern sie Gott, den Unendlichen, nie ganz erreicht. Trotz ihrer Orientierung auf das Unendliche ist sie durch eine „Krümmung ins Endliche hinein" gekennzeichnet, von der

---

124 GW 142–144.
125 Kap. 1.1.
126 Z.B. IX 165; X 108; HR 22.
127 Z.B. IV 225.
128 X 168.

sie nur durch die Gnade Gottes befreit wird.[129] Das aber verweist schon auf den funktionalen Unterschied zwischen der natürlichen und der übernatürlich erhöhten Transzendenz des Menschen.

Während die Transzendenz als natürliche für den Menschen ganz in der *Funktion* und *Bedeutung* aufgeht, Bedingung der Möglichkeit innerweltlichen Erkennens und Handelns zu sein, hat die Transzendenz als übernatürliche die Funktion und die Bedeutung, den Menschen jetzt schon auf die *Unmittelbarkeit* und die *absolute Nähe* Gottes auszurichten. Zwar teilt Rahner ursprünglich im Text über „Die Logik ..." die unterschiedlichen Funktionen und Bedeutungen nicht einfach und direkt auf die Transzendenz als natürliche und die Transzendenz als übernatürliche auf; vielmehr spricht er dort beide Funktionen der einen übernatürlich erhöhten Transzendenz zu.[130] Aber seine weiteren indirekten Aussagen dazu lassen sich eindeutig in diesem Sinn interpretieren.[131] Im Vortrag über „Kirche, Kirchen und Religionen"[132], 1966, schreibt er: „Die göttliche Selbstmitteilung (mindestens als angebotene und der kreatürlichen Freiheit als Möglichkeit ihrer Heilstat vorgegebene) ... überhöht die unbegrenzte Transzendentalität der geistigen Person so, daß diese nicht bloß die Bedingung geistiger personaler und freier Humanität ist, sondern zur Transzendentalität auf die Unmittelbarkeit Gottes selbst hin wird" (VIII 359). Sieht man von der gnadenhaften Selbstmitteilung Gottes ab, ist die „Gegebenheit des Woraufhin der Transzendenz ... die Gegebenheit einer solchen Transzendenz, die immer nur als Bedingung der Möglichkeit einer kategorialen Erkenntnis und nicht für sich allein gegeben ist."[133] Für Rahner ist es im Artikel über die „Mystik – Weg des Glaubens zu Gott", 1978, selbstverständlich, daß die „Transzendenzerfahrung faktisch immer getragen ist von der Selbstmitteilung Gottes. Durch das, was wir Heiligen Geist, Gnade, übernatürliche Tugenden des Glaubens, der Hoffnung und der Liebe nennen, ist diese Transzendentalität radikalisiert auf ein wirklich bei Gott als solchem Ankommen-Können. Durch die Gnade ist die Tran-

---

129   VI 486 = VIII 346.
130   QD V [1956] 126f einschließlich Anm. 48.
131   Vgl. Stolina [1996] 139–141.
132   VIII 355–373.
133   Gk 73; vgl. IV 77.

szendentalität des Menschen nicht mehr nur bloße Bedingung der
Möglichkeit des kategorialen Umgangs mit der Welt, ist auch nicht
mehr bloß auf einen niemals erreichbaren asymptotischen Punkt,
Gott genannt, ausgerichtet, sondern es ist dieser Transzendentalität
durch Gott selbst in seiner gnadenhaften, pneumatischen Selbstmitteilung zugesagt, daß sie das auch erreicht."[134] Nach Rahner dient
dem Menschen die natürliche Transzendenz als Bedingung der Möglichkeit seines kategorialen Erkennens und Handelns, während ihn
die Transzendenz als übernatürlich erhöhte auf die Unmittelbarkeit
Gottes ausrichtet.[135]

134 HR 21f.
135 R. Stolinas Darstellung und Auslegung der Transzendenztheorie von Rahner darf in drei Punkten, die miteinander zusammenhängen, kritisch hinter-
fragt werden.
1. Für R. Stolina scheinen das „absolute Sein", welches das „Woraufhin"
der natürlichen Transzendenz ist, und „Gott", der das „Woraufhin" der
übernatürlich erhöhten Transzendenz ist, nicht nur intensional, sondern
‚extensional', d.h. sachlich zu divergieren (Stolina [1996] 67–69.154–158).
Deshalb kann er es unter anderem „verwunderlich" finden, daß Rahner
bereits die natürliche Transzendenzerfahrung für eine *Gottes*erfahrung hält
(154; vgl. 69f). Für Rahner ist jedoch von der thomistischen Tradition her
mit dem „absoluten Sein" schon „Gott" gemeint und geht die natürliche
Transzendenz des Menschen schon auf Gott, wenn auch nur als asymptotisch annäherbaren.
2. R. Stolina hebt einseitig Rahners negative Einschätzung der natürlichen
Transzendenz hervor (Stolina [1996] 140f.157f). Das dürfte u.a. daraus
resultieren, daß er die *tatsächliche* Bedeutung der Philosophie im Werk
Rahners unterbewertet (15.19–22). Insbesondere wenn man das philosophische Frühwerk Rahners einbezieht, muß man jedoch konstatieren, daß bei
Rahner aufs Ganze eine ‚neutrale' bis positive Einschätzung der natürlichen
Transzendenz überwiegt. Auch theologisch hält Rahner immerhin an der
Möglichkeit einer natürlichen Seligkeit und damit einer Art natürlichen
Erfüllung der (natürlichen) Transzendenz des Menschen fest, die er sich
zuerst noch als „Vollendung" (IV [1960] 232), später dann nur noch als
„positiv sittliche Endgültigkeit" (VIII [1966] 603) denkt (siehe Schwerdtfeger [1982] 197–199).
3. R. Stolina deutet die natürliche Transzendenzerfahrung bei Rahner
einfachhin realistisch und unterscheidet dementsprechend so zwischen
einer natürlichen Transzendenzerfahrung und einer übernatürlich erhöhten
als zwei spezifischen Erfahrungen (Stolina [1996] 71.133f), als handelte es
sich um zwei *separate* Erfahrungen oder Erfahrungsreihen. Nach Rahner ist
jedoch dem Menschen in der jetzigen faktischen Heilsordnung eine [rein]
natürliche transzendentale Erfahrung für sich nicht möglich (z.B. I 340 und
QD V 126). Es läßt sich nur hypothetisch fragen, inwieweit der Mensch

2.1.4.2 Der ‚Ort‘ der „übernatürlich erhöhten Transzendenz" in
Rahners Systematik[136]

Nach Rahner[137] wird die *Natur* von Gott in *effizienter Ursächlichkeit*
als das Ihm gegenüber andere aus dem Nichts hervorgebracht. Das
Übernatürliche kommt hingegen durch die Selbstmitteilung Gottes an
die (menschliche) Kreatur in *quasi-formaler Ursächlichkeit* zustande.
Mit der „Selbstmitteilung Gottes" – dem „Rahnerbegriff par excel-
lence"[138] – überträgt Rahner die „quasi-formale Kausalität" von der
formal-ontologischen in die personale und realontologische sowie
einschlußweise (als „Mitteilung") in die gnoseologische Begrifflichkeit. Die *Selbstmitteilung* Gottes wird zur realen Bestimmung des
Menschen, wobei sich Gott nicht an sich selbst ändert („quasi...“),
aber doch selber als reale Bestimmung des Menschen eine Veränderung haben kann („...formal")[139]. Gott schuldet dem Geschöpf – ob als
möglichem oder als real existierendem, ob als schuldig gewordenem
(Ursünde) oder unschuldig gebliebenem – seine Selbstmitteilung
nicht, auch nicht infolge seiner Weisheit, Güte und Gerechtigkeit.
Sein Selbstangebot ist und bleibt das *ungeschuldete* Wunder seiner
freien Liebe. Die freie Selbstmitteilung Gottes aus Liebe[140] (d.i. das

bestimmte transzendentale Erfahrungen auch schon machen würde, wenn
er rein natürlicher Geist wäre, was er aber nicht ist. Im hypothetischen
Sinn ließen sich diese Erfahrungen dann auf das „Konto" der Natur buchen
(vgl. I 340). Allerdings verleitet Rahner selber mit seiner zum Teil realistischen Sprechweise zu diesem Mißverständnis, als gebe es eine Reihe
von rein natürlichen Transzendenzerfahrungen und eine reine Natur als
eigenen Bereich des Menschen und *daneben* eine Reihe von übernatürlichen Erfahrungen und einen übernatürlichen Bereich im Menschen (vgl.
Knoepffler [1993] 72). Siehe dazu Kap. 2.2.3 und 2.2.4.

136 Zur Gesamtsystematik von Rahners Denken siehe vor allem Lehmann
[1970], Weger [1978], Vorgrimler [1985], Dych [1992], Losinger [1992] und
Hilberath [1995].

137 Siehe zum folgenden vor allem auch Rahners einschlägige Lexikonartikel zu
„Übernatürliches" bzw. „Übernatürliche Ordnung", „Selbstmitteilung
Gottes", „Gnade", „Anschauung Gottes", „Potentia oboedientialis" u.a. in
LThK, SM, HTTL und KTW.

138 Siebenrock [1994] 36.

139 HTTL VII 37 („Selbstmitteilung").

140 Der Begriff der Selbstmitteilung Gottes (aus Liebe) findet sich in der 15.
Anweisung und in der Betrachtung „de amore" in den ignatianischen Exerzitien (EB Nr. 15.231.234). Zu den Anfängen und dem ignatianischen Hin-

Übernatürliche) macht das erste und letzte Ziel, die innere Bestimmung und den eigentlichen Sinn der Schöpfung (d.i. des Natürlichen) aus.

Das so durch die quasi-formale Selbstmitteilung Gottes bestimmte Übernatürliche umfängt das zweite und das dritte zentrale christliche Geheimnis: die *Inkarnation* und die *Glorie* bzw. *Gnade*. (Die Selbstmitteilung für sich genommen kann dazu dienen, auch das erste Geheimnis der „immanenten", d.h. in Gott selbst gegebenen *Dreifaltigkeit* Gottes, mit der nach Rahner die „ökonomische", d.h. dem Menschen gegenüber heilswirksame Dreifaltigkeit identisch ist[141], zu erhellen.) Wegen der Christozentrik der Schöpfungs- und Erlösungsordnung impliziert nach Rahner der Wille Gottes zur Menschwerdung als hypostatischer Selbstmitteilung in Jesus Christus den Willen zur Begnadigung aller Menschen und den Willen zur Schöpfung. Im weitesten Sinn umspannt bei Rahner die „*Gnade*" sowohl die jenseitige *Glorie* bzw. *visio beatifica* (als endgültige Phase der Gnade) als auch die Vergöttlichung im diesseitigen Leben (als erste, geschichtliche Phase der Gnade), im engeren Sinn aber nur letztere. Innerhalb der letzteren läßt sich dann noch einmal die eigentliche *Rechtfertigungsgnade* – als Gnade im engsten Sinn – von der anfanghaften Gnade im *übernatürlichen Existential* scheiden. Der göttlichen Willens-, Ziel- und Sinnordnung nach ist die Schöpfung (als Natur) „logisch" und ontologisch der Gnade unter- und nachgeordnet und auf die Gnade hingeordnet, ist innerhalb der Gnade (im engeren Sinn) das übernatürliche Existential auf die Rechtfertigungsgnade hingeordnet, die Gnade wiederum auf die visio beatifica und diese auf die unio hypostatica als dem letzten und umfassenden Ziel der göttlichen Selbstmitteilung. Dabei ist jeweils das „logisch" Unter- und Nachgeordnete seinerseits ontologische Voraussetzung des Über- und Vorgeordneten, von dem es als seinem Ziel ontologisch („finalursächlich") getragen wird.

---

tergrund des Begriffs der „Selbstmitteilung Gottes" bei Rahner siehe Zahlauer [1996] 86–92.

141   KTW 91 („Dreifaltigkeit"); vgl. IV 115; MySal II 328; Gk 141f.

Da Gnade im wesentlichen der sich selbst mitteilende Gott selber ist, ist sie primär *ungeschaffene* Gnade. *Geschaffene* Gnade[142] ist immer nur in Abhängigkeit von ungeschaffener gegeben – sei es als Grund (Voraussetzung), als Begleiterscheinung oder als Folge (Auswirkung) von ihr. Rahner spricht im allgemeinen nur in bezug auf die Selbstmitteilung Gottes (inklusive der ungeschaffenen Gnade) vom *„streng* Übernatürlichen" – im Unterschied zum Übernatürlichen im weiteren Sinn, zu dem dann neben der geschaffenen Gnade u.a. die Wortoffenbarung, die Urstandsgaben und Wunder gerechnet werden können. Die geschaffene Gnade vollendet sich im jenseitigen *lumen gloriae* (Glorienlicht), das die letzte, notwendige, geschaffene, gnadenhafte Disposition für die Anschauung Gottes bildet und schon im diesseitigen Leben grundgelegt ist und wachsen kann.[143] Als erste und wesentliche Gnade, auf der die ganze Begnadigung des Menschen beruht, stellt Rahner die *streng übernatürliche, ungeschaffene* Gnade ins Zentrum der Gnadentheologie.

Rahner bestimmt und begründet die „Ungeschuldetheit" der Gnade durch ihre (strenge) „Übernatürlichkeit", und umgekehrt. So hat für ihn einerseits die juridische Ungeschuldetheit der Gnade ihren inneren Grund in deren metaphysischer Übernatürlichkeit.[144] Andererseits gilt ihm die Gnade als übernatürlich, insofern sie ungeschuldet ist.[145] Vereinfacht gesagt, ist die Gnade „übernatürlich", insofern sie in der *Selbstmitteilung Gottes* in *quasi-formaler Ursächlichkeit* besteht, und „ungeschuldet", insofern die Selbstmitteilung Gottes in der *freien Liebe* Gottes besteht bzw. aus freier Liebe geschieht[146].

---

142 Die geschaffene Gnade galt in der Tradition als von Gott (effizient) hervorgebrachte, aber doch genuin übernatürliche Wirklichkeit, die der Mensch durch die Taufe empfängt, durch die er (als habituelle Gnade) gerechtfertigt ist (d.i. heiligmachende Gnade bzw. Rechtfertigungsgnade) und die die ungeschaffene Gnade (d.i. die Einwohnung des Hl. Geistes) bedingt. Als aktuelle Gnade (im Unterschied zur habituellen) ermöglicht sie die Heilsakte des Menschen. Vgl. KTW 156–160 („Gnade").
143 KTW 25.
144 HTTL III 131f („Gnade"); vgl. z.B. KTW 424 („Übernatürliches").
145 Z.B. I 339; HTTL III 134 („Gnade"); HTTL VII 369 („Übernatürliche Ordnung").
146 Siehe z.B. Gk 129.

Im Kontext des Übernatürlichen macht Rahner von der philosophischen Ursachenlehre theologisch vollen Gebrauch. Die effiziente Kausalität und die (quasi-)formale Kausalität dienen ihm dazu, die Natur und das Übernatürliche gegeneinander abzugrenzen. Mit Hilfe der Finalursächlichkeit erklärt er, wie Natur und Übernatürliches zusammenhängen. Die Natur ist „finalursächlich" auf das Übernatürliche ausgerichtet, das seinerseits in sich „finalursächlich" gestuft ist. Schließlich können innerhalb des Übernatürlichen die Material- und die (quasi) Formal-Ursächlichkeit Einheit und Verschiedenheit von geschaffener und ungeschaffener Gnade bzw. von lumen gloriae und Glorie erhellen. Ersteres ist jeweils materiale Voraussetzung und Disposition für die (quasi-formale) Selbstmitteilung Gottes.

Rahner kennzeichnet das streng Übernatürliche durch die quasiformale Selbstmitteilung Gottes aus freier Liebe an die Kreatur. Der Selbstmitteilung Gottes seitens des Übernatürlichen entspricht in seinem theologischen System unmittelbar-inhaltlich die *potentia oboedientialis* des Menschen seitens der Natur. Die Selbstmitteilung Gottes ist der Inbegriff des Übernatürlichen, die potentia oboedientialis des Menschen der Inbegriff der *Natur*. Die beiden Begriffe sind komplementär. Die potentia oboedientialis ist die natürliche, wesensmäßige Offenheit, die „‚gehorsamheitliche' Empfangsfähigkeit" des Menschen für die Selbstmitteilung Gottes, sei es als (kategoriale) Wortoffenbarung in Jesus Christus oder als (transzendentale) Offenbarung im Heiligen Geist (übernatürliches Existential), sei es als Begnadigung des Menschen in Gnade und Glorie oder als hypostatische Union. Wie das Übernatürliche seinen letzten und umfassenden Sinn in der hypostatischen Union hat, so gipfelt theologisch gesehen die Natur des Menschen in der potentia oboedientialis für die hypostatische Union, die freilich nur in einem einzigen Menschen realisiert und erfüllt ist.[147]

Der Begriff der (natürlichen) *„Transzendenz"* des Menschen ist weniger speziell als der der „potentia oboedientialis", zumal in „Hörer des Wortes", wo letzterer die Pflicht des Menschen impliziert, in der Geschichte auf eine mögliche Wortoffenbarung Gottes zu horchen. Die „Transzendenz" steht allgemein für die Geistigkeit des

---

147 Z.B. IV 142–145; V 209; V 234.

Menschen, für seine metaphysische dynamische Offenheit für Sein und Gott. Die potentia oboedientialis beschränkt Rahner strikt auf die Natur des Menschen. Sie macht das theologische Wesen der menschlichen Natur aus. Die Transzendenz als ganze hingegen läßt er durch das übernatürliche Existential in die übernatürliche Wirklichkeit hineinreichen.

Was den systematischen Stellenwert und die heuristische Bedeutung in Rahners Theologie anbelangt, darf der Begriff der „Transzendenz" des Menschen als Pendant zum Begriff der „Selbstmitteilung" Gottes eingeschätzt werden. Wie die „Selbstmitteilung" Gottes den Schlüssel zu seiner Theologie im engeren, dogmatischen Sinn liefert, so die „Transzendenz" des Menschen zu seiner philosophischen und theologischen Anthropologie. Erstere repräsentiert seine Theologie ‚von oben'[148], letztere seine Theologie ‚von unten'. Die beiden Schlüsselbegriffe verbindet Rahner miteinander im Begriff der *„übernatürlich erhöhten Transzendenz"* des Menschen.

2.2 Die übernatürlich erhöhte Transzendenz des Menschen

Kapitel 2.2 verfolgt das Thema der „übernatürlich erhöhten Transzendenz" bei Rahner weiter, jetzt aber nicht mehr überwiegend chronologisch, sondern in erster Linie systematisch.[149] Die veränderte Vorgehensweise hat ihren Grund in den vorliegenden Texten.

---

148 Eine ausgezeichnete systematische Darstellung von Rahners Theologie der „Selbstmitteilung Gottes" und damit von seiner Theologie ‚von oben' bietet Stolina [1996] 32–60.

149 Dabei beschränkt sich die Darlegung, analog zu Kap. 1.2, hauptsächlich auf Texte aus den „Schriften zur Theologie" bis zum Erscheinen des „Grundkurses", 1976, und auf den „Grundkurs" selber. Danach wandelte sich Rahners Transzendenztheorie unter gnadentheologischer Rücksicht nicht mehr; siehe z.B. „Erfahrung des Heiligen Geistes" (XIII [1977] insbesondere 236–238) oder „Transzendenzerfahrung aus katholisch-dogmatischer Sicht" (XIII [1978] insbesondere 216–219). Texte zur Transzendenz nach 1976 kommen unter spiritueller Rücksicht in Kap. 3.1 zur Sprache.

Zwar befaßte sich Rahner auch noch in den sechziger und siebziger Jahren in längeren Texten ausführlich mit dem Thema; z.B. in dem bereits mehrfach erwähnten Aufsatz „Natur und Gnade" (IV [1960] 209–236), in dem er zehn Jahre nach seinem Artikel „Über das Verhältnis von Natur und Gnade" dasselbe Problem, nur etwas anders akzentuiert, noch einmal aufrollte; oder 1976 im „Grundkurs", dessen „Vierten Gang" er weitgehend dem Thema widmete (Gk 122–139). Aber seine Bemerkungen dazu sind ansonsten über viele Aufsätze verstreut und fallen meist relativ kurz aus, weil es ihm nur darum zu tun ist, im jeweiligen Kontext seinen Ansatz zu skizzieren. Zudem wiederholen sich diese Bemerkungen nicht nur inhaltlich, sondern auch sehr stark in den Formulierungen. Besondere Entwicklungen bezüglich des Themas sind innerhalb des Zeitraumes von 1960 bis 1976 nicht zu verzeichnen.

Deshalb werden im folgenden Rahners Ausführungen zur übernatürlich erhöhten Transzendenz des Menschen nach 1959 systematisch unter einzelnen Gesichtspunkten, die aus dem vorigen Kapitel (2.1) bereits großteils bekannt sind, dargestellt. Thematisch ist zu vertiefen, in welchem Sinn die übernatürliche Erhöhung der Transzendenz schon Gnade ist (Kapitel 2.2.1), was es bedeutet, daß die übernatürliche Erhöhung der Transzendenz ein Existential ist (Kapitel 2.2.2), nach welchen Kriterien Rahner die reale, übernatürlich erhöhte Transzendenz von einer möglichen, rein natürlichen Transzendenz unterscheidet (Kapitel 2.2.3), und wie das Natürliche und das Übernatürliche in der faktischen Transzendenz zueinander vermittelt sind (Kapitel 2.2.4).

2.2.1 Die übernatürliche Erhöhung der Transzendenz als Gnade

2.2.1.1 Die übernatürliche Erhöhung der Transzendenz als Gnadenangebot und Gnadenwirklichkeit

Auf der einen Seite spricht Rahner in bezug auf die übernatürliche Erhöhung der Transzendenz des Menschen vom „Angebot" der

Gnade[150], vom „Angebot Gottes"[151] und vom „Selbstangebot Gottes"[152], das allen Menschen zukommt. Wegen des allgemeinen Heilswillens Gottes ist die Gnade allen Menschen gegenüber immer „angeboten".[153] Im übernatürlichen Existential ist dem Menschen die Gnade „mindestens als angebotene"[154], mindestens im „Modus des Angebotes"[155] oder in der „Modalität ... des Angebotes"[156] gegeben. In einigen Texten hebt Rahner den *Angebots*-Charakter dieser Gnade in geradezu auffälliger Weise hervor, wohl um dem Mißverständnis vorzubeugen, der Mensch sei durch diese angebotene Gnade allein schon gerechtfertigt.[157] In späteren Texten fügt Rahner auch des öfteren eigens hinzu, daß sich dieses Gnadenangebot Gottes an die Freiheit des Menschen richtet.[158]

Auf der anderen Seite nennt Rahner die übernatürliche Erhöhung der Transzendenz sehr häufig direkt und ohne Einschränkung „Gnade".[159] Dem Menschen ist die *Gnade* als caritas eingegossen[160]; seine geistige Bewegung auf das übernatürliche Ziel hin ist getragen von der Gnade, vom Pneuma.[161] Er macht die Erfahrung der Gnade des übernatürlichen Existentials[162], macht die transzendentale und *gnadenhaft* unmittelbare Erfahrung Gottes.[163] Die menschliche Transzendentalität ist durch den Heiligen Geist *begnadet*.[164] Und diese Gnade besagt nach Rahner, daß dem Menschen der Heilige Geist Gottes bereits mitgeteilt, ihm das göttliche Pneuma bereits gegeben ist, daß er des göttlichen Wesens teilhaft und jetzt schon Sohn Gottes ist – wenngleich noch verborgen.[165]

---

150 Z.B. IV [1960] 227; VI [1964] 549.
151 Z.B. Gk 124.
152 Z.B. Gk 135.
153 Z.B. VI [1964] 68; VI [1965] 487.
154 Z.B. VIII [1966] 359.
155 Z.B. IX [1969] 106; Gk 133.
156 Z.B. Gk 124.
157 Z.B. X [1971] 539–542; auch Gk 124–135.
158 Z.B. X [1971] 540–542; Gk 124.130.133f.
159 Z.B. IV [1960] 226–229; V [1961] 73; VI [1965] 293.
160 VI [1965] 295.
161 X [1972] 168.
162 VIII [1966] 360.
163 VI [1965] 294.
164 X [1972] 179.
165 Gk 126.

Insofern ungeschaffene Gnade Selbstmitteilung Gottes ist, teilt sich Gott bereits als er selbst in der übernatürlich erhobenen Transzendenz dem Menschen mit. Auch das formuliert Rahner deutlich. Gott *gibt sich selbst* von sich aus der Dynamik der Transzendenz des menschlichen Geistes und hat sich ihr schon von vornherein eingestiftet.[166] Die übernatürliche Erhöhung des Menschen entstammt der „personalen Selbstmitteilung Gottes in Freiheit".[167] Gott *teilt sich selbst* „durch seine eigene gnadenhafte Selbstmitteilung ... schon immer als göttlicher Wahrheitshorizont und Bereich der Liebe dem Menschen" in dessen geistiger Bewegung *mit*.[168] Im „Grundkurs" bevorzugt Rahner den Terminus „Selbstmitteilung Gottes" gegenüber dem Terminus „Gnade" und verwendet diesen Terminus ständig. Er definiert den Menschen im „Vierten Gang" als „das Ereignis der absoluten Selbstmitteilung Gottes"[169], und das in einem faktischen Sinn.[170]

Die Spannung innerhalb des Begriffs vom übernatürlichen Existential zwischen „bloß" angebotener und tatsächlich schon ergangener Gnade bzw. Selbstmitteilung Gottes spiegelt sich auch in den Begriffen der „Möglichkeit" und „Wirklichkeit" wider. Die übernatürliche Gnade ist dem Menschen als Möglichkeit (des freien Heilshandelns) geschenkt[171], im „Modus ... der Ermöglichung heilshaften Handelns" gegeben.[172] Des öfteren führt Rahner beides zugleich an. So ist die Gnade „die innerste Möglichkeit und Wirklichkeit des Empfangs der Selbstmitteilung Gottes"[173], ist „immer angeboten und in allem wirksam"[174], ist *angeboten* und zugleich *vorgegeben*, zugleich *eingestiftet*.[175] In der übernatürlichen Erhebung ist dem Menschen Gnade schon seinshaft und real „mitgeteilt ... oder angeboten".[176]

166 V [1962] 123.
167 V [1962] 123.
168 VIII [1966] 361; vgl. X [1971] 108.
169 Gk 122.125.132f.
170 Gk 134.
171 IV [1960] 227; VIII [1966] 359.
172 X [1971] 539.
173 VI [1964] 69.
174 VI [1964] 68.
175 Z.B. VIII [1966] 359.361; X [1971] 540; Gk 134.
176 V [1962] 123.

Die Spannung löst sich, wenn man zwei Sachverhalte bei Rahner bedenkt. Erstens ist klar zwischen zwei grundlegenden Modi oder Zuständen der *Rechtfertigungsgnade* zu unterscheiden: der Rechtfertigungsgnade, insofern sie als *angebotene* den Menschen *objektiv* rechtfertigt, und der Rechtfertigungsgnade, insofern sie als *angenommene* den Menschen auch *subjektiv* rechtfertigt. Zweitens sind *Angebotensein* und *wirkliches Gegebensein* der Gnade kein Gegensatz. Auch angebotene Gnade ist schon wirkliche und wirksame Gnade.

Rahner bezeichnet die Gnade, die dem Menschen in der übernatürlichen Erhöhung seiner Transzendenz angeboten wird, schon als „rechtfertigende Gnade"[177], als „Glaubens- und Rechtfertigungsgnade".[178] Durch die objektive Rechtfertigungsgnade ist der Mensch aber noch nicht notwendig (subjektiv) gerechtfertigt.[179] Er wird es erst, indem er das existentiale Gnadenangebot tatsächlich annimmt. So gesehen ist die existentiale Gnade des Menschen *wirkliche* objektive Rechtfertigungsgnade und *mögliche* subjektive Rechtfertigungsgnade, letztere insofern, als sie das übernatürliche Heilshandeln des Menschen und somit seine subjektive Rechtfertigung, Erlösung und Heiligung ermöglicht.[180]

Auch im „Grundkurs" hält Rahner die verschiedenen Modi der Rechtfertigungsgnade auseinander, hier allerdings in der Begrifflichkeit der „Selbstmitteilung Gottes". Die gnadenhafte Selbstmitteilung Gottes kann „in einer doppelten Modalität" gegeben oder gedacht sein: „in der Modalität der vorgegebenen Situation des Angebotes, des Anrufs der Freiheit des Menschen einerseits und in der wiederum doppelten Modalität der Stellungnahme zu diesem Angebot der Selbstmitteilung Gottes als eines bleibenden Existentials des Menschen anderseits, d.h. in der Modalität der durch die Freiheit des Menschen angenommenen oder abgelehnten Selbstmitteilung Gottes." (Gk 124)

Das übernatürliche Existential, durch das der Mensch dank der göttlichen Selbstmitteilung eine „absolute Unmittelbarkeit" zu Gott besitzt, kann dementsprechend „im Modus der bloßen Vorgegeben-

---

177 IX [1970] 251.
178 X [1971] 539.
179 IV [1960] 227.
180 Z.B. IV [1960] 227.

heit, im Modus der Annahme und im Modus der Ablehnung" existieren (Gk 134). Beim „Unmündigen" ist es „im bloßen Modus des Angebotes", beim „Mündigen" entweder „im Modus der Annahme (= Rechtfertigung)" oder „im Sünder im Modus der Ablehnung" gegeben.[181] An der betreffenden Stelle im „Grundkurs" erklärt Rahner auch ausdrücklich, daß die Gnade und die Selbstmitteilung Gottes im übernatürlichen Existential auch als *angebotene* schon *wirkliche* Gnade und *wirkliche* Selbstmitteilung Gottes ist (Gk 134). Auch im Modus der bloßen Vorgegebenheit und der Ablehnung ist dem Menschen die Selbstmitteilung Gottes wirklich gegeben, „da natürlich auch ein Angebot als bloß vorgegebenes oder als ein durch die Freiheit abgelehntes nicht als eine Mitteilung, die sein könnte, aber nicht ist, sondern als eine Mitteilung gedacht werden muß, die wirklich erfolgt ist" (Gk 134).

Der Begriff des „Angebotes" darf also bei Rahner nicht so mißverstanden werden, als sei dem Menschen in seiner übernatürlich erhobenen Transzendenz die Gnade und die Selbstmitteilung bloß als Möglichkeit gegeben. Sie sind ihm in seiner geistigen Existenz von Gott als Wirklichkeit geschenkt und eingestiftet. Der Gegenbegriff zum „Angebot" der Selbstmitteilung von seiten Gottes ist die „Annahme" von seiten des Menschen.[182]

Daß es sich beim Gnadenangebot für Rahner schon um wirkliche, und nicht nur um mögliche Gnade handelt, geht auch noch aus einer weiteren Überlegung im „Grundkurs" hervor. Nach Rahner muß nämlich die Annahme der Selbstmitteilung Gottes von der angebotenen Selbstmitteilung Gottes selber getragen sein[183]; d.h. die Selbstmitteilung Gottes als angebotene ist auch die notwendige Bedingung der Möglichkeit ihrer Annahme (Gk 134); die Annahme der Gnade ist „noch einmal Ereignis der Gnade selbst" (Gk 124). Gott ist in seiner Selbstmitteilung an den Menschen „Geber und Gabe und Grund der Annahme der Gabe in einem" (Gk 131). Das Angebot der Gnade (die objektive Rechtfertigungsgnade) muß demnach selbst schon wirkli-

---

181 XIV [1980] 99. In diesem Text behandelt Rahner das übernatürliche Existential als „Stand", als „Status" des Menschen („status naturae elevatae").

182 Treffend bezeichnet R. Stolina daher die angebotene Gnade als „Gnadengabe": Stolina [1996] 63.65f.

183 Gk 124.134.

che und wirksame Gnade sein. Zur Begründung führt Rahner u.a. ein voluntatives, vor allem aber ein metaphysisches Argument an. Zum einen entspringt die konkrete Freiheitstat der Annahme der Gnade dem Ursprung aller Wirklichkeit – also Gott selbst – und wird durch ihn ermächtigt (Gk 125). Zum anderen beläßt der kreatürliche Akt der Annahme göttlicher Selbstmitteilung das Angenommene nur dann in seiner Göttlichkeit und depotenziert es nicht zum Endlichen, zum Kreatürlichen als solchen, wenn dieser kreatürliche Akt noch einmal von der Selbstmitteilung Gottes, von der Gnade Gottes getragen ist.[184]

2.2.1.2 Die übernatürliche Erhöhung der Transzendenz als transzendentale Selbstmitteilung und transzendentale Offenbarung Gottes

In der übernatürlichen Erhöhung der Transzendenz teilt sich nach Rahner Gott real als er selber dem Menschen mit. Um den Begriff der *Selbstmitteilung Gottes* dreht sich der „Vierte Gang" des „Grundkurses". Es handelt sich dabei um eine *seinshafte*, aber nicht gegenständliche, sondern *personale* Selbstmitteilung (Gk 122f).[185] Die Selbstmitteilung hat zwei Phasen: die (Rechtfertigungs-) Gnade und die unmittelbare, endgültige Anschauung (Gk 124)[186]. Die Gnade bereitet den Menschen auf sein übernatürliches Ziel vor; in der Anschauung Gottes vollendet sich die Begnadigung des Menschen. So betrachtet ist die Gnade des übernatürlichen Existentials bzw. die objektive Rechtfertigungsgnade als der reale Beginn der ersten Phase der einen göttlichen Selbstmitteilung aufzufassen.

Von der Selbstmitteilung Gottes prädiziert Rahner hauptsächlich zwei Wirkungen auf den Menschen: sie ist vergöttlichend[187] und vergebend.[188] Durch seine Selbstmitteilung vergöttlicht Gott den Menschen, läßt ihn an seiner eigenen göttlichen Natur und seinem

---

184 Gk 125.134.
185 Vgl. z.B. V [1962] 123.
186 Vgl. z.B. IV [1960] 220.
187 Z.B. VI [1965] 286.293; VIII [1966] 359; VIII [1966] 600; Gk 124.126.
188 Z.B. IX [1969] 175.

eigenen göttlichen Wesen teilhaben. Und in seiner Selbstmitteilung vergibt Gott dem Menschen. Gott „vergibt, *indem* er sich selbst gibt" (Gk 137). Den Aspekt der Vergebung betont Rahner insbesondere in seinen späteren Texten.[189] Er möchte damit auch den dunklen Seiten des Menschseins, der Schuld und der Sünde, Genüge tun (Gk 123).

Die Selbstmitteilung Gottes im übernatürlichen Existential bzw. als bleibendes übernatürliches Existential bezeichnet Rahner auch als „transzendentale Selbstmitteilung"[190] und als „existentielle Selbstmitteilung"[191]. Ihr korrespondiert die geschichtliche Selbstmitteilung Gottes. In der geschichtlichen Selbstmitteilung, d.h. der (ausdrücklichen und amtlichen) Heils- und Offenbarungsgeschichte, wird die gnadenhaft existentielle Selbstmitteilung objektiviert und zu sich selbst vermittelt.[192] Die geschichtliche (und die transzendentale) Selbstmitteilung Gottes hat ihren absoluten, eschatologischen und irreversibel siegreichen Höhepunkt in Jesus von Nazareth, in dessen hypostatischer Union die Selbstmitteilung Gottes der Menschheit nicht bloß in unüberbietbarer Weise angeboten, sondern auch vollkommen und definitiv angenommen ist.[193] Begnadigung des Menschen und Inkarnation sind die beiden Grundweisen der Selbstmitteilung Gottes.[194] Die beiden Weisen der Selbstmitteilung Gottes an die Welt stellen die beiden heilsökonomischen „Sendungen" dar – die existentielle des „Geistes" und die geschichtliche des „Logos" (Sohnes).[195] Mit ihnen ist die heilsökonomische Trinität gegeben, denn es geht dabei immer schon um das „ursprüngliche, unumfaßbare Geheimnis Gottes als bleibendes", also um den „Vater".[196] Durch die heilsökonomische Trinität ist dann aber auch die „immanente" Trinität erreicht, weil sonst die zweifache heilsökonomische Selbstmitteilung Gottes nicht wirkliche „*Selbst*mitteilung Gottes" wäre.[197]

---

189 Z.B. VI [1964] 69f; IX [1970] 250; Gk 124.
190 VIII [1966] 360.
191 IX [1970] 251.
192 Z.B. IX [1970] 251.
193 Z.B. IX [1970] 252f.
194 Z.B. VI [1964] 548.
195 IX [1970] 251.
196 IX [1970] 251.
197 IX [1970] 251.

Die übernatürliche Erhöhung der menschlichen Transzendenz erfüllt nach Rahner von sich selbst her den Begriff einer *Offenbarung*.[198] Die „transzendentale Selbstmitteilung" Gottes und die „(transzendentale) Offenbarung"[199] Gottes laufen bei Rahner sachlich auf dasselbe hinaus, nämlich die existentiale Begnadigung des Menschen. Immer wieder kehrt Rahner den Offenbarungscharakter des übernatürlichen Existentials hervor und fügt hinzu, daß in der persönlichen Annahme der transzendentalen Selbstzusage Gottes – und sei sie noch so unreflektiert und unthematisch – aus christlicher Sicht bereits echter *Glaube* vollzogen wird.[200] In systematischer Hinsicht unterscheidet Rahner daher zwei bzw. drei Weisen der Offenbarung Gottes.[201] In der *natürlichen* Offenbarung macht sich Gott dem Menschen bereits in dessen (natürlicher) Transzendenz kund, so daß der Mensch mittels seiner Vernunft das Endliche als Endliches erkennen und (wenngleich nur negierend) übersteigen kann. Offen bleibt für den Menschen dabei, ob Gott für ihn ewige Ferne oder echte Nähe, Gericht oder Vergebung bedeutet. In der *eigentlichen* Offenbarung wird dem Menschen die innere Wirklichkeit Gottes und sein personales, freies Verhalten dem Menschen gegenüber bekannt. Weil und insofern diese Offenbarung gnadenhaft ist und von Gott her im engeren Sinn personal, frei und ungeschuldet ergeht, nennt sie Rahner *Wort*offenbarung oder auch *worthafte* Offenbarung Gottes.[202] Die (geschichtlich-personale) Wortoffenbarung hat zwei Seiten: die innere, gnadenhafte (transzendentale) Selbstoffenbarung Gottes im Kern der geistigen Person und ihre reflexe, ausdrückliche, geschichtliche „Übersetzung" mit ihrem absoluten Höhepunkt in Jesus Christus.[203] Die kategoriale (heils-)geschichtliche Wortoffenbarung ist die Ausdrücklichkeit[204], die Objektivation[205] oder die Reflexivität[206] der tran-

---

198 V [1962] 123.
199 VI [1965] 286.
200 V [1961] 73; V [1962] 123; VI [1965] 286; VI [1965] 486; VIII [1966] 347; X [1971] 541f.
201 KTW 304–306; vgl. Gk 173–177.
202 Z.B. KTW 305; VIII [1966] 347.
203 KTW 305–308.
204 Z.B. VI [1964] 549.
205 Z.B. IX [1970] 251.
206 Z.B. X [1971] 108.

szendentalen Wortoffenbarung Gottes. Transzendentale Offenbarung und transzendentale Selbstmitteilung Gottes, und geschichtliche Wortoffenbarung und geschichtliche Selbstmitteilung Gottes entsprechen demzufolge bei Rahner einander.

In bezug auf die transzendentale Selbstmitteilung bzw. Selbstoffenbarung Gottes bleibt bei Rahner noch ein Punkt zu klären. Auf der einen Seite deutet Rahner die gnadenhafte Selbstmitteilung als ein *echt trinitarisches* Geschehen.[207] Auf der anderen Seite bestimmt er sie als Besitz des *Pneuma*, als Sendung oder Mitteilung des *Heiligen Geistes*.[208] Der Begriff der „Selbsmitteilung Gottes im Heiligen Geist"[209] weist die Richtung, in der sich beides zugleich festhalten läßt. In der übernatürlich erhöhten Transzendenz teilt sich Gott dem Menschen auf echt trinitarische Weise mit, d.h. als trinitarischer Gott, aber diese Selbstmitteilung erfolgt der heilsökonomischen Sendung des Heiligen Geistes entsprechend speziell *im* Pneuma, *durch* die dritte Person der Dreifaltigkeit.

2.2.2 Die übernatürliche Erhöhung der Transzendenz als Existential

2.2.2.1 Die Bewußtheit und Reflexivität des Existentials

In seinem Aufsatz über „Natur und Gnade"[210] kritisiert Rahner noch einmal die traditionelle extrinsecistische, antithomistische Gnadentheologie in zwei Punkten.

Erstens lasse diese Theologie die übernatürlichen gnadenhaften Akte des Menschen nur sporadisch, nur intermittierend auftreten und mache auf diese Weise Gnade zu einem seltenen, temporären Ereignis.[211] Nach Rahners Auffassung ist hingegen das geistige Leben des Menschen *dauernd* (*ständig, immer*) durch die Gnade überformt.[212] Das übernatürliche Existential ist *immer und überall* im

---

207 Kap. 2.1.1.2.
208 I [1939] 384–387; IX [1970] 251; X [1972] 168.179; Gk 126.
209 IX [1970] 251.
210 IV [1960] 209–236.
211 Vgl. IV [1960] 226.
212 IV [1960] 227.

Menschen wirksam und bestimmt den Vollzug seines geistigen Daseins mit.[213] Die angebotene Rechtfertigungsgnade ist nicht ein intermittierend, sondern ein dauernd gegebenes Existential.[214]

Zweitens werde der herkömmlichen Gnadentheologie zufolge der übernatürliche Akt des Menschen durch die Gnade zwar tatsächlich entitativ (d.h. seinsmäßig) erhoben, aber diese Erhebung dringe nicht ins Bewußtsein; sie bleibe bewußtseinsjenseitig.[215] Dem setzt Rahner entgegen: Übernatürlich von der Gnade getragene Akte unterscheiden sich auch geistig, also *bewußtseinsmäßig* und *existentiell*, und nicht nur in ihrer „entitativen Modalität" von jedem natürlichen Akt, sind sie doch nach allgemeiner theologischer Überzeugung als innere „Erleuchtungen" und „Inspirationen" zu qualifizieren.[216] Gnade verändert und überformt das *bewußte Leben* und die *Existenz* des Menschen, nicht nur sein Sein und sein Wesen.[217]

Der Mensch ist sich der existentialen Gnade seiner übernatürlichen Erhöhung bewußt.[218] Durch sie ist er in all seinen geistigen Vollzügen „in apriorischer Bewußtheit" auf die Unmittelbarkeit Gottes ausgerichtet.[219] Als *apriorisches Bewußtsein*[220] modifiziert sie das (gesamte) Bewußtsein des Menschen[221] und stellt eine (apriorisch transzendentale) Bewußtseins*veränderung* dar[222], und zwar eine Veränderung der Bewußtseins*struktur*, der letzten *Ausrichtung* des Bewußtseins.[223] Die Bewußtseinsimmanenz der angebotenen gnadenhaften Selbstmitteilung Gottes bringt Rahner auch zum Ausdruck, indem er immer wieder in bezug auf sie von der transzendentalen *Erfahrung* spricht.[224] Der Mensch erfährt die existentiale Selbstmitteilung Gottes bewußt, aber eben naturgemäß transzendental, nicht kategorial. Die existentiale Gnade reicht ins (transzendentale) Be-

---

213 VIII [1966] 359.
214 X [1971] 539f.
215 IV [1960] 225; vgl. Gk 136.
216 IV [1960] 226.
217 IV [1960] 224.
218 X [1971] 540.
219 X [1971] 541.
220 X [1971] 541f.
221 X [1972] 166.
222 V [1962] 123; X [1971] 540.543.
223 V [1962] 122.
224 VI [1964] 69f; VI [1965] 294; IX [1969] 165; X [1971] 108; Gk 136–138.

wußtsein des Menschen[225], sie gehört zu seiner (geistigen) Existenz und bestimmt seine Subjektivität mit[226].

Im Zusammenhang der übernatürlich erhöhten Transzendenz setzt sich Rahner auch immer wieder mit dem *reflexen* Bewußtsein, mit der *Reflexivität*, auseinander. Bereits die Transzendenz als natürliche ist ihm zufolge in ihrer eigentlichen und ursprünglichen Gestalt unthematisch (d.h. nicht-thematisiert), ungegenständlich, implizit, unreflektiert usw. gegeben und läßt sich durch nachträgliche Reflexion nie adäquat einholen.[227] Der Mensch ist sich seiner (natürlichen) Transzendenz *bewußt*, sie wird aber von ihm entweder überhaupt nicht oder nicht notwendig, jedenfalls nicht eigentlich gegenständlich *gewußt*. Wie die Transzendenz des Menschen, insofern sie natürlich ist, durch Reflexion nicht adäquat objektiviert werden kann, so steht es nach Rahner auch mit ihrer übernatürlichen Erhöhung.[228] Das übernatürliche Existential ist *bewußt*, aber deshalb nicht schon objektiviert *gewußt*.[229] Der Mensch muß keine *reflexe* Kenntnis von ihm haben.[230] Vielmehr vollzieht der Mensch sein übernatürliches Existential und seine übernatürliche Dynamik „in der durchschnittlichen Alltäglichkeit seines Lebens" nur „sehr unreflex"[231] und macht die Erfahrung der Gnade in seiner Transzendenz für gewöhnlich *ungegenständlich*[232] und *unthematisch*[233]. Die „übernatürliche Transzendentalität" ist nach Rahner „so unauffällig, übersehbar, verdrängbar, bestreitbar, falsch interpretierbar wie alles transzendental Geistige des Menschen überhaupt".[234] Und die „ursprüngliche Erfahrung Gottes auch in seiner Selbstmitteilung" kann „so allgemein, so unthematisch, so ‚unreligiös' sein", daß sie überall vorkommt, wo der Mensch überhaupt sein Dasein treibt.[235] Deshalb ist die übernatürli-

---

225 VIII [1966] 361.
226 Gk 136.138.
227 Vgl. Kap. 1.2.1.4.
228 VIII [1966] 360.
229 VIII [1966] 360; vgl. X [1971] 540.
230 VIII [1966] 360; vgl. X [1971] 540.
231 VIII [1966] 360; vgl. z.B. VI [1964] 549.
232 VIII [1966] 360.
233 VI [1964] 549.
234 Gk 135.
235 Gk 138.

che Erhöhung der menschlichen Transzendenz durch die gnadenhafte, göttliche Selbstmitteilung einer „direkt und sicher zugreifenden
Individualreflexion"[236] oder einer einfachen psychologischen „Introspektion"[237] mindestens so wenig zugänglich wie die Transzendenz als solche. Der Mensch kann sie durch „individuelle Themati-
sierung seiner transzendentalen ursprünglichen Erfahrung ... nicht
entdecken oder von sich nicht mit eindeutiger Sicherheit aussagen".[238]

Von daher lassen sich dann aber auch durch Reflexion das Übernatürliche und das Natürliche an der Transzendenz nicht eindeutig
gegeneinander abgrenzen. Die natürliche Transzendenz und ihre
übernatürliche Erhebung sind „für eine nachträgliche Reflexion nicht
deutlich unterscheidbar".[239] Der Mensch kann das übernatürliche
Existential „durch eine einfache Reflexion auf sich selbst (mit dem
Licht der natürlichen Vernunft) nicht einfach und eindeutig abheben
von der natürlichen Geistigkeit, die seine Natur ist".[240] Er kann die
transzendentale Erfahrung der natürlichen Transzendenz als Möglichkeit und Leere einerseits und „die Erfahrung ihrer radikalen
Erfüllung durch die Selbstmitteilung Gottes anderseits" nicht sicher
voneinander unterscheiden.[241]

Für die Unreflektierbarkeit und die Unreflektiertheit der göttlichen Selbstmitteilung im übernatürlichen Existential gibt es nach
Rahner einen doppelten Grund: „vom Adressaten dieser Selbstmitteilung her durch die Unbegrenztheit des subjektiven Geistes schon
als natürlichen", d.h. wegen der Unreflektierbarkeit der Transzendenz als natürlicher, und „von der Selbstmitteilung Gottes her in der
noch unvollendeten ... Zuständlichkeit dieser Selbstmitteilung", d.h.
weil die Selbstmitteilung Gottes noch vorläufig, anfanghaft, unvoll-
endet ist.[242] In der jetzigen Ordnung ist die Selbstmitteilung Gottes
(auch von Gott her) „nicht einfach schon schlechthin offenbar".[243]

---

236 Gk 136.
237 VIII [1966] 360; vgl. Gk 135f.
238 Gk 136.
239 IV [1960] 225.
240 IV [1960] 230; vgl. Gk 135.
241 Gk 135f.
242 Gk 136.
243 X [1972] 174.

Zumindest an einer Stelle scheint Rahner allerdings die Möglichkeit einzuräumen, daß ein einzelner Mensch von sich aus durch eigene Reflexion die Übernatürlichkeit der menschlichen Transzendenz erfassen könne. So schreibt er: „Ob der Mensch das reflex weiß oder nicht, ob er es für sich allein reflektieren kann oder nicht, der Mensch ist durch die ... Gnade ... auf die Unmittelbarkeit Gottes hin finalisiert."[244] Auch sucht sich ihm zufolge die „vergöttlichte Grundbefindlichkeit" des Menschen „immer und überall, wenn auch in verschiedener Stärke und mit sehr verschiedenem Erfolg ... aus der Dynamik der Gnade selbst heraus unter einer übernatürlichen Heilsprovidenz Gottes" zu thematisieren und zu objektivieren.[245] Deshalb hält er die allgemeine (Heils- und) Offenbarungsgeschichte im Unterschied zur eigentlichen, amtlichen und ausdrücklichen (Heils- und) Offenbarungsgeschichte für koextensiv oder koexistent mit der Weltgeschichte[246] und sieht bereits in ihr die „fortschreitende, geschichtlich sich ereignende Reflexion" auf die transzendentale Erfahrung der Selbstmitteilung Gottes[247]. Aber grundsätzlich und im allgemeinen weiß der Mensch Rahner zufolge in voller und sicherer Ausdrücklichkeit von seiner übernatürlichen Begnadigung einzig und allein durch die geschichtliche Wortoffenbarung, die in Jesus Christus gipfelt. Nur durch die ausdrücklich christliche Offenbarung, durch die geschichtliche Selbstmitteilung Gottes in Jesus Christus besitzt der Mensch ein angemessen reflexes, gegenständliches Wissen von der gnadenhaften Offenbarung, von der transzendentalen Selbstmitteilung Gottes.[248] Er erfährt „aus der ausdrücklichen, kirchenamtlich formulierten Offenbarungslehre, die ‚von außen' im menschlichen Wort durch dessen Hören herantritt, die letzte und deutlich formulierte Wahrheit seines Daseins".[249] Eine solche Deutung seines Daseins bildet sich „nicht allein aus der eigenen Deutung seiner privaten Erfahrung von sich selber her".[250] Die Deutung der transzendentalen Erfahrung „durch die Heils- und Offenbarungsgeschichte der Menschheit (d.h.

244 X [1971] 540.
245 V [1962] 124f; vgl. z.B. VIII [1966] 355–373.
246 V [1962] 115–119; vgl. z.B. VIII [1966] 361; X [1971] 108.
247 X [1971] 108.
248 Vgl. z.B. VI [1964] 549; X [1971] 108.
249 Gk 132.
250 Gk 132.

die Deutung dieser Erfahrung als des Ereignisses der radikalen
Selbstmitteilung Gottes)" ist „die letzte Tiefe, die letzte Wahrheit"
dieser Erfahrung.[251] Der einzelne ist zwar zu dieser christlichen
Deutung von sich aus nicht imstande, aber er kann in dieser Deutung
durch die ausdrückliche Offenbarungsgeschichte „seine eigene Erfahrung wiedererkennen".[252] Besonders im „Grundkurs" hebt Rahner
immer wieder auf die *christliche Interpretation* der transzendentalen
Erfahrung ab, durch die allein der Mensch reflex und ausdrücklich,
thematisch und explizit von der Selbstmitteilung Gottes, von seiner
gnadenhaften Erhöhung, von seiner übernatürlichen Berufung
weiß.[253]

Nur inadäquat reflektierbar und zweideutig bleibt für den einzelnen auch immer seine persönliche, freie Stellungnahme zum gnadenhaften Selbstangebot Gottes in seiner übernatürlich erhobenen
Transzendenz.[254]

2.2.2.2 Die ‚Ganzheitlichkeit' des Existentials und die Unausweichlichkeit der Stellungnahme

Die gnadenhafte Selbstmitteilung Gottes zielt nach Rahner auf die
Ganzheit des Menschen, erstreckt sich auf den *ganzen* Menschen.
Das gilt zunächst ausdrücklich vom geistigen Dasein des Menschen.
Das ganze geistige Leben des Menschen ist durch die Gnade überformt.[255] Der dreifaltige Gott des ewigen Lebens ist das Woraufhin
der Dynamik *alles* geistigen und sittlichen Lebens des Menschen.[256]
Aller geistige Vollzug des Menschen, „in dem er als solcher und
ganzer in Akt steht", ist von der Gnade auf die Unmittelbarkeit Gottes ausgerichtet.[257] In den geistigen Vollzug ist aber bei Rahner, wie
die eben zitierte Stelle deutlich macht, schon der ganze Mensch
einbezogen, weshalb sich die Gnade nicht auf die rein geistige Exi-

---

251 Gk 138.
252 Gk 137.
253 Gk 123.129.132.136.137.138; aber auch z.B. X [1972] 168.
254 Gk 138f. Siehe dazu auch Kap. 3.2.2.4.
255 IV [1960] 227.
256 IV [1960] 228.
257 X [1971] 541.

stenz, die geistige Dimension des Menschen beschränkt. Da einerseits die Dimensionen des menschlichen Daseins eine *Einheit* bilden und andererseits der *ganze* Mensch zum Heil berufen ist[258], hat schon von daher die Gnade die innere Dynamik, „sich in allen Dimensionen des Menschen heilend und heiligend und vergöttlichend auszuwirken"[259]. Die Selbstmitteilung Gottes als Heil des Menschen meint „den ganzen Menschen in all seinen Dimensionen, in deren Einheit und in ihrem gegenseitigen Bedingungsverhältnis".[260] Die gnadenhafte göttliche Selbstmitteilung ist auch schon und gerade als übernatürliches Existential bei Rahner nicht auf einen bestimmten Bereich oder Ausschnitt der menschlichen Wirklichkeit eingegrenzt, sondern erfaßt und umfaßt den ganzen Menschen in seiner ganzen Wirklichkeit. Die übernatürliche Erhöhung der Transzendenz, die ja selber schon als Geistigkeit eine Dimension, nicht einfach eine Teilwirklichkeit des menschlichen Daseins ist, strahlt auf die ganze Existenz des Menschen aus.

Auf die freie Stellungnahme des Menschen zu seiner übernatürlich erhöhten Transzendenz und damit zu Gott, mit dem es der Mensch in seiner Transzendenz schon immer unmittelbar zu tun hat, weist Rahner immer wieder hin. Der Mensch kann die Selbstmitteilung Gottes in seiner Transzendenz ablehnen, verneinen oder verdrängen, er kann sie annehmen und bejahen, sich ihr vertrauensvoll *übergeben* und *übereignen*[261]. Der Mensch ist aufgefordert, zu seiner radikalisierten Transzendenz und zum Woraufhin dieser Transzendenz in der Tat seines Lebens positiv Stellung zu beziehen.

Nach Rahner kommt es darauf an, ob der Mensch „seine transzendentale Eröffnetheit auf die Unmittelbarkeit zum Gott des ewigen Lebens durch die Gnade in seiner Freiheitstat bejaht, die noch einmal selbst aus der Kraft dieser Gnade stammt".[262] Es geht für den Menschen darum, *sich* gehorsam und liebend auf die unverfügbare Unendlichkeit seiner Transzendenz *einzulassen*, sie *anzunehmen* und

258 Vgl. V [1962] 124.
259 V [1962] 124.
260 VIII [1966] 359.
261 Z.B. X [1972] 174.
262 VI [1964] 69.

auszuhalten.[263] Das übernatürliche, pneumatische „Mehr" in der menschlichen Transzendenz kann „wachsen, kann deutlicher andringen, existentieller angenommen werden".[264] Mit der existentiellen Annahme der übernatürlich begnadeten Transzendenz, wie implizit sie immer sein mag, ist nach Rahner schon das gegeben, was *Glaube* im eigentlichen Sinn bedeutet.[265] Dem Menschen ist geboten, sich bedingungslos auf das unsagbare, heilige Geheimnis, das sich ihm in der Transzendenz eröffnet, einzulassen, die „Überantwortetheit" an dieses Geheimnis „vorzulassen und in Freiheit anzunehmen".[266] Aber ihm ist nicht nur geboten, sich darauf einzulassen, sondern ihm ist von der absoluten Selbstmitteilung Gottes in seiner Transzendenz auch gesagt, „daß, wer absolut losläßt, nur von der Nähe der unendlichen Liebe verschlungen wird, es ist gesagt, daß, wer den unendlichen Weg antritt, ankommt und immer schon angekommen ist, und daß die absolute Armut und der Tod für die, die sich darauf und auf deren ganze Grausamkeit einlassen, nichts anderes sind als der Anfang des unendlichen Lebens." (Gk 131) Die angebotene Selbstmitteilung Gottes in der übernatürlichen Transzendenz bietet jedem Menschen eine *echte Heilsmöglichkeit*, „die nur durch die eigene, schwere, persönliche Schuld eines Menschen ohne Verwirklichung bleiben kann".[267]

2.2.3 *Kriterien der übernatürlich erhöhten Transzendenz*

In diesem Abschnitt werden vier Kriterien Rahners vorgestellt, mit denen er über den Begriff der Gnade und der Selbstmitteilung Gottes hinaus die übernatürliche Erhöhung der menschlichen Transzendenz bzw. die Transzendenz als erhöhte zu beschreiben und so den Unterschied zwischen der real gegebenen übernatürlich begnadeten Transzendenz und einer bloß möglichen, *rein* natürlichen Transzendenz anzugeben sucht. Es handelt sich 1) um das dynamisch-teleologische

263 Vgl. VI [1965] 486.
264 VII [1958] 490.
265 Kap. 2.2.1.2.
266 Gk 131.
267 VIII [1966] 358.

Kriterium der Bewegung auf das übernatürliche Ziel, 2) um das personale Kriterium der Nähe und Unmittelbarkeit, 3) um das psychologisch-kognitive Kriterium des übernatürlichen ‚Bewußtseinshorizontes' und 4) um das existentiale Kriterium der Innerlichkeit.[268]

2.2.3.1 Das dynamisch-teleologische Kriterium der Bewegung auf das übernatürliche Ziel[269]

Das theologische Wesen des übernatürlichen Existentials als Selbstmitteilung Gottes läßt sich bei Rahner letztlich auf das *übernatürliche Ziel* des Menschen in Gestalt der visio beatifica zurückführen. Denn von der ontologischen Voraussetzung der visio aus, d.i. von der ungeschuldeten, quasi-formalen Selbstmitteilung Gottes aus, hatte sich Rahner das Wesen der ungeschaffenen Rechtfertigungsgnade und von da aus das Vorhandensein und das Wesen des gnadenhaften Existentials erschlossen. Auch das Wesen der übernatürlich erhöhten Transzendenz als Ganzes bestimmt Rahner vom übernatürlichen Ziel her und beschreibt es sehr oft in der Terminologie einer konkreten übernatürlichen Ziellehre.[270]

Den Begriff vom „übernatürlichen Ziel" begleitet der Begriff der „Bewegung". Während das „übernatürliche Ziel" der objektiven Seite der übernatürlich radikalisierten Transzendenz, also dem Woraufhin (Gott), zuzuordnen ist, gibt die „Bewegung" das Wesen der Transzendenz selber an, d.h. ihre subjektive Seite. Die übernatürlich begnadete Transzendenz ist die geistige Bewegung des Menschen auf das übernatürliche Ziel der Unmittelbarkeit Gottes in der visio.

Insofern das übernatürliche Ziel des Menschen in der visio beatifica liegt[271], ist Gott selber das Ziel des Menschen. *Gott selber* ist das (eigentliche) *Ziel* und *Ende* der übernatürlichen Bestimmung des Menschen.[272] Dabei bleibt Gott als das eigentliche Ziel dem Men-

---

268 Mit den „Kriterien" sind hier Wesenskriterien (Wesensmerkmale) gemeint, nicht Erkenntniskriterien.

269 In diesem Kriterium findet Maréchals Erkenntnisdynamismus seinen eigentlichen theologischen Niederschlag bei Rahner.

270 Vgl. IV [1960] 232.

271 Z.B. X [1972] 168.

272 VI [1965] 486 = VIII [1966] 346; vgl. z.B. VIII [1966] 601; X [1972] 168.

schen von vornherein nicht äußerlich[273], sondern bildet dessen innerste *Entelechie*[274]. Gott ist für den Menschen dank der übernatürlichen Berufung nicht nur das ewig ferne, immer nur asymptotisch erreichbare Ziel[275], sondern sein wirklich erreichbares Ziel[276]. Er ist nicht bloß der immer nur abweisende, asymptotisch angezielte (asymptotische), ewig fernbleibende Fluchtpunkt[277], Richtpunkt[278], Zielpunkt[279] oder Richtungspunkt[280], sondern er gibt sich als Ziel, das sich wirklich erreichen[281] und unmittelbar besitzen[282] läßt. Der Mensch hat daher in seiner transzendentalen Erfahrung seine radikalste Möglichkeit nicht nur immer vor sich; er kann sie auch einholen.[283] Das übernatürliche Ziel prägt und bestimmt das Wesen und die Wirklichkeit des Menschen in Gestalt des übernatürlichen Existentials.[284]

Die gnadenhafte Erhöhung und Ausrichtung der Transzendenz des Menschen auf das übernatürliche Ziel umschreibt Rahner auch als (göttliche) *Finalität* auf Gott selbst hin[285], als Finalität[286] oder Finalisierung[287] oder Finalisiertheit[288] auf die Unmittelbarkeit Gottes. Der Mensch ist durch die Gnade auf die Unmittelbarkeit Gottes hin *finalisiert*[289].

Kraft der Gnade *bewegt* sich der Mensch in seiner Transzendenz auf die Selbstmitteilung Gottes in sich selbst *hin*.[290] Die übernatürlich finalisierte Transzendenz besteht für Rahner in der transzendentalen *Bewegung* des (menschlichen) Geistes in Erkenntnis und Freiheit auf

---

273 Gk 128.
274 X [1971] 108; X [1971] 540.
275 Gk 135.
276 IX [1969] 165.
277 IX [1969] 105.
278 IX [1969] 175.
279 X [1971] 108.
280 X [1972] 168.
281 X [1972] 168.
282 X [1971] 108.
283 Gk 132.
284 VI [1964] 549.
285 VIII [1966] 359.
286 VIII [1966] 359.
287 VIII [1966] 361; X [1971] 541.
288 Gk 136.
289 X [1971] 540; VIII [1966] 45.
290 V [1961] 73; vgl. z.B. IX [1969] 106.

das absolute Geheimnis hin[291], und zwar so, daß diese transzendentale Bewegung des Menschen auf das übernatürliche Ziel[292], auf die absolute Nähe und Unmittelbarkeit Gottes[293], auf die Selbstmitteilung der Zukunft hin[294] geht.

Statt „Bewegung" verwendet Rahner in bezug auf die übernatürlich radikalisierte Transzendenz des Menschen des öfteren den Ausdruck „Dynamik".[295] Dieser Dynamik ist wirklich gegeben, anzukommen.[296] Durch die Gnade wird die Transzendenz des Menschen zur *Dynamik* auf den Gott des ewigen Lebens.[297] Die göttliche Selbstmitteilung verleiht dem Wesen des Menschen eine gnadenhafte, übernatürliche Dynamik (und Finalität) auf Gott selbst, auf die Unmittelbarkeit Gottes hin.[298] Rahner setzt die übernatürliche Dynamik ausdrücklich mit dem „übernatürlichen Existential" gleich[299] und sagt vom Existential wiederum, es konstituiere die *innerste Dynamik* des menschlichen Wesens, der menschlichen Geschichte und der Welt überhaupt[300].

Das Ziel und die Bewegung der menschlichen Transzendenz stehen bei Rahner in einem engen, inneren Verhältnis zueinander. Gott hat sich der Bewegung der Transzendenz „schon jetzt als die innerste Kraft und Legitimation" eingestiftet.[301] Gott selbst trägt in seiner Selbstmitteilung die transzendentale Bewegung des Menschen auf die Unmittelbarkeit Gottes hin[302]; er trägt diese Bewegung „vom Inneren ihrer selbst her"[303]. Die innere Getragenheit der transzendentalen Bewegung auf das übernatürliche Ziel der visio hin heißt, so

291 Gk 135; auch z.B. IX [1969] 105f; IX [1969] 175; X [1971] 108; X [1972] 168; Gk 128.
292 X [1972] 168.
293 Gk 135; vgl. X [1972] 168.
294 Gk 132.
295 Z.B. V [1962] 122f.
296 V [1962] 123.
297 VI [1965] 486.
298 VIII [1966] 359; Gk 136.
299 VIII [1966] 539.
300 X [1971] 539.541.
301 V [1962] 123.
302 IX [1969] 105f; X [1972] 168; Gk 132.
303 X [1972] 168.

Rahner, Gnade (Pneuma).[304] Insofern nun Gott sowohl (in der voll-
endeten Selbstmitteilung der visio) das *Ziel* der transzendentalen
Bewegung als auch (in der anfanghaften Selbstmitteilung der Gnade)
die *innere, tragende Kraft* dieser Bewegung ist, kann Rahner das Ziel
und die Kraft der Bewegung (partiell) miteinander identifizieren und
das Ziel selbst schon in die Bewegung hineinnehmen. Das Ziel als
solches ist für ihn (eben durch die Selbstmitteilung Gottes) auch die
Kraft der Bewegung selber (Gnade genannt).[305] „Der begnadete Geist
bewegt sich im Ziel (durch die Selbstmitteilung Gottes) auf das Ziel
hin (die visio beatifica)".[306]

2.2.3.2 Das personale Kriterium der Nähe und Unmittelbarkeit

Weil der Mensch zum übernatürlichen Ziel der unmittelbaren Gottesschau berufen ist, erfährt er jetzt schon in der Gnade – wenn auch nur
„im ersten Ansatz und Keim"[307] – das Heil und die *Unmittelbarkeit*
und *Nähe* Gottes. Nähe und Unmittelbarkeit Gottes sind die erfahrbare Seite der Selbstmitteilung Gottes. „Der Mensch, der sich überhaupt auf seine transzendentale Erfahrung des heiligen Geheimnisses
einläßt, macht die Erfahrung, daß dieses Geheimnis nicht nur der
unendlich ferne Horizont, das abweisende und distanzierend-richten-
de Gericht über seine Um- und Mitwelt und sein Bewußtsein ist,
nicht nur das Unheimliche, was ihn zurückscheucht in die enge Heimat des Alltages, sondern daß dieses heilige Geheimnis auch die
bergende Nähe ist, die vergebende Intimität, die Heimat selber, die
Liebe, die sich mitteilt, das Heimliche, zu dem man von der Unheim-
lichkeit seiner eigenen Lebensleere und -bedrohtheit fliehen und
ankommen kann." (Gk 137)
      Einerseits ist der Mensch durch die existentiale Gnade auf die
Unmittelbarkeit und die absolute Nähe Gottes in der visio beatifica

---

304 X [1972] 168.
305 Gk 136.
306 Gk 136.
307 VIII [1966] 358.

hin ausgerichtet[308] und bewegt sich auf sie (als sein Ziel) hin[309]. Andererseits macht der Mensch jetzt schon durch diese Gnade die (transzendentale) Erfahrung der Unmittelbarkeit und Nähe Gottes.[310] Bisweilen gebraucht Rahner im Zusammenhang der übernatürlich finalisierten Transzendenz nur den Ausdruck „Nähe"[311]; der Mensch macht die transzendentale Erfahrung der *absoluten, vergebenden, unsagbaren Nähe* Gottes[312]. Bisweilen führt Rahner nur die *Unmittelbarkeit* an.[313] Des öfteren kombiniert er beides.[314]

Mit Hilfe der Termini „Unmittelbarkeit" und „Nähe" kennzeichnet Rahner die gnadenhafte Transzendenz des Menschen und grenzt sie gegen eine rein natürliche Transzendenz ab. Die Transzendentalität des Menschen ist „eine Transzendenz auf das absolute Geheimnis Gottes als der absoluten und vergebenden Nähe".[315] Die göttliche Selbstmitteilung überhöht „die unbegrenzte Transzendentalität der geistigen Person so, daß diese nicht bloß die Bedingung geistiger, personaler und freier Humanität ist, sondern zur Transzendentalität auf die Unmittelbarkeit Gottes selbst hin wird".[316] In der übernatürlich erhöhten Transzendenz des Menschen ist Gott nicht nur als das „sich immer entziehende, immer nur asymptotisch gemeinte, radikal fernbleibende Woraufhin und Wovonher dieser Transzendenz" anwesend, sondern gibt sich „im Modus der Nähe", gibt sich „als er selber".[317]

Für Rahner hat die Unmittelbarkeit und Nähe Gottes, die der Mensch in der Gnade seiner übernatürlich radikalisierten Transzendenz erfährt, ihren ontologischen Grund in der Selbstmitteilung Gottes, die ja das Wesen der Gnade ausmacht. (Ungeschaffene) Gnade als Selbstmitteilung Gottes stiftet und schafft Unmittelbarkeit und Nähe zu Gott. Selbstmitteilung Gottes und Unmittelbarkeit und Nähe

---

308 Z.B. VIII [1966] 359.
309 Z.B. X [1972] 168.
310 Z.B. VI [1964] 69f; IX [1969] 175.
311 Z.B. VI [1964] 69f; Gk 135.
312 Z.B. VI [1964] 69f; IX [1969] 175; Gk 137.
313 Z.B. VIII [1966] 359.
314 Z.B. IX [1969] 106; IX [1969] 175.
315 VI [1964] 69.
316 VIII [1966] 359.
317 Gk 125.

Gottes gehören aufs engste zusammen.[318] Diesen wesenhaften Zusammenhang bekräftigt Rahner noch einmal im „Grundkurs": die Selbstmitteilung Gottes seinshafter Art an das Geschöpf ist „per definitionem Mitteilung zu unmittelbarer Erkenntnis und Liebe", und umgekehrt bedeutet „wahre, unmittelbare Erkenntnis und Liebe Gottes in sich selbst notwendig diese realste Selbstmitteilung Gottes".[319]

Das heilige Geheimnis Gottes geht dem Menschen als solches um so mehr auf, „je näher es kommt".[320] Es wird als solches für den Menschen immer radikaler, „je mehr es sich selbst mitteilt" und je mehr sich der Mensch diese Selbstmitteilung in Glaube, Hoffnung und Liebe geben läßt.[321] Rahner kennt somit ausdrücklich verschiedene Grade der Selbstmitteilung Gottes und mit ihr eine Zunahme und Steigerung der Nähe und Unmittelbarkeit Gottes. Das versteht sich schon von der subjektiven Rechtfertigungsgnade her, die in dem Maße wächst und zunimmt, in dem sich der Mensch auf das objektive Angebot der Rechtfertigungsgnade einlassen und es annehmen und sich aneignen kann.

2.2.3.3 Das psychologisch-kognitive Kriterium des übernatürlichen ‚Bewußtseinshorizontes'

Rahner nennt neben dem dynamisch-teleologischen und dem personalen Kriterium bereits das dritte Kriterium für die übernatürlich erhöhte Transzendenz, wenn er erklärt, der Mensch sei durch das Gnadenangebot „in der Weise eines Formalobjekts, eines geistigen Horizontes apriorischer Art auf die Unmittelbarkeit Gottes hin finalisiert".[322] Durch die übernatürliche gnadenhafte Erhöhung hat die Transzendenz ein übernatürliches Formalobjekt[323], steht und bewegt sich der Mensch geistig im übernatürlichen (apriorischen, formalen,

---

318 Siehe Rahners Artikel über die ungeschaffene Gnade (I [1939] 323–375).
319 Gk 129.
320 Gk 131.
321 Gk 131.
322 X [1971] 540; vgl. X [1971] 541.
323 Vgl. X [1971] 541.

transzendentalen) Horizont[324]. Der übernatürliche Horizont des menschlichen Geistes wird durch die vergöttlichende Gnade eröffnet und in seiner absoluten Weite aufrechterhalten.[325] Da der Mensch dank der Gnade all seine geistigen (freien) Akte im und vor dem übernatürlichen Horizont vollzieht, ist jeder seiner positiv sittlichen Akte übernatürlich erhöht und stellt nach Rahner faktisch einen Heils- bzw. Glaubensakt dar.[326]

Bezüglich der gnadenhaften Erhöhung der Transzendenz bringt Rahner ausdrücklich das menschliche Bewußtsein mit dem übernatürlichen Formalobjekt in Verbindung. Der Mensch ist sich ihm zufolge der angebotenen, eingestifteten Gnade „in der Weise *bewußt*, wie eine solche Bewußtheit, die nicht schon und nicht notwendig auch gegenständliche Gewußtheit bedeutet, bei den apriorischen Formalobjekten, bei den Horizonten der geistig intentionalen Fähigkeiten der Erkenntnis und der Freiheit gegeben ist".[327] Die Gnade bringt eine Bewußtseinsveränderung durch ein neues, apriorisches Formalobjekt – das übernatürliche Formalobjekt – hervor.[328] Das übernatürliche Formalobjekt stellt eine neue apriorische, transzendentale Bewußtheit dar.[329] Die gnadenhafte Erhebung der Transzendenz verändert die Bewußtseinsstruktur des Menschen zwar nicht in dem Sinn, daß das Bewußtsein neue Gegenstände erhält, die es bisher nicht gewußt hatte, aber in dem Sinn, daß sich das Formalobjekt, d.h. der Horizont des menschlichen Bewußtseins durch die Gnade ändert.[330] Durch die übernatürliche Erhöhung der Transzendenz besitzt der Mensch einen neuen, übernatürlichen ‚Bewußtseinshorizont'.

---

324 Z.B. V [1962] 122; VI [1965] 286.
325 VI [1965] 293.
326 Z.B. VI [1965] 286.
327 X [1971] 540. Zur Bewußtheit siehe oben Kap. 2.2.2.1.
328 X [1971] 540.
329 Vgl. X [1971] 541.
330 V [1962] 122.

2.2.3.4 Das existentiale Kriterium der Innerlichkeit

Das vierte und letzte Kriterium der übernatürlichen Erhöhung der Transzendenz ist am besten mit dem Begriff der *Innerlichkeit* wiedergegeben. Für Rahner ist Gott und seine Selbstmitteilung bzw. das übernatürliche Existential und die Gnade die innerste Kraft[331], die innerste Entelechie und Dynamik[332], die innerste Möglichkeit und Wirklichkeit[333], letzte, lebendigste und innerste Wirklichkeit[334], die letzte apriorische Bedingung[335], innerstes Konstitutivum[336], inneres (konstitutives)[337] oder innerstes Prinzip[338], der innerste Grund[339] des Menschen. Der Mensch ist *im Grunde* seines personalen Wesens der von Gott selbst Getragene und auf die Unmittelbarkeit zu Gott hin Getriebene.[340] Seinem geistigen Dasein ist *vom Grunde her* das „übernatürliche Existential" als angebotene Selbstmitteilung Gottes eingestiftet.[341] Die Gnade vergöttlicht das Wesen des Menschen von dessen *Wurzel* her.[342] Sie erfaßt den Menschen vom ursprünglichsten Grund, von der *Mitte* seines geistigen Wesens her und richtet sein Wesen auf die Unmittelbarkeit Gottes aus.[343] Sie macht die Mitte der Transzendentalität des Menschen[344] und die *Eigentlichkeit*[345], die (*letzte*) *Tiefe* seiner transzendentalen (Gottes-) Erfahrung[346] und sei-

---

331 V [1962] 123; VIII [1966] 360.
332 X [1971] 108; X [1971] 539–541.
333 VI [1964] 69.
334 VIII [1966] 360.
335 VIII [1966] 45.
336 Gk 122.
337 VIII [1966] 600; X [1972] 168; Gk 127.129.
338 VIII [1966] 601.
339 VIII [1966] 601.
340 VI [1964] 69.
341 VIII [1966] 361.
342 VIII [1966] 600.
343 VIII [1966] 359.
344 VI [1964] 69.
345 VI [1964] 69.
346 Gk 132; IX [1969] 175; Gk 138.

nes eigenen Wesens[347] aus. Und sie eröffnet die Tiefe seiner Subjektivität[348], seine absolute Wesenstiefe[349].

Bereits in der „Transzendenz als solcher", d.h. in der Transzendenz des Menschen als natürlicher, ist Gott das „innerste Tragende und Konstituierende" des menschlichen Daseins und der menschlichen geistigen Bewegung.[350] Die natürliche Transzendenz des Menschen auf Gott bildet seine „Wesensimmanenz".[351] Durch die Selbstmitteilung Gottes in die menschliche Transzendenz hinein wird diese Transzendenz zur „noch radikaleren Immanenz" des Menschen.[352] Die Gnade und d.h. Gott selbst ist das *Immanenteste*[353], das *Innerste*[354] des Menschen. Da jedoch Gott auch in seiner personalen Selbstmitteilung an den Menschen absolut transzendent bleibt und seine göttliche Transzendenz dadurch in keiner Weise gemindert oder gar aufgehoben wird, befindet sich der Mensch in einer scheinbar paradoxen Situation: Sein Innerstes – nämlich Gott selbst – ist zugleich sein Äußerstes[355], das Immanenteste ist zugleich das Transzendenteste. Der Gegensatz von „innen-außen" versagt hier – so Rahner.[356] Obwohl Gott als das Innerste die transzendentale Bewegung des Menschen antreibt, bleibt er der „absolut Erhabene und Unberührbare über dieser transzendentalen Bewegung".[357] Der Mensch hat sein innerstes Wesen daher in dem, was sein Wesen übersteigt[358]. Das Innerste seines Wesens beruht im *Überwesentlichen*, in dem ihn *Transzendierenden*.[359] In der Selbstmitteilung des absolut transzendenten Gottes findet der Mensch seine „wesensübersteigende Erfül-

---

347 VIII [1966] 359.
348 Gk 132.
349 VI [1964] 71.
350 Gk 128.
351 VIII [1966] 601.
352 VIII [1966] 601.
353 VIII [1966] 601.
354 VIII [1966] 601; X [1971] 542; Gk 128.130.
355 VIII [1966] 601.
356 VIII [1966] 601.
357 Gk 128.
358 Kap. 1.3.2.1.
359 VIII [1966] 601.

lung".[360] Er ist er selber durch das, was er nicht selber ist.[361] Und er wird um so mehr er selber, je mehr er sich auf das ihn selbst Übersteigende einläßt, denn „Nähe der Selbstmitteilung Gottes und Eigensein der Kreatur wachsen im gleichen, nicht im umgekehrten Maße".[362]

2.2.3.5 Die Vereinbarkeit der Kriterien

Während sich von den vier Kriterien, mit denen Rahner die übernatürlich erhöhte Transzendenz des Menschen im Gegensatz zu einer rein natürlichen Transzendenz begreiflich zu machen sucht, die ersten drei über die gesamte Transzendenz des Menschen erstrecken, scheint sich das vierte Kriterium auf ihre übernatürliche Erhöhung zu konzentrieren. Die begnadete Transzendenz geht als ganze zielgerichtete geistige Bewegung des Menschen auf den unmittelbaren Gott (dynamisch-teleologisches Kriterium), Nähe und Unmittelbarkeit charakterisieren die gesamte radikalisierte Transzendenz und damit das gesamte Dasein und Bewußtsein des Menschen (personales Kriterium), das „übernatürliche Formalobjekt" ist sogar z.T. direkt als Äquivalent zur „übernatürlich erhöhten Transzendenz" anzusehen (psychologisch-kognitives Kriterium). Die Innerlichkeit scheint hingegen den existentialen ,Ort' speziell des übernatürlichen Existentials, nicht allgemein der gnadenhaften Transzendenz anzugeben. Die Transzendenz als solche macht das Innere, den Personkern, die Mitte und die Tiefe der menschlichen Existenz aus, ihre übernatürliche Erhöhung aber das Innerste und das Tiefste (existentiales Kriterium).

Den Ausgangspunkt in Rahners *Systematik* bildet das übernatürliche Ziel der ewigen Gemeinschaft mit Gott, zu der der Mensch berufen ist (teleologisch-dynamisches Kriterium). Von dort leitet Rahner das metaphysische Wesen aller übernatürlichen Wirklichkeit ab – bis hin zum übernatürlichen Existential. Das Wesen des Übernatürlichen sieht er in der quasi-formalen Selbstmitteilung Gottes. Mit ihr gehen

360 Gk 133.
361 Gk 130.
362 VIII [1966] 601; vgl. z.B. Gk 86f. Vgl. Kap. 1.2.2.3.

notwendig die Nähe und die Unmittelbarkeit Gottes einher, welche die erfahrungsmäßige und erfahrbare Seite der personalen, seinshaften Selbstmitteilung Gottes darstellen. Daher erlebt und erfährt der Mensch in seinem übernatürlichen Existential Gott bereits als nahen und unmittelbaren (personales Kriterium), wenn das dem Menschen auch nicht deutlich und reflex bewußt werden muß.

Ist Gott als unmittelbarer und wirklich erreichbarer das Ziel des menschlichen Lebens, so hat das menschliche Bewußtsein ein anderes Formalobjekt und steht in einem anderen Horizont, als das bei einem rein natürlichen Ziel auf einen immer fernbleibenden Gott hin der Fall wäre. Durch die Gnade der übernatürlichen Erhöhung seiner Transzendenz, die als Transzendenz selbst schon bewußter Horizont und transzendentale Bewußtseinsstruktur ist, besitzt der Mensch einen anderen Bewußtseinshorizont, eine andere transzendentale Struktur seines Bewußtseins (psychologisch-kognitives Kriterium). Durch sie wird das Bewußtsein des Menschen als ganzes in ein neues „Licht" getaucht, so daß er alle Inhalte und Gegenstände, mit denen er in seiner Erkenntnis und Freiheit zu tun hat, metaphorisch gesprochen, in hellerem Licht sieht. Da das übernatürliche Ziel das eigentliche, wahre, letzte Ziel des Menschen ist, ist die Ausrichtung und Hinordnung auf das Ziel, sprich das übernatürliche Existential, als das Innerste und Tiefste im Menschen anzusehen, in dem Gott selbst dem Menschen innewohnt und sich ihm mitteilt (existentiales Kriterium).

Mit dem letzten Kriterium stellt sich allerdings das Problem, ob sich die vier Kriterien überhaupt miteinander vereinbaren lassen. Denn Rahner legt damit die übernatürliche gnadenhafte Erhöhung der menschlichen Transzendenz nicht nur als eine Veränderung des Bewußtseinshorizontes und als Überformung und Durchdringung des ganzen Bewußtseins und der ganzen Existenz des Menschen aus, sondern sieht in ihr die letzte Tiefe und die innerste Mitte des menschlichen Bewußtseins und der menschlichen Existenz. Damit überkreuzen sich jedoch zwei verschiedene Modelle vom Bewußtsein und von der Existenz des Menschen. Dem *ersten Modell* zufolge bildet das Bewußtsein und die Existenz des Menschen zwar keine undifferenzierte, aber doch „ungeschichtete" Einheit und Ganzheit. In diesem Modell durchformt und erhöht das übernatürliche Existential als übernatürlicher Horizont und übernatürlicher-Rahmen das gesamte Bewußtsein und die gesamte Existenz des Menschen. Dem *zweiten Modell* zufolge ist das Bewußtsein und die Existenz doch irgendwie geschichtet, obwohl Rahner entschieden jedes stockwerkartige, dualistische Denken in bezug auf Natur und Gnade ablehnt[363]. Es gibt in ihnen so etwas wie ein Innen und ein Außen, ein Zentrum und dementsprechend eine Peripherie, einen Grund und eine Tiefe. Das übernatürliche Existential ist diesem Modell zufolge im Zentrum, in der letzten Tiefe, im Innersten des Menschen anzusiedeln, das zugleich sein Äußerstes, nämlich Gott selbst, ist. D.h. die Gnade wird nicht einfach im Ganzen des Bewußtseins und der Existenz erfahren, sondern speziell in der Mitte, in der Tiefe der Existenz.

Die beiden Modelle widersprechen jedoch einander nicht, sie ergänzen sich. Durch die Begnadigung gewinnt die Transzendenz des Menschen eine völlig neue, radikale Tiefe oder auch Höhe. Die Gnade vertieft, erhöht, radikalisiert die (natürliche) menschliche Transzendenz. Aber eben durch diese Vertiefung und Radikalisierung verändert sich die ganze Transzendenz des Menschen und somit sein gesamtes Bewußtsein und seine ganze Existenz. Die gnadenhafte existentielle Vertiefung läßt die übrigen „Schichten" oder „Dimensionen" des Bewußtseins und der Existenz nicht unberührt. Sie wirkt sich auf sie als ganzes aus und überformt, überhöht und vertieft sie als ganzes.

Mit einem Begriff wie der „Tiefen-Dimension" lassen sich die beiden Modelle synthetisieren. Durch das übernatürliche Existential erhält die menschliche Existenz eine neue Tiefendimension derart, daß sich die größere Tiefe wie eine Dimension auf die ganze Existenz des Menschen auswirkt. Auch Rahner selbst bringt die beiden Modelle trotz einer gewissen bleibenden Spannung und Gegensätzlichkeit in Einklang miteinander. Die „Selbstmitteilung Gottes als Heil des Menschen und als Möglichkeit der Heilsannahme in Freiheit" betrifft ihm zufolge, „unbeschadet der damit gegebenen Vergöttlichung des Menschen *in der letzten Tiefe* seines Wesens, den *ganzen* Menschen in *all* seinen Dimensionen, in deren Einheit und in ihrem gegenseitigen Bedingungsverhältnis."[364]

---

363 Z.B. Gk 130.
364 VIII [1966] 359 Hervorh. J.H.

2.2.4 Die übernatürlich erhöhte Transzendenz als natürlich-übernatürliche Transzendenz

2.2.4.1 Das Verhältnis von Natürlichem und Übernatürlichem in der Transzendenz

Rahner hält die *natürliche Transzendenz* des Menschen auch nach seiner Theorie vom übernatürlichen Existential nicht nur für eine rein begriffliche Möglichkeit. Für ihn gehört die menschliche Transzendenz *als solche* zur *Natur* des Menschen und ist im theologischen Sinn natürlich, wenn sie auch faktisch beim Menschen nie nur als rein natürliche, sondern immer schon als übernatürlich erhöhte auftritt. Die Transzendenz ist für ihn eine natürlich-übernatürliche Wirklichkeit.

Für gewöhnlich apostrophiert Rahner die real gegebene Transzendenz des Menschen als *übernatürlich erhöhte*. An einigen Stellen bezeichnet er sie als „natürlich und übernatürlich" zugleich. So behandelt er im Zusammenhang der Einheit von Nächsten- und Gottesliebe die „*(natürlich und übernatürlich)* transzendentale Erfahrung Gottes"[365] und den (implizit religiösen) „Akt, der eine transzendentale einschlußweise Gotteserfahrung (*natürlich-übernatürlicher* Art) bietet"[366]. An anderer Stelle erklärt er bezüglich der Erfahrung: „Der Sache selbst nach müßte man in der konkreten Situation unserer Existenz diese Erfahrung ‚natürlich' *und* ‚gnadenhaft' zugleich nennen".[367]

Daß für Rahner in der faktischen Transzendenz trotz ihrer gnadenhaften übernatürlichen Erhöhung die natürliche Transzendenz des Menschen wirklich und wirksam ist, verrät sich auch in seiner Formel des „... nicht nur (nicht bloß) ..., sondern ...". So ist Gott, das Geheimnis, im Christentum *nicht nur* der immer fernbleibende, asymptotische Zielpunkt der Bewegung des Geistes, *sondern* hat sich dem Menschen als innerste Entelechie seiner Bewegung und als unmittelbar zu besitzendes Ziel mitgeteilt[368]; d.h. die Transzendenz

365 VI [1965] 293 Hervorh. J.H.
366 VI [1965] 294 Hervorh. J.H.
367 IX [1969] 165.
368 IX [1969] 165; X [1971] 108; vgl. VI [1965] 487; HR [1978] 22.

des Menschen ist für Rahner nicht nur, aber eben auch natürlich. Ebenfalls operiert Rahner in bezug auf die Transzendenzerfahrung mit „einerseits – anderseits". *Einerseits* müßte man laut Rahner sagen, daß Gott „als das in sich selbst verborgene, asymptotische Woraufhin der Erfahrung einer unbegrenzten Dynamik" des Menschen gegeben ist; *anderseits* müßte man betonen, daß diese „sich selbst erfahrende Dynamik" des Menschen sich als „begnadigt" erfährt, „so daß ihr Woraufhin nicht nur ihre ewig asymptotisch fern bleibende Macht der Bewegung, sondern ihr wirklich erreichbares Ziel ist".[369]

Das Verhältnis von Natürlichem und Übernatürlichem in der Transzendenz, von der „Geist-Natur" des Menschen und ihrer gnadenhaften Erhöhung grenzt Rahner gegen jede Art von Dualismus ab. „Die Natur eines geistigen Wesens und deren übernatürliche Erhebung stehen sich ... nicht wie zwei Sachen, die nebeneinanderliegen, gegenüber".[370] Die gnadenhafte Selbstmitteilung Gottes bringt keinen „stockwerkartigen Dualismus" in die eine Wirklichkeit des Menschen.[371] Darüber hinaus wendet Rahner eine Reihe von ziemlich abstrakten, formalen Begriffen auf das Verhältnis an. Das Selbstangebot Gottes ist ein *Element*[372], ein (eingestiftetes) *Moment*[373], eine *Modalität*[374], *Eigentümlichkeit*[375] und *Modifikation*[376] der transzendentalen Verfaßtheit des Menschen. Die Selbstmitteilung Gottes kann nicht nur als Moment an der natürlichen Transzendenz des Menschen aufgefaßt werden, sondern auch umgekehrt, die natürliche Transzendenz bzw. die Natur des Menschen, ja die ganze Schöpfung als Moment an der Selbstmitteilung Gottes.[377] Letzteres hat dabei in der Sinn- und Zielordnung absolute Priorität vor ersterem und gibt die wahre Sinnrichtung und reale Sinnordnung an. Die Schöpfung als

---

369 IX [1969] 165.
370 IV [1960] 231.
371 Vgl. Gk 130.
372 IV [1960] 228.
373 VIII [1966] 359.361; X [1971] 108; Gk 135.
374 Gk 135f.
375 Gk 135.
376 Gk 135.138.
377 VIII [1966] 600.

Möglichkeit Gottes, (etwas) aus dem Nichts zu schaffen, ist „ein Moment an der höheren und umfassenderen Möglichkeit Gottes", sich selbst zu schenken.[378] Gott hat die Schöpfung, und in ihr insbesondere den Menschen als geistiges Geschöpf, faktisch gewollt „(auch wenn er sie ohne Selbstmitteilung hätte wollen können), *weil* er in freier Liebe sich selbst wegschenken, entäußern, *selbst* aus sich heraustreten wollte".[379] Die Natur ist daher von vornherein um der Gnade, die Schöpfung um der personalen Liebe willen gewollt.[380] Die Selbstmitteilung Gottes ist das eigentliche Ziel der (geistigen) Schöpfung.[381]

So gesehen kann die natürliche Transzendenz des Menschen (d.h. die „Wesensimmanenz") als „Folge" der Selbstmitteilung Gottes (d.h. der noch radikaleren Immanenz des Menschen) aufgefaßt werden.[382] Die Natur des Menschen ist bezüglich der Gnade *Voraussetzung* und *Folge* zugleich.[383]

Die Gnade als freie Selbstmitteilung Gottes an das Geschöpf setzt das Geschöpf voraus[384], und zwar nicht nur in seinem bloßen Dasein, sondern in seinem geistigen Sosein. Um die Offenbarung Gottes vernehmen und die Selbstmitteilung Gottes annehmen zu können, muß der Mensch „ein Wesen unbegrenzter Offenheit für das grenzenlose Sein Gottes sein"[385], muß er Geist sein[386], muß er Transzendenz besitzen[387]. Die grenzenlose Offenheit, Geistigkeit oder Transzendenz des Menschen ist Voraussetzung und Bedingung der Möglichkeit für die Selbstmitteilung Gottes an den Menschen. Jedes nicht-geistige, untermenschliche Wesen ist dadurch ‚definiert' (‚umgrenzt'), daß es auf einen bestimmten Bereich der Wirklichkeit ein-

---

378 VIII [1966] 600.
379 VIII [1966] 600; vgl. Gk 129f.
380 VIII [1966] 600. Vgl. Kap. 2.1.2.3.
381 VIII [1966] 601.
382 VIII [1966] 601.
383 VIII [1966] 601.
384 VI [1964] 547. In diesem Text bekräftigt Rahner noch einmal seine Grundidee von „Hörer des Wortes" und faßt sie in wenigen Sätzen zusammen (VI [1964] 547f).
385 VI [1964] 547.
386 VI [1964] 547.
387 IV [1960] 231.

gegrenzt ist.[388] Eine übernatürliche Erhebung auf die Unmittelbarkeit des unendlichen Gottes hin würde daher die begrenzte, endliche Natur eines jeden untermenschlichen Wesens sprengen und wäre von daher unmöglich.[389] Zur ‚Definition' des Menschen als geistig-personalen Wesens gehört es hingegen, unbegrenzt offen zu sein für die „Fülle der Wirklichkeit", für die „Wirklichkeit überhaupt und schlechthin"[390] und in diesem Sinn nicht definierbar, d.h. nicht eingrenzbar zu sein. Die natürliche Transzendenz als unendliche Offenheit für Sein und Wirklichkeit macht die Natur des Menschen aus[391] und fällt unter seinen notwendigen Wesensbestand, ohne den er nicht Mensch wäre. Die übernatürliche Erhöhung des Menschen als Öffnung für den dreifaltigen Gott des Lebens hebt die Natur des Menschen nicht auf, denn diese besagt schon unendliche Offenheit für Gott, wenn auch als fernen. Sie negiert die natürliche Transzendenz in keiner Weise, sondern bestärkt sie positiv und liegt in deren Verlängerung.

Die natürliche Transzendenz des Menschen ist Voraussetzung und *Möglichkeit* der Gnade. Der Besitz Gottes in absoluter Selbstmitteilung fällt nach Rahner nicht außerhalb der unendlichen Möglichkeit der Transzendenz.[392] Der Mensch ist als geistige Kreatur von vornherein möglicher Adressat einer göttlichen Selbstmitteilung.[393] Seine (natürliche) Transzendenz ist von vornherein „als der *Raum* einer Selbstmitteilung Gottes" gewollt.[394]

Um das Verhältnis von natürlicher Transzendenz und übernatürlicher Erhöhung nicht bloß formal, sondern auch inhaltlich näher zu bestimmen, bedient sich Rahner häufig der Begriffe der „Leere" und der „Erfüllung". Eine rein natürliche Transzendenz wäre *leere*, scheiternde, bloß formale Transzendenz.[395] Die *Fülle* Gottes schafft die „*Leere* der transzendentalen Kreatur", um sie zu *erfüllen*.[396] Die natür-

388 IV [1960] 231.
389 IV [1960] 231.
390 IV [1960] 231.
391 IV [1960] 231.
392 Gk 135.
393 Gk 129.
394 Gk 130 Hervorh. J.H.
395 V [1961] 73.
396 Gk 130 Hervorh. J.H.; vgl. VI [1964] 548f.

liche Transzendenz wird durch die Gnade zu einer übernatürlichen Erfüllung erhoben und zu einer absoluten Erfüllung hinbewegt[397], sie hat in der existentialen Gnade den Anfang ihrer Erfüllung[398] und findet in der Gnade, die die Glorie einschließt, ihre radikale, wesensübersteigende, absolute und unüberbietbare Erfüllung[399]. Durch die Begnadung erhält das natürliche Wesen des Menschen seine *letzte Gültigkeit* und *Konsistenz* und *wächst*.[400] Die natürliche Transzendenz findet in Gott ihre schlechthinnige *Vollendung*.[401]

Was die übernatürliche gnadenhafte Erhöhung für die natürliche Transzendenz des weiteren bedeutet und an ihr bewirkt, geht auch deutlich aus der bisher selbstverständlich verwendeten Begrifflichkeit Rahners hervor. Die Gnade *überformt, erhebt*[402], erhöht und *vertieft, radikalisiert*[403], *überbietet* und *befreit*[404] usw. die Natur des Menschen und seine natürliche Transzendenz. Konkret erlebt und erfährt der Mensch seine Transzendenz aufgrund der übernatürlichen Erhöhung bewußt und existentiell anders (nämlich radikaler), als er sie als rein natürliches Wesen einer rein natürlichen Transzendenz erleben und erfahren würde: seine Sehnsucht, seinen Optimismus, seine Unzufriedenheit, den Tod, die Liebe und die Schuld, die Hoffnung usf.[405] Die metaphysische Einheit und die metaphysische Differenz von Natürlichem und Übernatürlichem in der menschlichen Transzendenz sind bei Rahner in erster Linie als spezieller Fall des allgemeinen Verhältnisses von Natur und Gnade zu begreifen. Zwischen dem natürlichen und dem übernatürlichen Moment der Transzendenz besteht ein radikaler, real-ontologischer Unterschied, der sich auf den absoluten Gegensatz zwischen der kreatürlichen, endlichen Wirklichkeit des Menschen und der unendlichen Wirklichkeit Gottes selbst zurückführen läßt. Trotz ihres eindeutigen ontologischen Unterschiedes verbinden sich aber die beiden Momente zu einer

---

397 Vgl. IV [1960] 231.
398 IV [1960] 231.
399 IV [1960] 231.234; Gk 133.136.
400 VIII [1966] 601.
401 Gk 130; vgl. z.B. IX [1970] 250.
402 Vgl. z.B. Gk 129.
403 Z.B. X [1972] 179.
404 VI [1965] 486.
405 IV [1960] 231; vgl. z.B. I [1950] 326.341; I [1954] 408–414.

ungeschichteten, *untrennbaren* Einheit in der menschlichen Transzendenz, so daß sie sich in der Erfahrung (gnoseologisch) nicht eindeutig gegeneinander abgrenzen lassen.

Man kann fragen, wie diese Einheit von natürlicher, kreatürlicher Wirklichkeit und übernatürlicher, göttlicher Wirklichkeit in der Transzendenz theologisch und metaphysisch überhaupt möglich ist, wenn zwischen Gott dem Schöpfer und dem Geschöpf Mensch ein absoluter Gegensatz klafft und die Schöpfung das von Gott absolut Verschiedene, ihm gegenüber absolut andere ist. Mit Rahner läßt sich darauf antworten, daß Gott selber diesen absoluten Gegensatz souverän setzt und ihn so noch einmal in seiner eigenen Wirklichkeit umfängt.[406] Der absolute Gegensatz zwischen Schöpfer und Geschöpf, zwischen Gott und Mensch ist noch einmal eingebettet in eine fundamentalere, von Gott selbst ausgehende Einheit, die die Selbstmitteilung Gottes an die Kreatur und so die Einheit von Natur und Gnade, von natürlicher und übernatürlicher, göttlicher Wirklichkeit in der menschlichen Transzendenz – theologisch und metaphysisch gesehen – ermöglicht.

2.2.4.2 Die hypothetische und die realistische Sprechweise von der „natürlichen Transzendenz"

Um die Einheit und die Differenz von Natürlichem und Übernatürlichem der Transzendenz zu klären, bedient sich Rahner neben der formalen Begriffe wie „Moment", „Voraussetzung", „Folge", „Möglichkeit" usw. insgesamt sieben verschiedener inhaltlicher Kriterien, wenn man den Unterschied von „Leere" und „Fülle" bzw. „Erfüllung" als *qualitatives* Kriterium hinzunimmt. Er unterscheidet Natürliches und Übernatürliches *dynamisch-teleologisch (final), kausal, funktional, personal, psychologisch-kognitiv, existential* und *qualitativ*.

Die übernatürlich erhöhte Transzendenz ist auf den *dreifaltigen, personalen Gott selbst* als ihrem Woraufhin finalisiert und hat zum übernatürlichen Ziel das unmittelbare, ewige Leben in Gott, während die natürliche Transzendenz auf das *Sein überhaupt* dynamisiert ist

---

406 Z.B. Gk 71f.85–88.

und als ihr natürliches Ziel eine natürliche Seligkeit anstrebt, bei der Gott nur asymptotisch erreicht wird (dynamisch-teleologisches Kriterium). Als übernatürliche Transzendenz ist sie *quasi-formal* von Gott gewirkt, nicht *effizient* wie die natürliche (kausales Kriterium). Als solche richtet sie den Menschen auf die *Unmittelbarkeit* und *Nähe* Gottes aus, wohingegen die rein natürliche Transzendenz dem Menschen als *Bedingung der Möglichkeit* seines innerweltlichen Erkennens und Handelns dient (funktionales Kriterium). In der übernatürlichen Transzendenz wird Gott durch seine Selbstmitteilung deshalb bereits als *naher* und *unmittelbarer*, und nicht wie in der natürlichen als schlechthin *ferner* erfahren (personales Kriterium). Der übernatürlichen Transzendenz entspricht ein *übernatürliches Formalobjekt*, ein *übernatürlicher Bewußtseinshorizont* im Unterschied zum *natürlichen Formalobjekt* und *natürlichen Bewußtseinshorizont* der natürlichen Transzendenz (psychologisch-kognitives Kriterium). Die übernatürliche Transzendenz ist von größerer existentialer *Tiefe* als die natürliche (existentiales Kriterium). Sie stellt schon eine gewisse ·*Fülle* im Gegensatz zur *Leere* dar (qualitatives Kriterium).

Mit den übernatürlichen Bestimmungen des übernatürlichen Ziels, der Nähe und Unmittelbarkeit usw. beschreibt Rahner die reale, übernatürlich erhöhte Transzendenz des Menschen. Es handelt sich bei ihnen um *realistische* Bestimmungen. Die entsprechenden natürlichen Bestimmungen würden für sich allein eine rein natürliche Transzendenz des Menschen charakterisieren, die es aber tatsächlich nicht gibt. Sie sind daher – im Gegensatz zu den realistischen, übernatürlichen Bestimmungen – *für sich allein genommen* als rein *hypothetische*, *logische* oder *potentielle* Beschreibungen einer hypothetischen (oder fiktiven) *reinen* Natur des Menschen zu begreifen.

Nun macht aber Rahner von den natürlichen Bestimmungen der einzelnen Kriterien nicht nur hypothetischen, sondern – wie von den übernatürlichen Bestimmungen – auch *realistischen* Gebrauch. Er verwendet sie, um die real gegebene Transzendenz, insofern und insoweit sie natürlich ist, zu erfassen. So z.B., wenn er bei den menschlichen Akten und im menschlichen Bewußtsein ein übernatürliches und ein natürliches Formalobjekt zugleich bewußt gegeben sein läßt[407], wenn er Gott „nicht nur" (oder „einerseits") als asymptotisches Ziel, „sondern auch" (oder „anderseits") als unmittelbar erreichbares Ziel ausgibt oder wenn er Gott sowohl fern als auch nahe sein läßt[408].

Das ist bei den meisten Kriterien insofern kein Problem, als sich bei ihnen die übernatürliche Bestimmung mit der natürlichen vereinbaren läßt, sie also *inklusiv* sind und ein *sowohl – als auch* ermöglichen. Denn diese Kriterien lassen verschiedene Grade, Modi oder Stufen zu, so daß sich die jeweiligen natürlichen und übernatürlichen Bestimmungen nicht notwendig gegenseitig auszuschließen brauchen, sondern sich – im Gegenteil – gegenseitig einschließen können. Durch die Gnade Gottes kann die (natürliche) Nähe zu Gott wachsen, kann sich die (natürliche) Existenz des Menschen vertiefen, kann sich seine (natürliche) Leere erfüllen, kann sich sein (natürliches) Bewußtsein von Gott schärfen und seine (natürliche) Gotteserfahrung verdichten usf.

Nur in bezug auf das erste, dynamisch-teleologische Kriterium ist Rahners *realistische* Sprechweise problematisch. Zwar könnte man eventuell noch sinnvoll behaupten, die Transzendenz als solche und natürliche einerseits und ihre übernatürliche Begnadigung andererseits befänden sich in derselben Bewegungsrichtung (dynamischer Aspekt des ersten Kriteriums) – nämlich beide in der Bewegung auf Gott hin – , aber nicht mehr, die eine real gegebene, übernatürlich erhöhte Transzendenz des Menschen habe sowohl den asymptotisch annäherbaren, aber nie ganz erreichbaren Gott als auch den erreichbaren Gott des ewigen Lebens zum Ziel (teleologischer Aspekt des Kriteriums). Der Mensch kann in seinem faktischen Dasein und in seiner faktischen Transzendenz *real* nur zu *einem* Ziel berufen sein, entweder zu einem natürlichen Ziel oder zu einem übernatürlichen Ziel, aber nicht beides zugleich. In der faktischen Heilsordnung ist er schlechterdings nur zum übernatürlichen Ziel, *nicht* zu einem natürlichen Ziel berufen.

Deshalb ist das erste, dynamisch-teleologische Kriterium ein *exklusives* Kriterium, das nur ein *entweder – oder* kennt, im Unterschied zu den anderen *inklusiven* oder *komparativen (graduellen)*

---

407   IV [1960] 225.
408   Z.B. IV [1959] 67–82. Kap. 2.1.3.3.

Kriterien mit ihrem *sowohl – als auch*. Bei ersterem schließen sich Natürlichkeit und Übernatürlichkeit gegenseitig aus, während sie bei allen anderen zusammenstimmen können.

Von daher sind bei Rahner drei Sprechweisen von der Transzendenz als mißverständlich, wenn nicht gar widersprüchlich zu kritisieren. Zum einen seine *realistische* Sprechweise bezüglich des ersten Kriteriums, als könnte es neben dem übernatürlichen Ziel zugleich realiter ein natürliches Ziel des menschlichen Daseins geben. Zum anderen seine bereits erwähnte, frühe, *dualistische* Sprechweise von zwei Transzendenzen des Menschen, nämlich einer natürlichen Transzendenz und daneben einer eigenen übernatürlichen Transzendenz.[409] Und schließlich seine ,*historisierende*‘ Sprechweise in einigen Wendungen, so wenn er beispielsweise durch die übernatürliche Erhöhung der Transzendenz eine „Bewußtseins*veränderung*" im Menschen hervorbringen läßt[410], die einen tatsächlich anderen, zeitlich vorausgehenden, rein natürlichen Bewußtseinszustand des Menschen zu suggerieren scheint. Letztere darf nicht historisch mißverstanden werden, so, als sei die natürliche Transzendenz des Menschen im temporären Sinn früher als ihre übernatürliche Erhöhung, d.h. es habe zu irgendeinem Zeitpunkt eine rein natürliche Transzendenz vor der übernatürlich erhöhten gegeben.

2.3 Fazit

2.3.1 Eine rein übernatürliche Transzendenz?

Mit der bisherigen Darlegung im 2. Kapitel ist die eingangs gestellte fünfte Leitfrage beantwortet, inwiefern und inwieweit die menschliche Transzendenz übernatürlich sei. Für Rahner ist die Transzendenz des Menschen ,als solche‘ natürlich, aber durch die gnadenhafte Selbstmitteilung Gottes immer auch schon als ganze übernatürlich erhöht.

409 Kap. 2.1.3.2.
410 V [1962] 123; X [1971] 540.543.

Rahner hebt des öfteren hervor, daß eine rein natürliche Tranzendenz des Menschen in sich möglich und sinnvoll wäre. So führt er beispielsweise im Aufsatz über „Natur und Gnade" aus: „Seine [des Menschen] Natur ist eben so, daß sie ihre *absolute* Erfüllung als Gnade erwarten muß und, weil so, von sich aus mit der *sinnvollen* Möglichkeit des Ausbleibens einer absoluten Erfüllung rechnen muß."[411] Möglichkeit und Sinn einer rein natürlichen Transzendenz des Menschen sind für Rahner Grund, im wirklichen Wesen des Menschen immer noch eine natürliche Transzendenz vorauszusetzen, die freilich faktisch immer übernatürlich erhöht ist. Stellt aber eine rein natürliche Transzendenz tatsächlich eine in sich sinnvolle Möglichkeit dar? Läßt sie sich mit der *Weisheit* und *Güte* Gottes wirklich vereinbaren? Der Mensch als rein natürliche Transzendenz würde sich im Verständnis Rahners stets auf Gott zu bewegen, ohne ihn jemals ganz erreichen zu können, wäre unendliche Leere, die nie vollkommen erfüllt würde. Gott würde einen solchen Menschen niemals ganz in sich aufnehmen, ihn nie ganz in seiner Nähe bergen. Es fällt schwer, einen Gott, der solch einen Menschen schafft, für absolut gut, weise und gütig zu halten.[412]

Mit der Auffassung, das Wesen des Menschen sei auch als rein natürliche Transzendenz sinnvoll und möglich, genügt Rahner der erwähnten Enzyklika „Humani Generis" von Papst Pius XII.[413] Dort ist aber nicht die Rede von der *Transzendenz*, sondern von der *Vernunft* bzw. dem *Verstand* (*intellectus*) des Menschen. Gott hätte, der Enzyklika zufolge, den Menschen als vernunft- oder verstandesbegabtes Wesen schaffen können, ohne ihn zur visio beatifica zu berufen.

Rein spekulativ-theoretisch wäre noch eine weitere Möglichkeit neben einer rein natürlichen Transzendenz, wie Rahner sie weitgehend im Frühwerk implizit voraussetzte, und der natürlich-übernatürlichen Transzendenz, wie er sie später postulierte, denkbar: die Transzendenz des Menschen könnte *rein übernatürlich* sein.

---

411 IV [1960] 235; vgl. I [1950] 329–333.340–343. Vgl. auch HW 102.114f.117, wonach der Mensch mit dem Sicheröffnen (Reden) oder Sichverschließen (Schweigen) Gottes rechnen muß.
412 Vgl. I [1950] 330.
413 Kap. 2.1.2.2.

Ein ausschließlich übernatürliches Verständnis von der menschlichen Transzendenz würde zwangsläufig die natürliche Rationalität bzw. Intellektualität des Menschen von einem begrifflich-überbegrifflichen Vermögen zu einem bloß begrifflichen reduzieren. Der Mensch, den Gott als rational begabtes Wesen auch ohne Berufung zum ewigen Leben sinnvollerweise hätte erschaffen können, ohne gegen seine eigene Güte zu verstoßen, dürfte von Natur aus zwar kein (natürliches) überbegriffliches Transzendenzvermögen besitzen, sondern nur eine begriffliche Rationalität, wäre aber einer langen abendländischen Tradition entsprechend bereits wesentlich als animal rationale und d.h. als Mensch einzustufen. Seine Transzendenz, d.h. seine unendliche Offenheit für die Gnade Gottes, käme dann zu seiner natürlichen Vernunft- und Verstandesbegabung hinzu und wäre bereits selbst *reine Gnade*.

Die auf den ersten Blick in sich schlüssig scheinende Denkalternative einer rein übernatürlichen Transzendenz scheitert aus einem einfachen Grund. Auch eine rein übernatürliche Transzendenz als rein gnadenhafte, unendliche Offenheit des Menschen für Gnade würde im Menschen wiederum eine entsprechende Anlage voraussetzen, sollen Natur und Gnade nicht wie im Extrinsecismus auseinanderklaffen und soll der Mensch überhaupt capax infiniti sein, d.h. fähig sein, die Gnade des *unendlichen* Gottes zu empfangen. Die Selbstmitteilung des unendlichen Gottes würde, mit Rahner argumentiert, die Natur des Menschen „aufheben"[414], wenn sie nicht schon von sich aus offen für das Unendliche und somit selber in gewisser Hinsicht unendlich wäre. Die Denkmöglichkeit einer rein natürlichen Transzendenz würde das Problem des Verhältnisses von Natur und Gnade also nicht lösen, sondern nur verschieben. In der transzendenzlosen Natur des Menschen wäre doch wieder so etwas wie eine Anlage, Offenheit oder Möglichkeit für das Unendliche anzunehmen. Das aber ist genau mit der „natürlichen Transzendenz" des Menschen gemeint.

---

414 IV [1960] 231.

2.3.2 Die „natürliche Transzendenz" als theologischer und philosophischer Grenzbegriff

Die nicht haltbare Denkalternative einer übernatürlichen Transzendenz kann dennoch helfen, Rahners genuinen Transzendenzbegriff in einigen Punkten zu klären und zu präzisieren. Bei dem Begriff der „natürlichen Transzendenz" des Menschen, auf den aus besagtem Grund nicht verzichtet werden kann, handelt es sich einerseits um einen theologischen ,Restbegriff', und andererseits um einen philosophischen Grenzbegriff sehr formaler Art. Theologisch gesehen ist die natürliche Transzendenz des Menschen die notwendige (transzendentale) Bedingung der Möglichkeit für den Empfang des übernatürlichen unendlichen göttlichen Lebens, zu dem der Mensch berufen ist, das jetzt schon mit dem Gnadenleben beginnt und von dem er durch die ausdrückliche Wortoffenbarung weiß. Philosophisch betrachtet stellt die natürliche Transzendenz des Menschen die notwendige (transzendentale) Bedingung der Möglichkeit des Erkennens und Handelns des Menschen dar. Ein philosophisch ermittelter Begriff von der natürlichen Transzendenz des Menschen wird allerdings nicht sehr weit über die *formale* Bestimmung hinausführen können, daß eine solche natürliche Transzendenz als Bedingung der Möglichkeit vorauszusetzen ist, will man bestimmte Erkenntnisse, Erfahrungen oder Vollzüge des Menschen philosophisch einigermaßen hinreichend erklären. *Inhaltlich* läßt sich an der natürlichen Transzendenz des Menschen aus rein philosophischer Sicht nicht viel mehr ausmachen als das, was man in sehr neutralen, wenn man will statischen Begriffen ausdrücken kann. Es muß im Menschen eine allgemeine Bezogenheit, Offenheit usw. für das Absolute bzw. das Unendliche geben.

Ähnliches gilt für den theologischen ,Restbegriff' von der natürlichen Transzendenz. Über sie läßt sich über sehr abstrakte und starre Feststellungen hinaus nichts aussagen. Es muß sie als Bedingung der Möglichkeit für die Annahme des Übernatürlichen geben, und sie muß in einer apriorischen Anlage, Fähigkeit, „potentia" usw. zum Übernatürlichen bestehen.

Trifft zu, daß sowohl theologisch als auch philosophisch der Begriff der „natürlichen Transzendenz" des Menschen einen inhaltlich sehr leeren, abstrakten und starren Randbegriff darstellt, hat das Konsequenzen für den übrigen Gehalt des Rahnerschen Transzendenzbegriffs. Es bedeutet vor allem: Alles, was Rahner in *dynamischen* Begriffen an der menschlichen Transzendenz beschreibt, ist nicht mehr dem Natürlichen, sondern bereits dem Übernatürlichen an der menschlichen Transzendenz zuzuordnen. Wenn also Rahner die Transzendenz als *Hin*ordnung, Hin*bewegung, Bewegung, Dynamik* usf. auf das Absolute bzw. den Absoluten hin charakterisiert, betrifft das die Übernatürlichkeit der menschlichen Transzendenz, nicht ihre Natürlichkeit. Nur wenn die natürliche Transzendenz des Menschen in formalen oder relativ ‚neutralen' Begriffen erfaßt wird, läßt sie sich auch ohne übernatürliche Berufung des Menschen als in sich sinnvolle Möglichkeit ansehen und mit der Güte Gottes vereinbaren.

Alles in allem erweist sich Rahners Gesamtbegriff von der „Transzendenz" des Menschen als überwiegend theologischer, und nur am Rande philosophischer Begriff. Vieles von dem, was Rahner von der menschlichen Transzendenz ermittelt, stammt vom ausdrücklich geoffenbarten Wissen um die übernatürliche Berufung des Menschen her, ohne daß Rahner dies expliziert. Vom offenbarungstheologischen Wissen um das übernatürliche Ziel des Menschen in der visio kann Rahner die Transzendenz des Menschen mit einiger Sicherheit als Bewegung und Hinbewegung interpretieren, vom offenbarungstheologischen Wissen um die übernatürliche absolute Erfüllung des Menschen in der Gottesschau kann er die (natürliche) Transzendenz des Menschen zutreffend als Leere bestimmen. Der weitgehend impliziten Erkenntnisordnung bei Rahner entspricht die reale Sinnordnung, an der Rahner selbst keinen Zweifel aufkommen läßt. Gott hat den Menschen von vornherein als Transzendenz, als unendliche Leere geschaffen, um sich selbst dem Menschen ganz mitzuteilen, um ihm die absolute Erfüllung zu schenken. Die natürliche Transzendenz hat faktisch und konkret ihren Sinn in der übernatürlichen Vollendung.

3 Die spirituell-theologische Gedankenentwicklung: Der Mensch als Wesen der geistlich erfahrbaren Transzendenz

Im dritten Kapitel werden einige wichtige Stationen in Rahners spirituell-theologischer Gedankenentwicklung bezüglich der Transzendenz festgehalten. Kapitel 3.1 beschäftigt sich mit der spirituellen Dynamik der Transzendenz des Menschen in den geistlichen Sinnen (Kapitel 3.1.1), in der Trosterfahrung (Kapitel 3.1.2), im Enthusiasmus (Kapitel 3.1.3) und in der Mystik (Kapitel 3.1.4); ein Zwischenfazit gibt kurz das Ergebnis wieder (Kapitel 3.1.5). In Glaube, Hoffnung und Liebe bejaht der Mensch das Selbstangebot Gottes in der Transzendenz. Stellvertretend für alle drei theologischen Tugenden kommt in Kapitel 3.2 die menschliche Liebe zur Sprache.

3.1 Die spirituelle Dynamik der Transzendenz des Menschen

3.1.1 Die geistlichen Sinne

In diesem Kapitel[1] werden zwei frühe Texte Rahners zur mystischen Theologie zusammen behandelt. Die beiden Aufsätze über „Die geistlichen Sinne nach Origenes"[2] und über „Die Lehre von den ‚geistlichen Sinnen' im Mittelalter. Der Beitrag Bonaventuras"[3] erschienen in ihrer ursprünglichen französischen Fassung 1932 bzw. 1933 und bauen im Inhalt historisch aufeinander auf. Rahner bietet in ihnen einen Überblick über die Geschichte der Lehre von den fünf geistlichen Sinnen (XII 170). In der ersten Anmerkung zum ersten Text heißt es in den „Schriften zur Theologie", die Arbeit dürfe „für das

---

1   Zu Rahners Beitrag zur „geistlichen Sinnlichkeit" im ganzen siehe die ausführliche Darstellung bei Zahlauer [1996] 97–120.
2   XII 111–136.
3   II 137–172.

Denken des Verfassers entscheidende und grundlegende Bedeutung beanspruchen", lasse „sie doch Ansätze und Denkweise deutlich werden, die später – wenn auch verdeckt – wirksam blieben."[4] Nur jene Motive aus den beiden Texten werden aufgedeckt, die Rahner später in seiner Transzendenz-Theorie „verdeckt" wiedererklingen ließ oder ganz zum Erklingen brachte.

3.1.1.1 Die geistlichen Sinne nach Origenes

Gemäß Rahner schreibt Origenes die fünf geistlichen Sinne dem menschlichen *Geist* zu (XII 120). Der Geist unterscheidet sich von der Seele. Der Grundidee des Origenes nach wurde der Geist zur Seele, „als er sich aus freien Stücken von Gott entfernte", und wandelt sich die Seele von neuem in Geist „durch Reinigung in der materiellen Welt, ihrem Reinigungsort, sowie durch Rückkehr zu Gott" (119). Dem Geist ist die Kenntnis des Göttlichen vorbehalten (119). Nur er erfaßt die „unsichtbaren und geistlichen Güter" und entdeckt den „göttlichen Sinn", während der Verstand „nur bis zu einer gewissen höheren Einsicht vorstößt." (120) Der Geist ist für Origenes demnach eine Fähigkeit „zur Wahrnehmung geistlicher Wirklichkeiten" (120). Die „geistliche Erkenntnis", zu der der Geist bemächtigt, ist in den Worten des Origenes ein Brot, „das Verborgenes enthält und den Glauben an Gott und das Wissen um die Dinge erklärt" (122f). Deshalb besitzt auch „der gewöhnliche Christ" dank seiner Geistbegabung „eine gewisse Kenntnis der Dreifaltigkeit", die ja auch den Gipfel der Kontemplation darstellt (123).

Im weiteren Gefolge des Origenes schmelzen bei einigen Theologen der Mystik die fünf geistlichen Sinne zu einem einzigen Sinn zusammen. So spricht Diadochus von Photike nur von „einem geistlichen Sinn", „einem Sinn des Geistes", einer einzigen Wahrnehmung (133). Im religiösen Sprachgebrauch des 12. Jahrhunderts ist zunächst ebenfalls nur ein Sinn beheimatet: der „sensus spiritualis", „sensus cordis", „sensus animae" oder „sensus intellectualis" (140). Diese geistig-geistliche Bedeutung des „sensus" geht Rahner zufolge

---

4   XII 111 Anm. 1.

auf das klassische Latein zurück, wo das Wort außer der sinnlichen Erkenntnis auch „die höchsten geistigen Tätigkeiten und ihre Prinzipien" ausdrücken konnte (139). Auch Bernhard von Clairvaux kennt „im Grunde nur einen einzigen geistlichen Sinn, der grundsätzlich auf die religiöse Wirklichkeit ausgerichtet ist." (138) Ebenso ist Wilhelm von Auxerre im wesentlichen nur ein einziger geistlicher Sinn bekannt – der durch den Glauben vervollkommnete Intellekt (140f).

Rahner behielt, mit Einschränkung, den Unterschied zwischen „Geist" und „Seele" bei.[5] Der Geist gehört ihm zufolge dem Inneren, dem „Kern" der menschlichen Person an, während das Seelisch-Leibliche schon zur äußeren Schicht der Person zählt. Im „Durchgang" durch die Welt kommt der Geist mehr und mehr zu sich, wird der Mensch mehr und mehr geistige Person.

Wie Origenes die geistlichen Sinne dem Geist zuordnet, so spricht Rahner die Transzendenz dem menschlichen „Geist" zu. Die menschliche Transzendenz kann bei ihm durchaus als eine geistig-geistliche Wahrnehmungsfähigkeit und ein einziger innerer Sinn des Menschen für das Göttliche aufgefaßt werden.

Rahner zufolge beschreibt Origenes die höchste Stufe der geistlichen Wahrnehmung, zu der der menschliche Geist mittels der fünf geistlichen Sinne befähigt, als eine Erkenntnis, „in der wir über das Sichtbare hinaus etwas vom Göttlichen und Himmlischen betrachten und allein in dieser Kraft einsehen, da diese Dinge den körperlichen Schein *überschreiten*".[6] Erkenntnisgegenstand der geistlichen Sinne ist *Gott selbst* (XII 127). In der Gotteserkenntnis wird die Welt des Körperlichen transzendiert. Umgekehrt gehört für Origenes Gott zu jeder (gegenständlichen) Erkenntnis (128 Anm. 118). Bei Evagrius Ponticus, einem Schüler des Origenes, durchdringen die fünf geistlichen Sinne, die der „Geist" besitzt, tiefer den schon sinnlich wahrgenommenen Gegenstand und entdecken an ihm sehr viel mehr als die körperlichen Sinne (130f). Sie erfassen den „*ganzen* Gegenstand und vermitteln seine tiefste Bedeutung." (131 Hervorh. J.H.) Besonders ausdrücklich wird dann wieder bei Bonaventura, daß das, was mit den geistlichen Sinnen erfaßt wird, Gott selbst ist (148), bzw. Christus (149). Die geistlichen Sinne haben bei ihm „als Akte der

---

5   Kap. 1.3.2.1.
6   XII 125 Hervorh. J.H.

Kontemplation ganz einfach Gott zu ihrem Hauptgegenstand, erfaßt als gegenwärtig" (148).

Auch bei Rahner ist der eigentliche „Gegenstand" der Transzendenz Gott selbst. In der menschlichen Transzendenz und durch sie wird schon Gott selbst erfaßt. Infolge seiner Transzendenzerfahrung vermag der Mensch jeden einzelnen Gegenstand seiner Erkenntnis zu transzendieren und als solches und ganzes zu erkennen. Die kategoriale Gegenstandserkenntnis wird durch die transzendentale Gotteserkenntnis via Transzendenz mitkonstituiert.

Nach Rahner versucht Origenes mit seiner Lehre von den fünf geistlichen Sinnen die *eigentlich mystische* Erfahrung und die *prophetische Inspiration* zu erklären (129). Aber er scheint, so Rahner, „die *vulgäre* Erkenntnis Gottes doch nicht unzweideutig von der mystischen Erfahrung zu scheiden. Seiner Beschreibung nach ist jede Gotteserkenntnis mehr oder weniger mystisch, ohne daß man darin unbedingt eine echte mystische Erkenntnis sehen müßte." (128 Hervorh. J.H.) Die fünf geistlichen Sinne dienen Origenes also auch dazu, die allgemeine, gewöhnliche (d.h. nicht außergewöhnliche, nicht eigentlich mystische) Gotteserkenntnis des Menschen zu beschreiben.

Für den rechten Gebrauch der geistlichen Sinne ist bei Origenes der Logos selbst die Grundlage, „der den Augen der Seele Licht schenkt und die geistlichen Sinne begnadet, indem er durch seine *Gnade* selbst Platz in unseren Sinnen nimmt." (118 Hervorh. J.H.) Ganz *erfüllt* Christus die „göttlichen" Sinne allerdings erst im Augenblick der unmittelbaren Gemeinschaft mit ihm (119), d.h. im Tod. Pseudo-Makarius, der direkt unter dem Einfluß des Evagrius Ponticus und indirekt unter dem des Origenes steht (133), betrachtet die fünf geistlichen Sinne als *natürliche* Fähigkeiten, die an sich auch auf der bloß natürlichen Ebene verbleiben können und ohne Gnade sind (134). Aktiviert und geheilt werden die natürlichen geistlichen Sinne durch die Gnaden des Heiligen Geistes, die auf *Christus* zurückgehen. Durch den Fall Adams waren die geistlichen Sinne des Menschen von der Sünde verdunkelt. Christus erneuert sie und schenkt dem inneren Menschen die Gesundheit zurück. (134)

Wie Origenes mit den fünf geistlichen Sinnen die allgemeine Gotteserfahrung, die außergewöhnliche mystische Gotteserfahrung

und die prophetische Inspiration, so erklärt Rahner mit Hilfe der
Transzendenz die allgemeine Gotteserfahrung des Menschen, und
ebenfalls die speziell-mystische Gotteserfahrung[7] und den Enthusiasmus[8]. Auch für Rahner ist die transzendentale Gotteserkenntnis
eines jeden Menschen von einer gewissen Unmittelbarkeit und hat in
ihren existentiell verdichteten Momenten bereits mystischen Charakter.[9] Die spezielle Mystik liegt für ihn nur in der natürlichen Verlängerung oder Vertiefung der allgemeinen transzendentalen Gotteserfahrung.

Lange Zeit behandelte Rahner die Transzendenz des Menschen
wie selbstverständlich als natürliches Wesensmerkmal. Erst mit dem
„übernatürlichen Existential" wies er auf die übernatürliche, gnadenhafte Erhöhung der menschlichen Transzendenz hin. Ihm zufolge ist
in und durch Christus dem Menschen die ursprüngliche heiligmachende Gnade, die ihm durch die Sünde Adams verlorenging, zumindest als Angebot in seiner begnadeten Transzendenz wiederge-
schenkt. Das Gnadenangebot stellt schon die erste Erfüllung der
„natürlichen" Leere der menschlichen Transzendenz dar.

3.1.1.2 Die geistlichen Sinne nach Bonaventura

Rahner zufolge kommen für den bereits genannten Wilhelm von
Auxerre von vornherein als Träger des geistlichen Sinnes bzw. der
geistlichen Sinne ausschließlich die Fähigkeiten der *Intelligenz* und
des *Willens* in Frage (XII 141). Während dieser die verschiedenen
geistlichen Sinne, sofern er sie überhaupt als einzelne Akte und
Verhaltensweisen differenziert, sämtlich dem Intellekt zuweist,
schreibt sie Wilhelm von Auvergne teils der Intelligenz, teils dem
Willen zu (141). Der „anteiligen" (d.h. verteilten) Zuschreibung
schließt sich Albert der Große an (142). Für Bonaventura gründen die
geistlichen Sinne, die auch er für Akte, nicht für Fähigkeiten hält,
ebenfalls in der Intelligenz und dem Willen (144). Bei ihm sind jedoch
die geistlichen Sinne „*gleichzeitige* Akte von Intelligenz und Wille"

---

7   Siehe Kap. 3.1.4.
8   Siehe Kap. 3.1.3.
9   Siehe Kap. 3.1.4.3.

(146 Hervorh. J.H.). Die beiden Seelenkräfte stehen ihm zufolge in einer „mutua circumincessio" zueinander (146 Anm. 36); Intellekt und Wille schließen sich gegenseitig ein.

Rahner schließt bezüglich der Transzendenz neben dem Erkennen und dem Wollen ebenso jedes andere Seelenvermögen a priori aus. Das Erkennen und das Wollen bzw. die Freiheit bilden für ihn exklusiv die beiden inneren Momente der menschlichen Transzendenz. Der Mensch vollzieht seine Gott-Offenheit erkennend und wollend. Zwar lassen sich logisch die beiden Momente voneinander trennen, aber im realen Existenz- und Transzendenzvollzug des Menschen kommt das eine nie ganz ohne das andere vor. Erkenntnis und Wille bedingen sich gegenseitig.

Laut Rahner sieht Bonaventura in der *Ekstase* („excessus ecstaticus") die höchste (normale) mystische Erfahrung (XII 152.155). Unter anderem nennt er sie auch „excessus mentalis" und „excessus anagogici" (152 Anm. 62). In seiner Deutung grenzt Rahner die „Ekstase" bei Bonaventura deutlich einerseits gegen den „raptus" und andererseits gegen den „simplex contuitus" ab. Der „raptus" (Entrückung) ist ein außergewöhnliches Erlebnis und nur einigen als besonderes Privileg beschieden (152.157). Nach Bonaventura ist er eine unmittelbare, klare Anschauung Gottes durch den Intellekt, welche die überwiegend intellektuelle visio beatifica als „actus gloriae" vorwegnimmt (152.158). Beim „simplex contuitus", der einfachen Schau, handelt es sich in Bonaventuras Systematik um die vorletzte Stufe der Mystik und Kontemplation (150f). An ihm sind die beiden geistlichen Sinne des Sehens und des Schmeckens beteiligt. Gott wird „fast unmittelbar" erkannt (153), aber eben doch nicht „in sua essentia" (150), sondern nur „in effectu interiori" (150.152f) bzw. „in effectu gratiae" (153f), also mittels seiner geschaffenen Gnadenwirkungen (152f.158). Auf der höchsten Stufe der Mystik, dem excessus ecstaticus, wird hingegen Gott ganz unmittelbar erfahren. Dabei betätigt sich Bonaventura zufolge der höchste geistliche Sinn des Menschen: das „geistliche Berühren" (oder Fühlen) (152; vgl. 169). In der Ekstase vollzieht sich die mystische (Liebes-)Einigung mit Gott durch geistliche Berührung. Gott wird darin aber eben nur berührt, nicht klar mit dem Intellekt erkannt. Der „excessus ecstaticus" ist daher bei Bonaventura ein „sentire Deum in se" (155f), Erfahrung

(„sentire"), nicht Erkenntnis („cognoscere") (155). Er ist eine unmittelbare, aber dunkle Gotteserfahrung[10], die nach Rahner am besten mit dem Wort „Kontakt" wiedergegeben wird (163).

Im Gegensatz zum „raptus" bzw. der „visio beatifica" einerseits
und zum „simplex contuitus" andererseits ist nach Bonaventura bei
der Ekstase der Intellekt überhaupt nicht tätig (159). Die Ekstase ist
für ihn ein Akt des „apex affectus"; sie „vollzieht sich wesentlich und
ausschließlich im ‚apex affectus', d.h. im Affekt, der innerlicher und
höher ist als die Intelligenz." (158) Der *apex affectus* („Seelenspitze")
ist das „Innerste" des Menschen, das jenseits des Intellekts liegt; er
ist die „höchste Spitze" und das „tiefste Innere" des Geistes, wo
allein Gott wohnt (159).

Wie kann nun aber bei der Ekstase Gott im „apex affectus" erfahren werden, wenn der Intellekt völlig ausgeschaltet bleibt und Gott
streng genommen gar nicht erkannt wird? Diese Frage sucht Rahner
im Sinne Bonaventuras zu beantworten (160). Er tut dies, indem er
den „apex affectus", in dem Gott selbst anwesend ist, bei der Ekstase
von Gott „informieren", „umformen" läßt (160). Durch diese In-for-
mierung kann die Seele Gott unmittelbar und bewußt, wenn auch
ohne Intellekt und dunkel bleibend, erfassen.

Für Bonaventura hat der „apex affectus" – „echt franziskanisch
gedacht" – eine größere Verwandtschaft zum Willen als zum Intellekt
(160). Dennoch liegt er nach Rahner tiefer als der Wille und gehört
als „Höchstes und Innerstes" der Seele einer tieferen Seinsschicht
an als der Intellekt und der gewöhnliche Wille oder der gewöhnliche
Affekt. Rahner deutet den „apex affectus" bei Bonaventura als *Seelengrund*, der die beiden Fähigkeiten Verstand und Wille trägt" und
der sich erst weiter nach „außen" in zwei verschiedene „Fakultäten"
entfaltet (161 Hervorh. J.H.). Er folgt dabei einer allgemein scholastischen Idee von der Metaphysik der Seele, wonach Intellekt und
Wille aus dem innersten und tiefsten Seelengrund „gewissermaßen
erst herauswachsen" (161).[11]

---

10   XII 155.159.161.163.
11   Den Gedanken vom Seelengrund, in dem die Vermögen ursprünglich noch
     ungeschieden sind und aus dem sie hervorgehen, greift Rahner später u.a.
     in „Geist in Welt" auf, wenn er aus dem „substantiellen Grund" des
     menschlichen Geistes die verschiedenen Erkenntnisvermögen der Sinnlich-

Wie bei Bonaventura der „excessus ecstaticus" eine „Rückkehr des Menschen in sein Inneres" bedeutet (159), so besteht bei Rahner die speziell-mystische, annähernd reine Transzendenzerfahrung in einer Art natürlichen „Rückkehr zu sich selbst".[12] Noch bedeutsamer als Bonaventuras Begriff der Ekstase ist für Rahners Transzendenz-Theorie als Ganzes der Begriff des „apex affectus", den Rahner philosophisch als einheitlichen Seelengrund auslegt. Neben Maréchals „Tendenz ins Unendliche" darf im „apex affectus" (Seelengrund) ein weiterer, früher Vorläufer des Transzendenzbegriffs bei Rahner gesehen werden. Für Rahner ist die Transzendenz des Menschen jener Grund, aus dem Erkenntnis und Freiheit in ursprünglicher Einheit hervorgehen. Die menschliche Transzendenz äußert sich in Verstand und Wille. In der Transzendenz als zugleich ontologischem und transzendentalem Grund der menschlichen Existenz ist dank seiner Selbstmitteilung Gott selbst in jedem Menschen gegenwärtig und wird schon unmittelbar und bewußt, wenn auch im allgemeinen sehr dunkel und verdrängbar, wahrgenommen.

Der kurze Abriß der Lehre von den geistlichen Sinnen wirft im nachhinein Licht auf etliche Aspekte von Rahners Transzendenz-Begriff, soweit er schon erörtert ist, und macht deutlich, wie stark, wenn auch „verdeckt" (d.h. implizit) seine Transzendenz-Theorie auch von seiner theoretischen Beschäftigung mit Spiritualität und mystischer Theologie beeinflußt und geprägt ist.

An die Stelle der fünf geistlichen Sinne tritt bei Rahner die Transzendenz als ein einziger innerer geistig-geistlicher Sinn für das Göttliche. Sein eigener Transzendenzbegriff geht neben Maréchals „Tendenz ins Unendliche", Thomas' „Excessus" und Heideggers „Transzendenz" aufs Nichts vor allem auf Bonaventuras „Seelengrund" („apex affectus") zurück.[13]

---

keit und des Intellekts entspringen läßt (GW 192–197). Kap. 1.3.1.3.
12 Siehe Kap. 3.1.4.1.
13 Trotz seiner starken Rezeption unterzog Rahner die geistliche Lehre u.a. des Origenes, des Evagrius Ponticus und des Bonaventura, die er hier in den beiden Texten von ursprünglich 1932 und 1933 wie auch was die ersteren betrifft noch 1939 in AMV (76–80.99–109) zustimmend oder zumindest unkritisch darstellt, später in seinem Aufsatz „Über das Problem des Stufenweges zur christlichen Vollendung", 1944, der generellen Kritik,

Die Ekstase und die ekstatische Liebe bei Bonaventura ergänzt Rahner in seiner Theologie der Spiritualität durch die Kenose und die kenotische Liebe.[14] Dem „Aufstieg" zu Gott und der „Rückkehr in sich" auf der einen Seite entspricht der „Abstieg" mit Gott in die Welt (die Selbstentäußerung, das Sterben mit Christus) und die „Auskehr in Welt" auf der anderen Seite.[15] Die beiden nur scheinbar gegenläufigen geistlichen Bewegungen, die in Wirklichkeit zwei Momente ein und derselben Bewegung sind, haben bei Rahner ihren metaphysischen und anthropologischen Grund in der Spannung des menschlichen Geistes, auf der einen Seite forma in se subsistens und auf der anderen Seite forma materiae zu sein.[16]

3.1.2 Die Logik der existentiellen Erkenntnis

3.1.2.1 Ignatianische Wahlexerzitien und Existentialontologie

In „Die Logik der existentiellen Erkenntnis bei Ignatius von Loyola", 1956, geht Rahner von der These aus, daß ignatianische Exerzitien ihrem Wesen nach Wahlexerzitien sind (QD V 83).[17] In ihnen soll eine Wahl, eine Lebensentscheidung getroffen, der Wille Gottes gefunden werden (78f). Dem von Rahner abgelehnten ethischen Modell der syllogistischen Deduktionsmoral gemäß wird der göttliche Wille für das eigene Leben [= Schluß] generell, oder zumindest im Normalfall, erkannt, indem die allgemeinen christlichen Normen und Prinzipien des Glaubens und der Moral [= Obersatz] auf die konkrete, individuelle Situation (einschließlich der individuellen Veranlagung und Fähigkeiten) [= Untersatz] angewandt werden und so der göttliche

---

zu sehr am gnostischen Erkenntnisideal und zu wenig am Ideal der Liebe orientiert zu sein (III 14–19).

14 Siehe Fischer [1986] 49.
15 Siehe unten Kap. 3.2.2.6 und oben Kap. 1.3.1.3.
16 Kap. 1.3.1.3.
17 Zu Rahners Exerzitientheologie und Exerzitiendeutung siehe Maier [1991], Sudbrack [1994] und Kues [1996], sowie spezieller zum ignatianischen Kontext und werkgeschichtlichen Hintergrund und zur Analyse und Kritik der „Logik der existentiellen Erkenntnis" Zahlauer [1996] 209–247.

Wille aus beidem rational diskursiv erschlossen wird.[18] Für Rahner
stecken die allgemeinen Prinzipien einer Essenzethik aber nur den
apriorischen Rahmen ab, innerhalb dessen die individuelle Entscheidung im Sinne einer Existentialethik zu treffen ist (89; vgl. 79.92).[19]
Dem von Rahner vertretenen ignatianischen Modell zufolge handelt
es sich bei der in Frage stehenden persönlichen Wahl oder Entscheidung um eine praktische Erkenntnis, die zwar nicht rein rational und
diskursiv gewonnen wird, aber doch wesentlich über ein „Gefühl"
oder bloßen „Instinkt" hinausgeht (83 Anm. 23). Es dreht sich um
eine intellektuelle (geistige) Werterfassung, die „auf dem schlichten
Beisichsein des innerlich gelichteten Subjekts" beruht (83 Anm. 23),
d.h. um eine transzendentale Erkenntnis, bei der der Schöpfer seinen
Willen unmittelbar und individuell dem Geschöpf kundtut[20].

Innerhalb der drei Wahlzeiten oder Wahlarten der ignatianischen
Exerzitien siedelt Rahner die fragliche Erkenntnisweise bzw. Ent-
scheidungsfindung bei der zweiten Wahlzeit an. Nach der ersten
Wahlart gibt Gott selber in einer eigentlichen Offenbarung (öffentli-
cher oder privater Art) (93f; vgl. 81), in einer als wunderbar und
außerordentlich zu qualifizierenden, prophetischen Inspiration (111)
bis hinein in den konkreten kategorialen Wahlgegenstand (138) seinen Willen unmittelbar bekannt. In der dritten Wahlzeit wird der
Wille Gottes, in Einklang mit der Deduktionsmoral, durch bloße
vernünftige Überlegung, ohne Bewegung der Geister, ermittelt (83f).
Die Erkenntnisart der zweiten Wahlzeit kennzeichnet Rahner vorläufig positiv als einen außermenschlichen, göttlichen Antrieb (88), der
dennoch rational strukturiert ist, d.h. ein gegenständlich gedankliches
Element in sich hat (90). Sie hält Rahner – mit Ignatius – für den
Normalfall der Wahl (81.88.91f), die beiden anderen Wahlarten hingegen für den Ausnahmefall nach oben und nach unten: „die drei
Wahlzeiten haben das eine und selbe Wesen und unterscheiden sich
nur durch eine abgestufte Wesensverwirklichung. Die erste Wahlzeit
ist der ideale Grenzfall (nach oben) der zweiten Wahlzeit, die die
Rationalität der dritten als *ein inneres* Element in sich selbst enthält,

---

18 QD V 80; vgl. 83.85f.89.91–94.96f.101.107.
19 Zu Wesen, Aktualität und Rezeption von Rahners Existentialethik in Ergän-
    zung zu einer Essenzethik siehe Sanhüter [1990], Lob-Hüdepohl [1994].
20 QD V 93; vgl. z.B. 79 Anm. 18; 86.

die dritte Wahlzeit ist der defiziente Modus der zweiten (und muß so aufgefaßt werden), der sich selbst nach oben in die zweite Wahlart zu überholen sucht." (93)[21]

Die Wahlexerzitien des Ignatius, in denen es den Individualwillen Gottes herauszufinden gilt, setzen eine existentiale (Individual-) Ontologie voraus, die – Rahner zufolge – theologisch erst noch ganz einzuholen wäre (96.100). Es geht dabei um das grundsätzliche Verhältnis zwischen Allgemeinem und Individuellem (97). Die Allgemeinheit des menschlichen Wesens gründet in der materiellen Raumzeitlichkeit (Materie) als dem „Prinzip der zahlhaften Vermehrbarkeit und Wiederholbarkeit desselben" (98; vgl. 99f), die Individualität hingegen in der Geistigkeit als reiner Form. Die Geistigkeit als forma materiae (Formprinzip des Materiellen, „in materia subsistere") führt nur zu einer [quantitativen] „zahlhaften Stellenindividualität" (98), bei der die Individualität nicht über die bloße negative Eingrenzung eines Allgemeinen hinausreicht. Die Geistigkeit als forma in se subsistens (Insichständigkeit, „in se subsistere") hingegen bringt eine [qualitative] inhaltlich positive Individualität mit sich, welche die absolute Unwiederholbarkeit und Einmaligkeit des Menschen begründet (99). Für Rahner ist der Mensch als *Geist* individuell und absolut einmalig.

Aus dem allgemeinen Wesen des Menschen (Existentialontologie) leiten sich nach Rahner die allgemeinen Normen der Moral (materiale allgemeine Wertethik) ab (98). Weil und insofern aber der Mensch als Geist eine echte Individualität besitzt, sind auch seine geistigen Akte, insbesondere seine sittlich gewichtigen Einzelentscheidungen, nicht nur jeweils der Anwendungsfall einer allgemeinen moralischen Norm, sondern auch selbst positiv individuell (96–100). Die Einmaligkeit und Unableitbarkeit der Wahl im Sinne der Exerzitien resultiert aus der Individualität des geistigen Wesens des Menschen.

21 Die Frage kann hier offenbleiben, ob Rahner wirklich die Intention des Ignatius trifft, wenn er die erste Wahlzeit als eigentliche Offenbarung ganz in den Bereich des Außergewöhnlichen verweist. In einem späteren Text, in dem Rahner dafür plädiert, im Rahmen der Fundamentaltheologie die beiden ersten ignatianischen Wahlzeiten auf die Glaubensentscheidung selbst anzuwenden, scheint er die erste Wahlzeit nicht mehr von vornherein so ‚hoch' anzusiedeln (XII [1972] 204–207).

Mit diesen Andeutungen zu einer Existentialontologie und einer Existentialethik bestätigt Rahner noch einmal das dialektische Wesen des menschlichen Geistes (und damit der Transzendenz) zwischen Form-der-Materie-Sein und Form-in-sich-Sein[22] und nimmt die qualitative, positive Individualität der menschlichen Transzendentalität vorweg[23].

3.1.2.2 Der Trost ohne Ursache als Wahlkriterium

Die Regeln zur Unterscheidung der Geister in den Exerzitien geben laut Rahner das konkrete Instrumentarium für die Wahl (nach der zweiten Wahlzeit) ab (QD V 102). Ihnen liegt die Annahme des Ignatius zugrunde, daß es einen eigenen abgegrenzten Bereich von bewußten seelischen Erlebnissen (Phänomenen) gibt, die nicht nur wie alle (sittlich) guten Antriebe von Gott dem Schöpfer mitverursacht und getragen, sondern von ihm unmittelbar und allein gewirkt sind (103). Innerpsychische Bewegungen wie der „Trost" bzw. die Trostlosigkeit können somit drei bzw. vier verschiedene Ursachen haben; sie können entweder von Gott selbst oder von anderen transzendenten, aber geschaffenen Wirklichkeiten – den guten oder den bösen Geistern – oder vom Menschen herrühren (z.B. 103.119). Bezüglich der unmittelbar göttlichen Antriebe (Impulse, Anregungen, Bewegungen) stellt Rahner zwei Fragen. Hält die Theologie einen Erklärungsrahmen für solche Antriebe als verhältnismäßig normale Phänomene bereit, wo doch – abgesehen von einigen außergewöhnlichen Fällen wie prophetische Inspiration, Vision, Audition usw. – die Kette der innerweltlichen (Zweit-) Ursachen lückenlos geschlossen zu sein scheint (104)? Und – ganz entscheidend – was für ein Kriterium gibt es für die unmittelbar göttliche Herkunft dieser Antriebe (103f)?

. Eine Reihe von Kriterien schließt Rahner aus. Die sittliche Güte (Richtigkeit) des „Gegenstandes" (d.h. der Entscheidung, Handlung), auf die sich der Antrieb richtet, kommt nicht in Frage, da neben den übernatürlichen, sittlich guten Impulsen auch viele rein natürliche, sittlich gute Tendenzen im Menschen vorkommen, die aus dem

22 Kap. 1.3.1.3.
23 Kap. 1.2.2.3.

Menschen selbst stammen, und bei Ignatius der göttliche Ursprung der Phänomene gerade das Kriterium für das sittlich Richtige (Gottgewollte) sein soll, nicht umgekehrt (103f). Auch das „Formalobjekt" (der „Horizont") der Antriebe (Akte) scheidet als Kriterium aus; denn das übernatürliche Formalobjekt, das die göttliche Herkunft gewährleisten könnte, läßt sich, auch wenn es bewußt gegeben ist, in der immanenten (Selbst-)Reflexion nicht vom natürlichen Formalobjekt (Horizont) der natürlichen Akte und der geistigen Transzendenz des Menschen auf das Sein überhaupt unterscheiden (108–110; vgl. 126). Schließlich kann man sich als Kriterium auch nicht auf ein [kategoriales][24] Evidenzerlebnis berufen, bei dem sich Gott eindeutig als Urheber des betreffenden Phänomens zu erkennen gibt (110–113). Solch ein Erlebnis kann, wenn überhaupt, nur für Fälle echter prophetischer Inspiration geltend gemacht werden, d.h. nur für die erste Wahlzeit, nicht aber für die zweite Wahlzeit, um die es geht, und bedürfte selber der weiteren Kontrolle und Begründung.

Nach Rahners Verständnis stellen die unmittelbar gottgewirkten Antriebe für Ignatius eine göttliche Erfahrung oder göttliche Bewegung „erster Art" dar (114f). Dieser Erfahrung erster Art kommt eine Grundevidenz (Urevidenz) zu (113.123f.136). Sie liegt der existentiellen (übernatürlichen) Logik bei Ignatius zugrunde (116), ist den Regeln zur Unterscheidung der Geister vorgeordnet (113) und dient als Prüfungsausgangspunkt und -kriterium bei der Wahl (114). Von ihr hängt alle weitere Klarheit und Sicherheit der Unterscheidung und der Wahl ab (123). Rahner nennt sie deshalb „Grundprinzip" und schreibt ihr in der übernatürlichen Existentiallogik dieselbe Rolle zu, wie sie die ersten Prinzipien in der allgemeinen Essentiallogik und -ontologie der sonstigen Erkenntnis spielen (113.124).

Die erste, urevidente Art göttlicher Erfahrung wird vom heiligen Ignatius in den Exerzitien als „consolación sin causa" (EB Nr. 336) bzw. „consolación sin causa precedente" (EB Nr. 330) charakterisiert (QD V 115). Dieser „Trost ohne (vorhergehende) Ursache" wird von Rahner wiederum als „gegenstandsloser Trost" interpretiert (116 Anm. 42), als Trost, der sich auf keinen (kategorialen) Gegenstand bezieht. Der rein göttliche Trost ist für Rahner ein zwar gegenstands-

---

24 Rahner meint hier eine kategoriale, keine transzendentale (Selbst-)Evidenz. Letztere nimmt er nämlich später selber in Anspruch (QD V 124–131).

loses, aber bewußtes Erlebnis, ist „die reine Offenheit für Gott, die namenlose, gegenstandslose Erfahrung der Liebe von dem über alles Einzelne, Angebbare und Unterscheidbare erhabenen Gott, von Gott als Gott. Es ist nicht mehr ‚irgendein Objekt' gegeben, sondern das Gezogensein der ganzen Person mit dem Grund ihres Daseins in die Liebe über jedes bestimmte, abgrenzbare Objekt hinaus in die Unendlichkeit Gottes als Gottes selbst ..." (117f). Von daher liegt das Kriterium für die unmittelbare Gottgewirktheit bzw. für die Unterscheidung zwischen einem rein göttlichen Trost und einem durch geschaffene Ursachen hervorgerufenen auch nicht in einer ontologischen, aber bewußtseinsjenseitigen Verschiedenheit der Ursachen (119; vgl. 104f) und nicht in der bloßen „Plötzlichkeit" und „Unerklärbarkeit" des Erlebnisses (119; vgl. 122f.133), sondern „in der wesentlichen Unterschiedenheit der inneren Struktur der Erlebnisse selbst: hier die reine gegenstandslose Helle des getrösteten, jedes Angebbare übersteigenden Sichgenommenseins des ganzen Daseins in die Liebe Gottes hinein, dort die Getröstetheit angesichts eines bestimmten Gegenstandes kategorialer Art." (119)

3.1.2.3 Die Trosterfahrung als thematische Transzendenzerfahrung

Wenn die ausschließliche Gottgewirktheit des Trosterlebnisses in sich evident sein soll, kann Rahner zufolge das Erlebnis selbst nicht partikulär-gegenständlicher, begrifflicher [kategorialer] Art sein, weil dabei immer Irrtum und Mißdeutung im Hinblick auf Gott möglich sind (QD V 125.129). Es muß sich bei der Evidenzerfahrung, so Rahner in seiner erkenntnismetaphysischen und theologischen Erklärung des „Trostes ohne Ursache", um ein [transzendentales] *„Transzendenz*erlebnis"[25], um eine bestimmte *„Transzendenz*erfahrung"[26] handeln, denn nur in ihr ist Gott als er selbst gegeben und so ein Irrtum bezüglich Seiner ausgeschlossen (129).

Für Rahner versteht es sich von selbst, daß das Bewußtsein der übernatürlich erhöhten Transzendenz „mit Gott als ihrem reinen und uneingeschränkten Woraufhin dieser unendlichen Bewegung wach-

---

25 Z.B. QD V 125 Hervorh. J.H.
26 Z.B. QD V 126 Hervorh. J.H.

sen kann, reiner werden kann, daß das gegenständliche Objekt, das im normalen Akt Bedingung der Bewußtheit dieser Transzendenz ist, gleichsam transparenter werden, fast verschwinden kann, selber unbeachtet bleibt, daß die reine Bewegung selbst immer mehr das Eigentliche wird." (126) Der Trost ohne (vorausgehende) Ursache besteht für ihn dementsprechend darin, daß die Transzendenz, die dem Menschen für gewöhnlich zwar bewußt, aber unausdrücklich und unthematisch gegeben ist, ausdrücklich und thematisch erlebt und erfahren wird (130–135), sozusagen von der Peripherie ins Zentrum des Bewußtseins rückt. Das Thematischwerden der Transzendenz macht das Wesen und den Inhalt des Trostes ohne Ursache aus (130–132; vgl. 110 Anm. 38). „Es handelt sich um ein Thematischwerden (...) der Transzendenz als solcher und übernatürlicher und *darin* Gottes (als des Woraufhin dieses Vorgriffes), um das Thematischwerden der Transzendenz, die die notwendige Bedingung jeder Erkenntnis ..., der tragende Grund aller ... geistigen Vollzüge immer und überall ist." (129) Nach Rahner kann dieses Thematischwerden seinerseits „an Intensität, existentieller Tiefe und Reinheit wachsen." (132) Mit anderen Worten: die Trosterlebnisse ohne (vorausgehende) Ursache lassen trotz ihrer Wesensgleichheit als thematische Transzendenzerlebnisse verschiedene Stufen und Grade, „eventuell sehr spezifischer Unterschiedlichkeit", zu (132; vgl. 125). Doch schon auf der *„untersten* denkbaren Stufe" der gottgewirkten Tröstung[27] wird die Transzendenz „in einiger Reinheit und Eindrücklichkeit" erlebt (125), erreicht die „Transzendenzerfahrung als solche ... einige Ausdrücklichkeit und Stärke" (126).

Die (mehr oder weniger) ungegenständliche, reine, thematische Transzendenzerfahrung des Trostes ohne Ursache darf weder mit der Reflexion darüber (132) oder mit irgendeiner sonstigen Art von begrifflicher, reflexer Gotteserkenntnis (129) verwechselt, noch mit der intuitiven, „gegenständlichen" Schau Gottes „im Sinne des Ontologismus oder der Visio beatifica" gleichgesetzt werden (129; vgl. 134).[28] Zwischen der immer gegebenen unthematischen Transzen

---

27 QD V 125; vgl. 127.131.
28 Rahner versteht hier im Kontext des Trostes ohne Ursache unter der „thematischen" Transzendenzerfahrung eine bewußtseins*intensivere* und in dem Sinn ausdrücklich bewußte, aber ungegenständliche Erfahrung, wäh-

denzerfahrung und der thematischen Transzendenzerfahrung bzw.
zwischen der unthematischen und der thematisch gewordenen Transzendenz selber ist Rahner geneigt, einen qualitativen, wesentlichen,
und nicht nur einen graduellen Unterschied anzunehmen (126f Anm.
48). Je intensiver, je „mystischer" das Transzendenzerlebnis wird, je
mehr sich die übernatürliche Erhöhung der Transzendenz geltend
macht und „dadurch gerade dieser Transzendenz eine Bedeutung und
Funktion verliehen wird, die nicht mehr bloß die der Ermöglichung
der Erfassung von innerweltlichen Erkenntnisgegenständen und
Gottes mit Hilfe innerweltlich gebildeter Begriffe ist, sondern eine
(im Vergleich zu diesen ‚begriffenen' Erkenntnissen) Unmittelbarkeit
und Fürsichständigkeit dieses Vorgriffes auf Gott besagt," desto
„wesentlicher" wird der Unterschied zwischen der thematischen und
der unthematischen Transzendenzerfahrung (127 Anm. 48).[29]

Zweierlei zeichnet, theologisch und existentiell gesehen, die
thematische Transzendenzerfahrung aus. *Zum einen* ist in ihr Gott
rein als er selbst gegeben (125; vgl. 117f), ist „an-wesend", d.h. „an-
kommend (nicht angekommen)" (130), wird Gott „unmittelbar"
„wahrgenommen" (134), weshalb der göttliche Trost „seine eigene
Evidenz in sich selbst hat"[30], so als „Grundprinzip" der übernatürlichen Existentiallogik dienen und nicht trügen kann: „Die reine Transzendenz kann ... nicht trügen. [...] Die reine Offenheit ist immer
wahr ..." (129). *Zum anderen* wird bei der Trosterfahrung die Seele
– und d.h. das Subjekt, die Person – „ganz" zur Liebe Gottes als der
göttlichen Majestät gezogen.[31] Weil bei ihr vor allem auch die Freiheit und die Liebe, und nicht nur das Erkenntnisvermögen des Menschen beteiligt sind (127f.130), kommt das ganze Subjekt, die ganze
Person (118), „der Kern der geistigen Person als solcher selbst in

rend er später in anderen Kontexten damit öfter eine *thematisierte*, d.h.
reflektierte und begrifflich interpretierte und damit vergegenständlichte
Erfahrung meint (z.B. V [1961] 229, 238; VI [1964] 66). Vgl. Kap. 1.2.1.2
und 1.2.1.4.

29 Rahner bezieht an dieser Stelle den Unterschied sogar auf die Transzen-
denz selbst, nicht nur auf die Transzendenzerfahrung. Mit zunehmendem
Thematischwerden ändert sich die Funktion der Transzendenz von der
Bedingung der Möglichkeit innerweltlichen Erkennens und Handelns zur
Unmittelbarkeit auf Gott.

30 QD V 130; vgl. 124f.128f.133f.

31 QD V 118.125.132f; vgl. EB Nr. 330.

seiner innersten Mitte" ausdrücklich und thematisch ins Spiel (134),
und zwar nicht als „transzendentales Subjekt" „in einer metaphysischen Abstraktheit" (128), sondern als „konkretes Ich in seinem
innersten Grund" (128), als einmaliges, verantwortliches, konkretes
Subjekt mit seiner Eigenart und seiner Geschichte (128f).

Von der thematischen Transzendenzerfahrung her deutet Rahner
dann auch die Spiritualität des heiligen Ignatius, etwa sein „Gott-in-
allem-Finden" (135) oder seine zusehends gegenstands- und bildloser, intellektueller werdende, bis rein intellektuelle Mystik (134f)[32].

Einige Fragen bezüglich der thematischen Transzendenzerfahrung schneidet Rahner an, ohne sie zu beantworten, so, ob die Erfahrung „unter einem Grade und Stufen zulassenden Transparenterwer-
den der gegenständlichen Inhaltlichkeit des Bewußtseins erfolgen
kann *oder* nur dann möglich ist (…), wenn schlagartig überhaupt eine
gegenständliche Bewußtheit wegfällt" (127f), wie sich innerhalb der
thematischen Transzendenzerfahrung die einzelnen Grade und Stufen spezifizieren und gegeneinander abgrenzen lassen (132), und ob
eine (annähernd oder rein) intellektuelle, gegenstandslose Transzendenzerfahrung bildloser Art ein natürliches, präternaturales
(wunderbares) oder übernatürliches Phänomen sei[33], wobei er selbst
dahin zu tendieren scheint, sie als ein natürliches Phänomen zu betrachten (127 Anm. 48).

3.1.2.4 Das Trostexperiment

Mit der Ausdeutung des Trostes ohne vorausgehende Ursache als
intensiveres, ausdrücklich bewußtes Transzendenzerleben ist gemäß
Rahner jene Erfahrung gefunden, die als Grundprinzip der übernatürlichen Existentiallogik und als Ausgangs- oder Urkriterium bei der
Wahl fungieren kann, weil sie in sich selbst evident ist und so ihre

---

32 Vgl. III [1937] 332f. Die Auffassung von einer *rein* intellektuellen Mystik
    des älteren Ignatius relativiert allerdings Rahner selber, wenn er später,
    1978, in seinem Artikel über „Mystik – Weg des Glaubens zu Gott" an-
    nimmt, Ignatius habe bis zu seinem Lebensende neben seiner geistigen
    Mystik eine imaginative Visionsmystik gepflegt (HR 18f).

33 QD V 110 Anm. 38; 127 Anm. 48; 128.

Gottgewirktheit als sicher gelten darf. Wie kann sich aber der rein göttliche Trost zum Kriterium bei der Wahl eignen, wenn er seinem Wesen nach gegenstandslos ist und darum zumindest im Vollzug die Präsenz eines Wahlgegenstandes im Bewußtsein ausschließt?

Rahner zufolge geht der ursachelose Trost nicht nur ‚logisch‘, sondern auch zeitlich der Wahl bei der zweiten Wahlzeit voraus. Zuerst muß der Wählende die gottgewirkte Trosterfahrung machen; erst dann kann er durch das „Experiment des Trostes"[34] in den eigentlichen Wahlvorgang eintreten, indem er über längere Zeit hinweg[35] den „präsumptiven Wahlgegenstand" (QD V 141), den „hypothetisch einmal angenommenen Einzelentschluß" (140), mit der vorausgegangenen Trosterfahrung immer wieder konfrontiert (136.138f). Bei der experimentellen Konfrontation zeigt die innere Erfahrung („*experiencia*" (140f)), ob zwischen dem Wahlgegenstand und der vorhergehenden Tröstung eine „Synthese" (138f), eine „Kongruenz" (141f.144f) oder „Inkongruenz" (144) vorliegt, ob die beiden Gegebenheiten „innerlich zusammenklingen, sich gegenseitig finden, ob der Wille zum fraglichen Wahlgegenstand jene reine Offenheit auf Gott in der übernatürlichen Transzendenzerfahrung unangetastet läßt, ja sogar stützt und vermehrt, oder sie abschwächt, verdunkelt" (138). Als Indizien und Kriterium für die Übereinstimmung von beidem dienen dieselben geistlichen (Empfindungs-)Qualitäten wie beim ursprünglichen Trost: Friede, geistige Freude, Ruhe, Stille, wahre Fröhlichkeit, Sanftheit, Linde und Milde, innere Wonne, innere Wärme und Beglücktheit[36]. Harmoniert nach diesen Indizien der Wahlgegenstand, der von einiger existentiellen Bedeutsamkeit für den Exerzitanten sein muß[37] (z.B. 144), mit der offenen Transzendenz, so entspricht er dem Willen Gottes und der Individualwille Gottes ist gefunden, das Ziel der Wahlexerzitien erreicht.

Im Zusammenhang des Trostexperimentes wendet Rahner die thematische Transzendenzerfahrung auch stark ins Habituelle und spricht statt von „Urtröstung" (z.B. 138) oder „göttlicher Urerfah-

---

34 QD V 135f.
35 QD V 138f.
36 ⌐QD V 138.141.145; vgl. 130.
37 Rahner prägt dafür den komplexen Ausdruck „existentielle Kernentscheidung" (QD V 114 Anm. 40).

rung" (139) u.a. von der „aktuell zur Gegebenheit" gekommenen, konkreten und einmaligen „Hinordnung auf Gott" (140), von der „thematisch gewordenen Grundrichtung des Geistes" (140), von der „im ‚Trost'-erlebnis aktualisierten individuellen Grundverfassung" (144), innersten „Grundeinstellung" (141), „Grundhaltung" (139.142), „Haltung" (138) oder gottgewirkten „Urhaltung" (139) oder auch einfach von der „religiösen individuellen Existenz" (145), zu der die existentielle Entscheidung „passen" muß. Über das Habituelle hinaus verdeutlichen diese Formulierungen Rahners noch einmal das Individuelle der (thematischen) Transzendenzerfahrung und der menschlichen Transzendenz als solcher. Die allgemeine Synthese zwischen dem konkreten Wahlgegenstand und den generellen Prinzipien und Normen der Essenzmoral und damit dem (generellen) Willen Gottes reicht zur Findung des Individualwillens Gottes nicht aus, weil es den *„subjektiven"*, und d.h. hier den *individuellen* „Vollzug der göttlichen Erfahrung als religiöser Grundhaltung, die bewahrt bleiben soll, einerseits, und der Wahlrichtung anderseits" zu synthetisieren gilt (139). Eine individuelle übernatürliche Existentiallogik ist über die allgemeine Essenzmoral hinaus möglich und nötig, weil der Mensch gerade als geistiges Wesen, als Wesen der Transzendenz, individuell ist und dementsprechend (nur) von seiner individuellen Transzendenz- und Trosterfahrung her (und nicht einfach vom objektiv sittlich guten Wahlgegenstand her) zu dem gedrängt werden kann, was Gott von ihm individuell und konkret will (137; vgl. 99).

3.1.2.5 Der Trost ersten und zweiten Grades

Rahner unterscheidet also grundsätzlich zwei Typen von Trosterfahrung. Der Trost ‚ersten Grades' ist annähernd oder rein gegenstandslos, er hat Gott selbst zum „Gegenstand"; er ist die „reine gegenstandslose Helle", die „reine Offenheit der thematisch gewordenen Transzendenz auf Gott hin" (QD V 119.135); er ist ausschließlich gottgewirkt und geht als Urtröstung logisch und zeitlich dem Trost ‚zweiten Grades' voraus. Die „Trost- und Trostlosigkeitserlebnisse zweiten Grades" hingegen stammen nicht notwendig von Gott, sondern leiten sich „von untergöttlichen, englischen, teuflischen oder menschlichen Ursachen" ab (139); sie beziehen sich auf einen bestimmten (kategorialen) Wahlgegenstand, auf ein kategoriales Objekt. Dem Trost zweiten Grades geht dementsprechend nicht nur der Trost ersten Grades als Urprinzip, sondern auch das kategoriale Wahlobjekt logisch und zeitlich voraus – zeitlich deshalb, weil „es naturgemäß im gewöhnlichen Fall eine Zeitlang dauert, bis das Subjekt trosthaft auf das Objekt anspricht" (116). Der Trost zweiten Grades ist „die Getröstetheit angesichts eines bestimmten Gegenstandes kategorialer Art" (119).

Nun sind nach Rahner die Trost- und Mißtrosterfahrungen zweiten Grades „wohl meist selbst eine *Kombination* aus dem göttlichen Urtrost (in verschieden deutlichem Grad) und einem (tröstenden oder trostlos machenden) Sichverhalten" zum Wahlobjekt (139 Hervorh. J.H.). Auch beim Trost zweiten Grades kann trotz der Präsenz des kategorialen Wahlgegenstandes und der Präsenz so mancher, nicht rein gottgewirkter Bewegungen und Antriebe im Bewußtsein die Transzendenz als solche – wenn auch „in verschieden deutlichem Grad" (139; vgl. 136) – intensiver, ausdrücklicher und thematischer als sonst erlebt und erfahren werden. Trotz oder gerade wegen des häufigen Kombinationscharakters der Trosterfahrungen kommt es Rahner gemäß entscheidend darauf an, „die *rein* göttliche Tröstung als solche göttlichen Ursprungs" zu erkennen, weil nur sie, wie eingangs erwähnt, das sittliche Sollen des Wahlgegenstandes als das von Gott individuell Gewollte garantieren kann, und nicht umgekehrt (142; vgl. 103f). Demgegenüber ist es sekundär, ob „Tröstungen, wenn sie echt sind (d.h. sittlich gut), von den guten Zuständen der Natur, dem guten Engel oder von Gott kommen, oder ob falsche Tröstungen oder Trostlosigkeit der Begierlichkeit der eigenen Natur oder dem bösen Geist ihr Entstehen verdanken" (142f).

Mit seiner Transzendenztheorie liefert Rahner ein zeitgemäßes Erklärungsmodell für den Trost ersten Grades und mit seiner übernatürlichen Individuallogik ein geeignetes Modell für die Wahl und die Unterscheidung der Geister für die Zeit nach dem Trost ersten Grades. Es ist jedoch fraglich, ob das existentiallogische Modell dem *Normalfall* von ignatianischen Wahlexerzitien bzw. der zweiten Wahlzeit innerhalb und außerhalb von Exerzitien, sowohl was die Praxis als auch was die Intention von Ignatius anbelangt, gerecht wird. Ein unmittelbar oder länger vorausgehender Trost ersten Grades scheint für Rahner im Text über „Die Logik ..." generelle Voraussetzung für die zweite Wahlzeit zu sein. Macht er damit nicht eine zu starke Voraussetzung? Warum sollte es prinzipiell unmöglich sein, mit Hilfe eines Trostes zweiten Grades *ohne* vorausgehenden Trost ersten Grades den Individualwillen Gottes durchaus im Sinne der zweiten Wahlzeit zu erkennen? Rahner selbst gibt mit seiner Transzendenztheorie den entscheidenden Hinweis. Die ausdrückliche, thematische Transzendenzerfahrung muß beim Trost zweiten Grades bei aller Kategorialität und sonstigen Bewegtheit nur *hinreichend deutlich* sein, um in sich selbst evident zu sein und so den sicher gottgewirkten Ursprung anzuzeigen. In einem späteren Text scheint Rahner solch einem echten, intensiven Trost zweiten Grades als hinreichendem Kriterium bei existentiellen Entscheidungen stärker Rechnung zu tragen.[38] Zuvor aber noch eine Anmerkung zum Trost ersten Grades.

Für seine Interpretation des ignatianischen Trostes beruft sich Rahner selbst als „willkürliches Beispiel" auf die Lehre von der ekstatischen Liebe bei Bonaventura (QD V 116f Anm. 42). Seine vollständige Definition des „Trostes ohne Ursache" bei Ignatius lautet: „der gegenstandslose Trost in der existentiell radikalen Liebe zu Gott" (116 Anm. 42). Daß sich „eine ‚gegenstandslose' Erfahrung Gottes in der totalen Erfaßtheit durch seine Liebe" denken läßt, zeigt ihm zufolge „die Lehre des heiligen Bonaventura, wonach es hier auf Erden eine Erfahrung der Liebe von Gott gibt, die bei absoluter Unbeteiligtheit des Intellekts vor sich geht" (117 Anm. 42). Wenn Rahner dennoch die späte Mystik des heiligen Ignatius als rein *intellektuell* ansieht (134f), dann liegt kein Widerspruch zu Bonaventuras absoluter „Unbeteiligtheit des Intellekts" vor, sondern nur eine Ausweitung des Intellekt-Begriffs. Denn Rahner versteht unter intellektueller Mystik eben eine gegenstandslose, bild- und wortlose, und d.h. rein geistige, rein „transzendente" Gotteserfahrung (122 Anm. 45), bei der allerdings seitens des Menschen neben der Liebe auch der Intellekt beteiligt ist, aber nicht als begriffliches, sondern als rein *transzendentales* Erkenntnisvermögen. Die ekstatische Liebe

---

38   Siehe Kap. 3.1.2.6.

(„excessus ecstaticus") bei Bonaventura fällt unter den Trost ersten Grades und entspricht der rein geistigen Mystik des Ignatius.[39]

3.1.2.6 Grundentscheidung, existentielle Entscheidung und charismatische Entscheidung

In seinem Beitrag „Erfahrung des Geistes und existentielle Entscheidung"[40] faßte Rahner 1974 die existentiale Logik noch einmal zusammen und weitete sie, wie gegen Ende seines Textes von 1956 angedeutet[41], vom Kontext ignatianischer Wahlexerzitien auf den Kontext des Alltags, auf den allgemeinen Lebenskontext aus.

Als erstes[42] klärt er darin den Begriff der „existentiellen Entscheidung" unter transzendentaler und kategorialer Rücksicht. Transzendental definiert er ihn ganz im Sinne der transzendentalen Freiheit[43]: „Unter existentieller Entscheidung ist innerhalb christlicher Theologie eine Freiheitstat des Menschen verstanden, in der er über sich selbst vor Gott auf Endgültigkeit hin verfügt." (XII 41) Bei ihr geht es, wie Rahner eigens bekräftigt, um die Annahme oder Ablehnung der gnadenhaft erhobenen Transzendentalität (43f), wobei die Entscheidung „jedoch immer an geschichtlich endlichem, kategorialem Material" vollzogen wird (44). Hinsichtlich dieses „kategorialen Materials" schränkt Rahner die „existentielle Entscheidung" vor allem auf „eigentliche Grundoptionen und Grundentscheidungen" ein, die – soweit sie sich überhaupt raumzeitlich lokalisieren lassen – „doch relativ selten vor-kommen und als solche dann unmittelbar das

39 Die Kritik, die an Rahners „Logik der existentiellen Erkenntnis ..." geübt wurde, richtete sich hauptsächlich darauf, daß Rahner den Charakter der Wahl auf Kosten der anderen Momente der ignatianischen Exerzitien überbetont habe und daß bei Rahner die christologische Dimension der Wahl völlig ausgefallen sei (Zahlauer [1996] 235–247). Zur Relativierung von letzterem sei auf die „Einübung priesterlicher Existenz" [1961] hingewiesen, wo Rahner im Zusammenhang der Wahl die christologische Vermittlung zumindest der bei der Wahl vorausgesetzten Indifferenz später deutlich ansprach (EE 289–301; siehe Kap. 3.2.2.6).
40 XII 41–53.
41 QD V 143–147.
42 XII 41–45.
43 Kap. 1.2.3.1.

übrige menschliche Leben bestimmen" (52f), wie etwa „die Wahl eines bestimmten Berufes, eines konkreten Verhaltens zu einem Mitmenschen, den Abschluß einer Ehe, eine bestimmte religiöse Tat usw." (47)

Als nächstes[44] deutet Rahner die „eigentliche Erfahrung des Geistes" als „Erfahrung der gnadenhaften Radikalisierung der Transzendentalität des Menschen (in Erkenntnis und Freiheit) auf Gottes Unmittelbarkeit hin durch die gnadenhafte Selbstmitteilung Gottes." (45) Sie ist mithin nichts anderes als die Transzendenzerfahrung, wobei Rahner hier an der Erfahrung besonders die gnadenhafte Radikalisierung und die Umfassendheit der Transzendenz (in Erkenntnis und Freiheit) hervorhebt.

Nach Klärung der beiden Hauptbegriffe wendet sich Rahner schließlich[45] der eigentlichen Frage zu, wie sich die Erfahrung des Geistes und die existentielle Entscheidung zueinander verhalten (47), bzw. wann eine positive existentielle Entscheidung vorliege. Er grenzt wiederum in einer Reihe von negativen Kriterien die anvisierte, sittlich richtige existentielle Entscheidung ab gegen existentiell periphere Entscheidungen (47), gegen „Privatoffenbarungen" (49), gegen Entscheidungen, bei denen die verschiedenen Optionen nicht nur innerweltlich (sittlich und rational), sondern auch von *Gott her* gleichberechtigt sind (48.50f), und gegen Entscheidungen, wo „mit vollem Wissen" und „in wirklicher Freiheit" ein kategorial sachwidriger, den Normen des Sittengesetzes nicht entsprechender, d.h. sittlich schlechter „Gegenstand" gewählt würde, „wo solche innerweltliche Sachwidrigkeit voll gesehen und bejaht würde" (51). Positive existentielle Entscheidungen sind an eine bestimmte Entscheidungssituation gebunden. Dem Subjekt müssen mehrere Optionen offenstehen, die mehr oder weniger sachlich und sittlich gleich möglich sind, von denen aber nur eine von Gott gewollt und so vor Gott richtig ist (48f).

Was die positive Übereinstimmung der existentiellen Entscheidung mit der Erfahrung des Geistes angeht, kommt Rahner auch in diesem Text kaum über die, wie er selbst einräumt (51), ziemlich abstrakten und allgemeinen Begriffe der *Synthese* (49–52) und der

44   XII 45–47.
45   XII 47–53.

Einheit (52) hinaus. Bei der richtigen existentiellen Entscheidung wird eine „Synthese zwischen dem bestimmten kategorialen Wahlgegenstand und der transzendentalen Erfahrung des Geistes" in positiver Weise erfahren (51; vgl. 49). Eine solche Entscheidung vollzieht sich in einer „Synthese von Transzendentalität und Kategorialität", bei der die Freiheit Gottes und die persönliche Freiheit des Subjekts zugleich gegeben sind, so daß „das in Freiheit gewollte Kategoriale ... als das von Gottes Freiheit schöpferisch Gesetzte" erlebt werden kann. (50) Rahner zufolge ist in dem Fall die frei angenommene Transzendenzerfahrung „gar nicht anders möglich ... als in Zuwendung zu einem bestimmten Wahlgegenstand unter anderen, so daß er [der Wahlgegenstand] die Erfahrung des Geistes keineswegs mindert und verstellt, sie vielmehr als konkret allein mögliche Vermittlung positiv gibt." (51)

Unter den negativen Kriterien findet sich allerdings bei Rahner auch eine konkretere Wendung. Die Entscheidung darf, soll sie positiv und richtig sein, die transzendentale Erfahrung des Geistes nicht ·verdecken und ausblenden, sie darf „den freien Aufschwung des transzendentalen Geistes" nicht hemmen und verdunkeln. (50) Das heißt umgekehrt: Bei der richtigen existentiellen Entscheidung kann das Subjekt einen *freien Aufschwung des transzendentalen Geistes* erleben. Solch ein Aufschwung ist aber nichts anderes als eine intensivere Transzendenzerfahrung, bei der die deutlicher als sonst erlebte Transzendenz auf eindeutige Weise zu einer bestimmten kategorialen Option unter mehreren sachlich und sittlich gleich möglichen drängt. Mit dem transzendentalen „Aufschwung" umschreibt Rahner demnach die Trosterfahrung ohne vorausgehende Ursache und mit der positiven „existentiellen Entscheidung" die existentielle Erkenntnis, d.h. die richtige Wahl nach oder während einer intensiveren, thematischen Transzendenzerfahrung. Das bestätigt auch eine Stelle aus einem anderen Text von 1974, wo Rahner die existentielle Entscheidung als sittliche Entscheidung, die das Letzte und Äußerste der Freiheitsperson in Anspruch nimmt[46], unter den „radikalen" Transzendenzerfahrungen aufzählt[47].

---

46   XII 63.
47   XII 62.

Auf die Synthese von Transzendenzerfahrung und bestimmten Einzelentscheidungen kommt Rahner in seiner Meditation über die „Erfahrung des Heiligen Geistes", 1976, zurück.[48] Der Mensch kann in bestimmten Einzelentscheidungen eine „Synthese von ursprünglicher Geisterfahrung und dem Willen zu einem bestimmten Einzelobjekt seiner Alltagsfreiheit", eine gelungene „Synthese zwischen Geisterfahrung und Pflicht des Alltags" vollziehen und in sich erfahren (XIII 250). Rahner unterstreicht an diesen Entscheidungen das „Charismatische" und nennt sie „charismatische" Einzelentscheidungen (250). Sie sind nämlich nicht bloß, was selbstverständlich vorausgesetzt ist, „rational und nach den Prinzipien einer christlichen Moral berechtigt", also „vernünftig und sittlich" (250). Sie sind darüberhinaus echt „charismatisch", insofern sie sich in Einklang mit der Geisterfahrung befinden und aus ihr heraus getroffen werden. Im Unterschied zu den stets gewichtigen existentiellen Entscheidungen betreffen sie jedoch den Alltag und können als Alltagsentscheidungen „immer neu vom Leben" abverlangt werden (250). Zu ihrer Praxis bedarf es nach Rahner „vieler Übung und geistlicher Erfahrung" (250).

Mithin ist bei Rahner zwischen verschiedenen Typen von sittlich und geistlich bedeutsamen Entscheidungen zu differenzieren. Die „Grundentscheidung" und die „existentielle Entscheidung" bedeuten bei ihm weithin dasselbe. Unter der *einen* Grundentscheidung bzw. existentiellen Entscheidung im ganz spezifischen Sinn versteht Rahner die Entscheidung *des* Lebens *schlechthin*, d.h. die eine transzendentale Freiheitstat des Menschen[49], seine endgültige Entscheidung für oder gegen das Leben, für oder gegen Gott, den Mitmenschen und sich selbst. Diese Grundentscheidung (im Singular) vollzieht und ratifiziert der Mensch in den vielen z.T. ganz alltäglichen Einzelentscheidungen seines Lebens, insbesondere aber in den wenigen Grundentscheidungen bzw. existentiellen Entscheidungen im allgemeineren, abgeschwächten Sinn. Bei den Grundentscheidungen (im Plural) handelt es sich um wichtige Lebensentscheidungen, um Entscheidungen *im* Leben, die für das weitere Leben von besonde-

---

48   XIII 226–251; insbesondere 249f. Vgl. dazu auch XV [1978] 381.
49   Kap. 1.2.3.

rer, prägender Bedeutung sind, wie etwa die Partnerwahl, die Berufs-
wahl oder die Wahl einer bestimmten Lebensweise, und denen in
irgendeiner Form eine Trosterfahrung, d.h. eine zeitweilige intensivere Transzendenzerfahrung als Hinweis auf die richtige Entscheidung vorausgeht.

„Charismatische Entscheidungen" sind gewissermaßen die All-
tagserscheinung der existentiellen Entscheidungen. Auch sie trifft
der Mensch nicht rein rational, sondern „charismatisch", d.h. aus der
unmittelbar und bewußt erlebten Übereinstimmung der Entscheidung mit der Transzendenzerfahrung heraus. Aber sie haben weder
kategorial noch transzendental das Gewicht von existentiellen Entscheidungen. Mit ihnen geht auch nicht notwendigerweise eine
punktuell intensivere Transzendenzerfahrung einher. Sie setzen aber
insgesamt eine intensivierte oder sensibilisierte Transzendenzerfahrung voraus.

3.1.3 Enthusiasmus

3.1.3.1 Der Enthusiasmus als radikale Transzendenzerfahrung

Mit Phänomenen des Enthusiasmus aus dogmatischer Sicht befaßte
sich Rahner in seinem Vortrag über „Die enthusiastische und die
gnadenhafte Erfahrung", 1972. (XII 54–75) Als solche Phänomene
zählt er auf: Geisterfahrung, Glossolalie, das Erlebnis einer radikalen
durch den Geist Gottes bewirkten Umänderung des alten Menschen
in einen neuen, ein radikales Bekehrungserlebnis, Geistempfang,
Geisttaufe usw. (XII 54.74)[50] Für sie möchte er erstens den „locus
dogmaticus" umreißen, an dem sie sich dogmatisch einordnen
lassen[51], und zweitens „eine fundamentalste Anweisung der Unterscheidung der Geister" geben[52]. Dabei geht er von der „problemati-
schen und nicht abgesicherten" Voraussetzung aus, „es gebe bei all
diesen Enthusiasmuserlebnissen wirklich ein Gemeinsames und
dieses bestehe in einer den Kern des religiösen Subjekts betreffen-

---

50 Vgl. HC [1974] 76; XIII [1976] 232.
51 XII 54f.62–68.
52 XII 54.69–75; vgl. 55.73.

den Transzendenzerfahrung, in der das Subjekt eine Erfahrung Gottes mache." (62) Seiner Überzeugung nach ist allen Enthusiasmen, sofern sie echt sind, trotz ihrer großen Verschiedenheit untereinander eine *radikale Transzendenz- und Gotteserfahrung* gemeinsam (63). Da Rahner das „generische Wesen" des Enthusiasmus durch die radikale Erfahrung der Transzendenz bestimmt, versucht er ihn, um das Spezifische herauszuarbeiten, einerseits gegen die alltägliche Transzendenzerfahrung und andererseits gegen andere Formen radikaler Transzendenzerfahrung abzugrenzen.

Zwar werden, nach Rahner, in der Alltagsreligiosität, „wenn auch sehr unthematisch, die eigentliche Transzendentalität des Menschen auf Gott selbst und deren gnadenhafte Radikalisierung auf Gottes Unmittelbarkeit hin irgendwie miterfahren" (65f). Aber das alltägliche religiöse Bewußtsein ist doch stark in Gegenständlichkeit und in religiöser Kategorialität verfangen (66.68), dem gegenständlichen Denken verhaftet. Es kann daher leicht diese Erfahrung verdecken (66f). In den verschiedenen Enthusiasmuserfahrungen ist der Mensch „über die Alltagserfahrung seiner Transzendentalität hinaus" mit seiner begnadeten Transzendenz konfrontiert (65). Das Verfangensein in die „gegenständliche und kategoriale Alltagswirklichkeit" wird „durchbrochen" (66). Enthusiasmus ist „Durchbrechung der Alltäglichkeit" (68). In den enthusiastischen Erfahrungen, wo und wenn sie echt sind, kann die „Wirklichkeit und unmittelbare Gegebenheit der gnadenhaften Erfahrung Gottes an sich selbst deutlicher und unausweichlicher vorkommen als in der bloßen Normalität des religiösen Alltags, in der das Zeichen nur zu leicht sich an die Stelle des Angezeigten setzt." (68) Der Enthusiasmus in seinen vielfältigen Erscheinungen bringt die Transzendenzerfahrung *deutlicher* zum Bewußtsein, erleichtert ihre Objektivation und bietet sie *intensiver* der Freiheit des Menschen an (63). Weil sich bei ihm das Subjekt in einer „psychologisch und existentiell außergewöhnlicheren Zuständlichkeit" befindet (69), kann es die eigentliche Gnaden- und Transzendenzerfahrung *unausweichlicher, eindrücklicher, radikaler* und *reiner* als sonst machen (66–69). Die gnadenhafte Transzendenzerfahrung ist beim Enthusiasmus von größerer „Intensität und Radikalität" als im Alltag (72).

3.1.3.2 Der Enthusiasmus als „Alltagsgestalt der Mystik"

Rahner zufolge ist eine radikale Transzendenz- und Gotteserfahrung auch in religiösen Phänomenen gegeben, „die man gewöhnlich nicht unter das Wort Enthusiasmus subsumiert, wie etwa eine intensive Meditation, Versenkung, Mystik, und auch Phänomene einer sittlichen Entscheidung, die das Letzte und Äußerste der Freiheitsperson in Anspruch nehmen." (XII 63) Mit letzterem meint Rahner die existentielle Entscheidung[53]. Enthusiasmus und Mystik hebt er unter zweierlei Rücksicht voneinander ab.

Eigentliche Mystik ist „mehr oder weniger *entkategorialisierte* Transzendenzerfahrung in Gnade" (64 Hervorh. J.H.), ist radikale, *entleerende* Glaubensmystik in der Partizipation des Todesuntergangs Jesu (67; vgl. 64), ist „die Radikalität der Glaubenserfahrung im Sterben alles sich selbst als endgültig setzen wollenden Kategorialen und Begrifflichen" (69), ist transzendentale Gnadenerfahrung in *Reinheit*, bei der die wie etwa bei Johannes vom Kreuz Bilder, Imaginatives, Erscheinungen und Einzelverbalismen ausgeschlossen sind (71). Mystik ist also nach Rahner annähernd reine (radikale) Transzendenzerfahrung ohne Kategorialität.[54] Im Gegensatz dazu enthält die radikale Transzendenzerfahrung in enthusiastischer Gestalt „vom Subjekt her und in ihrer Objektivation sehr viel mehr an Kategorialität" (64). Von daher ist für Rahner der Enthusiasmus „die Alltagsgestalt der Mystik" (64), „so etwas wie eine vulgäre Mystik" (69).

Genuine Mystik stellt in sich in gewissem Sinn ein „privates" Phänomen dar. Im Unterschied dazu treten enthusiastische Phänomene „gerade oder vor allem innerhalb einer christlichen Gemeinde als solcher auf, sowohl dort, wo das enthusiastische Phänomen als prophetische Botschaft usw. sich von vornherein an eine Gemeinde oder an die Kirche wendet, als auch dort, wo z.B. ein enthusiastisches Bekehrungserlebnis eines einzelnen in der Öffentlichkeit der Gemeinde sich ereignet und um seine Anerkennung durch die Gemeinde wirbt." (73) Enthusiastische Phänomene sind von vornherein

---

53 Kap. 3.1.2.6.
54 Siehe Kap. 3.1.4.1.

stärker gemeindebezogen und öffentlich[55] als die (zunächst einmal und in sich) individuellen mystischen Phänomene. Trotz der beiden Unterschiede ist für Rahner die Grenze zwischen Mystik und Enthusiasmus fließend, zumal wenn man zur Mystik auch mystische Phänomene zählt, „die kategoriale Inhalte nicht nur bei sich haben, sondern auch wichtig nehmen" (71). Solche mystischen Phänomene kommen Rahner gemäß „vielleicht weniger schon innerhalb einer enthusiastisch bewegten Gemeinde" vor, können „aber doch auf eine solche Gemeinde wenigstens als Adressaten solcher kategorial mystischer Phänomene als Botschaften, Prophezeiungen, Aufträge usw. hinzielen" und ließen sich dann unter die enthusiastischen Erlebnisse subsumieren (71).

3.1.3.3 Kriterien der Echtheit des Enthusiasmus

Die stärkere Kategorialität der Enthusiasmen im Vergleich zur Mystik erklärt, weshalb sie auf so unterschiedliche und vielfältige Weise in Erscheinung treten können und laut Rahner „viel mehr Möglichkeiten der Depravation und der Fehlinterpretation" bieten als die eigentliche Mystik (XII 64). In ihrem kategorialen Inhalt, „in der verwendeten Begrifflichkeit, in der Eigenart ihrer Bilder, in der Einzelinhalte liefernden Prophetie, in den konkreten Antrieben, die der einzelne, eine Gemeinde oder die Gesellschaft aus ihnen erfahren", sind enthusiastische Erlebnisse Rahner zufolge zunächst einmal menschlichen Ursprungs und dürfen nicht einfach als göttliche Eingebung verstanden werden (70).[56] Das wirft aber die Frage nach Kriterien für ihre Echtheit auf. Es bedarf der „Unterscheidung der Geister".[57]

Wie bei der existentiellen Entscheidung so beschränkt sich Rahner auch beim Enthusiasmus weitgehend darauf, bestimmte Kriterien als unzureichend auszuschließen. Diese „nicht eindeutig entscheidenden" Kriterien[58] sind zum Teil dieselben wie bei der existentiel-

---

55   Vgl. HC 77f.
56   Vgl. HC 78.
57   HC 78f.
58   XII 72.

len Entscheidung. Zum einen beweist die Unrichtigkeit oder Fragwürdigkeit des kategorialen Inhalts von enthusiastischen Erfahrungen nicht unbedingt deren (transzendentale) Unechtheit (70f); der kategoriale Inhalt ist „individualpsychologisch und sozialpsychologisch überaus bedingt" (70); der Erfahrende kann sich irren (70). Zum anderen gewährleistet die Richtigkeit des kategorialen Inhaltes allein noch nicht die Echtheit enthusiastischer Erfahrungen, weil diese unter Umständen „existentiell viel zu flach und oberflächlich" sind, um als wirklich enthusiastisch gelten zu können (71; vgl. 74). Allerdings kann die Richtigkeit des kategorialen Inhaltes Kriterium, wenn nicht unbedingt für die Echtheit, so doch für die kommunitäre Relevanz von enthusiastischen Erlebnissen sein (72). Die Prüfung der objektiven kategorialen Richtigkeit wiederum unterliegt den Kriterien und Regeln für die Überprüfung theologischer Inhalte im allgemeinen: „Konformität mit der Botschaft des Evangeliums, mit der Schrift, mit dem Glaubensbewußtsein der Kirche usw." (72). Das Enthusiastische, Charismatische, steht damit in einem offenen, ergänzenden und gegenseitig korrektiven Spannungsverhältnis zum „Institutionellen" in der Kirche (73.67f.74).

Im enthusiastischen Phänomen muß demnach laut Rahner noch einmal unterschieden werden „zwischen der eigentlichsten und ursprünglichsten Gnadenerfahrung in der Transzendentalität des Menschen einerseits und den kategorialen Inhalten darin anderseits, die sowohl Anlaß und Vermittlung für ein deutlicheres und existentiell radikaleres Innewerden der transzendentalen Gnadenerfahrung sein können als auch deren nachträgliche und unter Umständen geschichtlich und individuell höchst problematische Objektivation." (74)

Ansonsten gilt für die eigentliche transzendentale Gnadenerfahrung beim Enthusiasmus dasselbe wie bei der existentiellen Entscheidung. Charismatische und enthusiastische Phänomene können und dürfen als gnadenhaft und gott-gewirkt betrachtet werden, wenn sie die „restlose Offenheit auf Gott hin nicht verstellen, sondern radikaler werden lassen" (HC 80), wo sich der Mensch „schweigend in unbedingter Hoffnung und Liebe an das unsagbare Geheimnis, das wir Gott nennen, überantwortet, wo also nicht dieses oder jenes einzelne innerhalb unseres religiösen Bewußtseins gedacht oder angestrebt wird, sondern eben dieses Ganze des Bewußtseins, das keinen einzelnen ‚Namen' mehr hat, dem namenlosen Geheimnis Gottes als dem einzigen wahren Heil ausgeliefert wird" (HC 79), wo Freude, Frieden und Vertrauen wachsen (HC 80; vgl. 79).

Der kategorial-transzendentale Ansatz Rahners erweist sich im Kontext des Enthusiasmus in doppelter Hinsicht als fruchtbar. Zum einen kann Rahner einerseits mit der Transzendentalität die wesentliche Einheit der Enthusiasmusphänomene als allesamt intensivere Transzendenzerfahrungen und andererseits mit der Kategorialität die Vielfalt ihrer Erscheinungen und die Möglichkeit ihrer Fehlformen und Fehldeutungen erklären. Zum anderen kann er einerseits mittels der intensiveren Transzendentalität den Enthusiasmus gegen die alltägliche Gnaden- und Transzendenzerfahrung und andererseits mittels der immer noch vorhandenen Kategorialität gegen die eigentliche Mystik abgrenzen. Wegen ihrer intensiveren Transzendentalität kann man Rahner gemäß die enthusiastischen Erfahrungen dann aber auch in den klassischen Stufenweg des mystischen Aufstiegs einordnen, ohne sie schon mit der eigentlichen Mystik zusammenfallen zu lassen.[59]

3.1.4 Mystik

In diesem Kapitel über Mystik wird zunächst Rahners theologischer Begriff der Mystik erarbeitet (Kapitel 3.1.4.1), bevor einige Thesen (Kapitel 3.1.4.2) und Tendenzen (Kapitel 3.1.4.3) von Rahners mystischer Theologie angesprochen werden.[60]

---

59   XIII [1976] 231.
60   Dazu werden hauptsächlich folgende Texte von Rahner herangezogen: „Mystik. V. Theologische Interpretation" in HTTL V [1973] 145f; „Mystische Erfahrung und mystische Theologie" XII [1974] 428–438 (darin ist der Lexikonbeitrag von 1973 wesentlich erweitert); „Erfahrung des Heiligen Geistes" XIII [1976] 226–251; „Transzendenzerfahrung aus katholisch-dogmatischer Sicht" XIII [1977] 207–225; „Mystik – Weg des Glaubens zu Gott" in HR [1978] 11–24.

3.1.4.1 Mystik als Zu-sich-selbst-Kommen der Transzendenz

In seiner Theologie der Mystik geht Rahner von einem klaren dogmatischen Grundsatz aus. Zwischen Glaube und Gnadenerfahrung einerseits und Glorie und unmittelbarer Anschauung Gottes andererseits gibt es ihm zufolge (in diesem Leben) keinen Zwischenzustand, der sich theologisch von beiden wesentlich unterschiede (XII 431f). Ein Zustand, der die „gewöhnliche" Glaubens- und Gnadenerfahrung des Christen bzw. des Menschen „spezifisch und heilsbedeutsam" übersteigen würde, wäre bereits (vorübergehende) Partizipation an der Anschauung Gottes. Mystik kann daher den Bereich des Glaubens nicht hinter sich lassen. Sie kann keine Erfahrung beanspruchen, die nicht mehr Glaube wäre. Sie ist theologisch-dogmatisch „nur innerhalb des normalen Rahmens von Gnade und Glaube zu konzipieren" (XII 432).[61] Jede andere Auffassung von der Mystik würde, so Rahner, „die Mystik überschätzen oder das ‚gewöhnliche' christliche Gnadenleben in seiner eigentlichen Tiefe und Radikalität grundsätzlich unterschätzen." (HTTL V 145) Mystik darf also theologisch nicht als etwas verstanden werden, das die übernatürliche Geisterfahrung im Glauben grundsätzlich überbieten oder überholen würde.[62]

Von diesem dogmatischen Grundsatz, demzufolge die mystische Erfahrung theologisch keine wesentlich andere und höhere als die „normale" Glaubens- und Gnadenerfahrung ist, leitet Rahner zwei wesentliche Bestimmungen der Mystik her.

Der spezifische Gegenstand der Mystik muß „jene gnadenhafte Geisterfahrung sein, die mit Glaube, Hoffnung und Liebe in der Selbstmitteilung Gottes an den Menschen gegeben ist." (XII 433) Mystik ist im Kern *übernatürliche* Transzendenzerfahrung, transzendentale Gnadenerfahrung. Als Erfahrung der *übernatürlichen* Selbstmitteilung Gottes fällt sie in den Bereich der Offenbarungs- und Gnadentheologie (XII 433) und interessiert von daher nicht nur etwa den Psychologen oder Parapsychologen, der sich als solcher mit (theologisch) *natürlichen* Phänomenen, seien sie gewöhnlicher oder außergewöhnlicher Art, befaßt.

---

61   Vgl. ChG 142f; XII 433; HR 22.
62   XII 434; vgl. XII 436f; XIII 210.219; XIII 248.

Mit der Bestimmung der Mystik als übernatürlicher Transzendenzerfahrung ist die echte religiöse Mystik gegen alle rein natürlichen Phänomene abgegrenzt und prinzipiell der Theologie zugewie-
sen. Damit ist aber das Spezifische der Mystik noch nicht erfaßt.
Denn wie unterscheidet sie sich von der „normalen" übernatürlichen
Transzendenzerfahrung? Da sie sich nicht im übernatürlichen Bereich von letzterer abheben läßt – sonst wäre sie ja doch eine Art
höherer Gnadenerfahrung –, kann sie sich, so Rahners Schluß, nur
im *natürlichen* Bereich von letzterer unterscheiden (HTTL V 146).
Die „spezifische Differenz" zwischen der mystischen und der „nor-
malen" Transzendenzerfahrung muß im „naturalen" Bereich des
Menschen liegen (XII 434). Mystik ist Rahner zufolge „die besondere
Art einer in sich selbst *natürlichen* Transzendenzerfahrung und
‚Rückkehr' zu sich selbst" (XII 434 Hervorh. J.H.). Ihr „naturales
Substrat" ist anders als bei der sonstigen Transzendenzerfahrung
(XII 436). Allerdings darf man, wie Rahner in anderem Zusammenhang einschärft, deshalb nicht meinen, „dadurch würde die eigentliche Mystik der Gotteserfahrung in der für sich selbst machtvoll
gewordenen Transzendenzerfahrung *naturalisiert*. Im Gegenteil, es
ist selbstverständlich, daß diese Transzendenzerfahrung faktisch
immer getragen ist von der Selbstmitteilung Gottes." (HR 21f Hervorh. J.H.) Mystik ist für Rahner natürlich-übernatürliche Transzendenzerfahrung, bei der die natürliche Dimension intensiviert ist.
Kann sie sich auch nicht im Übernatürlichen wesentlich von der
normalen Glaubens- und Gnadenerfahrung unterscheiden, so doch im
Natürlichen. Empirisch-psychologisch, wenn auch nicht theologisch,
kann Mystik als „wesentlich" von der normalen Gnadenerfahrung
abweichend wahrgenommen und als besondere „Gnade" hinsichtlich
ihrer Ungeschuldetheit und Zielausrichtung empfunden werden.[63]
Die besondere psychologische, an sich naturale Eigenart der
mystischen Erfahrung kann nach Rahner dazu beitragen, daß die
übernatürlichen Akte des Glaubens, der Hoffnung und der Liebe
existentiell tiefer im Personkern wurzeln und „in höherem Maß das
ganze Subjekt prägen und durchformen" (XII 434). Damit greift Rahner einen früheren Gedanken auf, demzufolge „die ungeheure Steige-

---

63   HTTL V 145; vgl. XII 432.434.

rung der existentiellen Tiefe der Akte, die dem Menschen möglich ist", auf die mystische Erfahrung hinausläuft.[64]

Mit der entitativ natürlichen größeren personalen Tiefe der mystischen Erfahrung geht Rahner zufolge sowohl eine „größere Reflexivität" als auch eine größere „Reinheit der (an sich natürlichen, wenn auch durch die Gnade erhobenen) Transzendenzerfahrung" einher.[65] Unter „Reflexivität" ist hier die Deutlichkeit der Erfahrung im Bewußtsein, nicht die ausdrückliche Reflexion auf die Erfahrung zu verstehen. Mit ihr wächst die „Reinheit", d.h. die Unabhängigkeit der Transzendentalität von der Kategorialität, der transzendentalen Erfahrung von der kategorialen Vermittlung. Für Rahner kann die Transzendenz „als *reine*, d.h. als gegenständlich nicht vermittelte höchstens (wenn überhaupt) in der Erfahrung der Mystik und vielleicht der letzten Einsamkeit und Todesbereitschaft in *asymptotischer Annäherung* gegeben sein" (Gk 45f Hervorh. J.H.). Er hält die Mystik – wie bereits beim Enthusiasmus angesprochen – tendentiell für eine „ungegenständliche"[66], „entkategorialisierte"[67], „weiselose"[68] Transzendenzerfahrung in „Reinheit"[69].[70] Alles in allem ist daher für ihn die mystische Erfahrung das selbstverständlich unter der Providenz Gottes stehende, „*immer radikalere Zu-sich-selbst-Kommen der Transzendentalität des Menschen* als der absoluten Offenheit auf das Sein überhaupt, auf den personalen Gott, auf das absolute Geheimnis." (HR 21 Hervorh. J.H.).

Innerhalb dessen, was gemeinhin unter den Begriff der „Mystik" subsumiert wird, differenziert Rahner dementsprechend zwischen dem „Kernphänomen" oder „*Kern*erlebnis" der Mystik[71], das eben in der asymptotisch reinen Transzendenzerfahrung besteht, und sekundären Phänomenen oder „Randphänomenen"[72] wie Visionen, Auditionen, Ekstasen, Elevationen, Erkenntnissen von Zukunft,

---

64   III [1944] 34.
65   HTTL V 146; vgl. XII 434f.
66   XIII 216; vgl. 213.
67   XII 64; vgl. 67.
68   XIII 216; vgl. 209.
69   XII 71.
70   Vgl. XIII 222f.
71   XIII 210.231.
72   XIII 222.231.

telepathischen Fähigkeiten, bestimmten Erfahrungen der Leere des Bewußtseins oder der Versunkenheit usw.[73] Weil die sekundären Phänomene für die religiöse Erfahrung selbst „letztlich unwesentlich", an sich „vorreligiöser und vorexistentieller Art" sind und auch außerhalb des religiösen Kontextes auftreten können, schlägt Rahner vor, sie statt „mystische" „parapsychologische" Phänomene zu nennen (XIII 222), wobei für ihn die „Parapsychologie" schlicht alles umfaßt, „was das durchschnittliche Alltagsbewußtsein nicht kennt" (XII 432).[74]

Somit unterscheidet sich Rahner zufolge eigentliche religiöse Mystik einerseits theologisch von rein parapsychologischen Phänomenen, insofern es sich bei ihr im Kern um eine übernatürliche, echt religiöse, radikal-existentielle Transzendenz- und Gnadenerfahrung handelt, und andererseits psychologisch von der ‚gewöhnlichen' natürlich-übernatürlichen Transzendenzerfahrung, insofern sie zum einen tendentiell reiner, d.h. weniger kategorial vermittelt, und zum anderen in ihrer natürlichen Dimension intensiver, d.h. personal-existentiell tiefer und deutlicher bewußt, und in diesem umfassenden Sinn psychologisch außergewöhnlich ist. Rahners Definition der Mystik könnte im Rahmen seiner Transzendenztheorie dementsprechend lauten:

(M) Mystik ist tendenziell reine, natural intensivierte, übernatürliche Transzendenzerfahrung.

3.1.4.2 Einige Thesen zur Mystik

Seine theologische Grundauffassung von der Mystik ergänzte Rahner um vier Thesen in seinem Vortrag über die „Transzendenzerfahrung aus katholisch-dogmatischer Sicht", 1977 (XIII 207–225). Während er in einem früheren Text die Frage, ob Mystik *notwendig* zur christli-

---

73 XII 71; XIII 221f; vgl. HR 17f.
74 Rahner weist allerdings auch darauf hin, daß – im Gegensatz zu Johannes vom Kreuz, der auf eine immer bildlosere, rein geistige Mystik drängte (HR 18; vgl. XII 71; XIII 222) – Theresia von Avila imaginative (eidetisch visionäre) Phänomene der Mystik bis zuletzt wertschätzte (HR 18), was sie heute durchaus „sympathisch" mache (ChG 144).

chen und menschlichen Reifung und Vollendung gehöre, noch dem empirischen Psychologen zu überlassen schien[75], gibt er in diesem Text von sich aus eine klare, kategorische, dogmatische Antwort darauf.[76] Das Christentum weigert sich, „eine systematische und gewissermaßen technisch entwickelte, ‚mystische' Transzendenzerfahrung als den einzigen und notwendigen Weg zur Vollendung des Menschen anzuerkennen" (XIII 208). Rahner gemäß verbietet die Lehre des Neuen Testamentes (etwa Mt 25) und vieles andere in Lehre und Praxis des Christentums, „Mystik und vor allem deren gewissermaßen technisch und reflex ausgebildete Gestalt exklusiv als notwendige und letzte Wegstrecke vor der Erreichung der vollendenden Seligkeit zu betrachten und alle alltägliche christliche Lebenspraxis nur als *vor*bereitende Phase des Heilsweges zu werten".[77] Bereits im Zusammenhang mit dem „Stufenweg" hatte Rahner 1944 darauf hingewiesen, daß das Neue Testament in seiner Vorstellung vom Weg und Ziel des geistlichen Lebens (etwa in der Bergpredigt) aufs Ganze gesehen keine Orientierung auf die Mystik ausdrücklich werden lasse.[78] Ihm zufolge verwirft das Christentum jede Auffassung, „die die Vollendung des Menschen nur beim trainierten Mystiker zu finden vermag", als „elitäre Interpretation des Lebens".[79] Positiv heißt das: Christliche und menschliche Entwicklung und Vollendung sind unabhängig von und außerhalb der Mystik möglich durch „die Erfüllung der Gebote Gottes in der Pflichttreue des Alltags in Glaube, Hoffnung und Liebe zu Gott und den Menschen" (XIII 209).

---

75 XII [1975] 437.
76 Neben dieser Frage weist Rahner noch eine Reihe anderer Fragen zumindest teilweise dem empirischen Wissenschaftler zu – dem (Religions-) Psychologen, Parapsychologen, Religionswissenschaftler und -geschichtler (XII 437; XIII 218.220) – , etwa die Frage, ob Mystik eine *normale* Entwicklungsstufe oder ein *außergewöhnliches* Phänomen darstelle (ChG 142; XII 437), ob sie als *präternatural* (wunderbar) oder als *natural* oder je nach Stufe als beides einzustufen sei (HTTL V 146; XII 435; vgl. ChG 143; XIII 210), ob sie auch *außerhalb* des Christentums auftrete (ChG 143; XIII 218f) und ob es außergewöhnliche (religiöse) Erfahrungen gebe, die eigentlich noch nicht unter sie fallen (XIII 220; vgl. 223).
77 XIII 209; vgl. XIII 248.
78 III 33.
79 XIII 209; vgl. XIII 231.248.

Obwohl Mystik für das christliche Leben und die christliche Reifung und Vollendung keineswegs notwendig ist, ist sie nach Rahner
eine „mögliche *Etappe* auf dem Weg zur Vollendung" (208) und kann
paradigmatisch und exemplarisch christliches Heil in Glaube, Hoffnung und Liebe verdeutlichen (209f). Sie kann „als Ursache und
Wirkung ein Hinweis darauf sein, daß ein Christ die ihm angebotene
Gnade der Selbstmitteilung Gottes in existentiell intensivem Grad
angenommen hat" (XII 437). Mithin läßt sich Rahners erste These
zur Mystik so wiedergeben:

(M.1) Mystik ist keineswegs notwendig für die (diesseitige)
christliche Reifung und Vollendung, hat aber paradigmatische und
exemplarische Bedeutung für christliches Glauben, Hoffen und
Lieben.

Was von der Transzendenzerfahrung im allgemeinen gilt, gilt nach
Rahner auch von der mystischen Erfahrung im besonderen. Zwischen
der ursprünglichen Erfahrung einerseits und ihrer theoretischen
Interpretation andererseits besteht sowohl ein unaufhebbarer Unterschied[80] als auch eine Einheit (nicht Selbigkeit) in Gestalt eines gegenseitigen Bedingungsverhältnisses (XIII 213f). Der Unterschied
erklärt, weshalb trotz echter Erfahrung die theoretische Interpretation, die immer durch das religiöse, kulturelle und geschichtliche
Milieu bedingt ist, richtig oder falsch, zureichend oder unzureichend
sein kann und es verschiedene, ja sich widersprechende Theologien
der Mystik geben kann und gibt (212). Ob Widersprüche zwischen
mystischen Theologien (insbesondere verschiedener Religionen) nur
auf verschiedene Interpretationen oder tatsächlich auf verschiedene
ursprüngliche Erfahrungen zurückzuführen sind, ist eine Frage, die
Rahner einer noch zu entwickelnden „komparativen" mystischen
Theologie zuordnet (212). Die Einheit von Erfahrung und Interpretation macht unter anderem verständlich, weshalb eine angemessene
Interpretation und Lehre nicht überflüssig ist und sich positiv auf die
Erfahrung selbst auswirken kann (213f).

Des weiteren setzt Rahner auseinander, daß nach christlichem
Verständnis eine geschöpfliche Vermittlung die Unmittelbarkeit zu
Gott nicht aufhebt oder verstellt, sondern unter bestimmten Voraus-

80   XIII 211–214.

setzungen gerade ermöglichen und garantieren kann (211.214). Als einige wesentliche Instanzen einer solchen Vermittlung zur Unmittelbarkeit Gottes zählt er auf: die historische Wirklichkeit Jesu, die Kirche, das Sakrament und das verkündigte Wort (214). Dennoch gibt es auch nach christlicher Theologie „sehr viele Weisen und Stufen" der kreatürlichen Vermittlung zur Unmittelbarkeit Gottes, so daß eine mystische Transzendenzerfahrung, die (außerhalb oder innerhalb des Christentums) als absolut „weiselose" und schlechthin „ungegenständliche" Erfahrung Gottes erlebt wird, nicht auszuschließen ist (216). Allerdings wäre nach christlichem Verständnis „eine solche weiselose Unmittelbarkeit zu Gott immer noch durch den Heiligen Geist Gottes getragen …, der durch das geschichtliche Ereignis Jesus Christus in geschichtlicher Greifbarkeit irreversibel zugesagt ist", und wäre, wie immer sie erlebt und ausgelegt würde, Teilnahme am Tode Jesu.[81] Rahners zweite These zur Mystik lautet somit:

(M.2) Zwischen der ursprünglichen mystischen Transzendenzerfahrung und ihrer theoretischen Interpretation besteht eine bleibende Verschiedenheit in Einheit. Wie „ungegenständlich", „weiselos" und „unvermittelt" die mystische Erfahrung Gottes auch immer erlebt und ausgelegt wird – sie bleibt nach christlicher Theologie, die eine echte Vermittlung zur Unmittelbarkeit Gottes kennt, in jedem Fall durch Jesus Christus vermittelt.

Als nächstes erläutert Rahner seine Theorie von der gnadenhaften Erhöhung der menschlichen Transzendenz (XIII 216–219). Aufgrund des universalen Heilswillens Gottes ist dem Menschen immer und überall die Gnade Gottes angeboten, ist die Transzendenz des Menschen übernatürlich gnadenhaft auf die Unmittelbarkeit Gottes hin radikalisiert. Daher ist auch überall dort, wo der Mensch sich selbst radikal vollzieht und seine eigene Transzendenz in Freiheit bedingungslos annimmt, dieser Vorgang durch das getragen, „was man in christlicher Theologie Heiliger Geist, übernatürliche Gnade, Selbstmitteilung Gottes nennt" (216; vgl. 218). Da solch ein radikaler Selbstvollzug und solch eine bedingungslose Annahme der Transzendenz „auch, wenn auch nicht nur, gerade und besonders intensiv

---

81 XIII 216; vgl. HTTL V 146; XII 64.67; XIII 224; XIII 246f.

in mystischer Transzendenzerfahrung" geschehen kann (218; vgl.
216), ist aus christlich-dogmatischer Sicht Mystik als „eigentliche
Gnadenerfahrung" auch außerhalb des verbalisierten und institu-
tionalisierten Christentums nicht auszuschließen. Im Gegenteil, es ist
mit ihr zu rechnen. Ob allerdings eine gnadenhafte, heilschaffende,
mystische Transzendenzerfahrung *faktisch* außerhalb des Christentums vorkommt, kann nicht der Theologe und Dogmatiker, sondern
nur der empirische Religionswissenschaftler beantworten, indem er
die außerchristliche Interpretation der außerchristlichen Mystik auf
das ursprüngliche mystische Phänomen hin untersucht (218f). Rahners dritte These zur Mystik läßt sich demnach so zusammenfassen:

(M.3) Übernatürliche, gnadenhafte, anonym christliche Mystik ist
dogmatisch gesehen grundsätzlich auch außerhalb des institutionellen Christentums möglich.[82]

Nach Rahners theologischer Überzeugung ist jede echte Transzendenzerfahrung, und darum auch jede echte mystische Transzendenzerfahrung, eine *übernatürlich-gnadenhafte* Erfahrung Gottes, weshalb
es keine „natürliche" Mystik (als echte Transzendenzerfahrung) gibt,
die nicht faktisch auch übernatürliche Mystik wäre (XIII 223). ‚Hand-
lungstheoretisch' bedeutet dies, daß jeder „actus honestus" (sittlich
vollwertige, personal-radikale Akt) zugleich ein „actus salutaris"
(übernatürlich gnadenhafter, heilshafter, rechtfertigender Akt) ist
(220f).[83] Aber wie die Moraltheologie früher neben den „actus hone-
sti" „actus indifferentes" (vorsittliche, vorpersonale Akte) kannte, so
hat jetzt die Theologie Rahner zufolge Erfahrungen und Phänomene
zu erwarten, die zwar psychologisch außergewöhnlich und im weitesten Sinn „mystisch" sind, die aber der eigentlichen Transzendenzerfahrung vorausliegen (220–223). Unter solche Erfahrungen vorreligiöser und vorexistentieller Art, die noch keine natürlich-übernatürlichen Transzendenzerfahrungen darstellen, fallen die oben aufgezähl-
ten Phänomene wie Ekstasen, Elevationen, Visionen usw. Diese im
Grunde vormystischen, parapsychologischen Erfahrungen nachzuweisen und zu erforschen, ist wiederum Aufgabe des empirischen
Wissenschaftlers, nicht des Theologen (220). Der Theologe kann nur
und muß auf die Möglichkeit von außergewöhnlichen Erfahrungen

82   XIII 218; vgl. 216; XIII 245–247.
83   Vgl. Kap. 2.1.3.2.

hinweisen, die streng genommen (noch) nicht in den Bereich der gnadenhaft erhobenen Transzendenzerfahrung gehören. Rahners letzte These zur Mystik heißt daher:

(M.4) Theologisch gesehen kann es Erfahrungen geben, die als psychologisch außergewöhnliche Phänomene, nicht aber als übernatürlich gnadenhafte, mystische Transzendenzerfahrungen einzuschätzen sind. (220.223)

3.1.4.3 Mystik des Alltags

In Rahners Theologie der Mystik zeichnen sich zwei aufeinander zulaufende Tendenzen ab. Beide bringt er bereits in seinem Artikel zur Mystik in HTTL zum Ausdruck, wenn er mit Blick auf Gnosis und Theosophie davor warnt, die Mystik theologisch zu *überschätzen* oder das „gewöhnliche" christliche Glaubens- und Gnadenleben in seiner eigentlichen Tiefe und Radikalität theologisch grundsätzlich zu *unterschätzen* (HTTL V 145). Die erste Tendenz spiegelt sich auf breiterer Basis in seinem dogmatischen Grundsatz wider, bei der Mystik handle es sich nicht um eine wesentlich andere oder höhere Glaubens-, Gnaden- und Geisterfahrung als gewöhnlich, und im ersten Teil seiner ersten These (M.1), in dem er der Mystik jede Exklusivität und Notwendigkeit bezüglich der christlichen und menschlichen Vollendung abspricht. Besonders deutlich treten die beiden Tendenzen in seiner Meditation über die „Erfahrung des Heiligen Geistes" von 1976 hervor (XIII 226–251). Darin kritisiert er an der überkommenen Theologie der christlichen Mystik, sie habe (zu) sehr auf dem außergewöhnlichen und elitären Charakter der mystischen Phänomene insistiert, zum einen, weil man ungeschuldete Gnade per definitionem für etwas Seltenes gehalten, und zum anderen, weil man (zu) stark auf die wirklich seltenen sekundären, parapsychologischen Phänomene geblickt habe (XIII 231). „Aber das Christentum ist nicht elitär", so Rahner (248).[84] Ihm zufolge sind mystische Erfahrungen durchaus keine Vorkommnisse, „die schlechterdings jenseits der Erfahrung eines gewöhnlichen Christen liegen" (231). Vielmehr

---

84 Vgl. XIII 247f.

bezeugen die Mystiker eine Erfahrung, „die jeder Christ, ja jeder Mensch machen und anrufen kann, die er aber leicht übersieht oder verdrängt."[85] Daher ist Mystik „uns nicht so fern, wie wir zunächst zu vermuten versucht sind." (231) Die gnadenhafte Geisterfahrung, die „Transzendenzerfahrung im Heiligen Geist"[86] kann „auch mitten im Alltag geschehen" (248). Von daher prägt Rahner den Begriff einer *Mystik des Alltags.*[87]

Dennoch erkennt Rahner im zweiten Teil seiner ersten These (M.1) der Mystik im engeren Sinn durchaus eine paradigmatische Bedeutung zu. Er beschreibt die Mystiker als Menschen, die „entweder in einem plötzlichen Durchbruchserlebnis oder in einem langen stufenförmigen Aufstieg Gnade, unmittelbare Nähe Gottes, Vereinigung mit ihm im Geiste, in heiliger Nacht oder in seligem Licht, in schweigend von Gott erfüllter Leere erleben und – mindestens innerhalb des mystischen Geschehens selbst – nicht daran zweifeln können, daß sie die unmittelbare Nähe des sich selbst mitteilenden Gottes erfahren als Wirkung und Wirklichkeit der heiligenden Gnade Gottes in der Tiefe ihrer Existenz – eben als ‚Erfahrung des Heiligen Geistes'." (230)

Die Mystiker bezeugen uns – so Rahner weiter – die Erfahrung des Geistes, die Erfahrung der Ewigkeit (230.243). In den „eigentlichen Menschen des Geistes und in den Heiligen" lebt eine geheime Leidenschaft (243).[88] Sie wollen die Geisterfahrung machen. „Sie wollen sich immer wieder in einer geheimen Angst, in der Welt steckenzubleiben, versichern, daß sie anfangen, im Geist zu leben. Sie haben den Geschmack des Geistes bekommen … den Geschmack des reinen Geistes" (243). Sie wissen, „daß der Mensch als Geist, und zwar in der realen Existenz, nicht bloß in der Spekulation, wirklich auf der Grenze zwischen Gott und Welt, Zeit und Ewigkeit leben soll" (244).[89] Deshalb sollte laut Rahner jeder Mensch in seinem Leben und Alltag die Erfahrung des Geistes zu machen suchen, sich in die Erfahrung des Geistes hinein loslassen: „Wenn wir losgelassen

85   XIII 231; vgl. HR 24.
86   XIII 246.
87   XIII 235.243.245.
88   Zu XIII 243f.247: vgl. III [1954] 107–109.
89   Vgl. GW 300.

haben und uns nicht mehr selbst gehören, wenn wir uns selbst ver-
leugnet haben und nicht mehr über uns verfügen, wenn alles und wir
selbst wie in eine unendliche Ferne von uns weggerückt ist, dann
fangen wir an, in der Welt Gottes selbst, des Gottes der Gnade und
des ewigen Lebens zu leben. Das mag uns am Anfang noch unge-
wohnt vorkommen, und wir werden immer wieder versucht sein, wie
erschreckt in das Vertraute und Nahe zurückzufliehen, ja wir werden
es sogar oft tun müssen und tun dürfen. Aber wir sollten uns doch
allmählich an den Geschmack des reinen Weines des Geistes, der
vom Heiligen Geist erfüllt ist, zu gewöhnen suchen." (244)

Um die Erfahrung des Geistes, die eine Erfahrung des Heiligen
Geistes ist (244), deutlicher zu erfahren und sich radikaler anzueig-
nen, sollte sich daher der Christ nicht scheuen, in seiner spirituellen
Praxis u.U. ein „psychisches Training" (wie Fasten, Einsamkeit,
Stille, Ausschaltung der ungeordneten Vielfalt der Bewußseinsgegen-
stände usw.) auf sich zu nehmen[90], und sich nicht weigern, „wenigstens jene ausdrücklichen meditativen und spirituellen Wege zu
beschreiten, die sich ihm in der letztlich unverfügbaren Geschichte
seines Lebens ... auftun."[91]

Die Mystik im engeren Sinn darf aber nach Rahner den Blick auf
die Mystik des Alltags nicht verstellen. Man könnte, so Rahner,
bereits jene allgemeine Transzendenzerfahrung, die der Mensch
immer schon macht und aufgrund deren er mitten im Alltag sich
selbst und alles Einzelne und Endliche immer schon transzendiert,
„Mystik" nennen (XIII 235). Dann würde sich Mystik immer schon
mitten im Alltag, „verborgen und unbenannt", ereignen und wäre
„die Bedingung der Möglichkeit für die nüchternste und profanste
Alltagserfahrung" (235). Von solch einer weiten Verwendung des
Begriffs „Mystik" sieht Rahner selbst jedoch ab, würde sie doch den
Begriff zu sehr ausdehnen und verwässern. Rahner beschränkt die
„Mystik des Alltags" auf bestimmte „konkrete Lebenserfahrungen"
des einzelnen, auf besondere „konkrete Erfahrungen" in der existentiellen Geschichte des Individuums (239.238). Bevor er diese Erfahrungen exemplifiziert, beschreibt er sie abstrakt. Es sind bestimmte,
besondere Erfahrungen, in denen die, „an sich immer gegebene,

90   XIII 223.
91   XIII 248.

transzendentale Geisterfahrung sich deutlicher in unser Bewußtsein vordrängt, Erfahrungen, in denen (umgekehrt) die einzelnen Gegenstände der Erkenntnis und der Freiheit, mit denen wir es im Alltag zu tun haben, durch ihre Eigenart deutlicher und eindringlicher uns auf die begleitende transzendentale Geisterfahrung aufmerksam machen, in denen sie deutlicher von sich aus schweigend in jenes unbegreifliche Geheimnis unserer Existenz, das uns immer umgibt und auch unser Alltagsbewußtsein trägt, verweisen, als es sonst in unserem gewöhnlichen und banalen Alltagsleben geschieht. Die Alltagswirklichkeit wird dann von sich aus Verweis auf diese transzendentale Geisterfahrung, die schweigend und wie scheinbar gesichtslos immer da ist." (238)

In mystischen Erfahrungen des Alltags, so ist Rahners abstrakte Beschreibung zu verstehen, wird die Transzendenz (transzendental) intensiver erfahren, weil die kategoriale Wirklichkeit von sich aus stärker und eindringlicher als für gewöhnlich auf die Transzendenz (und das Transzendentale) verweist. Im Unterschied zur eigentlichen Mystik fällt in der Mystik des Alltags das Kategoriale bzw. die kategoriale Vermittlung in der Transzendenzerfahrung nicht teilweise oder ganz aus, sondern macht als solches deutlicher und dringlicher auf die Transzendenz aufmerksam. Wo der Mensch solche besonderen Erfahrungen in seinem Leben macht, da ist nach Rahner „die Mystik des Alltags, das Gottfinden in allen Dingen; da ist die nüchterne Trunkenheit des Geistes" (243).

Mit der „Mystik des Alltags" meint Rahner nichts anderes als jene kategorial vermittelten, intensiveren Transzendenzerfahrungen, die bereits im Rahmen der natürlichen Transzendenz als „existentielle Erfahrungen" beschrieben und für die Rahners Beispiele zusammengestellt wurden.[92] In den Kontext der *Mystik des Alltags* wäre schließlich auch der berühmte Satz Rahners aus dem Jahre 1966 einzuordnen: „der Fromme von morgen wird ein ‚Mystiker' sein, einer, der etwas ‚erfahren' hat, oder er wird nicht mehr sein ..." (VII 22).

---

92 Kap. 1.2.1.4.

3.1.5 Zwischenfazit

Im Rückblick lassen sich in Rahners Theologie drei ineinander über-
gehende Ausprägungen intensiveren Transzendenzerlebens auseinanderhalten. Es gibt erstens die mannigfaltigen *existentiellen Erfahrungen* und die *existentiellen Entscheidungen*, in denen die erfahrene
kategoriale Wirklichkeit stärker und eindringlicher als sonst auf die
Transzendenz verweist und dadurch eine intensivere Transzendenzerfahrung ermöglicht. Bei der existentiellen *Entscheidung*, bei der das
Moment der transzendentalen *Freiheit* das der Erkenntnis überwiegt,
wird eine ganz bestimmte kategoriale Option als positiv mit der
Transzendenz übereinstimmend erfahren.[93] Bei der existentiellen
Erfahrung, bei der mehr die transzendentale *Erkenntnis* als die transzendentale Freiheit innerhalb der Transzendenz aktiviert ist, kann
die konkrete kategoriale Wirklichkeit entweder durch ihre ,Positivi-
tät' (via eminentiae) oder, noch deutlicher, durch ihre ,Negativität'
(via negationis) die Transzendenz transparenter werden lassen.[94]
Zweitens gibt es eine Vielfalt von außergewöhnlichen *enthusiastischen* Erfahrungen, in denen die Transzendenzerfahrung ein hohes
Maß an Intensität erreichen kann, die aber alle (noch) kategorial
vermittelt sind. Bei der *ekstatischen Liebe*[95], beim *Trost ohne Ursache*[96]
und in der *reinen Mystik*[97] kann, drittens, die kategoriale Vermittlung
weitgehend schwinden und die Transzendenzerfahrung natural stark
intensiviert sein. Bei den drei verschiedenen Ausprägungen der
thematischen Transzendenzerfahrung nimmt, grob vereinfacht, jeweils die Intensität und die Dauer der transzendentalen Erfahrung
selbst zu, die Bedeutung ihrer Kategorialität hingegen ab.

Mit der Intensität der Transzendenzerfahrung wächst die *Unmittelbarkeit* Gottes in der Erfahrung. Damit läßt sich abschließend
die sechste und letzte Leitfrage zur Transzendenz beantworten,
nämlich inwieweit Gott in ihr unmittelbar erfahren wird. Rahner
kennt innerhalb der natürlich-übernatürlichen Transzendenzerfah-

---

93 Kap. 3.1.2.4 und 3.1.2.6.
94 Kap. 1.2.1.4.
95 Kap. 3.1.1.2.
96 Kap. 3.1.2.3.
97 Kap. 3.1.4.1.

rung verschiedene Grade und Stufen der Unmittelbarkeit Gottes.[98] Für ihn bleibt diese Unmittelbarkeit aber grundsätzlich vermittelt durch Jesus Christus und unterscheidet sich selbst auf der höchsten Stufe noch wesentlich von der Unmittelbarkeit Gottes in der „visio beatifica" (HR 22)[99].

Durch seine Überzeugung, die Transzendenzerfahrung könne punktuell oder dauerhaft, plötzlich oder kontinuierlich intensiver und aufs Ganze (kategorial) einfacher werden, dokumentiert Rahner noch einmal eindrucksvoll, wie weit er von einem rein statischen Verständnis der menschlichen Transzendenz entfernt ist. Die Transzendenz des Menschen ist für ihn keine starre, anthropologische Größe. Sie ist für ihn so dynamisch, geschichtlich und lebendig wie die Beziehung zu Gott selbst. Sie ist die transzendentale Beziehung des Menschen zu Gott. Sehr eindringlich schilderte Rahner ihre Dynamik in einem Filminterview 1972: „Ich glaube, daß ein Mensch, wenn er sich echt und normal, man könnte beinah sagen, gegen seinen Tod hin, entwickelt, daß dann die Unbegreiflichkeit Gottes immer größer wird. Man hat natürlich immer schon gewußt, daß Gott unbegreiflich ist. Und jeder, also auch ich, hat diesen Satz gesagt. Aber er wird einem deutlicher, er wird schärfer, er wird vielleicht drückender. Gott wird auf diese Weise größer, unheimlicher. Die Tat des Lebens, nämlich das Sichanvertrauen an dieses unbegreifliche Geheimnis, wird immer schärfer, brennender, – wenn Sie wollen – schwieriger, unheimlicher."[100]

---

98 Vgl. Kap. 2.1.3.3.
99 Rahner, der es in seiner mystischen Theologie mit der Tendenz zur rein geistigen Mystik stark mit Johannes vom Kreuz hält, weicht in diesem Punkt vom spanischen Mystiker ab, der zwar hinsichtlich der *Seligkeit*, nicht aber hinsichtlich der *Unmittelbarkeit* einen qualitativen Unterschied zwischen der höchsten diesseitigen mystischen Erfahrung und der jenseitigen Gottesschau zu sehen vermag.
100 In: Iblacker [1972].

3.2 Der Mensch als Wesen der Liebe

Es ist die Bestimmung und die Lebensaufgabe eines jeden Menschen, das Gnaden- und Selbstangebot Gottes in seiner Transzendenz in Glaube, Hoffnung und Liebe anzunehmen.[101] Repräsentativ für alle drei theologischen Tugenden wird in Kapitel 3.2 die menschliche *Liebe* in ihrem Wesen (Kapitel 3.2.1) und in ihren drei Grundgestalten der Selbst-, Nächsten- und Gottesliebe (Kapitel 3.2.2) behandelt[102]; ein Fazit faßt noch einmal kurz Rahners diesbezügliche Kernsätze zusammen (Kapitel 3.2.3).

3.2.1 Das Wesen der menschlichen Liebe

3.2.1.1 Die Liebe als Bejahung der einmaligen Person

Schon im Frühwerk hatte Rahner das Wesen des Menschen partiell als Bei-sich-Sein im Sein-beim-Anderen bestimmt.[103] Auch später ist für ihn der Mensch von seinem (metaphysischen) Wesen her von vornherein das Seiende, das auf den anderen bezogen ist, das aus sich herausgehen muß, um sich zu finden, das sich vergessen muß, um wahrhaft bei sich selber zu sein.[104] Mit dem anderen meint er später primär die andere Person. Der Mensch ist von daher bereits metaphysisch zur Liebe veranlagt. Die sittlich frei vollzogene Liebe des anderen entspricht seinem metaphysischen Wesen.

In „Hörer des Wortes" gibt Rahner eine erste allgemeine ‚Definition' der Liebe[105]:

---

101 Zur Annahme des Selbstangebotes und Heilsangebotes Gottes als geglücktem, gelungenem Freiheitsvollzug in Glaube, Hoffnung und Liebe siehe Sandler [1996] 365–368.
102 Siehe zu diesem Thema bei Rahner u.a. PG 200–220, sowie Chojnacki [1996] 349–417.
103 Siehe insbesondere Kap. 1.3.1.
104 XIV [1978] 411.
105 Freilich läßt sich, laut Rahner, die Liebe als ein Ganzes nicht durch Teile *definieren*, sondern nur *beschreiben* (HTTL IV [1969] 320).

(L) „... Liebe ist der gelichtete Wille zur Person in ihrer unableitbaren Einmaligkeit" (HW 125).

Vor Augen hat Rahner dabei die göttliche Liebe, wie sie in der Erschaffung und Erhaltung des Menschen zum Ausdruck kommt. Die Liebe Gottes ist zunächst und im Grunde Liebe in sich selbst und zu sich selbst. Aus der Liebe in sich selbst heraus schafft und erhält Gott den Menschen jeweils in seiner Einmaligkeit. Die Schöpferliebe Gottes ereignet sich nach Rahner frei („Wille") und (selbst-)bewußt („gelichtet").

Rahners Definition der Liebe Gottes zum einzelnen Geschöpf läßt sich auf die menschliche Liebe übertragen.

(L*) (Menschliche) Liebe ist die freie und bewußte Bejahung einer Person in ihrer Einmaligkeit.

Diese Definition kann sich zum Teil auf Formulierungen Rahners selbst stützen. Hinsichtlich der menschlichen Liebe spricht er „von einer *sittlichen Bejahung* der ganzen menschlichen *Person*".[106] Außerdem hebt er an verschiedenen Stellen hervor, wie sehr in der Liebe des Menschen die geliebte Person gerade in ihrer *Einmaligkeit* zu lieben sei.[107]

Während die Bejahung in der göttlichen Liebe (L) vor allem die *Setzung* (Schöpfung) des Menschen beinhaltet, besagt sie in der menschlichen Liebe (L*) hauptsächlich die *Annahme* (das Akzeptieren) der anderen Person, wie sie ist oder geworden ist.

Analog zur göttlichen Liebe geschieht die menschliche Liebe *frei* und *bewußt*. Obwohl die Liebe den ganzen Menschen fordert, ordnet sie Rahner insgesamt eindeutig der praktischen Seite der menschlichen Transzendenz und Vernunft zu. Liebe bedeutet bei ihm vorrangig Wollen, willentliches Bejahen, positiver Freiheitsvollzug. In „Hörer des Wortes" schwankt er allerdings noch zwischen einer engen und einer weiten Bedeutung der „Liebe". In der engen Bedeutung steht die Liebe als Wille und als positiv vollzogene Freiheit dem Erkennen gegenüber. In der weiten Bedeutung (L*) schließt sie die Erkenntnis mit ein, ohne ihren Schwerpunkt vom ‚Praktischen' ins ‚Theoretische' zu verlagern.

---

106 V [1961] 496 Hervorh. J.H.
107 Z.B. VIII [1967] 524; XIV [1978] 408.

Seitens des Objektes beschränkt sich die Liebe nach (L*) auf die personale Wirklichkeit. Eine etwaige menschliche „Liebe" zur a-personalen oder unterpersonalen Wirklichkeit bleibt unberücksichtigt. In ihrer Allgemeinheit läßt dabei die Definition offen, ob es sich beim Objekt der menschlichen Liebe um die Person Gottes, um die Person des Mitmenschen oder um die eigene Person handelt. Im Gegensatz zur Nächsten- und Selbstliebe darf jedoch bei der Gottesliebe nicht vergessen werden, daß der Personbegriff, angewandt auf Gott, nur analog zu verstehen ist.[108]

Schließlich hebt die Definition eigens auf die Einmaligkeit der geliebten Person ab. Der einzelne Mensch soll nicht nur allgemein als freie, geistige Person geliebt werden, sondern als konkretes Individuum. Rahner verankert die (qualitative) Individualität des Menschen in dessen Geistigkeit, in dessen Transzendentalität.[109] Da die menschliche Transzendenz durch die Selbstmitteilung Gottes begnadet ist, gründet die Individualität des einzelnen letztlich in der einmaligen Weise, in der sich ihm Gott gnadenhaft mitteilt. Jeder Mensch ist nicht nur als natürliches Geschöpf, sondern auch und insbesondere als übernatürlich erhobenes, begnadetes Wesen von Gott her einzigartig. Zwar argumentiert Rahner gerade im Kontext der Gnade gegen den Individualismus und stellt besonders das Verbindende und Universale der Gnade heraus.[110] Aber er kontrastiert das Allgemeine und Einigende der Gnade eben mit dem Individuellen an ihr. Gnade ist für ihn „das Ereignis, in dem Gott für einen ‚*sein* Gott' wird" (VIII 528). Die Gnade, „die im tiefsten Gott selbst ist", meint *individuell* „den Einzelnen in seiner Einmaligkeit" (VIII 528). Weil Gnade einerseits die Einmaligkeit des einzelnen Menschen (mit)konstituiert und andererseits das ist, was alle Menschen im letzten miteinander verbindet und die tiefste Einheit in der Menschheit stiftet, bezeichnet sie Rahner als „universale concretum". In dem Zusammenhang nähert sich Rahner der Einmaligkeit des Menschen über die „Liebe" an, womit sich ein Kreis bezüglich der Definition (L*) schließt. Für Rahner ist nämlich die „wahre jeweilige Einmaligkeit des Daseins ... die einmalige Einzigkeit, mit der einer alle *liebt.*" (VIII 528)

108 Z.B. Gk 79–83.
109 Kap. 1.2.2.3 und 3.1.2.1.
110 VIII [1967] 527–529.

3.2.1.2 Die Unbeschränktheit der Liebe

Mit der menschlichen Liebe assoziiert Rahner drei eher formale, aber doch wesentliche Momente, die bei ihm den Inhalt eines ersten Kernsatzes zur Liebe bilden können:

(L.1) Die Liebe ist ihrem inneren Charakter und ihrer eigenen Tendenz nach *total*, *„maßlos'* und *universal*.

In seinem Aufsatz über „Das ‚Gebot' der Liebe unter den anderen Geboten" von 1961 (V 494–517) behandelt Rahner zunächst die Selbstliebe. In der wahren Liebe zu sich selbst nimmt sich der Mensch so an, wie er ist, und läßt sich vertrauensvoll auf sein eigenes Wesen ein. Dabei manifestiert sich eine doppelte Totalität der Liebe, seitens des Subjekts und in Richtung des Objekts.

Nach Rahner kann man vom ‚Gebot' der Liebe sprechen, „wenn man nicht vergißt, daß dieses Gesetz nicht dem Menschen etwas gebietet, sondern ihm sich gebietet, ihm ihn selbst aufträgt" (V 514). In der Liebe muß der Mensch nicht etwas, sondern sich *selbst* leisten (513). In ihr, und in ihr allein, wird sich der Mensch selbst abverlangt, wirklich er selbst *ganz und gar* (vgl. 500). Die Liebe ist das *totale* Engagement seiner selbst, ein „Engagement global et fondamental" (505). Bei ihr muß sich der Mensch aus der Mitte seiner Freiheit und aus dem Kern seiner Person heraus ganz einsetzen und sich ganz für das geliebte ‚Objekt' entscheiden. Die Liebe gelingt nur „in der einen gesammelten Haltung der Person von totaler Art" (498). Sie ist überhaupt erst sie selbst, „wenn sie den ganzen Menschen verschwendet und aus allen Kräften geschieht" (511). Umgekehrt trifft jedoch auch zu: „Dort wo die Person sich selbst ganz hat, ganz einsetzt und sich in ihrer Freiheit total engagiert, liebt sie, weil man nur durch die Liebe dies kann." (498)

Die Totalität der Liebe fordert nicht bloß das Subjekt der Liebe ganz ein. Sie greift auch nach der Objekt-Seite ganz aus. In der wahren Liebe zu sich selbst bejaht der Mensch sein *ganzes* Wesen. Die Selbstliebe beläuft sich in den Worten Rahners auf „die totale Annahme des ganzen personalen Wesens", auf „das Ganze der Annahme des eigenen Wesens" (498). Die Totalität der Liebe in Richtung Objekt beschränkt sich aber selbstverständlich nicht auf die Liebe zu sich selbst. Nach Rahner entdeckt der Mensch nicht nur an seinem eigenen personalen Wesen, sondern „ebenso und gleichzeitig und notwendig" an den Mitmenschen immer wieder neue Dimensionen der personalen Wirklichkeit (497), die es *ganz* zu lieben gilt. Der Nächste ist nicht weniger „ganz" zu lieben als das eigene Selbst. Schließlich betrifft die Totalität der Liebe auch und vor allem die Gottesliebe. Die Liebe will Gott als ganzen umfangen. Dementsprechend beendet Rahner seine Gedanken zum ‚Gebot' der Liebe mit der Feststellung, daß es in der Liebe ums *Ganze* geht (516). Und dieses „Ganze, das die Liebe heißt, meint die Fülle Gottes und des Menschen." (517) In der Liebe ist der Mensch als er selbst *total* engagiert und versucht sich selbst, den Nächsten und Gott *ganz* anzunehmen.

Im selben Text über das ‚Gebot' der Liebe entfaltet Rahner als zweites inneres Moment der Liebe ihre „Maßlosigkeit". Sie ergibt sich aus der Totalität. Weil die Liebe aufs Ganze geht, kann sie nirgendwo Halt machen, nirgends eine Grenze ziehen. Die Liebe wird „als *grenzenlose* und *vorbehaltlose* von jedem gefordert" (511 Hervorh. J.H.). Sie „ist von ihrem Wesen her maßlos"[111], „ungemessen" und „unausmeßbar"[112]. Die „Ungemessenheit" bzw. „Unausmeßbarkeit" der Liebe steht dabei zum einen für ihre *Unvorausberechenbarkeit* und *Unvoraussehbarkeit*, zum anderen für ihre *Maßlosigkeit* und *Unbegrenzheit* (512f).

Mit der „Ungemessenheit" und „Unausmeßbarkeit" der Liebe will Rahner zunächst das Abenteuerliche verdeutlichen, das mit einer vorbehaltlosen Liebe verbunden ist (vgl. 509). In der Liebe wagt sich der Mensch selbst, bevor er sich selbst ganz kennt, und er geht das Wagnis ein, ob und inwieweit der andere seine Liebe überhaupt zuläßt oder erwidert. „Jene Liebe des Wagnisses ins Ungemessene ist ... nicht nur die Bereitschaft zum Ungemessenen, insofern erst in dem Wagnis selbst die Tiefe des eigenen Herzens ausgelotet werden kann und die Unvorausberechenbarkeit der kommenden Situation, in der diese Liebe sich vollziehen muß und die in diese Liebe eingeht, angenommen werden muß. In dieser Unausmeßbarkeit der Liebe und ihrer Situation steckt als wesentliches Element auch die Unvoraus-

111 V 508; vgl. 513f.
112 Vgl. V 512.

sehbarkeit der Zulassung zur Liebe Gottes und des Nächsten von deren Seite her, die selbst wieder ein wesentliches Element der Tiefe und der Radikalität der eigenen Liebe ist." (512)

Sodann hat die „Ungemessenheit" der Liebe im Sinne der Maßlosigkeit und Grenzenlosigkeit bei Rahner zwei Seiten. Auf der einen Seite ist dem Menschen eine maßlose Liebe *zum* anderen (einschließlich seiner selbst) abverlangt, d.h. er muß selbst maßlos lieben. Die Liebe „muß Liebe aus allen Kräften, aus ganzem Herzen und ganzem Gemüte sein." (508) Auf der anderen Seite soll der Mensch bereit sein, die maßlose Liebe *des* anderen zu ihm anzunehmen, d.h. er muß sich maßlos lieben lassen. Für Rahner ist jede Liebe von sich aus „in ihrer Ungemessenheit notwendig bereit, alle Liebe von der anderen Seite anzunehmen und in dieser Annahme sich selbst zu vollenden." (512)

Die Maßlosigkeit der menschlichen Liebe beruht auf der maßlosen Liebe Gottes zum Menschen. Weil Gott den Menschen unbedingt und unbegrenzt liebt, soll und kann der Mensch grenzenlos lieben. Die menschliche Liebe soll „in ihrer Ungemessenheit die Ungemessenheit der Liebe Gottes" zum Menschen annehmen und so eine Radikalität besitzen, „die alle in ihr steckende Vorbehaltlosigkeit auch wirklich bis zum allerletzten in Anspruch nimmt" (513).

Da der Mensch in diesem Leben nie zur vollkommenen Liebe aus allen Kräften, aus ganzem Herzen und aus ganzem Gemüt zu gelangen vermag, bedeutet das praktisch in bezug auf die maßlose Liebe, daß sie „nie gegeben, sondern immer unterwegs zu sich selbst" ist (508). Sie ist immer nur „in der Transzendenz in ihr eigenes Wesen hinein gegeben" (508). Der maßlosen Liebe wohnt notwendig die Dynamik inne, immer mehr zu wachsen, die je größere zu werden. Der Mensch ist stets zu einer größeren Liebe verpflichtet, als er sie tatsächlich schon besitzt (509). Er muß die Grenzen seiner im Prinzip „grenzenlosen" Liebe stets weiter hinausschieben. Wo deshalb die Liebe sich der Maßlosigkeit als ihrer eigenen Tendenz zu weiterem Wachstum grundsätzlich verweigert, hört sie für Rahner auf, Liebe zu sein. Dort wäre überhaupt keine Liebe mehr, „wo jemand sich grundsätzlich und überlegt weigern würde, bereit zu sein und danach zu streben, Gott mehr zu lieben als er es jetzt tut." (508; vgl. 510f) „Und alle Sünde ist im Grunde nur die Weigerung, dieser

Maßlosigkeit sich anzuvertrauen, ist die geringere Liebe, die darum, weil sie sich weigert, die größere werden zu wollen, keine mehr ist." (514)

Die Liebe ist nach Rahner ‚*maßlos*'. Sie kennt kein Maß darin, sich beschenken zu lassen, und ist ohne Maß darin, sich selbst zu wagen und sich selbst zu verschenken; sie will und muß praktisch die immer größere werden.

Mit der Totalität und der „Maßlosigkeit" hängt auch das dritte innere Moment der Liebe eng zusammen: ihre Universalität. Rahner exemplifiziert sie in seinem Vortrag über „Die Ehe als Sakrament" (1967) an der ehelichen Liebe (VIII 519–540). Der ehelichen Liebe wird zu Recht der „Charakter einer besonderen Intimität und Exklusivität gegenüber anderen als den Ehepartnern" zuerkannt (VIII 526). Dennoch liegt darin nicht das letzte Wesen dieser personalen Liebe (527). „Die eheliche Liebe kann nicht so intim und exklusiv sein, daß sie aufhört, Liebe zu sein." (527) Sie darf nicht als „ eine – im Grunde egoistische – Zweisamkeit" mißverstanden werden (527), nicht in einem „Egoismus zu zweit" stecken bleiben oder in einen solchen umschlagen (528). Die Ehe ist nicht „der Akt, in dem zwei ein ‚Wir' bilden, das sich gegen ‚alle' absetzt und verschließt, sondern der Akt, in dem ein ‚Wir' konstituiert wird, das sich liebend *allen* öffnet."[113] Auch eheliche Liebe ist nur dann eigentliche Liebe, „wenn sie nicht ausschließt, sondern eröffnet und einschließt, wenn sie sich wirklich an den unerforschten und undurchschauten Fremden immer neu wagt" (VIII 527). In der ehelichen Liebe als bestimmter Liebe zum konkreten Menschen soll und kann nach Rahner eingeübt und erfahren werden, was „Liebe" überhaupt ist und somit auch die Liebe, die offen ist für alle, die Liebe zu allen, die Liebe zur ganzen Menschheit.[114]

Die Universalität der ehelichen Liebe zeigt sich nach Rahner empirisch und gnadentheologisch. Biologisch und soziologisch betrachtet kommen die ehelich Liebenden „bereits aus einer Gemeinschaft her", die sie „in ihrer Liebe nicht verlassen und auch nicht verlassen dürfen." (527) Auch das Kind, in dem ihre Liebe fruchtbar

---

113 VIII 527; vgl. 528; IgJC 23.
114 Vgl. VIII 527f; IgJC 23.

wird, muß „in die größere *Gemeinschaft aller* hinaus entlassen werden".[115] „Eheliche Liebe ist also schon in ihrer leibhaftigen Gestalt
Herkunft von und Aufbruch zu größerer Gemeinschaft und muß also
auch von Anfang an diese selbst meinen." (527) Theologisch gesehen
ist die Gnade, die die eheliche Liebe trägt und unmittelbar auf Gott
hin eröffnet, „die Gnade des Bundes", die Gnade, „die die eine Got-
tesherrschaft über alle herstellt", die „einigende Gnade, durch die
der Einzelne *in* der *einen* Menschheit, im Volk Gottes gemeint ist."
(528) Eheliche Liebe ist demnach, so beschließt Rahner den Abschnitt, „trotz und in ihrer Intimität bzw. Exklusivität ... aus ihrem
eigenen Wesen heraus und auf dem Grunde der sie tragenden Gnade
Gottes Einheit mit der von derselben Gnade bewegten Menschheit."
(529)

Die Liebe ist gemäß Rahner offen für *alle*; sie will Liebe zu *allen*
sein oder werden; sie ist auch „Einheit mit der ganzen Gemeinschaft
der Menschen" (523; vgl. 526).

Die Liebe ist von ihrem Wesen her *unbeschränkt*. Auf diesen einen
Nenner könnte man die drei inneren Momente der Liebe bei Rahner
bringen. Die Liebe beschränkt sich weder auf seiten des Liebenden
noch auf seiten des Geliebten auf einen Teil. Sie geht jeweils auf die
ganze Person. Und die Liebe beschränkt sich nicht – jedenfalls im
Prinzip nicht – auf eine bestimmte Person oder auf einige bestimmte
Personen, auch wenn der einzelne faktisch nur einige wenige konkret
lieben kann.[116] Während sich jedoch die beiden Momente der Totalität
und der Maßlosigkeit sowohl von der Selbstliebe, als auch von der
Nächstenliebe und analog auch von der Gottesliebe aussagen lassen,
ist das dritte Moment der Universalität eo ipso auf die Nächstenliebe
eingegrenzt.

3.2.1.3 Die Selbstlosigkeit der Liebe

Am Beispiel der zwischenmenschlichen Liebe erläutert Rahner ein
weiteres allgemeines Prinzip der Liebe, das Prinzip der *Unumkehr-*

---

115 VIII 527 Hervorh. J.H.
116 Vgl. VIII 528.

barkeit (XIV 409). Es betrifft die Liebe zum *anderen*, sowohl zum
Nächsten als auch zu Gott, und besagt, daß der andere wirklich *als
anderer*[117] und *um seiner selbst willen* geliebt wird. Die zwischenmenschliche Liebe, soll sie echt sein, muß, mit Rahners Worten,
„wirklich den anderen meinen, wirklich ihn an sich und in sich selbst,
nicht aber seine Bedeutung für den Liebenden selbst, nicht die Be-
glückung, die er dem Liebenden schenkt, nicht die Geborgenheit, die
er gewährt, sondern ihn wirklich selbst, so wie er in seiner Einmaligkeit und Uneinnehmbarkeit und Unvernutzbarkeit für sich selbst
sinnvoll, gut und schön ist." (XIV 408)

Aber auch die echte Gottesliebe sucht ganz Gott *als solchen* und
um seiner selbst willen.[118] Das wahre Wunder der Liebe zu Gott geschieht nur, wenn die „Bewegung auf Gott hin nicht noch einmal auf
den Menschen zurückschnappt und nicht noch einmal im Menschen
selbst ihren Endpunkt hat"[119], wenn der Mensch „aus sich heraus-
geht, sich über Gott vergißt, sich wirklich selber in dem unsagbaren
Geheimnis verliert, dem er sich willig ergibt"[120].

In der wahren Liebe ist wirklich der andere gemeint, gesucht und
gewollt. Der Liebende bewegt sich von sich selbst weg auf den anderen hin und macht diese Bewegung – so Rahner – auch nicht mehr
rückgängig. „Wahre Liebe geht von sich weg, um nicht mehr zu sich
zurückzukehren." (XIV 408) Die Liebe kennt keine Umkehr und
keine Rückkehr zu sich selbst. Sie bleibt radikal *selbstlos.* An der
Selbstlosigkeit und Unumkehrbarkeit der Bewegung der Liebe ändert sich Rahner zufolge auch nichts durch das Paradox, „daß der
Mensch … sein eigenes wahres Wesen nur findet, indem er liebt, nur
dann in der Wahrheit bei sich selber ist, wenn er sich liebend vergißt,
nur in sein wirkliches Wesen einkehrt, indem ihm das Wunder einer
Auskehr gelingt, die keine Rückkehr mehr kennt." (XIV 408) Der
Mensch findet sich selbst nur, indem er sich selbst verläßt und sich
ganz auf den anderen einläßt[121], indem er selbstlos und unumkehrbar

---

117 Vgl. HTTL IV 321f.
118 XIV 409–412.415.417f.
119 XIV 415.
120 WB 15.
121 IgJC 16f.

den anderen um seiner selbst willen liebt. Die „Selbstlosigkeit ist der
einzige Weg zur Selbstwerdung" (XIV 409).

Die selbstlose Liebe verbietet es, den anderen zum Mittel des
eigenen Glückes oder Nutzens, der eigenen Selbstverwirklichung,
Erfüllung oder Vollendung zu verzwecken.[122] Nach Rahner liegt „die
unheimlichste Versuchung des Menschen" darin, „daß er die selbstlose Liebe insgeheim zum Mittel seines eigenen Seins allein zu machen sucht." (XIV 409)

Das Prinzip der *Selbstlosigkeit* nennt Rahner auch das „Prinzip der
Unverbrauchbarkeit der Transzendenz"[123] oder das Prinzip der Rück-
weglosigkeit, der Nutzlosigkeit und der Nichtkongruenz der Liebe.[124]
Es läßt sich in folgendem Kernsatz wiedergeben:

> (L.2) In der wahren Nächsten- und Gottesliebe wird der andere
> nicht egoistisch mißbraucht, sondern *als solcher* und *um seiner
> selbst willen* geliebt. Gerade und allein in dieser selbstlosen, un-
> umkehrbaren Liebe zum anderen findet sich paradoxerweise der
> Mensch wahrhaft selbst.

3.2.2 Die Selbst-, Nächsten- und Gottesliebe

Es war jetzt bereits immer wieder die Rede von den drei Grundgestalten der menschlichen, personalen Liebe – der Liebe zu sich
selbst, zum Nächsten und zu Gott. Im folgenden soll hauptsächlich
anhand von drei Texten die jeweilige Eigenart und das Verhältnis von
Selbst-, Nächsten- und Gottesliebe, wie Rahner sie auffaßt, dargestellt werden. In seinem Artikel über „Das ‚Gebot' der Liebe unter
den anderen Geboten", 1961, behandelte Rahner unter anderem die
(wahre) Selbstliebe, in seinem Vortrag „Über die Einheit von
Nächsten- und Gottesliebe", 1965, sehr ausführlich die Nächstenliebe
(und ihre Einheit mit der Gottesliebe) und in seinem Rundfunkvor-
trag über „Die unverbrauchbare Transzendenz Gottes und unsere
Sorge um die Zukunft", 1978, überwiegend die Gottesliebe.

---

122 XIV 409.414.418.
123 Siehe Kap. 3.2.2.4.
124 XIV 414.409.

3.2.2.1 Die Liebe als Selbstannahme und als Selbstvollzug

Im ersten Text will Rahner das ‚Gebot' der Liebe in seinem Verhältnis zu den anderen Geboten klären (V 494–517). Näherhin geht es ihm um den Unterschied zwischen der Liebe und den übrigen Tugenden. Die einzelnen Tugenden sind in sich betrachtet noch nicht notwendig schon Liebe, so lautet seine Grundthese. Was die gegenständliche Seite betrifft, werden nämlich in den Tugenden *partikuläre* (regionale, kategoriale) Werte oder Wirklichkeiten sittlich bejaht. Eine Einzeltugend als solche ist „Wertantwort auf einen menschlichen *Teil*wert".[125] Liebe hingegen ist zum einen die Wertantwort „auf die menschliche Person, wie sie ihr als ganzer entspricht", in ihr wird die *ganze* menschliche Person frei angenommen (V 496). Zum anderen hat die Liebe ihr „Formalobjekt" im absoluten Horizont, weshalb in ihr immer auch das *absolute* Sein und der *absolute* Wert, sprich Gott, bejaht wird, während sich die Einzeltugenden auf partikuläre, kategoriale Formalobjekte beziehen (502f). Was die Seite des Subjekts anbelangt, unterscheiden sich die Tugenden von der Liebe durch ihre geringere *existentielle Tiefe*. Rahner siedelt sie zwischen den sittlich „leichten" und sittlich „schweren" Akten an (506). Sittlich „leichte" Akte, wie etwa im negativen Fall (traditionell gesprochen) die „läßlichen" Sünden, spielen sich trotz einer gewissen Freiheit des Subjekts an der Peripherie der menschlichen Existenz ab. Sittlich „schwere" oder „radikale" Akte geschehen hingegen aus und in voller Freiheit, aus der Mitte der menschlichen Person heraus. Im negativen Fall wurden sie in der Tradition als „schwere Sünde" oder „Todsünde" bezeichnet, im positiven Fall kann Liebe vorliegen. Die Tugenden sind nach Rahner nicht bloß als sittlich „leichte" Akte zu qualifizieren. Aber sie sind „doch existentiell irgendwie weniger radikal" als die Liebe (506). Nur die Liebe engagiert den Menschen *ganz*, d.h. *im Kern* der Person.[126]

Rahner versucht nicht, die Liebe und die (übrigen) Tugenden rein *statisch* miteinander zu vergleichen (496). Stattdessen plädiert er für eine dynamische, geschichtliche Betrachtungsweise und bettet die Tugenden und die Liebe in eine „Geschichte des Sittlichen" beim

125 V 496 Hervorh. J.H.
126 Z.B. V 500; vgl. 507f.

einzelnen Menschen ein (z.B. 502). Aus dieser Sicht entwickelt sich die Sittlichkeit des einzelnen Menschen in zwei Phasen: zuerst in der sittlichen Reifung zur Liebe hin, sodann, wenn der einzelne zur Liebe gelangt ist, in der sittlichen Ausreifung der Liebe selbst. Der Übergang von der ersten zur zweiten Phase – das Gelangen zur Liebe – entspricht dabei der Grundentscheidung im weiteren Sinn[127].

Rahner gemäß gibt es im Leben des Menschen eine sittliche Entwicklung zur Liebe hin, „ein vorauslaufendes Anheben der Liebe" (514). In dieser Phase findet sich der Mensch mehr und mehr als Person, dringt allmählich zum Kern seiner Person und seiner vollen Freiheit vor und kann durch positive sittliche Akte schon echte Tugenden erwerben, ohne daß diese bereits Liebe wären. Rahner spricht bezüglich der sittlichen Vorlaufphase von einem tastenden ‚Einspielen' auf den eigenen Selbstvollzug totaler Art, „in dem der Mensch schon gewisse sittliche Erfahrungen macht, die notwendige Voraussetzungen" für die wirkliche Selbstverfügung in der Liebe sind (506). Hat der Mensch jene existentielle Tiefe und sittliche Reife, in der er ganz über sich selbst verfügt, und ist er so zur Liebe als dem totalen Engagement seiner selbst gelangt, hört die Geschichte des Sittlichen noch nicht auf. „Das zeitliche Wesen des Menschen bedingt nicht nur einen phasenhaften zeitlichen Anlauf auf die Liebe hin, sondern auch eine solche phasenhafte Geschichtlichkeit der Liebe selbst." (499) Mit dem weiteren geschichtlichen Reifungsprozeß der Liebe beschäftigt sich Rahner in diesem Text allerdings nicht mehr eingehend. Er tut das an anderen Stellen vor allem unter den Titeln „Ausreifung" und „Integrierung".[128] Hier beläßt er es bei einigen Andeutungen. Die Liebe engagiert den Menschen zwar *ganz*, integriert aber nicht schon *gänzlich* alles.[129] Die Liebe kann schon vorhanden sein als „das Engagement des Menschen im Kern der Person in Freiheit", „und dennoch kann die *Integration aller* Dimensionen und Fähigkeiten des Menschen" als unvollendete Aufgabe des Menschen noch ausstehen.[130]

---

127 Kap. 3.1.2.6.
128 Siehe Kap. 3.2.2.
129 V 500; vgl. 505.
130 V 499 Hervorh. J.H.

Trotz der notwendigen sittlichen Anlaufphase muß, Rahner zufolge, die Liebe selbst nicht notwendigerweise erst spät oder irgendwann einmal im menschlichen Leben einsetzen (507). Rahner schließt sich der Meinung an, daß sich die Liebe als totales Verfügen über sich selbst (für gewöhnlich) *verhältnismäßig früh* in der Geschichte des einzelnen Menschen ereignet (506). Charakterisiert für ihn die Liebe „vom Wesen der personalen Wirklichkeit her" doch „eher den Anfang der geistigen Geschichte des Menschen" als die Mitte oder das Ende (507; vgl. 499).

Die geschichtliche, entwicklungsmäßige Sicht gestattet Rahner, das Verhältnis zwischen den Tugenden und der Liebe dynamisch zu bestimmen. Die Tugenden sind zwar in sich noch nicht notwendig Liebe, aber sie tendieren ihrem eigenen Wesen nach zur Liebe. Sie transzendieren sich selbst auf die Liebe hin[131] und finden in ihr ihre (Wesens-)Vollendung, ihr Ziel und ihren eigentlichen Sinn[132]. Sie gehen als Momente an der sittlichen Bewegung und Entwicklung des Menschen in das Ganze der Liebe ein und bleiben darin aufgehoben, wobei das Ganze der Liebe für Rahner mehr ist als die Summe der Momente, d.h. der vorausgegangenen sittlichen Akte und Tugenden (498f).

Rahner schwankt im Text zwischen der Selbst- und der Gottesliebe. Während er vor allem im hinteren Teil des Textes keinen Zweifel daran aufkommen läßt, primär das ,Gebot' der Gottesliebe vor Augen zu haben, und immer wieder ausdrücklich auf die Liebe zu Gott aus allen Kräften, aus ganzem Herzen und ganzem Gemüte Bezug nimmt[133], führt er im vorderen Teil die Problematik des Verhältnisses von Liebe und Tugenden anhand der Selbstliebe ein. Letztere umschreibt er als Selbst*annahme* und als Selbst*vollzug*. Gleich eingangs kennzeichnet er die „Sittlichkeit" allgemein als „die freie personale Übernahme des eigenen vorgegebenen Wesens, das vertrauensvolle Sicheinlassen auf die eigene dynamische Wirklichkeit in allen ihren geeinten pluralen Dimensionen" (496). Insbesondere die sittliche und existentielle Reifung zur Liebe hin schildert er als „Entdeckungsfahrt

---

131 V 499.508.
132 V 498f.507.509.511.
133 Siehe insbesondere V 499.503.508.510.513.

der eigenen Wirklichkeit"[134] und der eigenen pluralen Werte[135]. Die „Bewegung" zielt auf die totale Annahme des eigenen Wesens, d.h. auf die Liebe (498). Die Liebe ist das Ganze der Annahme oder Übernahme des eigenen Wesens[136], ist die „Selbstinbesitznahme des Menschen durch seine Freiheit" (505).

Von der eher rezeptiven Selbst*annahme* geht Rahner unvermittelt zum eher aktiven Selbst- oder Wesens*vollzug* des Menschen über (498). Schon in den sittlichen Akten und Tugenden vor der Liebe vollzieht sich der Mensch selbst (500) und kommt zu sich selbst als Person (507). Aber erst durch die Liebe wird der Vollzug zum „vollen Wesensvollzug" (500.508f), zum „vollen Selbstvollzug" (500). Liebe ist für Rahner „der eine und ganze Selbstvollzug der einen Person als einer" (499), ist „der totale Akt des Selbstvollzugs und Engagements"[137]. Dabei geht es jeweils um die Einmaligkeit, um die unvertretbare Eigenart des eigenen Wesens (510). Denn aus ganzem Herzen soll der Mensch lieben, und „dieses eine Herz, das der Mensch einzusetzen hat, die innerste Mitte seiner Person (und von daher auch alles, was sonst noch am einzelnen Menschen ist), ist ein Einmaliges" (510). Im liebenden Selbstvollzug wagt sich der Mensch „in der Konkretheit seines Herzens und seines Lebens" (510; vgl. 511f).

Einen prinzipiellen Unterschied zwischen der Selbstannahme und dem Selbstvollzug scheint Rahner nicht zu machen, obwohl bei ersterer das Subjekt direkt auf sich selbst Bezug nimmt und bewußt und ausdrücklich versucht, sich so zu bejahen, wie es ist, geworden ist oder werden kann, während ihm der wahre Selbstvollzug und die wahre Selbstfindung nur geschenkt wird, wenn und indem es sich ganz auf den anderen bezieht, also gerade von sich absieht. Bei Rahner umfaßt der Selbstvollzug (und damit die Selbstliebe) im weiteren Sinn sowohl die (rezeptive) Selbstannahme als auch die (aktive) Selbstverwirklichung, die letztlich nur in der selbstvergessenen Nächsten- und Gottesliebe gelingen kann. Deshalb kann Rahner im Laufe des Textes auch ohne weiteres von der Selbstannahme zum Selbstvollzug und vom Selbstvollzug (d.h. der Selbstliebe) zur Got-

---

134 V 497; vgl. 510f.
135 V 498.
136 V 498; vgl. 507.
137 V 505; vgl. 498.506.

tesliebe übergehen. Der Mensch ist für ihn eben von vornherein „das Wesen, das nur dann wirklich bei sich ist, wenn es sich liebend zum anderen hinwendet, wenn es das eigene Wesen als das des Mysteriums der Liebe annimmt." (496f) Wenn und insofern der Mensch sich konsequent auf sein eigenes Wesen einläßt und versucht, sein Selbst ganz anzunehmen, stößt er unweigerlich auf seine eigene transzendentale Verwiesenheit auf den anderen, die sein eigenes Wesen konstituiert, auf seine Transzendenz auf Gott und den Nächsten, stößt er in sich selbst auf das Geheimnis der Liebe zum anderen. Die wahre Selbstliebe als Annahme des ganzen eigenen individuellen Wesens schließt in sich in letzter Konsequenz schon die Nächsten- und Gottesliebe ein, bzw. führt zu ihnen hin. Was für die Einheit von Selbst- und Gotteserfahrung gilt – die keine Identität besagt, da Gott und Selbst absolut verschieden sind[138] –, gilt auch für die Einheit von Selbst- und Gottesliebe. Wer sich selbst ganz liebt, liebt schon Gott, der ihm in seiner übernatürlich erhöhten Transzendenz durch die gnadenhafte Selbstmitteilung innewohnt.

Dementsprechend läßt sich ein dritter Kernsatz zur Liebe, ein Kernsatz zur Selbstliebe, im Sinne Rahners formulieren.

(L.3) Echte Selbstliebe besteht darin, aus der Mitte der eigenen Person heraus in Freiheit sein eigenes, konkretes und einmaliges, wirkliches und mögliches[139] Wesen *ganz* – und nach und nach *gänzlich* – *anzunehmen*. Weil und insofern aber zum Wesen und zum Selbst des Menschen die Transzendenz auf den Nächsten und auf Gott gehört, schließt die Liebe zu sich selbst konsequenterweise die Liebe zum Nächsten und zu Gott schon in sich ein. Die wahre Selbstliebe führt ihrem eigenen Wesen und ihrer eigenen Dynamik nach über sich selbst hinaus zur Nächsten- und Gottesliebe hin.

3.2.2.2 Wachstum und Ausreifung der Liebe

Für Rahner ist das *Ausreifen* der Liebe, das dem Gelangen zur Liebe folgt, neben dem *Mitsterben mit Christus* bzw. dem *existentiellen Ster-*

---

138 X [1971] 135f.
139 Vgl. V 500.510.512.

ben[140] das wichtigste ‚Modell' vom geistlichen Leben. Bereits in seinem Aufsatz „Über das Problem des Stufenweges zur christlichen Vollkommenheit"[141], 1944, hatte Rahner den gesamten sittlich-religiösen Wachstums- und Reifungsprozeß des Menschen als *existentielle Vertiefung* in Liebe und durch Liebe[142] ausgedeutet. Demzufolge können die sittlichen Akte des Menschen im Laufe des Lebens immer *intensiver* werden, eine immer größere „personale Tiefe" und „existentielle Tiefe" gewinnen.[143] Die existentielle Einsatzmöglichkeit und die existentielle Verfügbarkeit des Menschen über sich selbst kann zunehmen, die existentielle Radikalität seines Tuns kann sich steigern (III 31f).

Während Rahner den sittlichen Reifungsprozeß des Menschen dann später beim ‚Gebot' der Liebe als existentielle und personale Selbstfindung beschreibt – vom Mündigwerden über die Grundentscheidung der Liebe bis zur Integration[144], schildert er denselben Prozeß im Zusammenhang des Ablasses[145] als Bekehrung – von der Sünde über die Grundentscheidung der Bekehrung hin zur Integration.

Durch schuldhafte Fehlentscheidungen „mißbraucht, vergewaltigt und schädigt" der Mensch aus der Mitte seiner Freiheit heraus seine eigene (übrige) Wirklichkeit und verbildet sein Wesen (VIII 475). Die Schuld „objektiviert" sich Rahners konzentrischem Menschenbild gemäß[146] in den äußeren personalen Schichten.[147] Durch sie bilden sich „Erstarrungen", „Krusten", „Rückstände" und „Überbleibsel" („reliquiae peccatorum")[148] im „Äußeren" der Person[149]. Sie sind die unumgängliche zeitliche „medizinelle" ‚Strafe' zur Besserung und Heilung, mit der nach Rahner die „vindikative" ‚Strafe' aus Gerech-

---

140 Siehe dazu bei Rahner vor allem III [1937] 329–348; III [1949] 73–104; III [1953] 61–72; QD II [1957] 52–72; VIII [1968] 322–326; sowie u.a. Sandler [1996] 433–435; Stolina [1996] 190–194.
141 III 11–34.
142 Vgl. III 14.16f.19.
143 III 31; vgl. 30.32.
144 V 499f.
145 II [1949] 185–210; VIII [1955] 472–487; VIII [1967] 488–518.
146 Kap. 1.3.2.1.
147 VIII 473; vgl. 487.
148 VIII 473.477.480.
149 II 206.

tigkeit von seiten Gottes ganz zusammenfällt, und stellen neben den „inneren" Sündenstrafen wie Traurigkeit, Gewissensbissen u.ä. die „äußeren" Sündenstrafen dar, die es als „konnaturale" Folgen der Sünde auszuhalten und auszuleiden gilt.[150] Auch wenn sich der Mensch bekehrt, bleiben sie „an sich bestehen und können unter Umständen nur langsam umgewandelt und aufgearbeitet werden in einem zeitlichen Prozeß, der viel länger dauern kann als die freie Umkehr im Zentrum der Person." (II 206) Der „Umkehr", „inneren Wandlung", „Bekehrung"[151] oder auch „Grundentscheidung der Bekehrung"[152], die von Gott initiiert und geschenkt wird[153], aber selbstverständlich auch vom menschlichen Willen abhängt[154], schließt sich daher für gewöhnlich ein langer Reifungsprozeß an, den Rahner einen Entwicklungs-, Verwandlungs- und Integrationsprozeß[155], eine Umwandlung[156], eine Ausreifung[157] oder ein Ausreifen[158] nennt. Er beschreibt den Prozeß als „Weg der Aufarbeitung" der Vergangenheit in deren „Überbleibseln"[159], als „Auflösung der leidenmachenden Rückstände der früheren Schuld"[160], als „Anverwandlung des ganzen, durch die Schuld geschädigten Seins an die Grundentscheidung der Bekehrung"[161], als „restlose Integration der ganzen Person, auch ihrer vorpersonalen Schichten, in die (neue) Grundentscheidung des Menschen auf Gott hin"[162] oder auch als „gänzliche Reinigung und totale Durchreifung des Menschen aus der Mitte seiner Begnadigung heraus"[163]. Nach Rahner will die „Gnade der Umkehr ... das ganze Wesen des Menschen in sich hinein aufnehmen, bis hinein in seine Leibhaftigkeit, bis in die unbewußten Regungen der Nerven, bis in

150 II 205f; vgl. VIII 479.
151 VIII 473f.
152 VIII 480; vgl. 477.479f.
153 VIII 473f; vgl. 477.
154 Vgl. VIII 477; VIII 508.
155 VIII 474.476.479.
156 VIII 474.477.
157 VIII 478.481.486.
158 VIII 487.
159 VIII 480.
160 VIII 477; vgl. 473.
161 VIII 480.
162 VIII 477; vgl. 486.
163 VIII 485.

die untergründigen Antriebe, damit alles geheilt und geheiligt werde." (VIII 474) Dieser Integrationsprozeß ist für Rahner von Gott her
schon vielfach durch das Leben selbst vermittelt. „Gott baut durch
das Leben langsam falsche Haltungen ab, die wir schuldhaft aufgebaut
haben." (VIII 478)

Immer wieder·weist Rahner darauf hin, wie *langsam*[164] und wie
leidvoll[165] der *Reifungs-* und *Integrationsprozeß* vonstatten gehen kann:
„Welche Qual, welche unabsehbare seelische Entwicklung, welche
tödlichen Schmerzen eines seelischen Verwandlungsprozesses sind
da noch zu bestehen, bis das alles anders ist." (VIII 474) Mit dem
Prozeß verbindet Rahner ausdrücklich die Liebe. Die „rechtfertigende Grundentscheidung – glaubende und hoffende *Liebe* genannt –
steht ... mit diesem *Integrations*prozeß in einer gegenseitigen Wech-
selwirkung".[166] Die Grundentscheidung will von ihrem Wesen her die
Integration: „sie will die Liebe werden, in der Gott und der Nächste
‚aus *ganzem* Herzen und aus *allen* Kräften' geliebt werden. Und umgekehrt gilt auch: Indem diese Liebe alle Dimensionen des Menschen
in sich hineinintegriert, wird sie selbst vollkommen. Der Integrationsprozeß ist die Weise ihres Wachstums auf ihre eigene Vollendung hin."[167] In der vollkommenen Liebe sind „‚alle Kräfte', d.h. alle
pluralen Wirklichkeiten des vielschichtigen Menschen, rein auf Gott
ausgerichtet ..., so daß diese ... zum ‚Material', zum ‚Ausdruck' und
zur ‚Erscheinung' eben dieser Liebe werden." (VIII 479). Allein die
vollkommene Liebe vermag daher alle „zeitlichen Sündenstrafen" zu
tilgen (VIII 479).

Da der langsame und leidvolle Ausreifungsprozeß normalerweise
beim Tod noch nicht abgeschlossen ist[168], unterscheidet Rahner
deutlich zwischen dem *Wachstum* und der *Ausreifung* innerhalb des
Prozesses (VIII 480). Das Wachstum der Liebe *in Gnade und Verdienst* ist mit dem Tod endgültig beendet[169]; im Jenseits kann der
Mensch seine Grundentscheidung nicht mehr vertiefen, ist keiner

---

164 III 32; II 206; VIII 474.481; V 498.506; VIII 513.
165 VIII 474.477.
166 VIII 479 Hervorh. J.H.
167 VIII 479; vgl. II 207; V 499f.505.508–511; VIII 513.
168 VIII 486; vgl. II 207f.
169 VIII 480.

Verdienste mehr fähig und kann daher in der Gnade und im Grad der Glorie nicht mehr wachsen[170]. Die Ausreifung hingegen kann nach dem Tod noch weitergehen, insofern sich die Grundentscheidung des Menschen erst „noch durchformend auf alle personal entfernteren Dimensionen" seiner Person auswirken muß (VIII 480). Die Liebe kann demnach *wachsen* und *reifen*.[171] Sie kann in der *Annahme* der *Gnade* wachsen und im *Ausleiden* der *konnaturalen Sündenfolgen* reifen. Dem Wachstum der Liebe entspricht bei Rahner weitgehend die *ontische* Heiligkeit[172], die *paulinische*, *pneumatische* Heiligkeit (Vollkommenheit, Sittlichkeit)[173], die *Heiligung*[174] und die *Rechtfertigung*[175] auf der einen Seite, dem Ausreifen der Liebe jeweils die *moralische* Heiligkeit[176], die *synoptische* Heiligkeit[177], die *Reinigung*[178] und die *Erlösung*[179] auf der anderen Seite. Was Rahner im Kontext der „Rechtfertigung" bezüglich der Heiligung und der Rechtfertigung ausführt, läßt sich, mit Einschränkung, auch auf das Wachstum und die Reifung der Liebe und ihre jeweiligen Entsprechungen anwenden. Es handelt sich im Grunde um zwei (eher formell als materiell) verschiedene, aber untrennbare Seiten (Aspekte) ein und desselben Vorgangs, nicht so sehr um zwei verschiedene Vorgänge oder verschiedene, hintereinanderliegende Phasen (Etappen) eines Vorgangs[180], wobei aufgrund „der zeitlich und sachlich pluralistischen Verfaßtheit des Menschen"[181] im konkreten Leben des Menschen mit zeitlichen Verschiebungen und Diskrepanzen bezüglich der beiden Seiten des einen Vorgangs zu rechnen ist. Die „Gnade Gottes als übernatürliche Vergöttlichung und Heiligung" und die „Gnade Gottes

---

170 II 207.
171 VIII 513.
172 III 20f.
173 V 512f.
174 VIII 510f.
175 KTW 357.
176 III 20f.
177 V 512f.
178 VIII 510f.513.
179 KTW 110. Allerdings gebraucht Rahner die Begriffe „Erlösung" und „Rechtfertigung" auch oft genug (ganz oder teilweise) synonym (z.B. IV [1958] 248–256; vgl. HTTL II [1967] 199).
180 IV [1958] 249–254.
181 IV 255.

als Vergebung der Schuld" sind, wie Rahner wiederum im Kontext der „Erlösung" hervorhebt, nicht „zu eindeutig zu scheiden".[182]

Während Rahner im Kontext der Freiheit die *volle* Integration des menschlichen Wesens in die getroffene Grundentscheidung hinein durch die *Liebe zu Gott* prinzipiell für möglich zu halten scheint[183], hält er sie im Kontext der Konkupiszenz im diesseitigen Leben für nie adäquat erreichbar[184]. Die gänzliche Integration der vielfältigen, einander widerstrebenden Kräfte ist für ihn ein aktiv anzustrebendes, aber innerweltlich nur *asymptotisch* erreichbares Ziel.[185] Es gilt daher, die nicht-integrierte Pluralität des eigenen Daseins, die bleibende, unüberwindliche ‚agonale' und konkupiszente Desintegriertheit in Liebe realistisch zu akzeptieren und tapfer zu ertragen.[186] Rahner warnt vor einer „Pseudointegration", bei der ein Teil oder eine Dimension der menschlichen Wirklichkeit entweder als ‚unmöglich' ausgeschlossen und verdrängt oder – im Gegenteil – in Selbstanmaßung verabsolutiert wird.[187]

Der Mensch kann in sich selbst keinen Einheitspunkt finden, von dem aus er die desintegrierte Pluralität seines Wesens einen könnte (VIII 661f). Die Einigung seiner pluralen Wirklichkeit und damit die allmähliche Überwindung seiner Desintegration kann ihm nur von Gott, dem absoluten ‚Einheitspunkt', gewährt werden und zukommen.[188] „Die Liebe zu Gott ist die einzige totale Integration des menschlichen Daseins"[189]; „die Liebe zu Gott vermag alles zu umfassen, und nur sie allein"[190].

In den hier behandelten (früheren) Texten versteht Rahner die Ausreifung der Liebe *nach* dem Tod (wie die vor dem Tod) als ein *zeitliches* Geschehen.[191] Das läßt sich kaum mit seinem sonstigen Verständnis von der Ewigkeit als *zeitloser* oder *überzeitlicher Endgül-*

---

182 HTTL II [1967] 199.
183 VI [1964] 225f; vgl. III 33.
184 VIII [1967] 663; XIV 101.103.107f.
185 VIII 661 Anm. 31.
186 VIII 660.663.
187 VIII 666; vgl. 665.
188 VI 226; vgl. VIII 665.
189 VI 226.
190 VI 225.
191 Z.B. II [1949] 207f; VIII [1955] 480; vgl. 479.482–487.

tigkeit der im Leben gefällten Grundentscheidung vereinbaren. Rahner selbst revidierte später ganz allgemein seine Annahme eines *zeitlichen* Zwischenzustandes zwischen dem Tod und der Auferstehung[192] zugunsten der Auffassung von der Auferstehung des einzelnen im Tod[193], derzufolge „der eine und ganze Mensch durch seinen Tod aus der empirischen Zeit herausgenommen wird"[194].

Ein vierter Kernsatz zur Liebe könnte demnach bei Rahner heißen:

(L.4) Die Liebe kann nach der Grundentscheidung noch in einem längeren asymptotischen Prozeß durch die Annahme der vergöttlichenden Gnade *wachsen* und durch Ausleiden der konnaturalen Sündenfolgen[195] *reifen* und sich so von einer ‚ganzen' Liebe in Richtung einer ‚gänzlichen' Liebe aus allen Kräften entwickeln.

Sowohl im Anheben der Liebe vor der Grundentscheidung[196] als auch im Wachstum und in der Ausreifung danach manifestiert sich die *Dynamik* des *Geistes*[197].

3.2.2.3 Die Nächstenliebe als der sittliche Grundakt des Menschen

Im Vortrag „Über die Einheit von Nächsten- und Gottesliebe" von 1965 vertritt Rahner eine strenge Identitätsthese (I) bezüglich der beiden Gestalten der Liebe zum anderen (VI 277–298).

(I) Nächsten- und Gottesliebe sind streng (radikal) identisch.[198] Bei der Nächstenliebe und der Gottesliebe handelt es sich seiner Auffassung nach nicht um zwei verschiedene Teilvollzüge der menschlich-christlichen Existenz, nicht um zwei unterschiedliche Gebote, bei denen sich das eine – die Nächstenliebe – aus dem ande-

---

192 XII [1975] 455–466 (insbesondere 460); Gk 417–426 (insbesondere 424f); vgl. das Vorwort in Zucal [1982] 6.
193 Siehe dazu Kirk [1986] 336–338.
194 XII [1975] 460.
195 Unter den konnaturalen Sündenfolgen sind im weiteren Sinn neben den Folgen persönlicher Schuld auch die erbsündige Situation und die konkupiszente Situation des Menschen zu verstehen.
196 V 496.498.500f.504.
197 V 503.509.515f.
198 VI 282.286.295.

ren – der Gottesliebe – herleitet.[199] Vielmehr bilden die beiden eine
solche Einheit, „daß das eine ohne das andere gar nicht ist, nicht
begriffen und vollzogen werden kann, daß eigentlich *demselben* zwei
Namen gegeben werden müssen" (VI 278 Hervorh. J.H.).

Da eine gegenseitige strenge Identität Einheit in beiden Richtungen besagt, muß Rahner ein Doppeltes nachweisen.

(I.1) Nächstenliebe ist immer schon Gottesliebe; d.h. jeder Akt
der Nächstenliebe ist auch ein Akt der Gottesliebe.[200]

(I.2) Gottesliebe ist immer schon Nächstenliebe; d.h. jeder Akt
der Gottesliebe ist (formell) auch ein Akt der Nächstenliebe.[201]

Bezüglich der These (I.1) unterscheidet Rahner als erstes bei jedem
menschlich-geistigen Akt zwischen dem kategorialen Objekt, das
angezielt wird, und dem transzendentalen Horizont, innerhalb dessen
das Objekt dem Subjekt begegnet (284). Als zweites erinnert er an
das Theologumenon, daß jeder radikale positive sittliche Akt in der
gegenwärtigen, faktischen Heilsordnung ein übernatürlicher Heilsakt
ist. (285f)

Ein sittlicher Akt aus freier Selbstverfügung ist auch dann ein
übernatürlicher Heilsakt, wenn sein aposteriorischer, kategorialer
Gegenstand und sein Motiv „natürlich" sind, d.h. nicht aus der Wortoffenbarung Gottes stammen (285f). „Sittlicher Akt und Heilsakt
lassen sich", so Rahner, „begrifflich, aber nicht real unterscheiden."
(286) Seine dahinterliegende Begründung umfaßt vier Schritte.

(1) Kraft des universalen Heilswillens Gottes ist die menschliche
Transzendenz, der transzendentale Horizont, innerhalb dessen jeder
geistig-sittliche Akt notwendig vollzogen wird, bei jedem Menschen
übernatürlich gnadenhaft erhoben. (286)

(2) Indem der Mensch in jedem radikalen positiven sittlichen Akt den
betreffenden kategorialen „Gegenstand" frei und ganz bejaht, bejaht
er zwangsläufig auch den unthematischen transzendentalen Horizont
als Bedingung der Möglichkeit seines Aktes mit. (295)

(3) Dadurch, daß der Mensch seinen gnadenhaft erhöhten transzendentalen Horizont, seine begnadete Transzendenz, frei bejaht, bejaht

---

199 VI 281f.292.295.
200 Z.B. VI 285f.
201 VI 282.283.286.295.

er Gott selbst und nimmt die Gnade an, die ihm unmittelbar von Gott in seiner Transzendenz angeboten wird.

(4) Jeder radikale positive Akt des Menschen ist daher, insofern in ihm immer auch die Gnade Gottes frei angenommen wird, ein übernatürlicher Akt des Glaubens, der Hoffnung und der Liebe, ein Akt der übernatürlichen Liebe („caritas") zu Gott, ein Heilsakt, der den Menschen (subjektiv) rechtfertigt. (286) [= conclusio]

Wenn jeder positive sittliche Akt, der aus voller Freiheit geschieht, ein Akt übernatürlicher Gottesliebe ist, dann gilt das schon allein einschlußweise von jedem ausdrücklichen Akt der Nächstenliebe. In der Nächstenliebe wird, Rahner zufolge, ausdrücklich-kategorial der Nächste um seiner selbst willen und als er selber und zugleich unthematisch-transzendental Gott um seiner selbst willen und als er selber geliebt. Jede „caritas" zum Nächsten ist immer schon eingegossene, übernatürliche „caritas" zu Gott, in der Gott „in seinem Geist um seiner selbst willen in unmittelbarer Gemeinschaft mit ihm" geliebt wird (282).

Zur Begründung der These (I.2) setzt Rahner ganz allgemein bei der Sittlichkeit des Menschen an und versucht, die Nächstenliebe als „Grund und Inbegriff des Sittlichen überhaupt" auszuweisen (286f). Ihm zufolge geht es in der Sittlichkeit dem menschlichen Subjekt „(formal gesehen) immer um es selber" (287). Denn die menschliche Erkenntnis ist von ihrem Wesen her Bei-*sich*-sein und *Selbst*-besitz des Subjekts und menschliche Freiheit ist *Selbst*-verfügung in Endgültigkeit hinein und *Selbst*-tat (287f). Das Subjekt ist aber immer nur durch das „andere" zu sich selbst vermittelt. Und dieses andere ist insbesondere die Mitwelt, nicht die Sachwelt, also der Mitmensch, der Nächste, das menschliche Du (287f). Nur durch das „erkannte personale Du" und gerade durch die „liebende Kommunikation mit dem menschlichen *Du* als solchem" findet das Subjekt in Erkenntis und Freiheit sittlich und existentiell zu sich selbst (288). Der Akt personaler Liebe zum menschlichen Du ist daher für Rahner „der umfassende, allem anderen Sinn, Richtung und Maß gebende Grundakt des Menschen", der eine sittliche Grundakt, „in dem der Mensch zu sich kommt und über sich verfügt" (288), in dem „er sich ganz hat, sich ganz begegnet" (289), in dem er „die kategorial gegebene ganze Wirklichkeit erreicht, sich ihr gegenüber selbst total richtig vollzieht"

(294). Alles Sittliche neben oder außer der zwischenmenschlichen Liebe ist nur „Moment, Voraussetzung, Anlauf oder Folgerung" von ihr (289; vgl. 288). Für Rahner ist demnach die ausdrückliche Nächstenliebe der sittliche *Grund*akt des Menschen, weil der Mensch nur in diesem Akt sich selbst als Subjekt und die kategoriale Wirklichkeit, seine Welt, ganz erreicht.

Mit der These (I.2) will Rahner den sittlichen Primat, nicht aber die sittliche Ausschließlichkeit der Nächstenliebe behaupten. Es gibt selbstverständlich neben den Akten der Nächstenliebe andere sittlich positive Akte, wie etwa die explizit religiösen Akte, in denen „man sich ausdrücklich betend, vertrauend und liebend auf Gott bezieht"[202], und die gemessen am ‚Objekt' eine wesentlich höhere Würde haben (VI 285.294). Dennoch ist und bleibt Rahner gemäß auch der thematisch religiöse Akt als solcher der ausdrücklichen Nächstenliebe gegenüber *sekundär* (294). Denn auch „die explizite Gottesliebe ist noch getragen von jener vertrauend-liebenden Öffnung zur Ganzheit der Wirklichkeit hin, die in der Nächstenliebe geschieht." (295) Weil · und insofern die konkrete Nächstenliebe das sittlich *Primäre* ist und die gesamte Sittlichkeit des Menschen in der Welt ihren eigentlichen *Sinn* in der Nächstenliebe hat, ist für Rahner jeder sittliche positive Akt und damit auch jeder ausdrücklich-kategoriale Akt der Gottesliebe *formell*, wenn auch nicht aktuell[203], ein Akt der Nächstenliebe.

Rahner stützt die These (I.2) durch eine weitere Überlegung. Der Mensch macht die transzendentale Gotteserfahrung nur *in* und *an* der weltlichen Erfahrung des menschlichen Du (293f). Die ‚logische' und zeitliche Priorität der zwischenmenschlichen Kommunikation überträgt Rahner von der Gottes*erfahrung* auf die Gottes*liebe*. Die eigentliche, ursprüngliche Gestalt der Gottesliebe ist die unthematische, transzendentale Liebe zu Gott. Und diese realisiert der Mensch ganz nur im kategorialen Akt der Nächstenliebe. Die kategorial-explizite Nächstenliebe ist der primäre Akt und der primäre „Ort" der transzendentalen Gottesliebe (295). Deshalb ist es für Rahner „in einer onto-logischen, nicht bloß ‚moralischen' oder psychologischen Notwendigkeit wahr, daß, wer den Bruder, den er ‚sieht', nicht liebt, auch Gott, den er nicht sieht, nicht lieben kann und einer Gott, den er

---

202   VI 285.
203   Vgl. VI 284.

nicht sieht, nur lieben kann, *indem* er liebend den sichtbaren Bruder liebt." (295; vgl. 282) Die konkrete kategoriale Nächstenliebe ist daher für Rahner der einzige kategoriale sittliche Akt, in dem der Mensch sich selbst, die Welt und Gott ganz erreicht.

Seine Reflexion über die radikale Einheit von Nächsten- und Gottesliebe rundet Rahner mit einem „christologischen" und „eschatologischen" Ausblick ab (296). Da man auf einzigartige Weise im *Menschen* Jesus, den man sieht und als „Nächsten" lieben kann, den Vater sehen und lieben kann, erhält und bewahrt der Mensch Jesus eine ewige Bedeutung für die Liebe des Menschen zu Gott bis in die „unmittelbare" Anschauung Gottes hinein[204]. Jesus Christus vermittelt aber nicht nur die Liebe zu Gott, sondern nach Rahner auch die Liebe des einzelnen zu allen anderen Menschen (IgJC 22f).

Obwohl es Rahner im Text „Über die Einheit von Nächsten- und Gottesliebe" gelingt, die sittliche und existentielle Priorität der Nächstenliebe herauszuarbeiten und zu begründen, bleibt seine Wendung von der „formellen" Identität aller sittlichen Akte einschließlich der Gottesliebe mit der Nächstenliebe hier vage und bedarf der weiteren Präzisierung.[205] Seine Auffassung von der Nächstenliebe läßt sich in einem fünften Kernsatz zur Liebe zusammenfassen:

(L.5) Nächstenliebe ist als die konkrete, kategoriale Liebe zum Nächsten um seiner selbst willen auch gegenüber der expliziten, kategorialen Gottesliebe der *primäre sittliche Grundakt* des Menschen, in dem der Mensch sich selbst, die Welt und Gott ganz erreicht. Die ausdrückliche, kategoriale Nächstenliebe ist der primäre Akt der transzendentalen Gottesliebe und ist selbst von transzendentaler Tiefe[206], weshalb man sogar analog von einer „Transzendenz" des Menschen auf den Nächsten sprechen kann.[207]

---

204 Siehe dazu auch: „Die ewige Bedeutung der Menschheit Jesu für unser Gottesverhältnis" (III 47–60).
205 Siehe Kap. 3.2.2.5.
206 VI 285.288.291; vgl. 290.293–295.
207 Kap. 1.2.1.3.

3.2.2.4 Die spezifische Gottesliebe

Die Gottesliebe steht im Vordergrund in Rahners Vortrag über „Die unverbrauchbare Transzendenz Gottes und unsere Sorge um die Zukunft", 1978 (XIV 405–421). Mit dem „Prinzip der Unverbrauchbarkeit der Transzendenz"[208] meint Rahner das Prinzip der Selbstlosigkeit und der Unumkehrbarkeit der Liebe[209]. Immer wieder spricht er von der „unverbrauchbaren Transzendenz", insbesondere von der unumkehrbaren und „unverbrauchbaren Transzendenz des Menschen auf Gott" (hin) ohne Rückkehr (zu sich selbst)[210]. Der Mensch darf und kann seine Transzendenz als die innere, transzendentale Ausrichtung seines Wesens auf den anderen – sowohl auf den Nächsten als auch auf Gott – nicht egoistisch mißbrauchen. Rahners Terminus von der „Unverbrauchbarkeit" der Transzendenz läßt sich daher am besten in „Nicht-Mißbrauchbarkeit" oder „Nicht-Verzweckbarkeit" der Transzendenz übersetzen.

Das Prinzip der „Unverbrauchbarkeit" der Transzendenz gilt sowohl von der Transzendenz auf den Mitmenschen als auch von der Transzendenz auf Gott, von der Nächstenliebe gleichermaßen wie von der Gottesliebe. Von diesem Prinzip her kritisiert Rahner jede humanistische Form der ‚Nächstenliebe', die im Grunde nur auf einem egoistischen Interessenausgleich basiert (XIV 412f). Aber er zählt in diesem Text auch Formen echter, selbstloser, prinzipkonformer Nächstenliebe auf – wie Weltverantwortung, das Eintreten für Gerechtigkeit in der Welt, besonders für die Dritte Welt, den Protest gegen alle Verletzungen der Menschenrechte und der Menschenwürde, den Einsatz für die Armen und Unterdrückten (413). Und genau im Blick auf diese zweifelsohne authentische Nächstenliebe warnt er das Christentum davor, *Gott* und die *Welt* einfach gleichzusetzen und so „im Endlichen zu ersticken", und formuliert die These von der spezifischen Gottesliebe:

(G) „Und darum gibt es Gottesliebe, die nicht einfach mit Menschenliebe identisch ist." (414)

---

208 XIV 409.
209 Kap. 3.2.1.3.
210 XIV 409f.415–419.

Rahner beruft sich für die spezifische Gottesliebe ausdrücklich auf das erste Gebot der Liebe als erster und letzter Maxime kirchlicher Verkündigung: „Höre, Israel, der Herr, unser Gott, ist ein einziger Herr, und du sollst den Herrn, deinen Gott, aus deinem ganzen Herzen und aus deiner ganzen Seele und aus deinem ganzen Gemüt und aus deiner ganzen Kraft lieben (Mk 12,29)." (413) Und er erinnert in diesem Zusammenhang an den biblischen Aufruf: „Suchet zuerst das Reich Gottes!" (414) Gottesliebe kann sich seiner Auffassung nach unter anderem in der „Treue zum eigenen Gewissen" oder in einer im letzten still und unbedingt hoffenden Gelassenheit ereignen, „in der einer im Sterben sich eben doch von einer unbegreiflichen Verfügung nehmen läßt und diese als bergend annimmt." (411f) Auch in etlichen anderen Wendungen, die sich nicht, auch nicht indirekt, auf die kategoriale Nächstenliebe anwenden lassen, beschreibt Rahner eine spezifische Gottesliebe, die nicht durch kategoriale Nächstenliebe vermittelt ist. Die Liebe zu Gott reißt den Menschen von sich weg und stürzt ihn „in die Unbegreiflichkeit Gottes wie in einen unermeßlichen finsteren Abgrund" hinein (410). Sie trägt den Menschen in das bergende Geheimnis Gottes weg und befreit ihn von sich selbst, um ihn frei zu machen (412). In der spezifischen Liebe zu Gott ist der Mensch „durchgebrochen durch die unabsehbare Vielfalt und Bewegtheit der Mächte", die sein Leben tragen, bestimmen und bedrohen, ist sich der Mensch selber genommen und „geborgen in dem unendlichen Gott ewiger Fülle und Sicherheit, in der Unendlichkeit ohne Namen" (416). In dieser Liebe hat der Mensch Gott gefunden, „indem er sich in ihn verloren hat." (417)

Die Eigenständigkeit und Unabhängigkeit der Gottesliebe gegenüber der Nächstenliebe unterstreicht Rahner durch eine zusätzliche Vermutung. Es sei nicht garantiert, daß die tatsächlichen Realisationen spezifischer Gottesliebe „in keinem Fall die Verwirklichung innerweltlicher Möglichkeiten beeinträchtigen." (419) Der Vollzug spezifischer Gottesliebe kann im Einzelfall auch auf Kosten der Nächsten- und Menschenliebe gehen (419).[211] Rahner spricht in dem

---

211 Als Beispiel bezieht sich Rahner auf Pascal, der, wenn er gesund geblieben wäre und „auf seine Mystik und seine jansenistische Theologie verzichtet hätte, … sicher in der Mathematik und anderen weltlichen Wissenschaften Ergebnisse erzielt" hätte, „die er so der Menschheit schuldig geblieben"

Zusammenhang von einer „transzendenten" Liebe zu Gott und von „ausdrücklicher und intensiver" Gottesliebe (419.418). Bei der spezifischen Gottesliebe steht die Transzendentalität im Vordergrund. Das Spezifische der Gottesliebe liegt darin, keine partikuläre Leistung und kein partikulärer Vollzug des Menschen zu sein, sondern das *Eine* und *Ganze* des menschlichen Existenzvollzugs (WB 14–16).

Die spezifische Gottesliebe hat nach Rahner auch spezifische Folgen, immer unter der Voraussetzung, Gott werde wirklich um seiner selbst willen und nicht um dieser „nützlichen" Folgen willen geliebt: Freiheit und Trost bzw. Friede (XIV 416f), und unter anderem ein verantwortungsvolleres, segensreicheres innerweltliches Handeln und eine befreiende „entgötzende Relativierung" alles Innerweltlichen (419–421). Die entscheidende Frage ist laut Rahner nicht, ob die Liebe zu Gott diese befreiende Wirkung hat und wirklich von allem, „auch von einem angsthaften Selbstbesitz befreit", sondern ob der Mensch es tatsächlich fertigbringt, Gott selbstlos zu lieben (416). Aber diese Sorge der Liebe um sich selbst muß noch einmal überholt und relativiert werden durch die Liebe zu Gott selbst. Zu diesem noch einmal liebevollen Vertrauen darauf, Gott zu lieben, schreibt Rahner: „Und weil in der innersten Mitte unserer Existenz im Heiligen Geist und in dem Wort der Offenbarung in Jesus Christus Gott uns geoffenbart hat, daß er immer bereit ist, selber diese Liebe zu ihm durch seinen eigenen Geist zu bewirken, lassen wir uns getrost auf die glaubende Hoffnung ein, daß wir Gott lieben, auch wenn die Erbärmlichkeit unseres Herzens selbst kaum etwas davon weiß und das Wunder solcher Liebe ewig unbegreiflich ist, glaubwürdig nur dem ist, der, wenn diese furchtbare Frage aufsteht, versucht, zur Liebe Gottes selbst zu fliehen, und den Mut hat, diese Frage letztlich unbeantwortet stehen zu lassen." (416f)

Mithin läßt sich ein sechster Kernsatz – zur Gottesliebe – aufstellen:

(L.6) Gottesliebe ist in ihrer eigentlichen und ursprünglichen Gestalt *ungegenständliche, transzendentale* Liebe zu Gott. Als solche ist sie kategorial vermittelt, insbesondere durch die kategoriale Liebe zum Nächsten. Da sie wegen ihrer bleibenden oder

sei. (XIV 419)

wachsenden Transzendentalität nicht einfachhin in der Nächstenliebe aufgeht, kommt ihr gegenüber der Nächstenliebe eine
eigenständige Bedeutung zu.

3.2.2.5 Die Einheit von Gottes-, Nächsten- und Selbstliebe

Läßt sich Rahners Identitätsthese (I.2), derzufolge jede Gottesliebe
(formell) identisch ist mit der Nächstenliebe, mit seiner These (G)
von der spezifischen Gottesliebe vereinbaren? Oder anders gefragt:
Läßt sich seine strenge Identitätsthese (I) angesichts des Kernsatzes
(L.6) von der Gottesliebe aufrechterhalten?[212]
    Gottes- und Nächstenliebe sind nicht einfachhin identisch. Das
schon allein deshalb, weil die beiden ‚Gegenstände' absolut verschiedener Art sind und dementsprechend nur auf radikal verschiedene
Weise geliebt werden können. (Unendlicher) Gott und (endliche)
Welt fallen „nicht einfach in einer toten Selbigkeit" zusammen.[213] Es
gilt aber nach Rahner, „die innerste Verschränkung zwischen Gottes-
und Menschenliebe immer deutlicher und unerbittlicher heraus[zu]-
arbeiten, immer radikaler [zu] zeigen, daß das erste schon im zweiten
steckt" (XIV 414). Gottesliebe und Nächstenliebe *bedingen sich gegenseitig*.[214] Nur wer Gott liebt, kann es fertigbringen, sich bedingungslos
auf den anderen einzulassen (WB 18). Und nur wer den Nächsten
liebt, kann wissen, wer eigentlich Gott ist; denn Gott ist „die innerste
Innerlichkeit des Menschen" (WB 18). Gott läßt sich in der Welt nur
im Nächsten dank dessen „Ek-sistenz in Gott hinein" ganz finden
(WB 18).

212 Tatsächlich spiegeln die beiden Texte „Über die Einheit von Nächsten- und
     Gottesliebe" (VI [1965] 277–298) und über „Die unverbrauchbare Tran-
     szendenz Gottes und unsere Sorge um die Zukunft" (XIV [1978] 405–421)
     zwei verschiedene Tendenzen wider und zeigen eindrucksvoll, daß Rahner
     hier wie auch andernorts *Tendenz*literatur schrieb. Während er sich im
     ersten Text für die Nächstenliebe stark machte und (zumindest die katego-
     riale) Gottesliebe zugunsten der Nächstenliebe relativierte, setzte er sich
     im zweiten Text für die spezifische Gottesliebe ein und relativierte die
     kategoriale Nächstenliebe zugunsten der (transzendentalen) Gottesliebe.
213 XIV 414.
214 VIII 523; XIV 409.413; WB 17–19.

Unproblematisch an der Einheit von Gottes- und Nächstenliebe sind die Akte der Nächstenliebe, in denen der Nächste spezifisch und zugleich Gott spezifisch (nämlich ‚transzendental') geliebt wird. Problematisch sind die ausdrücklichen ‚privaten' religiösen Akte der Gottesliebe, denen Rahner nur eine *formelle*, aber keine *materiale* Identität mit der Nächstenliebe zuschreiben konnte. Die Identität läßt sich aber auch bei diesen Akten wahren, wenn das Verhältnis von Kategorialität und Transzendentalität umgekehrt angewandt wird, wie Rahner selber das mit der transzendentalen Verwiesenheit auf den Nächsten nahelegt. Jeder echte, selbstlose Akt ausdrücklicher (kategorialer) Gottesliebe, in dem Gott um seiner selbst willen geliebt wird, stellt einen Akt der transzendentalen, d.h. *habituellen* Nächstenliebe dar, insofern sich durch den Akt die Einstellung zum Nächsten *real* ändert (nämlich bessert), und der Liebende dem Nächsten in Zukunft aktuell anders (nämlich liebender) begegnen kann. In jedem kategorialen Akt der Gottesliebe wird der Nächste habituell (transzendental), wenn auch nicht aktuell, aber dennoch real geliebt.

In die Einheit von Gottes- und Nächstenliebe läßt sich auch die echte Selbstliebe einbeziehen. In jedem Akt echter liebender Selbstannahme bessert sich auch die Einstellung zu Gott und zum Nächsten und werden diese habituell geliebt. Von daher läßt sich ein weiterer Kernsatz zur Liebe im Sinne Rahners formulieren, ein Kernsatz zur Einheit der Liebe:

(L.7) Nächsten-, Gottes- und Selbstliebe sind zwar real verschieden und müssen dementsprechend auseinandergehalten werden. Sie *bedingen* aber einander auch wirklich und bilden (transzendental) eine echte *Einheit*.[215] Auch wenn kategorial das ‚Objekt' der Liebe zwischen Mitmensch, Gott und Selbst wechseln kann und tatsächlich wechselt – transzendental wird immer die *eine* Liebe vollzogen, in der die *eine* Wirklichkeit Gottes und des Menschen existentiell ganz bejaht wird. Die Liebe des Menschen ist *eine*.[216]

---

215 Siehe dazu auch HTTL IV 323f.330–333.
216 Zur Einheit der Liebe siehe u.a. den Text „Selbsterfahrung und Gottes-erfahrung" (X [1971] 133–144), wo Rahner über die Einheit von Nächsten- und Gottesliebe einerseits und die Einheit von Selbsterfahrung und Gottes-erfahrung andererseits die transzendentale Einheit der drei Grundvollzüge

Die selbstlose Liebe zu Gott aus ganzem Herzen, ganzem Gemüt und ganzer Kraft, die selbstlose Liebe zum Nächsten, in der der Nächste ganz und wirklich um seiner selbst willen geliebt wird, sowie die uneingeschränkte Annahme seiner selbst in wahrer Selbstliebe *überfordert* den Menschen.[217] Die Überforderung gehört wesentlich zur Liebe (V 511). Der Mensch kann vor ihr als „Forderung auf Tod und Leben" erschrecken (XIV 411). Aber die geforderte Liebe ist dem Menschen möglich, „indem die Liebe Gottes dem Menschen entgegenkommt und von dessen innerster Mitte her sich selber als die Kraft" der Liebe anbietet (XIV 410; vgl. V 513). Die Liebe Gottes zum Menschen vermag „in ihrer unbegreiflichen Entäußerung auch das Wunder" der Liebe des Menschen zu Gott zu vollbringen[218] und „durch seinen eigenen Geist zu bewirken" (XIV 416). Sie, die zugleich das „Geheimnis" der Welt und der Wirklichkeit ist[219], ist die Bedingung der Möglichkeit menschlicher Liebe[220], ihr „realontologischster", tragender, absoluter Grund und ihre Ermächtigung.[221] Die Liebe des Menschen ist darum als die einzig angemessene Antwort auf die Selbsthingabe Gottes an den Menschen letztlich *reine Gabe Gottes* (V 513).

3.2.2.6 Die kenotische Liebe

Am Ende seines Textes zur „Einübung priesterlicher Existenz" (1961), der auf Vorträgen bei Weiheexerzitien beruht[222], stellte Rahner eine geistliche Betrachtung zur Liebe an (EE 288–304).[223] Wie die

des Subjekts (zu Gott, zum Mitmenschen, zu sich selbst) nachzuweisen sucht (X 139f) (Kap. 1.2.1.5); oder z.B. den zuletzt behandelten Text „Die unverbrauchbare Transzendenz Gottes und unsere Sorge um die Zukunft", wo Rahner mehrfach die *eine* Liebe des Menschen betont (XIV [1978] 409f).

217 XIV 410–412.421; vgl. V 513.
218 XIV 412; vgl. WB 16.
219 VII 497f.500.
220 Vgl. V 514.
221 V 513; IgJC 19f.
222 EE 6.
223 Vgl. die „Betrachtung über die Liebe" aus den „Betrachtungen zum ignatianischen Exerzitienbuch" [1965] 270–277. Diese Betrachtungen entstanden aus Nachschriften von Meditationen zum Exerzitienbuch des hl. Ignatius,

Betrachtung über das „Prinzip und Fundament" am Anfang der ignatianischen Exerzitien[224], so nimmt nach Rahner die Betrachtung zur
Erlangung der Liebe (de amore) am Ende[225] das „Ganze" der Exerzitien und das „Letzte des Christentums" in den Blick (EE 288f). Es
geht um die Liebe Gottes zum Menschen im neutestamentlichen
Sinn (289–292) – eine Liebe, in der Gott sich dem Menschen nicht
nur vermittelt durch das sittliche Gesetz und die „Strukturen der
Welt und der Wirklichkeit" als Schöpfer kundtut (290), sondern sich
als der je größere Gott, als der über alle Welt erhabene Gott, als der
Gott des dreifaltigen Lebens und als menschgewordener Logos selber dem Menschen unmittelbar schenkt und mitteilt (290), und zwar
„in einer ganz persönlichen, eigentümlichen, nur gerade mir und
nicht einem anderen zugedachten Weise", wie das in der individuellen Wahl der Exerzitien zum Ausdruck kommt (291)[226]. Und es geht
um die Liebe des Menschen zu Gott, in der der Mensch Gott nicht
nur „die liebende Ehrfurcht des Geschöpfes vor seinem allmächtigen
Herrn" und Schöpfer entgegenbringt, sondern ihn „in seiner eigenen
göttlichen Lebendigkeit, Verborgenheit, Unerforschlichkeit, Unbe-
züglichkeit, in sich selbst, so wie er für sich und an sich ist", liebt
(290). Die Liebe des Exerzitanden, die zuvor in der ersten Exerzitienwoche über die eigene Sündhaftigkeit „gedemütigt wurde" (292),
nimmt in der Wahl die individuelle „Wahl der Erwähltheit, die Wahl
der Berufenheit" an; „eine Wahl, die darin besteht, das zu hören, was
Gott über mich verfügt hat" (291; vgl. 299f).

Die unmittelbare Liebe Gottes zum Menschen ist vermittelt und
geoffenbart nur durch Jesus Christus (292–294).[227] Zwar erhält „das
Auge des Sünders" für die unendliche Liebe Gottes, die es in allen
Dingen, in allen Gaben der Natur und der Gnade nach ‚de amore' zu
finden gilt, „die nötige Klarsicht und Helle" erst durch die Indifferenz, die Gelassenheit, die Freiheit und radikale „Offenheit auf Gott,
so wie er in sich selbst ist" (293). Aber diese Indifferenz und Freiheit,

---

die Rahner bei mehreren Exerzitienkursen vorgetragen hatte (Vorwort 11).
224 EB Nr. 23.
225 EB Nr. 230–237.
226 Zur Wahl in den Exerzitien siehe oben Kap. 3.1.2.
227 Siehe dazu auch „Die ewige Bedeutung der Menschheit Jesu für unser
     Gottesverhältnis" [1953] (III 47–60).

„die die Welt transparent macht und erst ermöglicht, in der Welt Gott zu finden, ... ist nur durch die Gnade Gottes in Jesus Christus." (293) Nur „im Sehen auf Jesus und sein Kreuz und auf den Auferstandenen" bekommt der Mensch für die barmherzige, rettende und vergöttlichende Liebe Gottes in allem „einen hellen Blick" (292). Darum ist dem Exerzitanden die Betrachtung über die Liebe auch erst nach der dritten und vierten Woche zu Kreuz und Auferstehung Jesu möglich (vgl. 293).

Die Liebe des Menschen zu Gott[228] „ist eine Liebe, die den Abstieg Gottes mitvollziehen soll." (EE 294) Nur weil Gott „als er selber in seinem ewigen Wort für ewig in die Welt abgestiegen ist" (294), wird jene Liebe des Menschen möglich, „die so unmittelbar zu Gott ist, daß er in seinem eigenen Leben und in seiner Herrlichkeit unser kreatürlicher Lebensinhalt wird" (295). Die aufsteigende Liebe des Menschen zu Gott ist „immer der Mitvollzug des Abstieges Gottes in die Welt" (295).

Wenn die menschliche Liebe Mitvollzug der göttlichen Liebe in die Welt hinein ist, dann ist sie zum einen „Nachfolge Christi, der eben der in die Welt absteigende Logos ist, als Mitvollzug seines Geschicks und so konkret eben auch nur als Mitvollzug seiner Passion" (295), entsprechend der dritten Exerzitienwoche, und zum anderen Dienst in und an der Welt und der Kirche (296). Diese Liebe des Menschen blickt daher von sich weg. Sie ist „nicht ein Zustand einer sublimen geistigen Introversion, in der man bei sich ist, sondern man ist bei sich, indem man dienend, arbeitend, sich mühend, aufgehend, anderen dienend sich vergißt." (297f) Und weil Gott „in Jesus Christus das Fleisch der Menschheit" und damit die Welt „definitiv für alle Ewigkeit als seine eigenste Wirklichkeit" aus Liebe angenommen hat (297), kann der Mensch ihn in allem suchen und finden, ist das „quaerere et invenire deum in omnibus rebus" möglich (296).

Die Liebe des Menschen ist darüberhinaus für Rahner „imago trinitatis", Abbild der Dreifaltigkeit (298f). In den drei Seelenkräften des Gedächtnisses (memoria), des Verstandes (intellectus) und des Willens (voluntas), die Ignatius den Exerzitanden in den Betrachtun-

---

228 EB Nr. 234.237.

gen anwenden und im Suscipe-Gebet Gott ausdrücklich übergeben läßt[229], spiegelt sich die Dreifaltigkeit Gottes im Menschen und in der menschlichen Liebe wider. Ist doch das Sein und die Liebe des Menschen durch die echt trinitarische Selbstmitteilung Gottes an den Menschen immer schon „vom innertrinitarischen Gottesgeheimnis getragen" (EE 298).

Das Spezifische der ignatianischen Liebe sieht Rahner im „Gott dienen in allen Dingen" (299). Sie setzt die Indifferenz voraus als eine innere Verfassung, die Gott schenkt und die der Mensch nur durch den „gleichsam kreuzigenden Tod seiner Resignation" erlangt, wenn er „durch die Entsagung, durch die Abtötung hindurchgegangen ist", wenn er sich „in einem Mitsterben mit Christus von seiner unmittelbaren Verhaftetheit an die Dinge der Welt" gelöst hat (300). Die „Indifferenz-Distanz in den Dingen" (299) ermöglicht dann, in der Liebe Gottes neu auf die Welt zuzugehen, zu einer neuen „Unmittelbarkeit zu den Geschöpfen" zu gelangen und so Gott in allem zu finden: „Wer so diese Unmittelbarkeit zu den Geschöpfen durch die Liebe Gottes zugesprochen bekommt, eines Gottes, der selbst zu uns unmittelbar ist, der kann dann wirklich grundsätzlich in allem Gott finden." (300) Und „dieses reine Schweben der Liebe zu Gott" (300) bzw. „dieses gleichsam reine Schweben im Willen Gottes über jedem Einzelnen" (301) befähigt dann den Menschen, Gott über sich ganz konkret in der Welt verfügen zu lassen (301). Die ignatianische Liebe zielt also darauf ab, „contemplativus in actione" zu sein (300), Gott in allem zu finden und zu dienen (299–301).

Rahners spirituell-theologische Betrachtung der (kenotischen) Liebe läßt sich dementsprechend in dem Kernsatz zusammenfassen: (L.8) Die Liebe des Menschen besteht im *Mitvollzug* der *absteigenden, inkarnatorischen Liebe Gottes zur Welt.*[230] Dieser Mitvollzug kann den Menschen Gott in allem *finden* und *dienen* lassen.

Mit seinen Ausführungen zur „Erlangung der Liebe" stellt Rahner der ekstatischen Liebe, die er im Zusammenhang mit Bonaventura würdigte[231], die kenotische Liebe zur Seite. Die Ekstase muß sich in die Kenose, in „die Selbstentäußerung Gottes in Jesus Christus (mit

229 EB Nr. 234.
230 Vgl. XV [1978] 382f.
231 Kap. 3.1.1.2.

Kreuz, Tod und Grab) verwandeln".[232] Die ekstatische (aufsteigende) und die kenotische (absteigende) Liebe ergänzen sich als zwei Seiten ein und derselben geistig-geistlichen Bewegung, die bei Rahner ihre anthropologische Voraussetzung in der Insichselberständigkeit des menschlichen Geistes einerseits und in seiner Verwiesenheit an die (Mit-)Welt andererseits haben.

3.2.2.7 Die Liebe als theologische Tugend

Sittlich betrachtet ist Liebe *positiver Freiheitsvollzug*, positive Grundentscheidung für Gott, den Nächsten und sich selbst, wie die Freiheit ihrerseits als Vermögen des „Herzens" für Rahner „das Vermögen der Liebe" ist (VI 225). Näherhin hat die Liebe einen dreifachen Bezug zur Freiheit. Sie setzt die Freiheit als Entscheidungsvermögen voraus, sie stellt den positiven Vollzug der Freiheit als endgültige Selbstverfügung des Menschen vor Gott dar, und sie hat die wahre Freiheit (der Kinder Gottes) als befreite Freiheit zur Folge[233].

Gnadentheologisch betrachtet ist die Liebe übernatürliche *caritas* und zählt als solche neben dem Glauben und der Hoffnung zu den *übernatürlichen, theologischen Tugenden*, die allein den Menschen *rechtfertigen*.

Das Verhältnis von Liebe und Glaube suchte Rahner 1958 in seinem Aufsatz „Fragen der Kontroverstheologie über die Rechtfertigung"[234] zu klären, indem er grundsätzlich die Liebe der *Heiligung* und den Glauben der *Rechtfertigung* zuordnete (IV 248.253f). Materiell ist für Rahner sowohl die Liebe als auch der Glaube „Kenntnisnahme" des Heils in und durch Jesus Christus (250). In der Liebe wie im Glauben nimmt der Christ „kognitiv und real"[235], „bejahend und existentiell ratifizierend"[236] zur Kenntnis, daß sich seine existentiale Situation durch Christus und in Christus objektiv und real geändert hat, daß er in Christo objektiv erlöst ist (249f). Aber

---

232 Fischer [1986] 49.
233 Vgl. XIV 416f.
234 IV 237–271.
235 IV 249.
236 IV 250.

während sich seine existentielle, aneignende Kenntnisnahme beim
Glauben mehr auf die Vergebung der Sünden in Christus bezieht
(252), richtet sie sich bei der Liebe auf die Liebe Gottes in Christus.
In der Liebe nimmt der Mensch „annehmend zur Kenntnis ..., daß
Gott ihn liebt und in Christus angenommen hat" (254). Insofern läßt
sich formell der Glaube (in Hoffnung und Reue) primär der Rechtfertigung als Sündenvergebung und die Liebe primär der Heiligung
als innerer Lebendigmachung zuordnen (254).

Bei der formell so spezifizierten Liebe und dem formell so spezifizierten Glauben handelt es sich jedoch nach Rahner nur um zwei
verschiedene Aspekte oder Seiten ein und derselben subjektiven
Heilsaneignung, ein und desselben rechtfertigend-heiligenden Vorgangs (252). Mehr noch: die Liebe ist im Vergleich zum Glauben „der
höhere und totalere ... Vollzug des einen christlichen Daseins" (254),
der „das Ganze in sich birgt und nicht nur Teilmoment am Ganzen
ist" (255), weshalb sie den Glauben als Teilvollzug oder Teilaspekt in
sich einschließt und gerade „die radikalste Aufgipfelung" des Glaubens ist (254). Mehr noch als beim Glauben blickt der Mensch bei der
Liebe von sich weg und übereignet sich restlos und vorbehaltlos Gott
um seiner selbst willen (253f). Daher ist es im Grunde doch vor allem
die Liebe, die rechtfertigt. Und der Glaube rechtfertigt nur insoweit,
als in ihm die Liebe „innerlich anwesend ist" (249), als er von der
Liebe „informiert" ist (fides caritate formata) (vgl. 248f.255).

Unter formaler, systematischer Rücksicht ist bei Rahner demgemäß zwischen der Liebe im engen, exklusiven Sinn und der Liebe im
weiten, inklusiven Sinn zu unterscheiden. Im exklusiven Sinn bezeichnet die Liebe einen (Teil-) Aspekt, ein Moment oder einen
Teilvollzug an dem einen christlichen Daseinsvollzug neben dem
Glauben und der Hoffnung. Im inklusiven Sinn meint die Liebe das
Ganze der subjektiven Heilsaneignung und umfängt auch den Glauben und die Hoffnung. Allerdings ist diese formal-begriffliche Ab-
grenzung der „Liebe" gegen den „Glauben" und die „Hoffnung" bei
Rahner nicht starr. Kann doch seiner Meinung nach aus Gründen
„persönlicher oder allgemein-geschichtlicher Art" beim einzelnen
Menschen durchaus auch der „Glaube" oder die „Hoffnung" für das
Ganze des natürlich-übernatürlichen Daseinsvollzugs stehen (V 516).

Auch in späteren Texten bestimmt Rahner das Verhältnis zwischen Glaube und Liebe eher formal als inhaltlich-material. Beim Prozeß der Rechtfertigung läßt er den Glauben und – in abgeschwächtem Sinn – die Hoffnung als *Anfang*, die Liebe als *Vollendung* erscheinen. Glaube ist der wahre Anfang der Rechtfertigung (V 515). Aber er allein rechtfertigt nicht, es sei denn, man rechnet die Liebe bereits zum vollen Wesensvollzug des Glaubens, weil der Glaube sich seinem eigenen Wesen und seiner eigenen Dynamik nach auf die Liebe hin entwickelt (V 516). Zum Ganzen der Rechtfertigung gehört in jedem Fall die Liebe.[237] Glaube und Hoffnung gipfeln in der Liebe und werden in ihr vollendet. Daher sind Glaube, Hoffnung und Liebe auf dem Hintergrund der Rechtfertigung für Rahner nicht drei Wirklichkeiten, „die von außen zueinandergefügt sind, jede mit einer anderen Herkunft und einem anderen Wesen", sondern die Liebe ist das eine Wort „für die Vollendung des Einen, das wir mit diesen drei Namen bezeichnen" (VI 279). Die „Liebe zu Gott um seiner selbst willen" schließt Rahner gemäß „immer auch den Glauben an die sich offenbarende Selbstmitteilung Gottes und die Hoffnung auf die Vollendung dieser Selbstmitteilung Gottes" ein (XIV 415f). Insofern die Liebe von ihrem Wesen her die beiden anderen theologischen Tugenden „in sich selbst hinein notwendig integriert und aufhebt" (VI 289), beinhaltet sie das Ganze der Rechtfertigung. In diesem Sinne läßt sich sagen: Die Liebe *allein* rechtfertigt. Im inklusiven Sinn ist die Liebe als übernatürliche Tugend das allein Heilschaffende und Rettende (XIV 409–412). Sie allein schafft dem Menschen endgültiges Heil und bestätigt und rettet ihn.[238] Sie allein bedeutet „das wahre Leben und die Ewigkeit" (XIV 411). Im „Stand der Gnade" sein, heißt „letztlich gerade nur" in der *Liebe* sein (III 172).[239]

---

237 V 515. Siehe dazu auch HTTL IV 320f.329f.
238 XIV 409.412.415.
239 Was das Verhältnis zwischen Liebe und Glaube betrifft, finden sich beispielsweise auch im „Kleinen theologischen Wörterbuch" eher formale als inhaltliche Unterschiede. Dort heißt „Glauben" im allgemeinen, die *Äußerungen* einer Person im Vertrauen auf sie frei *anzunehmen*. (KTW 149) Im christlichen Glaubensverständnis ist aber die *Kundgabe* Gottes an den Menschen nicht eine bloße Benachrichtigung im Bereich des Intellektuellen, sondern betrifft alle Dimensionen des Menschen. (KTW 150) Unter „Liebe" wird jener radikale, den ganzen Menschen auf Gott hin integrierende und so ihn in die Gnade Gottes und das Heil stellende freie Wesensvoll-

3.2.3 Fazit

Glaube, Hoffnung und Liebe rechtfertigen den Menschen, lassen den Menschen wirklich bei Gott angelangen. Für Rahner repräsentieren die ersten beiden theologischen Tugenden eher den Anfang und einen Teilvollzug des Rechtfertigungs- und Heiligungsgeschehens, während die göttliche Tugend der Liebe eher für das Ganze und die Vollendung des einen Prozesses der Rechtfertigung und Heiligung steht.

Rahner ‚definiert' die Liebe allgemein als die freie und bewußte Bejahung einer Person in ihrer Einmaligkeit. Die Liebe ist ihrem inneren Charakter und ihrer eigenen Tendenz nach total, ‚maßlos' und universal. Sie engagiert den ganzen Menschen, grenzt nichts und niemanden aus, sucht alle.

Die Liebe liebt den anderen – Gott und den Nächsten – um seiner selbst willen. Gerade in der selbstlosen Liebe findet der Mensch wahrhaft sich selbst. Das zeigt bereits, daß die drei Grundgestalten der Liebe zu Gott, zum Mitmenschen und zu sich selbst keineswegs ‚symmetrisch' oder gleichartig zu verstehen sind.

Die echte Selbstliebe besteht darin, sich aus dem freien, geistigen Kern der eigenen Person heraus sein eigenes Wesen ganz – und nach und nach gänzlich – anzunehmen. Im Maß der Selbstannahme wächst die Fähigkeit zur Liebe des anderen. Selbstvollzug und Selbstannahme zielen von sich aus auf die Selbstlosigkeit und Selbstvergessenheit der Liebe zum anderen und vollenden sich darin. Den unabschließbaren, ‚asymptotischen' Ausreifungs- und Integrationsprozeß von der „ganzen" zur „gänzlichen" Liebe schildert Rahner als einen für gewöhnlich langsamen und unter Umständen sehr leidvollen Vorgang.

---

zug des Menschen verstanden, wie er als *Entgegennahme* der freien und restlosen *Selbstmitteilung* Gottes in der Kraft dieser Selbstmitteilung geschieht. (KTW 261)
Obwohl hier beim „Glauben" mittels der Ausdrücke „Äußerung" und „Kundgabe" die kategoriale Wortoffenbarung Gottes von vornherein stärker in den Blick rückt, läuft doch auch der Glaube auf die existentielle Annahme der (kategorialen und transzendentalen) Selbstmitteilung Gottes hinaus und ist somit der (formale) Beginn der Liebe.

Formell identifiziert Rahner die Nächstenliebe und die Gottesliebe miteinander. Jeder Akt der Nächstenliebe ist ein Akt der Gottesliebe, und umgekehrt. Die Nächstenliebe ist der primäre sittliche Grundakt des Menschen, in dem der Mensch sich selbst, die Welt und Gott ganz erreicht. Die Nächstenliebe ist der ‚Ort', an dem sich auch die (transzendentale) Gottesliebe primär vollzieht. Wegen ihrer bleibenden oder wachsenden Transzendentalität kommt dennoch der (transzendentalen) Gottesliebe eine eigenständige Bedeutung gegenüber der (kategorialen) Nächstenliebe zu.

Nächsten-, Gottes-, und Selbstliebe sind wegen des jeweils völlig anderen ‚Objekts' real verschieden, bedingen aber einander und bilden (transzendental) eine echte Einheit. Auch bei wechselndem (kategorialen) ‚Objekt' wird transzendental immer die *eine* Wirklichkeit Gottes und des Menschen existentiell ganz bejaht. Christlich gesehen besteht diese *eine* Liebe des Menschen im Mitvollzug der absteigenden, inkarnatorischen Liebe Gottes zur Welt.

Schluß

Rahner hat nicht nur eine geschichtliche, sondern auch eine echt *dynamische* Auffassung von der menschlichen Transzendenz. Der menschliche Geist ist für ihn von Gott her und auf Gott hin dynamisiert. Das Dynamische bringt er von Anfang an *terminologisch* zum Ausdruck – in der geistigen, dynamischen „Bewegung" und „Hinbewegung" auf das Absolute, aber auch in der „Transzendenzbewegung"[1], in der „Dynamik" auf das Ziel, und im „Woraufhin" und „Wovonher" der Transzendenz.

Unter dem Einfluß Maréchals führt Rahner im Frühwerk die Transzendenz als geistige *Erkenntnisbewegung* ein, in der der Mensch alles Endliche auf das Unendliche hin überschreitet. *Freiheit* gilt ihm später als die *Bewegung*, in der der Mensch immer mehr vor Gott endgültig über sich selbst verfügt. Nur im *Durchgang* durch das „Mittlere", im Durchgang durch die äußeren Schichten der Person, im Durchgang des Geistes durch Sinnlichkeit, Materie und Geschichte kann sich der Mensch zur vollen, wirklich freien Person entfalten. Die Dynamik des menschlichen Geistes spiegelt sich auch im langen *Wachstums-* und *Ausreifungsprozeß* der *Liebe* wider und zeigt sich in der *Auf-* und *Abstiegsbewegung* der *ekstatischen* und *kenotischen Liebe*.

Nach Rahner ist der Mensch kraft seiner Transzendenz immer schon *unterwegs* zu Gott. Er pilgert aus der Finsternis zum ewigen Licht, zur hellen Vollendung.[2] Dabei ist die *Dynamik des menschlichen Geistes* vollkommen getragen, umfangen und ‚bewegt' von der *Dynamik des Geistes Gottes*. Da die Transzendenz des Menschen von Gott übernatürlich gnadenhaft erhoben ist, richtet sich ihre innere Bewegung und Bewegtheit bereits auf die *unmittelbare Schau Gottes*, zu der jeder Mensch berufen ist.

Rahners anthropologischer Transzendenzbegriff, der schon allein seiner Komplexität wegen eine ganze Theorie darstellt, die ihrerseits wieder mit verschiedenen anderen Theorien bei Rahner verbunden

---

1   Gk 67.
2   VI 275.

ist, soll noch einmal in einigen wenigen, einfachen Thesen zusammengefaßt werden.

(1) Die menschliche Transzendenz ist die dynamische, unendliche Offenheit des Menschen für Gott.

(2) Sie macht das Wesen des Menschen, das Wesen des menschlichen Geistes aus.

(3) Sie dient als Bedingung der Möglichkeit allen menschlichen Erkennens und Wollens.

(4) Sie erschöpft sich in der Erkenntnis und Freiheit des Menschen.

(5) Der Mensch ist sich ihrer ungegenständlich, transzendental bewußt.

(6) Sie ist individuell und geschichtlich.

(7) Sie ist auch ‚Transzendenz' auf den Nächsten, auf den Mitmenschen.

(8) Sie ist natürlich und übernatürlich zugleich, geschaffene Wirklichkeit und Wirklichkeit Gottes.

(9) In ihr teilt sich Gott schon als er selbst dem Menschen mit (d.i. transzendentale Offenbarung).

(10) In ihr ist Gott, wenn auch in verschiedenen Gestalten und Graden, unmittelbar gegenwärtig.

(11) Die Selbstmitteilung Gottes kann in ihr im Modus des bloßen Vorhandenseins (beim Unmündigen), im Modus der Ablehnung (beim Sünder) und im Modus der Annahme (beim Gerechtfertigten) gegeben sein.

(12) Es gilt, das Selbstangebot Gottes in ihr in Glaube, Hoffnung und Liebe anzunehmen.

Im Unterschied zur „Transzendenz" Gottes ist die „Transzendenz" des Menschen ein terminus technicus, der nur den Fachtheologen geläufig ist. Deshalb soll ein ganz einfacher Übersetzungsvorschlag unterbreitet werden. Rahner selber lag in seiner Gnadentheologie viel daran, die überkommene ‚sachliche' (formalontologische) Terminologie in eine *personale* Terminologie zu übertragen. Bei der Transzendenz des Menschen auf Gott handelt es sich im Grunde schlichtweg um die *persönliche Beziehung*, die ein jeder Mensch zu Gott hat und die erst seine Identität stiftet.

Zwischen der Beziehung des Menschen *zu Gott* und den *zwischen-menschlichen* Beziehungen gibt es eine *Analogie*, d.h. trotz überwiegender Unähnlichkeit eine gewisse Ähnlichkeit. Wie es unmöglich ist, zu einer bekannten Person ‚keine' Beziehung zu haben, so ist es dem Menschen unmöglich, ‚keine' Beziehung zu Gott zu haben. Jeder Mensch besitzt diese Beziehung und lebt aus dieser Beziehung, ob er es weiß oder nicht. Die Beziehung besteht auch dann, wenn einer nicht gerade an den anderen (ausdrücklich) denkt.

Jede Beziehung zwischen Partnern hat ihre unvorhersehbare *Eigendynamik* und ihre ganz eigene *Geschichte*. Es gibt keine zwei Personen, die zu einer dritten Person genau die gleiche Beziehung haben. All das kommt in der Dynamik, der Geschichtlichkeit und der *Individualität* der menschlichen Transzendenz zu Gott zum Ausdruck.

In einer partnerschaftlichen Beziehung tut sich ein ganzes *ko-gnitives* und *affektives* Spektrum vom Kennenlernen des anderen über das Kennen und Anerkennen, das Mögen und Wollen bis hin zum lebenslangen Bejahen des anderen auf. Eine solche Beziehung beruht auf einer *bewußten freien Entscheidung* für den anderen. Auch die transzendentale Beziehung zu Gott fordert den Menschen ganz in seinem (kognitiven) Erkennen und seinem (affektiven) Wollen heraus und fordert eine bewußte und freie Entscheidung.

Die Beziehung zu Gott ist natürlich und übernatürlich zugleich. Das spaltet aber die Beziehung des Menschen nicht in zwei Beziehungen zu Gott auf, in eine Beziehung zum Schöpfergott und in eine zum Gott der Gnade und der Offenbarung. Der Mensch hat nur die *eine* Beziehung zu ‚seinem' Gott. In der Transzendenz gehen Natürliches und Übernatürliches ‚unvermischt und ungetrennt' ineinander über.

Jede Beziehung gipfelt in der *Liebe*. Die Liebe besteht in der *gegenseitigen Selbstmitteilung*.[3] Der eigentliche Partner des Menschen ist Gott. In der Annahme des Selbstangebotes Gottes in Glaube, Hoffnung und Liebe wird die Beziehung zwischen Mensch und Gott zur *gegenseitigen* Liebe, zur gegenseitigen Selbstmitteilung, in der die

---

3   EB Nr. 234; vgl. Nr. 231.

Partner nicht nur *etwas* von sich dem anderen geben, sondern *sich selbst* dem anderen schenken.

Zwischenmenschliche, partnerschaftliche Beziehungen können von Dritten *angestoßen* oder *vermittelt* sein. Die Beziehung eines jeden Menschen zu Gott ist und bleibt vermittelt durch *Jesus Christus*.

An Rahners Theologie besticht zunächst einmal sicher ihre schiere Weite. Es gab kaum ein wichtiges theologisches Thema, zu dem er sich nicht fachkundig und meist spannend geäußert hätte. Tief verwurzelt in der Tradition suchte er viele ‚alte' Wahrheiten neu und auf eine für den modernen Menschen annehmbare Weise zu sagen. Originell war oft die Lösung, die er für ein theologisches Problem fand. Ebenso originell war oft schon die Art, wie er ein Problem stellte. Bei all der Vielfalt der Themen weist sein Werk eine erstaunliche Kohärenz auf, einen inneren Zusammenhang. Rahner blieb seinem Ansatz, seinen Begriffen und seinen Einsichten in den verschiedensten Kontexten treu, so daß seine Texte ein Ganzes ergeben. Ein wenig konnte das hoffentlich auch diese Arbeit dokumentieren, selbst wenn sie sich notgedrungen auf einen Ausschnitt beschränkte.

Rahners Werk deckt die Bereiche Philosophie, Theologie und Spiritualität ab, mehr noch, verbindet sie miteinander, so daß sie sich gegenseitig erhellen. Mit der Spiritualität klingt schon die andere Seite an, die an Rahners Denken beeindruckt. Neben der Breite fasziniert seine Tiefe. Rahner denkt aus dem Glauben heraus. Aus all seinen Texten – aus den fachwissenschaftlichen nicht weniger als aus den ‚frommen' – spricht eine persönliche, tiefe Glaubenserfahrung. Diese Erfahrung motivierte und inspirierte ihn in seiner Theologie.[4] In Erweiterung eines Wortes von Rahner selber läßt sich diese gelungene Verbindung von Wissenschaft und Glaube, von Theologie und gelebter Spiritualität vielleicht so wiedergeben: „Ich treibe Theologie, weil ich glaube, und ich glaube, weil ich bete." Rahner trieb eine „knieende Theologie". Er war zweifellos ein Mann des Glaubens, der inneren Frömmigkeit, des Gebets. Von daher wuchs seinem Werk die Tiefe und der Schwung zu.

---

4 Vgl. Fischer [1974].

Auch wenn in dieser Arbeit in ihrem Anspruch auf Wissenschaft-
lichkeit diese persönliche Glaubensdimension des Denkers Rahner
nicht ausdrücklich zur Sprache kam und stärker seine fachtheologi-
schen bzw. fachphilosophischen Texte als seine „frommen Sachen"
(Exerzitientexte, Gebetstexte) herangezogen wurden, konnte hoffentlich das Thema selbst diese Dimension immer wieder spürbar
und wenigstens indirekt erkennbar werden lassen. Jedenfalls kann
eine Theologie nur in dem Maße fruchtbar werden, wie sie – wie das
bei Rahner vorbildlich der Fall war – der persönlichen betenden und
gläubigen Beziehung zu Jesus Christus und zu Gott entspringt.

Abkürzungsverzeichnis und Zitationshinweise

Wenn nicht eigens ein anderer Autor genannt ist, handelt es sich um Werke von Karl Rahner.

I, II, III …	Schriften zur Theologie
AMV	Aszese und Mystik in der Väterzeit (Viller/Rahner)
ChG	Chancen des Glaubens
DC	De gratia Christi
EB	Ignatius von Loyola, Geistliche Übungen. Übertragung und Erklärung von A. Haas mit einem Vorwort von K. Rahner, Freiburg 1967.
EE	Einübung priesterlicher Existenz
Gk	Grundkurs des Glaubens
GW	Geist in Welt (erste, noch nicht überarbeitete Auflage; zitiert aus SW II)
HC	Herausforderung des Christen
HR	Horizonte der Religiosität
HTTL	Herders Theologisches Taschenlexikon
HW	Hörer des Wortes (erste, noch nicht überarbeitete Auflage)
IgJC	Ich glaube an Jesus Christus
KTW	Kleines Theologisches Wörterbuch (zehnte, völlig neu bearbeitete Auflage)
LThK	Lexikon für Theologie und Kirche (zweite Auflage)
MySal II	Feiner, J. / Löhrer, M. (Hg.), Mysterium Salutis. Grundriß heilsgeschichtlicher Dogmatik II, Einsiedeln 1967.
NSG	Von der Not und dem Segen des Gebetes

PG   Praxis des Glaubens

QD II   Zur Theologie des Todes (QD 2)

QD IV   Visionen und Prophezeiungen (QD 4)

QD V   Das Dynamische in der Kirche (QD 5)

QD XII/XIII   Die Hominisation als theologische Frage (QD 12/13)

QD XXV   Bemerkungen zum Begriff der Offenbarung (QD 25)

SG   Sendung und Gnade

SM   Sacramentum Mundi

SW II   Sämtliche Werke II

SW VIII   Sämtliche Werke VIII

UF   Ursprünge der Freiheit

WB   Wer ist dein Bruder?

Bei Texten von *K. Rahner* geben die Jahreszahlen mit oder ohne Klammern sowohl im Haupttext als auch in den Anmerkungen allermeist das *Entstehungs*jahr an, das sich nicht immer mit dem Jahr der Erstveröffentlichung deckt (z.B. „HW, 1937," oder „HW [1937]", dessen Text 1941 erstmals erschien). Bei Texten der *Sekundär*literatur verweisen die Jahreszahlen in den Anmerkungen wie üblich auf das *Erscheinungs*jahr. In den Literatur*verzeichnissen* beziehen sich die Jahreszahlen ebenfalls wie gewohnt auf das Erscheinungsjahr. Nur wenn das Entstehungsjahr des Textes davon abweicht, wird es in eckigen Klammern vorab hinzugefügt (z.B. Hörer des Wortes. Zur Grundlegung einer Religionsphilosophie. München [1937] 1941.)

Die *Band*nummern von Werken werden in römischen Zahlen angegeben, um sie von den folgenden (arabischen) Seitenzahlen abzuheben (z.B. QD V 93.).

Wann immer ohne nähere Angabe eines Werkes auf ein Kapitel hingewiesen wird (im Haupttext mit „Kapitel …", in den Anmerkungen mit „Kap. …"), ist das betreffende Kapitel dieser Arbeit selbst („Dynamik des Geistes") gemeint.

Literaturverzeichnis

Zu den Abkürzungen für die Zeitschriften siehe Schwertner, S. M., Theologische Realenzyklopädie. Abkürzungsverzeichnis, Berlin ²1994.

1. Werke von Karl Rahner

Aszese und Mystik in der Väterzeit. Ein Abriß [mit M. Viller], Freiburg 1939.
Bemerkungen zum Begriff der Offenbarung, in: K. Rahner / J. Ratzinger (Hg.), Offenbarung und Überlieferung (QD 25), Freiburg 1965, 11–24.
Betrachtungen zum ignatianischen Exerzitienbuch, München [1955] 1965.
Chancen des Glaubens. Fragmente einer modernen Spiritualität, Freiburg [1968–1970] 1971.
De gratia Christi. Summa praelectionum in usum privatum auditorum ordinata, Innsbruck 1937/38.
Der dreifaltige Gott als transzendenter Urgrund der Heilsgeschichte, in: MySal II, Einsiedeln 1967, 317–397.
Das Dynamische in der Kirche (QD 5), Freiburg [1956–1957] 1958.
Einübung priesterlicher Existenz, Freiburg [1961] 1970.
Geist in Welt. Zur Metaphysik der endlichen Erkenntnis bei Thomas von Aquin, Innsbruck [1936] 1939, in: SW II 3–300.
Glaube in winterlicher Zeit. Gespräche mit Karl Rahner aus den letzten Lebensjahren. Hg. P. Imhof / H. Biallowons, Düsseldorf [1974–1984] 1986.
Gnade als Freiheit. Kleine theologische Beiträge, Freiburg [1964–1968] 1968.
Gnade als Mitte menschlicher Existenz. Ein Gespräch mit und über Karl Rahner aus Anlaß seines 70. Geburtstages, in: HerKorr 28 (1974) 77–92.
Grundkurs des Glaubens. Einführung in den Begriff des Christentums, Freiburg 1976.
Herausforderung des Christen. Meditationen – Reflexionen, Freiburg [1971–1974] 1975.
Herders Theologisches Taschenlexikon I–VIII, Freiburg 1972/73.
Hörer des Wortes. Zur Grundlegung einer Religionsphilosophie, München [1937] 1941.
Die Hominisation als theologische Frage, in: P. Overhage / K. Rahner, Das Problem der Hominisation. Über den biologischen Ursprung des Menschen (QD 12/13), Freiburg 1961, 13–90.
Horizonte der Religiosität. Kleine Aufsätze. Hg. G. Sporschill, Wien [1978–1984] 1984.
Ich glaube an Jesus Christus, Einsiedeln 1968.
Karl Rahner antwortet Eberhard Simons. Zur Lage der Theologie. Probleme nach dem Konzil, Düsseldorf 1969.

Karl Rahner im Gespräch I u. II. Hg. P. Imhof / H. Biallowons, München [1964–1982] 1982.

Kleines theologisches Wörterbuch [mit H. Vorgrimler unter Mitarbeit von F. Füssel], Freiburg [1961] 1976 (zehnte Auflage).

Lexikon für Theologie und Kirche I–X [mit J. Höfer], Freiburg 1957–65 (zweite, völlig neu bearbeitete Auflage).

Praxis des Glaubens. Geistliches Lesebuch. Hg. K. Lehmann / A. Raffelt, Zürich/Freiburg 1984 (zweite Auflage).

Rechenschaft des Glaubens. Karl Rahner-Lesebuch. Hg. K. Lehmann / A. Raffelt, Zürich/Freiburg 1979.

Sacramentum Mundi. Theologisches Lexikon für die Praxis I–IV, Freiburg 1967–69.

Sämtliche Werke. Hg. Karl-Rahner-Stiftung unter Leitung von K. Lehmann, J. B. Metz, K. H. Neufeld, A. Raffelt u. H. Vorgrimler. Band 2. Geist in Welt. Philosophische Schriften. Bearbeitet von A. Raffelt, Solothurn/Freiburg 1996.

Sämtliche Werke. Hg. Karl-Rahner-Stiftung unter Leitung von K. Lehmann, J. B. Metz, K. H. Neufeld, A. Raffelt u. H. Vorgrimler. Band 8. Der Mensch in der Schöpfung. Bearbeitet von K. H. Neufeld, Solothurn/Freiburg 1998.

Schicksal und Freiheit [1967], in: Gnade als Freiheit, Freiburg 1968, 88f.

Schriften zur Theologie I–XVI, Einsiedeln 1954–1984.

Sendung und Gnade. Beiträge zur Pastoraltheologie, Innsbruck [1943–1959] 1966 (vierte, durchgesehene Auflage).

Ursprünge der Freiheit. Vom christlichen Freiheitsverständnis, in: M. Horkheimer / K. Rahner / C. F. v. Weizsäcker, Über die Freiheit, Stuttgart 1965, 28–49.

Visionen und Prophezeiungen (QD 4) [unter Mitarbeit von T. Baumann ergänzt], Freiburg [1952] 1960 (dritte Auflage).

Von der Not und dem Segen des Gebetes, Freiburg [1946] 1977 (neunte Auflage).

Wagnis des Christen. Geistliche Texte, Freiburg [1971–1973] 1974.

Was sollen wir noch glauben? Theologen stellen sich den Glaubensfragen einer neuen Generation [mit K.-H. Weger], Freiburg 1979.

Wer ist dein Bruder? Freiburg 1981.

Worte ins Schweigen, Innsbruck [1937] 1963 (achte Auflage).

Zur Theologie des Todes. Mit einem Exkurs über das Martyrium (QD 2), Freiburg 1958.

2. Sekundärliteratur

Bleistein, R. / Imhof, P. / Klinger, E. / Raffelt, A. / Treziak, H. (Hg.), Bibliographie Karl Rahner 1924–1979, Freiburg 1979.

Bokwa, I., Christologie als Anfang und Ende der Anthropologie. Über das gegenseitige Verhältnis zwischen Christologie und Anthropologie bei Karl Rahner (Europäische Hochschulschriften XXIII 381), Frankfurt 1990.

Brugger, W. (Hg.), Philosophisches Wörterbuch, Freiburg [1976] 1981 (16. Auflage).

Chojnacki, M., Die Nähe des Unbegreifbaren. Der moderne philosophische Kontext der Theologie Karl Rahners und seine Konsequenzen in dieser Theologie (ÖB 30), Freiburg/Schweiz 1996.

Delgado, M. / Lutz-Bachmann, M. (Hg.), Theologie aus Erfahrung der Gnade. Annäherungen an Karl Rahner (Schriften der Diözesanakademie Berlin 10), Berlin 1994.

Dirscherl, E., Die Bedeutung der Nähe Gottes. Ein Gespräch mit Karl Rahner und Emmanuel Levinas (BDS 22), Würzburg 1996.

Dych, W. V., Karl Rahner (Outstanding Christian Thinkers), London 1992.

Eicher, P., Die anthropologische Wende. Karl Rahners philosophischer Weg vom Wesen des Menschen zur personalen Existenz (Dokimion 1), Freiburg/Schweiz 1970.

Endean, P., The Direct Experience of God and the Standard of Christ. A critical and constructive study of Karl Rahner's writings on the *Spiritual Exercises* of Ignatius Loyola. Dissertation, Innsbruck/Oxford 1990.

Farrugia, E. G., Aussage und Zusage. Zur Indirektheit der Methode Karl Rahners veranschaulicht an seiner Christologie (AnGr 241), Rom 1985.

Fischer, K. P., Der Mensch als Geheimnis. Die Anthropologie Karl Rahners (Ökumenische Forschungen. Sot. Abt. 5), Freiburg 1974.

— Gotteserfahrung. Mystagogie in der Theologie Karl Rahners und in der Theologie der Befreiung, Mainz 1986.

— Spiritualität und Theologie. Beobachtungen zum Weg von Karl Rahner SJ, in: Delgado, M. / Lutz-Bachmann, M. (Hg.) (1994) 26–33.

Gehring, H., „Suchende Christologie". Die transzendentale Christologie Karl Rahners als Grundlage einer evangelisierenden Religionspädagogik, München 1994.

Geister, P., Aufhebung zur Eigentlichkeit. Zur Problematik kosmologischer Eschatologie in der Theologie Karl Rahners (Uppsala Studies in Faiths and Ideologies 5), Uppsala 1996.

Gmainer-Pranzl, F., Glaube und Geschichte bei Karl Rahner und Gerhard Ebeling. Ein Vergleich transzendentaler und hermeneutischer Theologie (ITS 45), Innsbruck 1996.

Grümme, B., „Noch ist die Träne nicht weggewischt von jeglichem Angesicht". Überlegungen zur Rede von Erlösung bei Karl Rahner und Franz Rosenzweig (MThA 43), Altenberge 1996.

Guggenberger, E., Karl Rahners Christologie und heutige Fundamentalmoral (ITS 28), Innsbruck 1990.

Hacker, W., Geheimnisvolle Existenz. Ein Beitrag zur Interpretation des Gesamtwerkes von M. Heidegger und K. Rahner. Inaugural-Dissertation zur Erlangung des Grades eines Doktors der Theologie an der Katholisch-Theologischen Fakultät der Universität Augsburg, 1993.

Heidegger, M., Sein und Zeit, Tübingen [1927] 1963 (10. Auflage).

— Gesamtausgabe. I. Abteilung: Veröffentlichte Schriften 1914–1970. Band 9. Wegmarken, Frankfurt 1976.

— Gesamtausgabe. II. Abteilung: Vorlesungen 1919–1944. Band 60. Phänomenologie des religiösen Lebens, Frankfurt 1995.

Hilberath, B. J., Karl Rahner. Gottgeheimnis Mensch (Theologische Profile), Mainz 1995.

Iblacker, R., Karl Rahner – ein Theologe in der Kirche. Fernsehsendung in Bayern 3, 1972.

Imhof, P. / Biallowons, H. (Hg.), Karl Rahner. Bilder eines Lebens, Zürich/Freiburg 1985.

Kehrbach, K. T., Der Begriff „Wahl" bei Sören Kierkegaard und Karl Rahner. Zwei Typen der Kirchenkritik (Würzburger Studien zur Fundamentaltheologie 8), Frankfurt 1992.

Kern, W., Rez.: K. Rahner, Grundkurs des Glaubens, in: ZKTh 99 (1977) 438–442.

— Erste philosophische Studien, in: Imhof, P. / Biallowons, H. (Hg.) (1985) 18–21.

Kirk, P., Tod und Auferstehung innerhalb einer anthropologisch gewendeten Theologie. Hermeneutische Studie zur individuellen Eschatologie bei Karl Rahner, Ladislaus Boros, Gisbert Greshake, Bad Honnef 1986.

Klinger, E., Das absolute Geheimnis im Alltag entdecken. Zur spirituellen Theologie Karl Rahners, Würzburg 1994.

Knieps, T., Die Unvertretbarkeit von Individualität. Der wissenschafts-philosophische Ort der Theologie nach Karl Rahners „Hörer des Wortes", Würzburg 1995.

Knoepffler, N., Der Begriff „transzendental" bei Karl Rahner. Zur Frage seiner Kantischen Herkunft (ITS 39), Innsbruck 1993.

Krings, H. / Baumgartner, H. M. / Wild, C. (Hg.), Handbuch philosophischer Grundbegriffe I–III, München 1973/74.

Kues, W., Werde, der du sein sollst! Impulse für religiös gedeutete Entscheidungen von Karl Rahner und C.G. Jung, Frankfurt am Main 1996.

Kustermann, A. P. / Neufeld, K. H. (Hg), „Gemeinsame Arbeit in brüderlicher Liebe". Hugo und Karl Rahner. Dokumente und Würdigung ihrer Weggemeinschaft, Stuttgart 1993.

Lehmann, K., Karl Rahner, in: Vorgrimler, H. / Vander Gucht, R. (Hg.) (1970) 143–181.

— Karl Rahner. Ein Porträt, in: Lehmann, K. / Raffelt, A. (Hg.) (1979) 13*–53*.

— Karl Rahner und die Kirche, in: Lehmann, K. (Hg.) (1984) 120–135.

— Philosophisches Denken im Werk Karl Rahners, in: Raffelt, A. (Hg.) (1994) 10–27.

Lehmann, K. (Hg.), Vor dem Geheimnis Gottes den Menschen verstehen. Karl Rahner zum 80. Geburtstag. *Mit Beiträgen von* Rudolf Pesch, Wolfgang Wild,

Herbert Vorgrimler, Eberhard Jüngel, Karl Rahner, Karl Lehmann, Freiburg 1984.

Lob-Hüdepohl, A., Tragische Entscheidungen? K. Rahners Logik existentieller Entscheidungen im Lichte moraltheologischer Gegenwartsdiskussion, in: Delgado, M. / Lutz-Bachmann, M. (Hg.) (1994) 198–232.

Losinger, A., Orientierungspunkt Mensch. Der anthropologische Ansatz in der Theologie Karl Rahners, St. Ottilien 1992.

Lutz-Bachmann, M., ‚Die Theologie bedarf der Philosophie'. Über einen Grundsatz der Theologie Karl Rahners, in: Delgado, M. / Lutz-Bachmann, M. (Hg.) (1994) 284–298.

Maier, M., La théologie des exercices de Karl Rahner, in: RSR 79/4 (1991) 535–560.

Marmion, D., A Spirituality of Everyday Faith. A Theological Investigation of the Notion of Spirituality in Karl Rahner, Leuven 1996.

Metz, J. B., Karl Rahner – ein theologisches Leben. Theologie als mystische Biographie eines Christenmenschen heute, in: StZ 192 (1974) 305–316.

— Den Glauben lernen und lehren. Dank an Karl Rahner, München 1984.

— Karl Rahner zu vermissen, in: Imhof, P. / Biallowons, H. (1985) 166–171.

Miggelbrink, R., Ekstatische Gottesliebe im tätigen Weltbezug. Der Beitrag Karl Rahners zur zeitgenössischen Gotteslehre (MThA 5), Altenberge 1989.

Muck, O., Die transzendentale Methode in der scholastischen Philosophie der Gegenwart, Innsbruck 1964.

— Zum Problem der existentiellen Interpretation, in: ZKTh 91 (1969) 274–288.

— Heidegger und Karl Rahner, in: ZKTh 116 (1994) 257–269.

Mutschler, H.-D. (Hg.), Gott neu buchstabieren. Zur Person und Theologie Karl Rahners, Würzburg 1994.

Neufeld, K. H., Worte ins Schweigen. Zum erfahrenen Gottesverständnis Karl Rahners, in: ZKTh 112 (1990) 427–436.

— Hugo und Karl Rahner – „Lehrer des Glaubens", in: Kustermann, A. P. / Neufeld, K. H. (Hg.) (1993) 33–50.

— Unter Brüdern. Zur Frühgeschichte der Theologie Karl Rahners aus der Zusammenarbeit mit Hugo Rahner, in: Kustermann, A. P. / Neufeld, K. H. (Hg.) (1993) 11–31.

— Die Brüder Rahner. Eine Biographie, Freiburg 1994.

— Karl Rahner im Kontext der katholischen Theologie des 20. Jahrhunderts, in: Delgado, M. / Lutz-Bachmann, M. (Hg.) (1994) 11–25.

— Karl Rahner – Zeitgenosse, in: Mutschler, H.-D. (Hg.) (1994) 13–35.

— Ordensexistenz, in: Raffelt, A (Hg.) (1994) 28–43.

Neufeld, K. H. (Hg.), Rahner-Register. Ein Schlüssel zu Karl Rahners „Schriften zur Theologie I–X" und zu seinen Lexikonartikeln [Zusammengestellt von K. H. Neufeld. Einleitung von R. Bleistein], Einsiedeln 1974.

Neuner, J. / Roos H., Der Glaube der Kirche in den Urkunden der Lehrverkündigung. Neubearbeitet von Karl Rahner und Karl-Heinz Weger, Regensburg 1971 (8. Auflage).

Panthanmackel, G., One-in-Many. An investigation into the Metaphysical Vision of Karl Rahner, Bangalore 1993.

Pius XII., Rundschreiben über einige falsche Ansichten, die die Grundlagen der katholischen Lehre zu untergraben drohen. „Humani Generis". Offizieller lateinischer und deutscher Text, Wien 1950.

Raffelt, A. (Hg.), Karl Rahner in Erinnerung. Mit Beiträgen von Franz Kardinal König, Karl Lehmann, Johann Baptist Metz, Karl H. Neufeld, Albert Raffelt, Karl Rahner, Roman Siebenrock, Herbert Vorgrimler (Freiburger Akademieschriften 8), Düsseldorf 1994.

Raffelt, A. / Verweyen, H. (Hg.), Karl Rahner (Beck'sche Reihe. Denker 541), München 1997.

Reisenhofer, J., „Ich glaube, weil ich bete". Fragmente zu einer Theologie des Gebetes bei Karl Rahner. Inaugural-Dissertation an der Theologischen Fakultät der Universität Graz, 1990.

Ricken, F. (Hg.), Lexikon der Erkenntnistheorie und Metaphysik, München 1984.

Rulands, P., Mensch-Sein unter dem An-Spruch der Gnade. Die Bedeutung des Begriffs der natura pura in Rahners Konzeption des übernatürlichen Existentials und deren Konsequenzen für seinen Ansatz zur Bestimmung des Menschseins. Inaugural-Dissertation an der Katholisch-Theologischen Fakultät der Rheinischen-Friedrich-Wilhelms-Universität zu Bonn, 1996.

Sandler, W., Bekehrung des Denkens. Karl Rahners Anthropologie und Soteriologie als formal-offenes System in triadischer Perspektive, Frankfurt am Main 1996.

Sanhüter, L., Das Dynamische in der Moral. Zur Aktualität der Existentialethik Karl Rahners (DiTh 40), St. Ottilien 1990.

Schiavone, C. F., Rationality and Revelation in Rahner. The Contemplative Dimension (American University Studies. Theology and Religion 169), New York 1994.

Schulz, M., Sein und Trinität. Systematische Erörterungen zur Religionsphilosophie G.W.F. Hegels im ontologiegeschichtlichen Rückblick auf J. Duns Scotus und I. Kant und die Hegel-Rezeption in der Seinsauslegung und Trinitätstheologie bei W. Pannenberg, E. Jüngel, K. Rahner und H.U. v. Balthasar (Münchner Theologische Studien. II. Syst. Abt. 53), St. Ottilien 1997.

Schwerdtfeger, N., Gnade und Welt. Zum Grundgefüge von Karl Rahners Theorie der „anonymen Christen" (Freiburger theologische Studien 123), Freiburg 1982.

Siebenrock, R., Gnade als Herz der Welt. Der Beitrag Karl Rahners zu einer zeitgemäßen Gnadentheologie, in: Delgado, M. / Lutz-Bachmann, M. (Hg.) (1994) 34–71.

Stolina, R., Die Theologie Karl Rahners: Inkarnatorische Spiritualität. Menschwerdung Gottes und Gebet (ITS 46), Innsbruck 1996.

Sudbrack, J., Karl Rahner und die Theologie der Exerzitien, in: Mutschler, H.-D. (Hg.) (1994) 37–62.

Tallon, A., Personal Becoming. In Honor of Karl Rahner at 75, Milwaukee 1982.

Tourenne, Y., La théologie du dernier Rahner. „Aborder au sans-rivage", Paris 1995.

Vass, G., A Pattern of Doctrines. Part I: God and Christ. Understanding Karl Rahner. Volume 3, London 1996.

Verhoeven, J., Dynamiek van het verlangen. De godsdienstfilosofische methode van Rahner tegen de achtergrond van Maréchal en Blondel. Dynamik der Sehnsucht. Die religionsphilosophische Methode Rahners auf dem Hintergrund von Maréchal und Blondel (mit einer Zusammenfassung in deutscher Sprache). Dissertation an der Katholisch-Theologischen Universität von Utrecht, 1996.

Vorgrimler, H., Gotteserfahrung im Alltag. Der Beitrag Karl Rahners zu Spiritualität und Mystik, in: Lehmann, K. (Hg.) (1984) 62–78.

— Karl Rahner verstehen. Eine Einführung in sein Leben und Denken, Freiburg 1985.

— Grundzüge der Theologie Karl Rahners. Zugleich ein Blick auf seine bleibende Aktualität, in: Vorgrimler, H. (Hg.) (1990) 11–50.

Vorgrimler, H. (Hg.), Wagnis Theologie. Erfahrungen mit der Theologie Karl Rahners, Freiburg 1979.

— Karl Rahner. Sehnsucht nach dem geheimnisvollen Gott. Profil. Bilder. Texte, Freiburg 1990.

Vorgrimler, H. / Vander Gucht, R. (Hg.), Bilanz der Theologie im 20. Jahrhundert. Bahnbrechende Theologen, Freiburg 1970.

Weger, K.-H., Karl Rahner. Eine Einführung in sein theologisches Denken, Freiburg (1978) ²1986.

— Zur Theologie Karl Rahners, in: Mutschler, H.-D. (Hg.) (1994) 81–96.

Weissmahr, B., Gottes Wirken in der Welt. Ein Diskussionsbeitrag zur Frage der Evolution und des Wunders (Frankfurter Theologische Studien 15), Frankfurt a.M. 1973.

— Ontologie. Grundkurs Philosophie 3, Stuttgart 1985.

— Philosophische Gotteslehre. Grundkurs Philosophie 5, Stuttgart (1983) ²1994.

— Kann Geist aus Materie entstehen? (Vortrag vom 15.11.97 bei der Akademischen Feier der Hochschule für Philosophie SJ München), in: ZKTh 121 (1999) 1–24.

Zahlauer, A., Karl Rahner und sein „produktives Vorbild" Ignatius von Loyola (ITS 47), Innsbruck 1996.

Zucal, S., La teologia della morte in Karl Rahner, Bologna 1982.

Personenregister